# SCHÖNER MORDEN

Ostwestfalen von seiner dunklen Seite …

Ostwestfalen ist eine Mordsregion. Ob in Bielefeld, Herford oder Paderborn – das Verbrechen ist hier zu Hause. Die kriminelle Energie der Ostwestfalen scheint grenzenlos, wenn man den 30 hier versammelten Geschichten Glauben schenken darf. Da wird erpresst, gemordet und betrogen, was das Zeug hält. Zumindest in der Phantasie unserer Autoren. Denn eigentlich ist der Ostwestfale ganz lieb. Er will doch nur spielen …

## 30 Jahre Pendragon Verlag

30 spannungsreiche und packende Geschichten: manche kurios – manche klassisch. Diese 30 Geschichten stehen für 30 Jahre Pendragon. Seit drei Jahrzehnten wird hier die Leidenschaft für das gedruckte Wort gelebt – und besonders die Passion für Kriminalliteratur. Und dabei ist es ganz egal, ob der Krimi in Thailand, Südafrika, Berlin, Hamburg oder gleich um die Verlagsecke – im wunderschönen Ostwestfalen – spielt.

Günther Butkus
(Hg.)

# SCHÖNER
# MORDEN

## in Ostwestfalen-Lippe

### Kriminelle Geschichten

PENDRAGON

**Pendragon Verlag**
*gegründet 1981*
www.pendragon.de

Gedruckt auf holzfreiem und alterungsbeständigem Papier

2. Auflage

Originalausgabe
Veröffentlicht im Pendragon Verlag
Günther Butkus, Bielefeld 2011
© Copyright by Pendragon Verlag 2011
Alle Rechte vorbehalten
Umschlag und Herstellung: Uta Zeißler (www.muito.de)
Satz: Pendragon Verlag auf Macintosh
Lektorat: Martine Legrand-Stork und Vanessa Vogt
Gesetzt aus der Adobe Garamond
ISBN 978-3-86532-276-0
Druck: Aalexx Buchproduktion, Großburgwedel
Gedruckt in Deutschland

# Inhalt

*„Die Ostwestfalen haben eine ureigene Art,
sich störender Mitbürger zu entledigen."*

Annette von Droste-Hülshoff

Dietmar Bittrich

## Die Barmherzigkeit

„Das Schlimmste ist die Barmherzigkeit", lehrte mich die hinfällige Oberstudiendirektorin Helene Lange, die mit blankem Schädel und hohlwangig im Zimmer meiner Großmutter lag. „Am furchtbarsten ist die Freundlichkeit", sagte sie, „am unerträglichsten ist die Beschönigung."

Ich nahm zunächst an, sie meinte die lügenhafte Bezeichnung ihrer Behausung. Demnach lebte sie in einer Residenz. Altenheime existieren bekanntlich nicht mehr. Stattdessen gibt es Seniorenwohnsitze, Lebensabenddomizile, Parkanwesen, Ruhestandspensionen und eine unüberschaubare Zahl von sogenannten Residenzen.

Diese Heime mögen sich nach Lage, Zimmergröße, Aus - stattung und Kost unterscheiden. Für die Bewohner besteht der Tag in jedem Fall aus Warten. Aus Schlafen und Warten und Essen und Warten und Zubettgehen und Warten. Als Lebenshöhepunkt gelten Kaffee und Kuchen. Das Personal der angeschlossenen Pflegestationen kennt freilich noch eine andere Tageseinteilung: Wecken, Waschen, Wenden, Füttern, mit dem Höhepunkt Abtöpfen.

Sofern die Alten nicht um achtzehn Uhr mit Valoron und guten Wünschen zu Bett gebracht wurden, konnten sie gelegentlich einen Akkordeonspieler sehen, der sie zum Singen und Schunkeln animierte. Ein Zauberer, angeblich bekannt aus Funk und Fernsehen, holte eine brennende Zigarette unter einem Tuch hervor. Ein junger Mann spielte Klavier und behauptete, er wolle den Menschen eine kleine Freude bereiten. Unter dem Motto „Heiterkeit ist Trumpf" wurden Verse von Wilhelm Busch zu Gehör gebracht. Ein Trachtenchor brachte Volkslieder dar und beugte sich dem dürren Beifall der Grei - senhände.

„All diese heiter-besinnlichen Abende!", stöhnte Helene

Lange, während meine Großmutter vollkommen stumm blieb. „Und die geselligen Nachmittage in froher Runde und die Kaffeekränzchen mit allerlei Kurzweil, die Melodien bei Kerzenbeleuchtung und die Schallplattenkonzerte im Wintergarten und Diavorträge über Andalusien, wie entsetzlich! Das hat alles dieser Drenkhahn auf dem Gewissen! Und für das Frühlingsfest der Pflegestation hat er mit der Bastelgruppe Blumen aus Buntpapier zusammengeklebt. Es war furchtbar! Und die schrecklichen Preise bei der Tombola, alle diese nachgelassenen Serviettenringe und Untersetzer und bemalten Krüge und Hündchen aus Porzellan!"

Wenn Helene Lange ihren quietschenden Rollator aus dem Zimmer schob, öffnete meine Großmutter den Mund und flüsterte: „Sie ist so undankbar!"

Zweifellos wusste Helene Lange die Vorzüge ihres Aufenthaltsortes nicht zu schätzen. Doch der Pfleger Ralf Drenkhahn kümmerte sich mit der gleichen unbegreiflichen Hingabe um sie wie um meine Großmutter und um die ganze Pflegestation. Diejenigen, die welk und glasig vor sich hinstarrten, animierte er zu kleinen Bewegungen, welche er Gymnastik nannte. Er gründete eine Dementengruppe und führte Gedächtnisübungen durch, die Helene Lange verächtlich „Schwimmübungen in der Wüste" nannte.

Die Kollegen rechneten seinen Ehrgeiz der Unerfahrenheit zu, denn die Seniorenresidenz „Haus Porta" war seine erste Station nach der Ausbildung. Während ihnen die Zeit gerade reichte, den Alten mit dem Lappen durchs Gesicht zu fahren, hatte er sich in den Kopf gesetzt, die Bettlägerigen satt, trocken und sauber zu halten und überdies mit Freundlichkeit zu verwöhnen. Er drehte durchnässte Oberdecken nicht einfach um, sondern wechselte sie und redete dabei den Alten gut zu, statt sie angemessen abzukanzeln. Er wusch sie auch nicht, wie man ihm riet, zuerst unten und danach im Gesicht, um ihnen die Grenzen zu zeigen, sondern behandelte sie, als besäßen sie Würde.

In der Residenz war es jahrelang üblich gewesen, dass die Alten nach dem Essen in Vierergruppen zur Toilette geführt wurden, jeder die Hände auf den Schultern des Vordermannes, um dort auf die Abfertigung zu warten. Nachdem es aus den wackeligen Reihen wiederholt Ausbruchsversuche gegeben hatte, war man jedoch dazu übergegangen, das Abtöpfen im Speisesaal vorzunehmen.

„Und das ging doch!", sagte Helene Lange. „Das ging doch bestens!"

Die Frauen mussten von den leer gegessenen Tellern aufstehen, ein Pfleger raffte ihnen das Kleid hoch und stopfte es unter dem Gürtel fest, während die Toilettenstühle hereingerollt wurden, gefolgt von einem mit Windeln und Einlagen be - packten Wagen. „Allerbestens ging das!", sagte Helene Lange. „Und schnell! Ich will doch nicht mit süßem Lächeln an die Hand genommen werden! Soll ich die hehren Ideale irgendeines sentimentalen Pflegers ausbaden? Um Himmels willen!"

Sie meinte Ralf Drenkhahn, der an der bewährten Abtöpf-Praxis vorsichtige Zweifel geäußert hatte. Er wollte nach „würdigeren" Lösungen suchen. Die Kollegen forderten ihn auf, ab - zuwarten. Anfangs hatte er nicht eingesehen, weshalb die Senioren beim Essen mit Plastikschürzen an die Stühle gebunden wurden; nach ein paar Wochen gab er immerhin im Fall von Helene Lange die Notwendigkeit zu. Ebenso hatte er den lässigen Umgang mit Hörgeräten und Brillen in Frage gestellt, der längst dazu geführt hatte, dass niemand mehr die passenden Gläser trug oder noch etwas hörte. Gleichfalls wurde trotz eingenähter Namen die Unterwäsche einschließlich der Korsagen vertauscht, und die meisten Alten mussten sich damit zufrieden geben, mit dem Gebiss irgendeines Nachbarn zu kauen.

Drenkhahn bemühte sich, duldsam und schonend Ordnung zu schaffen, doch bereits die Zuordnung der Hörgeräte erwies sich als unüberwindbare Hürde. Nach allem, was mir die Oberstudiendirektorin erzählte, muss er an der anderswo längst besiegten Krankheit der Hilfsbereitschaft gelitten haben, wenn er nicht vom noch schlimmeren Virus des Mitgefühls infiziert war.

Je länger seine Freundlichkeit andauerte, und sie schien sogar zu Barmherzigkeit auszuarten, desto mehr Stoff zum Lachen fanden seine Kollegen. Er legte liebevoll den Arm um eine verwirrte Frau, er hörte sich das Gestammel eines Greisen an, als sei noch ein Sinn daraus zu filtern.

„Immer schön dran denken, Ralf", scherzten die Kollegen. „Im Mittelpunkt steht der Mensch! Aber gerade im Mittelpunkt ist der Mensch einem ständig im Weg!"

Wenn Drenkhahn Pläne für eine bessere Organisation entwarf oder sich Gedanken über die Sauberkeit machte, beschwichtigten sie ihn: „Ralf, jeder von uns weiß, dieses Heim könnte phantastisch sein! Wenn nur die Alten nicht wären!"

Bei dieser Art Unterstützung muss er sich allein gefühlt haben, zumal alles dafür spricht, dass es viel mehr als dieses Heim in seinem Leben nicht gab.

Die Kollegen verachteten die Pflegestation wegen des Drecks und des Gestanks und wegen der Gemeinheit der Alten, die sich absichtlich die Katheter herausrissen, frische Wäsche verpesteten, an ihren Windeln nagten und nachts, während die Pfleger im Delirium der Morphiumderivate dämmerten, im Nachthemd zum Notausgang taumelten, um durch den Park zu flattern, wo sie am Morgen als sterbende Schwäne im Ufer - gras der Weser entdeckt wurden.

Im Übrigen verfügten auf der Pflegestation nur die wenigs - ten Patienten noch über Geld. Meine Großmutter ließ sich gelegentlich Fünfeuroscheine mitbringen und verteilte sie nach einem unerklärbaren Schlüssel an Personal und Patienten. Helene Lange sah ich immer nur mit Kupfermünzen hantieren. Die Konten waren längst unerreichbar.

Im Flügel der Apartments konnten sich die Pfleger immerhin ein Zubrot verdienen, indem sie heilkräftige Kräuterkissen und Nierenschützer verkauften, Kupferarmbänder gegen Herzbeschwerden, eisenhaltige Gummifolien gegen Ischias, Cantha -

ridenpflaster, Stutenmilch, Gelee aus Kalbsfüßen und Pastillen aus neuseeländischen Grünlippenmuscheln. Auf der Pflegestation begriffen die Patienten nicht einmal mehr, welche Wandlung diese Wundermittel herbeiführen sollten.

„Wir haben uns doch längst überlebt", lamentierte Helene Lange, während sie mit dem Gebiss meiner Großmutter klapperte. „Wir sind am Ende mit unserem Sinn. Wir sind nicht mehr wir selber und werden es nie wieder sein. Deswegen wollen wir auch keine Hilfe mehr. Ich will lieber angeraunzt und gerüffelt werden als den widerwärtigen Schleim dieser Freundlichkeit lecken."

Als Drenkhahn noch lebte, war die Studiendirektorin noch beweglich und verfügte über ein fremdes Haarteil. In der Nacht zum 13. Oktober 2010 klingelte sie nicht nach ihrem Schlafmittel, sondern erhob sich, setzte die blonden Locken auf und begab sich zum Zimmer der Nachtwachen. Sie öffnete die Tür und sah, dass Ralf Drenkhahn auf der Liege eingeschlafen war. An dem Pillenfläschchen erkannte sie, dass er ein Beruhigungsmittel genommen hatte.

„Er tat mir leid, weil er den langen Weg von der Zuversicht in die Hoffnungslosigkeit noch vor sich hatte." In einer unergründlichen Anwandlung von Barmherzigkeit nahm sie ihm die Zeitung vom Schoß und breitete sie über die glutheiße Birne der Leselampe. Sie wartete, bis sich ein erstes Flämmchen erhob, fuhr dann mit dem Lift ins Erdgeschoss und rief von der nächtlich verödeten Rezeption aus die Feuerwehr an.

„Wenn er ein guter Mensch war", erklärte sie mir, „ist es angemessen, dass er jetzt in einer besseren Welt weilt. Möge er sich dort wohl fühlen. Für uns war er unerträglich. Wissen Sie: Die es gut meinen, das sind die Schlimmsten."

Jürgen Siegmann

**Eiskalt in Werther**

Ein Jahr lang hatte Knut Wagner jetzt geduldig gewartet. Und heute war endlich der Tag der Rache gekommen. Zählte man die Zeit im Gefängnis dazu, waren es sogar sieben Jahre, die er nur noch für diesen Tag gelebt hatte. Denn heute vor genau sieben Jahren hatte das Gericht das Urteil verkündet, das sein Leben zerstörte.

Während seiner Wanderung durch den Teutoburger Wald von Bielefeld nach Werther begegnete er kaum einer Menschenseele. Kein Wunder an einem Vormittag im November voller Nieselregen und kaltem Wind. Er kam jetzt einen schmalen Feldweg hinauf und sah zu seiner Rechten den hohen Backsteinturm der Wasserwerke, der zwischen den Bäumen wie ein Bunker aus alten Kriegszeiten wirkte.

Wagner hatte die Kuppe des kleinen Hügels erreicht und hielt inne. Vor ihm erstreckte sich im Dunst Werther, zu beiden Seiten war der Hang mit einigen Nadelbäumen bewachsen.

Mit wachsamen Blicken vergewisserte er sich, dass niemand in der Nähe war, aber nur in weiter Ferne entdeckte er einen Mann mit seinem Hund. Dann ging er zu dem Mülleimer neben der Parkbank, der mit seinem leuchtenden Orange der einzige Farbtupfer weit und breit war. Von dort aus zehn Schritte am Waldrand entlang bis zu einem dicken moosbewachsenen Stamm. Noch mal zehn Schritte in das Wäldchen hinein. Da war der umgestürzte Baum.

Wagner umrundete den Baum und zum ersten Mal an diesem Morgen war er aufgeregt. Er wusste genau, wonach er suchte, sonst hätte er den unscheinbaren Laubhaufen übersehen. Noch ein Blick in alle Richtungen, aber selbst der Hundebesitzer war nicht mehr zu sehen. Er zog das Tarnnetz zur Seite und holte die braune Reisetasche aus ihrem Versteck.

Den Reißverschluss auf und den Inhalt auf dem Baumstamm ausgebreitet. Eine dunkelblaue Daunenjacke, Jeans, ein Paar Turnschuhe, schwarze Handschuhe, eine Skimaske, ein Leinenbeutel und eine matt schimmernde Pistole.

Trotz der Kälte zog Knut Wagner sich bis auf die Unterhose aus. Dann schlüpfte er in die Sachen aus der Tasche. Zum Schluss die Turnschuhe, die ihm etwas zu groß waren. Und zu guter Letzt setzte er die Skimaske auf, rollte sie nach oben und stülpte seine Wollmütze darüber. Zufrieden sah er an sich herunter, stopfte seine alte Kleidung in die Tasche, steckte die Pistole in eine Jackentasche und den Leinenbeutel in die andere. Jetzt noch die Handschuhe. Fertig.

Er ging zurück auf den Wanderweg, sah noch einmal auf den Ort herunter und machte sich, ohne zu zögern, auf den Weg. Wagner wunderte sich, wie ruhig er war. Immerhin war er gerade dabei, etwas zu tun, wofür er bereits sechs Jahre im Gefängnis verbracht hatte. Damals war er unschuldig gewesen und trotzdem hatten sie ihn verurteilt. Dieses Mal würde es andersherum laufen, daran zweifelte er keine Sekunde.


„Hör mal, Rita, ich muss dir was Wichtiges sagen."

Rita stand vor ihm und war damit beschäftigt, sein Hemd aufzuknöpfen. „Nicht jetzt, Baby", hauchte sie ihm ins Ohr.

Tom Martin wollte sich auf gar keinen Fall aus dem Konzept bringen lassen, was ihm aber zunehmend schwerer fiel, desto weiter sich Rita bei den Knöpfen seines Hemdes nach unten kämpfte.

„Sag mal, Rita, liebst du mich eigentlich wirklich?"

Erstaunt hielt Rita inne und sah ihn an. „Was ist denn das jetzt für 'ne Frage? Ich habe meinen Ehemann für dich verlassen … den du zuvor in den Knast gebracht und damit unser Leben zerstört hast. Und ich bin bereit, alles aufgeben, um mit dir nach Costa Rica zu gehen. Und du fragst mich, ob ich dich wirklich liebe?"

„Ich mein ja nur … liebst du mich so sehr, dass du auch bei

mir bleiben würdest, wenn sie mir beide Beine amputieren würden oder ich keinen einzigen Cent mehr hätte?"

„Baby, solange sie dir das hier nicht abschneiden …" Ihre Hand glitt sanft nach unten und Tom sah ein, dass dies nicht der richtige Moment für tiefschürfende Gespräche war. Was er ihr zu sagen hatte, konnte warten.

Über ihr blondes Haar hinweg sah Tom aus dem Fenster in das einzigartige Grau eines ostwestfälischen Novembertages hinaus, das sich wie ein Schleier über Werther gelegt hatte. In der Ferne jaulten Sirenen. Nicht einmal 24 Stunden und all das läge hinter ihnen. Der Job bei der Kripo, das Wetter und diese Wohnung, in der sie sich seit mehr als einem halben Jahr heimlich trafen. Weil Rita Angst davor hatte, dass ihr Ex Amok laufen würde, wenn er jemals von ihrer Beziehung erfahren sollte. Aber Ritas Hände sorgten dafür, dass er auch darüber nicht länger nachdachte. Und als es zwei Minuten später an der Tür klingelte, lagen sie bereits nackt im Bett.

„Verdammt", fluchte Tom. „Wer kann das sein? Niemand weiß von dieser Wohnung. Lass es klingeln. Wer immer das ist, haut auch wieder ab."

Doch Rita hatte sich bereits aus seiner Umarmung gelöst und stand auf.

„Ich seh besser mal nach."

Sie zog sich ihren Pullover über, ging zur Tür und spähte durch den Spion.

Ihre Augen weiteten sich vor Schreck, dann huschte sie zurück ins Schlafzimmer. „Mein Gott", flüsterte sie panisch. „ER steht vor der Tür!"

Tom wusste sofort, dass mit ER nur einer gemeint sein konnte. Ritas Ex. Es klingelte erneut. Wenn der sie zusammen antraf, dann konnten sie ihren Flieger morgen früh vergessen. Aber wie hatte er sie hier aufspüren können?

Es klopfte an der Tür. „Rita, mach auf, ich weiß, dass du da drinnen bist."

„Verdammt", fluchte Rita. „Er wird nicht einfach so verschwinden. Ich muss mit ihm reden." Sie begann, Toms Kleider vom Boden aufzulesen.

„Was machst du da?"

„Was wohl ... du musst dich verstecken. Ich versuche ihn abzuwimmeln."

Und noch bevor Tom etwas erwidern konnte, hatte Rita bereits die Tür des Kleiderschranks aufgemacht und ihn hineingeschoben.

Automatisch zog er den Kopf ein, schob sich zwischen zwei Anzüge und schon wurde die Tür hinter ihm geschlossen. Gedämpft hörte er, wie Rita die Tür öffnete. Stimmengemurmel. Er verstand kein Wort, aber das brauchte er auch nicht, um zu wissen, dass hier etwas schieflief. Verdammt, das hier war seine Wohnung und er sollte sich im Kleiderschrank vor Ritas Ex verstecken? Das konnte es ja wohl nicht sein! Tom stand kurz davor, aus dem Schrank zu stürmen, um dem Kerl zu zeigen, wo es langging. Doch er wusste, dass das zu unvorhersehbaren Komplikationen führen würde. Und Komplikationen waren das Letzte, was sie jetzt brauchen konnten.

Also fügte er sich in sein Schicksal, schob zwei Anzüge beiseite und setzte sich nackt auf den Boden des Kleiderschranks. Langsam verrauchte seine Wut, weil er sich sein künftiges Leben mit Rita vorstellte. Sonne, Sand, Palmen. Und genug Kleingeld, um das alles genießen zu können.

Zu gerne würde er all die dummen Gesichter sehen. Keiner von diesen Pfeifen hätte ihm das zugetraut. Weder seine Kollegen, die glaubten, dass er seit gestern auf Malle in der Sonne lag und in zwei Wochen wieder pünktlich seinen Dienst bei der Kripo in Bielefeld antreten würde. Und schon gar nicht Rocky Ehrmann. Es dürfte nicht mehr lange dauern, bis er merkte, dass ihm 2 Millionen auf seinen illegalen Konten fehlten. Und von da zu der Erkenntnis, dass Tom das Geld hatte, war es nur ein kurzer Weg. Zu dumm für Rocky, dass es dann schon längst keinen Tom Martin mehr geben würde.

Nach einer Weile wurde Tom in dem stickigen Schrank unruhig. Verdammt, warum brauchte Rita denn so lange? Sie musste diesen Penner doch bloß fünf Minuten vor die Tür locken. Das konnte doch nicht so schwer sein. Fünf Minuten. Mehr benötigte er doch nicht zum Verschwinden.

Ach, Rita. So ein Klasseweib war ihm im ganzen Leben noch nicht untergekommen. Seine Gedanken wanderten zurück zu dem Tag vor mehr als einem Jahr, als sie plötzlich vor ihm stand. Gerade als er mit einem großen Eisbecher aus der Eisdiele kam. Seine Überraschung hätte kaum größer sein können, denn schließlich war er es gewesen, der ihren Ehemann für viele Jahre hinter Gitter gebracht hatte. Wegen eines Bankraubs, den der nicht begangen hatte. Tom wusste das genau, weil er selbst die Beweise frisiert hatte, die für die Verurteilung gesorgt hatten. Natürlich hatte er sich das fürstlich von Rocky honorieren lassen.

Knut Wagner hatte all die Jahre seine Unschuld beteuert, aber wer glaubte so einem Loser. Wenn einer schon so hieß, als ob er bei Ikea Einkaufswagen rangieren würde … Und dann sein Vorstrafenregister. Niemand hatte ihm geglaubt. Niemand außer Rita.

Tom war ihr vom ersten Moment an verfallen, als er sie beim Prozess gesehen hatte. Sie war verzweifelt und völlig abgebrannt. Und da war sie ausgerechnet zu ihm gekommen. Hatte an sein Mitgefühl appelliert. Hatte gesagt, dass er ja irgendwie mitverantwortlich für ihre Lage sei. Wenn sie geahnt hätte, wie sehr sie damit ins Schwarze getroffen hatte.

Tom grinste in der Dunkelheit des Schrankes und kam sich kein bisschen mies dabei vor. Er hatte ihr natürlich geholfen. Trotzdem hatte es fast ein halbes Jahr gedauert, bis er sie ins Bett bekommen hatte. Jede andere hätte er längst in den Wind geschossen. Aber nicht Rita. Sie war die erste Frau in seinem Leben, für die es sich zu kämpfen lohnte.

Unruhig rutschte er hin und her. Gottverdammt, was machten die beiden denn da? Mensch, Mädchen, mach jetzt bloß keinen Mist. Nicht so kurz vor der Zielgeraden. Er hatte jedes

Zeitgefühl verloren, aber eine halbe Stunde saß er hier mindestens schon.

Und plötzlich kam ihm in den Sinn, dass Rita ihren Ex ja vielleicht in der Küche festhielt, damit er sich aus der Wohnung schleichen konnte. Na klar! Wie hatte er bloß so blöd sein können.

Er rappelte sich hoch, schob vorsichtig die Schranktür auf und verließ sein Versteck. Geblendet kniff er die Augen zusammen, und als er sich an die Helligkeit gewöhnt hatte, zog er sich an und schlich auf Zehenspitzen zur Zimmertür. Er lauschte. Nichts.

Behutsam drückte er die Klinke herunter und öffnete die Tür. Jetzt bloß keinen Lärm machen. Er schlich sich in den Flur. Immer noch völlige Stille. Was ging hier vor? Schritt für Schritt näherte sich Tom der Küchentür, die bloß angelehnt war. Er sollte machen, dass er zur Wohnungstür kam, aber die Neugier war stärker.

Das Schlüsselloch half ihm auch nicht weiter, da der Schlüssel von der anderen Seite steckte. Ihm blieb keine Wahl. Tom hielt die Luft an und schob die Tür einige Zentimeter weit auf. Gerade weit genug, um einen flüchtigen Blick in die Küche zu erhaschen.

Der Raum war vollkommen leer.

Er öffnete die Tür ganz und ging in die Küche. Was hatte das zu bedeuten? Wo war Rita? Wo war ihr Ex? Warum hatte sie ihm nicht ein Zeichen gegeben, wenn es ihr gelungen war, den Kerl aus dem Haus zu lotsen?

Ratlos trat Tom einen Schritt vor. Über dem Küchenstuhl hing eine Jacke, die vorhin noch nicht da gewesen war. Hey, das war doch seine! Die hatten sie ihm vor ein paar Wochen in der Kneipe geklaut. Was hatte das denn nun schon wieder zu bedeuten?

Und was war das da für eine braune Tasche vor dem Fenster? Die hatte er noch nie gesehen. Tom hob sie hoch und stellte sie auf den Küchentisch. Er zog den Reißverschluss ein

Stück auf und tastete hinein. Es dauerte einen Moment, aber dann zog er die Hand so schnell wieder heraus, als hätte er in ein Schlangennest gefasst. Das war nur ein schlechter Witz, oder? Er konnte es nicht fassen. Geld! Die verdammte Tasche war voller Geldscheine! Das mussten ein paar Tausender sein.

Er wühlte weiter und plötzlich hielt er eine Pistole in den Händen. Oh nein. Das konnte doch nicht wahr sein. So sehr er sich auch anstrengte, ihm fiel keine Lösung für diese Tasche und ihren seltsamen Inhalt ein. Fieberhaft überlegte er, was er tun sollte, aber weit kam er nicht mit seinen Überlegungen.

Von der Wohnungstür hörte er ein leises Geräusch. Tom erstarrte und lauschte angestrengt. Wenn die beiden jetzt zurückkamen, würde er es nicht mehr bis zum Schrank schaffen.

Doch Tom kam nicht mehr dazu, sich weitere Gedanken zu machen, denn mit einem Mal wurde es sehr hektisch. Die Tür flog auf und Polizisten in Kampfmontur stürmten die Wohnung. Nur wenige Sekunden später lag Tom bereits mit Handschellen gefesselt auf dem Boden. Niemand achtete auf sein Geschrei, bis zwei Kripobeamte in Zivil die Küche betraten. Ein Gefühl tiefer Erleichterung durchströmte Tom, als er aus seiner ungewohnten Perspektive den alten Berlebach erkannte. Endlich jemand, der ihm zuhören würde.

Berlebach blieb wie angewurzelt stehen, als er sah, wer da gefesselt auf dem Fußboden lag. Doch noch bevor Tom etwas sagen konnte, reichte einer der Uniformierten Berlebach die offene braune Ledertasche.

„Ich habe mit der ganzen Sache nichts zu tun", hörte Tom sich selbst rufen, obwohl ihm absolut nicht klar war, was hier ablief und um welche Sache es überhaupt ging.

Berlebach schüttelte ungläubig den Kopf. „Ich kann es nicht fassen, dass du eine Bank überfallen hast, Tom. Ausgerechnet du."

Und in diesem Moment wurde Tom Martin schlagartig alles klar. Rita hatte ihn verraten. Die zauberhafte, die wundervolle Rita. Seine Rita!

Er hatte ihren Mann in den Knast gebracht für einen Banküberfall, den der nicht begangen hatte. Und jetzt hatte Knut Wagner tatsächlich eine Bank überfallen und die beiden schoben das Tom in die Schuhe. Kraftlos sank sein Kopf auf den staubigen Boden.

Berlebach sagte: „Ich dachte, du wolltest zwei Wochen Urlaub auf Mallorca machen." Und dabei zog er aus Toms wieder aufgetauchter Jacke über dem Küchenstuhl den falschen Pass und sein Flugticket nach Costa Rica.

Tom wusste, dass er das alles nicht erklären konnte, ohne die Geschichte mit Rocky zu erwähnen. Aber Tom Martin war es in diesem Moment auch vollkommen egal. Er dachte nur an Rita. Wie hatte sie ihm das antun können? Jetzt ging ihm auf, dass es ihre Idee gewesen war, sich ins Ausland abzusetzen. Sie hatte ihm auch den Floh ins Ohr gesetzt, dass er doch Rocky Ehrmann um das nötige Startkapital erleichtern könnte. Und ihm wurde klar, dass sie diesen teuflischen Plan schon im Kopf gehabt hatte, als sie in der Eisdiele vor ihm gestanden hatte.

Irgendwer stellte ihm eine Frage, aber Tom machte sich nicht die Mühe zu antworten. Doch als er kurz darauf abgeführt wurde, glitt plötzlich ein Lächeln über sein Gesicht. Ihm war gerade eingefallen, dass er Rita vorhin ja noch etwas Wichtiges hatte sagen wollen. Na, so würde sie auch eine kleine Überraschung erleben, wenn sie mit ihrem Ex, der nun nicht mehr ihr Ex war, nach Costa Rica käme und feststellen musste, dass er das Konto dort komplett leer geräumt hatte. Eigentlich hatte er nur eine zusätzliche Sicherung einbauen wollen, denn der Kerl, der ihm bei der ganzen Transaktion geholfen hatte, war ihm einfach zu windig vorgekommen. Und wenn Rocky den in die Finger bekäme, würde es nur fünf Minuten dauern, bis der Typ alles ausgeplaudert hätte.

Deshalb hatte er das ganze Geld auf den letzten Drücker noch auf die Caymans umgelenkt. So kurzfristig, dass er gar nicht mehr dazu gekommen war, Rita davon zu erzählen.

Als der Streifenwagen am Ortsrand von Werther die letzten

Häuser hinter sich ließ, warf er noch einen wehmütigen Blick über die sanften Hügel des Teutoburger Waldes. So schlecht war es hier eigentlich gar nicht. Die Eisdiele würde ihm wirklich fehlen.

Andreas Hoppert

## Die großen Irrtümer von Bad Waldliesborn

Es begann mit einem Irrtum – und zwar schon im Jahr 1900. Da vermuteten die Waldliesborner in ihrem Boden Kohle. Doch statt auf das schwarze Gold stieß man bei den Versuchsbohrungen nur auf Salzwasser – was sich aber als das wahre Gold des Ortes erweisen sollte. Denn das warme Wasser der Waldliesborner Thermalsolequellen gehörte zu den stärksten Solequellen Deutschlands und ihre kommerzielle Nutzung ließ im Lauf des Jahrhunderts aus der Bauernschaft mit 624 Seelen einen mondänen Kurort mit 4.600 Einwohnern werden.

Dieser Waldliesborner Wohlstand hatte Michael Burdenski im Jahr 2000 zu dem Irrtum veranlasst, sich in Erwartung einer solventen Klientel als Rechtsanwalt in dem Bad niederzulassen.

Als er sich wegen der bohrenden Fragen seiner Frau, die damals gerade in Lippstadt eine Stelle beim Jugendamt gefunden hatte, auf die Suche nach Räumen für eine eigene Kanzlei gemacht hatte, war er im Internet auf die Homepage des fünf Kilometer entfernt liegenden Heilbades gestoßen. Mit wachsender Begeisterung hatte er sich durch die Seiten geklickt: großläufiger Kurpark, modernes Thermalsolebad, abwechslungsreiche Gastronomie, attraktive Einkaufsmöglichkeiten, liebevoll geführte Hotels und Pensionen, zwei Kliniken. Das Bild einer blühenden Kleinstadt mit zahlungskräftigen Einwohnern, Urlaubern, Patienten und Ärzten. Da schien die Kohle – respektive die Klientel – doch geradezu auf der Straße zu liegen.

Als Burdenski dann noch erfahren hatte, dass es in Bad Waldliesborn kaum Rechtsanwälte gab, hatte er kurz entschlossen in der Parkstraße zwischen einer medizinischen Fußpflegerin und einer Apotheke einen Laden gemietet und in seinem Schaufenster blaue Neonröhren installiert, die den Schriftzug *A. A. A. A. A. Rechtsberatung* formten. Der Name mochte zwar nicht besonders originell sein, sicherte ihm aber im Telefonbuch den Platz eins, vor einem halben Dutzend Schlüsselnotdiensten.

Die Idee zu der Kanzlei in einem Laden war ihm bei einem Urlaub in Kalifornien gekommen, wo er gesehen hatte, wie die Kollegen ihre Mandanten auch in Einkaufszentren und Supermärkten abgriffen.

Leider hatte Burdenski sehr schnell feststellen müssen, dass die eher konservativen Waldliesborner davor zurückschreckten, ihre rechtlichen Probleme in einem Schaufensterbüro quasi unter den neugierigen Blicken ihrer Mitbürger zu erörtern.

Also saß Burdenski auch jetzt wieder allein an seinem Schreibtisch und zählte in Ermangelung eigener Klienten die Patienten, die zur medizinischen Fußpflege und in die Apotheke gingen und dabei mit ihren AOK-Choppern achtlos sein Werbe-Stellschild passierten: *Gutes Recht muss nicht teuer sein: Scheidungen ab 20 Euro, Kündigungsschutzklagen ab 25 Euro, Nachbarschaftsstreit ab 30 Euro.*

Als kurz nach achtzehn Uhr der Apotheker und die Fußpflegerin ihre Ladentüren schlossen und auf dem Weg in den Feierabend kurz hereinwinkten, war es für Burdenski an der Zeit, sich mit einem weiteren Irrtum in seinem Leben zu beschäftigen: Cora.

Er hatte seine Frau während seines Referendariats auf einer Uni-Party in Bielefeld kennen gelernt und war sofort fasziniert von ihr gewesen: von der Leidenschaft, mit der sie von ihrem Sozialpädagogikstudium erzählte, und dem Engagement, mit dem sie ehrenamtlich Kinder aus Problemfamilien betreute. Keine vier Monate später hatten sie gegen den erbitterten Widerstand seiner Eltern geheiratet. Der Niedergang ihrer Beziehung hatte begonnen, als Cora ihre Stelle beim Lippstädter Jugendamt antrat und sie seitdem von ihrem Gehalt leben mussten, weil er es nicht schaffte, seine Kanzlei ans Laufen zu bringen.

Am Anfang hatten sie sich deshalb wenigstens noch gestritten, inzwischen herrschte zwischen ihnen eisiges Schweigen. Um überhaupt eine Äußerung aus ihr hervorzulocken, hatte Burdenski ihr sogar einmal einen Seitensprung gebeichtet, der nie stattgefunden hatte – doch Cora hatte das mit einem gleichgültigen Achselzucken zur Kenntnis genommen.

Seit einigen Wochen hatte er dafür sie in Verdacht, einen Liebhaber zu haben. Das hastige Beenden eines Telefongesprächs, wenn er nach Hause kam, auffällig viele Anrufer, die auflegten, wenn er abnahm, Coras plötzliches Interesse an den abendlichen Kulturveranstaltungen im „Haus des Gastes" oder Fortbildungen, zu denen sie übers Wochenende in Gegenden verschwand, in denen es komischerweise weder Handyempfang noch Münztelefone gab.

In seinen lichten Momenten war Burdenski sich darüber klar, dass er am besten selbst von seinem Angebot *Scheidung ab 20 Euro* Gebrauch machen sollte. Aber dann stellte er sich den „Wir haben es dir ja gleich gesagt!"-Triumph seiner Eltern vor, den er nicht würde aushalten können.

Dass Cora ihrerseits die Scheidung einreichte, war kaum zu befürchten. Weil er mit seiner Kanzlei nur Verluste machte, würde sie nach einer Trennung Zugewinnausgleich und Unterhalt an ihn zahlen müssen. Er hatte den Betrag bereits ausgerechnet und den Zettel wie zufällig auf dem Küchentisch liegen lassen.

Burdenski seufzte und holte sein Werbeschild herein. Er wollte gerade abschließen, als ein schwarz gekleideter Mann die Tür aufdrückte.

„Sie machen schon zu?", fragte er.

Der Anwalt nahm sich einen Moment Zeit, den späten Besucher zu mustern: Mitte dreißig, etwa ein Meter achtzig groß, rundes blasses Gesicht mit schmalen Lippen. Das Auffälligste an ihm war sein schwarzer, spitz zulaufender Pony, der ihn wie einen illegitimen Sohn von Gabriele Krone-Schmalz und Ingo Appelt wirken ließ.

„Ein paar Minuten hätte ich noch", sagte er. „Mein Name ist Burdenski. Und Sie sind ...?"

„Meier. Klaus Meier."

Der Anwalt deutete auf seinen Besucherstuhl und ließ sich in seinen Drehsessel fallen: „Wie kann ich Ihnen helfen?"

„Das ist die falsche Frage", stellte Meier mit einem überheblichen Lächeln fest.

Burdenski wartete auf eine Fortsetzung. Als keine kam, sagte er: „Und wie müsste Ihrer Meinung nach die richtige Frage lauten?"

„Wie ich *Ihnen* helfen kann."

Burdenski stöhnte innerlich auf. Ein Vertreter! Wieder so ein Typ, der ihm einen neuen Kopierer, absolut unentbehrliche Fachzeitschriften oder die aktuellste Anwaltssoftware aufschwatzen wollte.

Burdenski erhob sich halb aus seinem Sessel. „Entschuldigen Sie, Herr Meier, ich fürchte, ich habe kein Inter..."

„Sie missverstehen mich", unterbrach ihn Meier. „Ich will Ihnen nichts verkaufen. Ich will Ihnen etwas schenken. Zweihunderttausend Euro, um genau zu sein."

„Zweihunderttausend Euro?", vergewisserte sich Burdenski ungläubig. Das musste ein gewaltiger Irrtum sein. Denn eines hatte er als Anwalt inzwischen gelernt: Geschenkt bekam man in diesem Beruf nichts. „Wen muss ich dafür umbringen?", fragte er also.

„Nein, nein." Meier wedelte abwehrend mit den Händen. „Es geht um ein Mandat. Ein sehr lukratives Mandat."

Burdenski ließ sich langsam wieder zurücksinken. „Dann lassen Sie mal hören."

„Sie werden in den nächsten Tagen Besuch bekommen", hob Meier an. „Von einem Ehepaar Dittmer. D, I, T, T, M, E, R", buchstabierte er, während der Anwalt die Angaben notierte.

„Frau und Herr Dittmer haben etwas Geld geerbt und sind jetzt dabei, ein Haus zu bauen. Im Neubaugebiet ‚Am alten Marmorwerk'. Vielleicht sind Sie da schon mal vorbeigekommen?"

Er machte eine kurze Pause, um Burdenskis Kopfnicken abzuwarten und dann fortzufahren: „Die Erbschaft ist nicht besonders groß, deshalb sind die Dittmers bei ihrem Hausbau auf die Hilfe von Freunden und Verwandten angewiesen. Diese privaten Helfer sind gesetzlich gegen Unfälle beim Hausbau versichert. Allerdings müssen dafür Beiträge zur Bau-Berufsgenossenschaft abgeführt werden. Den Dittmers wird in Kürze ein Bescheid über die zu entrichtenden Beiträge zugehen. Mit der Höhe dieses Beitrags werden die Dittmers nicht einverstanden sein." Wie um seine Aussage zu unterstreichen, schüttelte Meier den Kopf. „Ganz und gar nicht einverstanden sein. Und deshalb werden sie einen Anwalt aufsuchen."

Das Interesse, das sich bei Burdenski kurzzeitig eingestellt hatte, war schon fast wieder erloschen.

„Sie sprachen von einem *lukrativen* Mandat", warf er ein. „Wie hoch kann so ein Beitrag schon sein? Ein-, zweitausend Euro? Bei dem Streitwert springen maximal ein paar hundert Euro Anwaltsgebühren für mich raus."

„Nun, der Streitwert wird in diesem Fall beträchtlich höher sein", lächelte Burdenskis Besucher. „Der Beitrag, den die Berufsgenossenschaft von den Dittmers fordert, liegt bei sechzig Millionen Euro."

„*Sechzig Millio...*" Burdenski blieb das Wort im Hals stecken. „Wie kann das sein?"

„Nun", fuhr Meier unbeeindruckt fort, „die Höhe der Beiträge richtet sich im Wesentlichen nach dem zeitlichen Umfang der geleisteten privaten Helferstunden. Diese teilen die Bauherren entweder mit oder sie werden von der Berufsgenossenschaft geschätzt und in ein Computerprogramm eingegeben, das die Beitragshöhe errechnet und den Bescheid ausdruckt. Aber wo Menschen arbeiten, passieren Fehler. Irren ist menschlich, so heißt es ja wohl. Der zuständige Sachbearbeiter muss nur aus Versehen ein paar Zahlen hintereinander hängen, anstatt sie untereinander aufzulisten. Auf diese Weise können exorbitante Beträge zu Stande kommen."

„Moment." Langsam begann es Burdenski zu dämmern. „Sie sagten eben, die Dittmers würden den Bescheid erst in einigen Tagen erhalten. Wie können Sie da jetzt schon wissen, dass die BG diesen Fehler machen wird?"

„Das braucht Sie nicht zu interessieren. Was Sie allerdings interessieren sollte, ist die Höhe Ihrer Gebühr, wenn Sie im Auftrag der Dittmers Widerspruch gegen den Beitragsbescheid einlegen werden. Denn selbstverständlich wird der Widerspruch erfolgreich sein, weil der Fehler eindeutig auf Seiten der BG liegt. Und bei einem erfolgreichen Widerspruch ist die Behörde verpflichtet, die Aufwendungen der Dittmers zu erstatten. Bei zwei Auftraggebern und einem Streitwert von sechzig Millionen dürfte Ihre Anwaltsgebühr bei etwa zweihunderttausend Euro liegen. Minimum."

Burdenski seufzte geduldig. „Hören Sie, Herr Meier. Bevor ich Sie gleich rausschmeiße, erteile ich Ihnen noch einen kostenlosen juristischen Rat. Die BG ist selbst bei einem erfolgreichen Widerspruch nur dann zur Erstattung der Anwaltskosten verpflichtet, wenn die Hinzuziehung eines Anwalts erforderlich war. Und bei einem derart auffälligen Irrtum braucht kein *normaler* Mensch einen Anwalt, sondern kann selbst Widerspruch einlegen."

Meier machte ein selbstgefälliges Gesicht. „Sie sagen es, Herr Burdenski: kein normaler Mensch. Die Dittmers sind aber nicht normal. Frau Dittmer hat einen Intelligenzquotienten von sechsundfünfzig, Herr Dittmer einen von neunundfünfzig."

„Darf ich fragen, woher Sie das wissen?"

„Das braucht Sie nicht zu interessieren. Wichtig ist nur, dass es bei der Beurteilung der Frage, ob ein Anwalt hinzugezogen werden muss, nicht auf die Einsichtsfähigkeit eines normalen Durchschnittsmenschen, sondern auf die individuelle

Hilfsbedürftigkeit ankommt. Und die ist bei den Dittmers selbst bei einem so eindeutigen Fehler, wie die BG ihn machen wird, zweifelsfrei gegeben."

Burdenski lehnte sich in seinem Sessel zurück. Er hatte keinen Zweifel daran, dass wahrscheinlich Meier selbst oder ein Komplize von ihm für den „dummen Fehler" bei der Beitragsberechnung für die Dittmers sorgen würde. Dem Sachbearbeiter der BG konnte nicht viel passieren. Ihm würde allenfalls Fahrlässigkeit nachzuweisen sein, was bei einem Beamten nicht für den Rausschmiss reichte. Und sein Dienstherr würde für die Folgen des „Irrtums" geradestehen müssen. Ein perfekter Plan, das musste Burdenski zugeben. Blieb nur noch eine Frage ...

„Was springt dabei für Sie raus? Wie hoch ist Ihr Anteil an den zweihunderttausend?"

„*Mindestens* zweihunderttausend", korrigierte Meier nachsichtig. „Nein, ich möchte davon keinen Cent. Sie können das gesamte Geld behalten. Ich suche Sie nur deshalb im Vorfeld auf, um sicherzugehen, dass Sie auf den Besuch der Dittmers vorbereitet sind. Die einzige Gegenleistung, die ich von Ihnen verlange, ist, dass Sie mir eines Tages einen kleinen Gefallen tun. Aber Sie brauchen keine Angst zu haben – dieser Gefallen wird vollkommen legal sein."

*Vollkommen legal sein.* Meiers letzte Worte hallten in Burdenskis Kopf nach. Natürlich war diese ganze Aktion alles andere als legal. Andererseits würden die zweihunderttausend Euro reichen, um die Kanzlei in den nächsten Jahren über Wasser zu halten. Und was sollte ihm schon passieren, wenn die Sache aufflog? Er kannte weder die Dittmers noch einen Mitarbeiter der Berufsgenossenschaft. Niemand würde ihm nachweisen können, dass er von dem Betrug gewusst hatte. Es sei denn ...

„Würden Sie mal Ihr Hemd aufknöpfen?", sagte Burdenski.

Meier verzog seinen Mund zu einem breiten Lächeln und öffnete die obersten Knöpfe seines Hemdes, um ein paar baby -

popoglatte Brustmuskeln zu präsentieren. „Keine Sorge, ich bin nicht verkabelt", sagte er. „Niemand wird je von diesem Gespräch erfahren."

Burdenskis letzte Bedenken schwanden. „Von mir aus geht die Sache klar", sagte er. „Nur eines würde ich gerne wissen: Wie sind Sie gerade auf mich gekommen?"

„Das ...", setzte Meier bedächtig an.

Burdenski verstand: „... braucht mich nicht zu interessieren, oder?"

An einem Morgen fast genau drei Monate später saß Burdenski im Bad Waldliesborner Kurpark und hing wie üblich in der friedvollen Atmosphäre der Grünanlage mit ihrem alten Baumbestand und den kleinen Wasserläufen seinen Gedanken nach. Nicht dass es bei ihm daheim nicht auch ruhig gewesen wäre – nur zerrte die gespannte Stille in seiner Wohnung extrem an seinen Nerven.

Burdenski ließ den Blick zum mächtigen weißen Halbrund der Seilscheibe aus dem Förderschacht der ehemaligen Zeche Waltrop schweifen, die am Rande des Kurparks in einem üppigen Blumenbeet eingelassen worden war. Diese Seilscheibe, soweit kannte er sich inzwischen in der Lokalgeschichte aus, erinnerte an den so einträglichen Irrtum der Waldliesborner bei ihren Probebohrungen Anfang des zwanzigsten Jahrhunderts. Burdenski erinnerte hier allerdings alles an seinen Irrtum zu Beginn des einundzwanzigsten Jahrhunderts, als er Cora geheiratet hatte.

In den letzten Wochen war ihre Beziehung noch schlechter geworden, wenn das überhaupt möglich war. Burdenski schlief im Gästezimmer und stand erst auf, wenn Cora das Haus verlassen hatte. Wenn er abends aus der Kanzlei kam, war sie meist schon wieder verschwunden. Wohin, wusste er nicht und es kümmerte ihn auch nicht.

Immerhin gab es eine erfreuliche berufliche Entwicklung:

Das Widerspruchsverfahren der Dittmers gegen den Beitragsbescheid der Bau-Berufsgenossenschaft war wie von Meier
vorhergesagt verlaufen und gestern waren genau 252.645,40
Euro auf Burdenskis Kanzleikonto eingegangen.

Der Anwalt bemerkte den frühen Spaziergänger, der sich
seiner Bank näherte, erst, als dieser sich zu ihm setzte.

„Hallo, Herr Burdenski", sagte Klaus Meier und modellier-
te mit einer dezenten Geste seines Zeigefingers die Spitze seiner Mephisto-Frisur nach. „Ich wollte mich nur erkundigen,
ob alles klar gegangen ist."

„Den Fall hätte sogar ein Kind gewonnen", gab Burdenski
zurück.

Meier nickte mit einem feinen Lächeln. „Dann wäre es jetzt
an der Zeit, dass Sie Ihren Teil der Abmachung erfüllen. Sie
erinnern sich?"

Burdenski erinnerte sich nur zu gut. Seit Wochen hatte er
sich den Kopf darüber zerbrochen, was Meier von ihm verlangen würde. Und heute war offenbar Zahltag.

„Wie ich schon sagte, handelt es sich um ein ganz legales
Mandat", fuhr Meier fort. „Meine Schwester, Sabine Krämer,
möchte sich scheiden lassen. Dazu braucht sie einen Anwalt."

„Kein Problem", versicherte Burdenski erleichtert. „Wir
können gleich einen Termin vereinbaren, damit ich …"

Meier hob den Zeigefinger. „Meine Schwester kann Sie zurzeit leider nicht aufsuchen. Aber ich habe eine Vollmacht, die
mich ermächtigt, in ihrem Namen einen Anwalt zu beauftra-
gen. Und natürlich auch die Unterlagen, aus denen sich der
gesamte Sachverhalt ergibt." Meier tätschelte die schwarze
Aktentasche, die er neben sich auf der Parkbank deponiert
hatte. „Ihre Aufgabe ist es, das Ganze in eine juristische Form
zu bringen und die Scheidung einzureichen."

Burdenski brauchte einen Moment, um sich die Sache
durch den Kopf gehen zu lassen. „Ich lerne meine Mandanten
gern persönlich kennen", wandte er dann vorsichtig ein.

„Verständlich", sagte Meier sanft. „Aber das geht – wie gesagt – momentan aus bestimmten Gründen nicht. Trotzdem möchte meine Schwester, dass die Scheidung so schnell wie möglich durchgezogen wird."

„Nun, eine derartige Vorgehensweise ist zumindest ungewöhnlich", startete der Anwalt einen letzten Versuch.

„Durchaus", räumte Meier ein. „Aber ich denke, das ist eine Anwaltsgebühr von 252.645 Euro auch."

Burdenski begriff, dass sein Gesprächspartner ihn am Haken hatte. „Gut, geben Sie mir die Unterlagen. Ich werde sehen, was ich tun kann."

Meier grinste über das ganze Gesicht. „Eine weise Entscheidung, Herr Burdenski. Sie werden sie nicht bereuen."

Fünf Tage nach diesem Gespräch öffnete Burdenski eine Flasche Talisker und ließ den goldgelben Whisky in einem Kristallglas im Licht der Abendsonne funkeln, die in sein Wohnzimmer fiel. Den fünfzehn Jahre alten Scotch hatte er sich von dem Dittmer-Honorar gegönnt. Dass er seinen Sieg allein feiern musste, war ihm eigentlich nur recht. Cora hatte vor einer halben Stunde die Haustür hinter sich zugezogen, ohne sich von ihm zu verabschieden.

Burdenski nahm einen langen Schluck. Vor drei Tagen hatte er den Scheidungsantrag Krämer fertiggestellt und an das Gericht abgeschickt. Die Beschäftigung mit dem Fall hatte ihn wieder einmal zu der Frage gebracht, warum er nicht auch selbst die Scheidung einreichte. Die Reaktion seiner Eltern war ihm mittlerweile egal. Vermutlich war es die Erinnerung an die Verliebtheit der ersten Wochen und Monate, die ihn immer noch zögern ließ. Aber man konnte die Uhr halt nicht zurückdrehen. Oder doch? Vielleicht musste man sich nur in die schöne Zeit zurückversetzen und alles würde wieder so sein wie am Anfang.

Burdenski ging zum CD-Regal und gab sich seiner sentimentalen Anwandlung zu den Klängen von HIM hin: *Join me.* Zu dem Lied hatten Cora und er das erste Mal auf der Uni-Party getanzt. Burdenski überließ sich gern den Gefühlen der Vergangenheit. In einer Schublade neben der Hi-Fi-Anlage fand er die Fotoalben mit den Bildern aus glücklicheren Zeiten und seine Gedanken kehrten zurück zu unbeschwerten Ausflügen an den Möhnesee und Urlauben in Italien. Zwischen den Alben ein abgegriffenes Buch. *Das Glasperlenspiel* von Hesse, Coras Lieblingsbuch. Als Burdenski es aufschlug, fielen ihm mehrere Fotos und Briefe entgegen. Er hob sie auf, und im selben Moment hatte er das Gefühl, er könne nicht mehr atmen. Sämtliche Aufnahmen waren in Bad Waldliesborn gemacht worden. Teilweise an eher versteckten Plätzen wie der Konzertmuschel und der Milchbar im Kurpark, teilweise ganz offen vor den alten Villen an der Quellenstraße. Aber alle Fotos hatten ein Motiv gemeinsam: den Mann, der sich Klaus Meier nannte, in inniger Umarmung und küssend mit seiner Frau.

Burdenski nahm etwas verwundert zur Kenntnis, wie eine hässliche Welle der Eifersucht in ihm aufstieg. Er hätte nicht gedacht, dass die Bestätigung des schon so lang gehegten Verdachts ihn derart treffen könnte.

Dann nahm er sich die Briefe vor. Ausnahmslos Liebesbriefe an seine Frau, teilweise mit Fotos von Klaus Meier. Absender der Briefe war allerdings ein *Jürgen Bäumer*. Jürgen Bäumer! Burdenski erinnerte sich an den Schriftverkehr, den er in den letzten Wochen mit der Bau-Berufsgenossenschaft geführt hatte. Bäumer war der Sachbearbeiter gewesen, dem der „Irrtum" bei der Eingabe für den Dittmer-Bescheid unterlaufen war. Burdenski hatte mit seiner Theorie also Recht gehabt.

Und endlich begriff er auch, wie Meier alias Bäumer auf ihn gekommen war. Die Frage war nur, warum der Liebhaber seiner Frau ein Interesse daran hatte, dass er ein Honorar von über zweihundertfünfzigtausend Euro einstreichen konnte. Burdenski nippte an seinem Whisky, ließ den Malt in seinem Mund hin und her wandern und schloss die Augen. Also, was wusste er? Bäumer war der Mann, der den Coup bei der Bau-Berufsgenossenschaft gedreht hatte. Aber wie hatte er von dem niedrigen Intelligenzquotienten der Dittmers erfahren können? Welche Verbindung gab es zwischen einem BG-Mitarbeiter und einer Problemfamilie, die …

Plötzlich machte es klick in Burdenskis Kopf. Er stand auf und nahm sich die kleine Büroecke vor, die Cora am Fenster eingerichtet hatte. Hier stand das „Krisentelefon", an dem sie Hilfe suchenden Frauen und Kindern mit Rat und Tat zur Seite stand. Prügelnde Ehemänner und selbstmordgefährdete Teenager hielten sich nun einmal nicht unbedingt an die üblichen Bürozeiten. Außerdem bekam Cora in Eilfällen bei Jugendamtssachen häufig nach Feierabend und an den Wochenenden Anrufe von der Polizei und von Gerichten. Deshalb bewahrte sie von den wichtigen Vorgängen Aktenkopien zu Hause auf, um sofortigen Zugriff auf alles zu haben.

Burdenski ging ihre Fallakten durch. Schon nach wenigen Sekunden wurde er fündig: *DITTMER*. Schnell überflog er die Seiten. Vor etwa einem Jahr hatte ein Psychologe in einem Gutachten für das Amtsgericht Lippstadt die Auffassung vertreten, die Dittmers erfüllten wegen ihrer geringen Intelligenz nicht die Voraussetzungen für eine „eigenverantwortliche Erziehung und Betreuung ihrer drei minderjährigen Kinder" und hatten deshalb eine „neue Beelterung" vorgeschlagen. Dass es letztlich nicht zum Entzug des Sorgerechts gekommen war, hatten die Dittmers einer positiven Stellungnahme Coras zu verdanken, die den Eltern als Familienhelferin zur Seite gestanden hatte. Seitdem vertrauten die Dittmers Cora hundertprozentig, wie sie nicht ohne Stolz festgehalten hatte. Burdenski wurde klar, warum Bäumer so sicher sein konnte, dass die Dittmers sich an ihn wenden würden: Cora als gute Beraterin hatte es den beiden einfach nur nahe legen müssen.

Burdenski legte die Akte beiseite und suchte weiter. Er war nicht sonderlich überrascht, als er auch eine Akte *KRÄMER* fand. Wieder eine Problemfamilie. Den wesentlichen Sachverhalt kannte er allerdings schon aus den Scheidungsunterlagen, die er von Bäumer im Kurpark bekommen hatte: Sabine Krämer und ihre beiden sechs und neun Jahre alten Töchter wurden von dem Ehemann und Vater seit Jahren misshandelt. Frau Krämer und die Kinder waren mehrfach mit Knochenbrüchen, Verbrennungen und Prellungen ins Krankenhaus eingeliefert worden. Sabine Krämer hatte drei Anzeigen gegen ihren Mann erstattet, diese im letzten Moment aber immer wieder zurückgezogen und sich vor Gericht auf ihr Zeugnisverweigerungsrecht berufen, sodass es nie zu einer Verurteilung gekommen war. Erst als Krämer einen Nachbarn, den er im Verdacht gehabt hatte, ein Verhältnis mit seiner Frau zu haben, beinahe ins Koma geprügelt hatte, hatte Frau Krämer sich zur Scheidung entschlossen. Was dann kam, war für Burdenski zwar neu, aber nicht mehr überraschend: Cora war die sozialpädagogische Familienhelferin der Krämers und hatte Frau Krämer und ihre Kinder im Frauenhaus untergebracht. Aber auch dort war Krämer mehrfach aufgetaucht und hatte gedroht, seine Frau und „die Tussi vom Jugendamt, die das alles schuld ist", umzubringen, falls seine Familie nicht zu ihm zurückkehren sollte.

Burdenski las die Bemerkungen seiner Frau über Krämer durch: hochgradig aggressiv, bei Alkoholgenuss extrem gewalttätig, unter anderem vier Jahre Haft wegen Körperverletzung mit Todesfolge nach einer Kneipenschlägerei 1998. Coras letzter Eintrag stammte von vor zwei Wochen, als Krämer wieder einmal betrunken vor dem Frauenhaus randaliert und sogar mit einem Gewehr herumgefuchtelt hatte. *Der Mann ist ein Pulverfass mit einer sehr kurzen Lunte!*, hieß es in ihrer Aktennotiz. *Es bedarf nur noch eines winzigen Funkens, um die Lage zum endgültigen Eskalieren zu bringen!!!*

Burdenski stieß einen leisen Pfiff aus. Kein Wunder, dass Frau Krämer ihn zurzeit nicht aufsuchen konnte. Wahrscheinlich wartete ihr Mann nur darauf, dass sie das Frauenhaus verließ.

Burdenski las sich die Akte noch einmal durch. Frau Krämer

hatte keine Geschwister, also konnte Bäumer auch nicht ihr Bruder sein. Offenbar kam es Cora und ihrem Liebhaber nur darauf an, ihm Mandate zuzuschanzen. Aber warum? Wollte Cora ihn heimlich unterstützen, um seinen Stolz nicht zu verletzen? Liebte sie ihn doch noch?

Der Anwalt wurde aus seinen Gedanken gerissen, weil es schellte. Er ging zur Tür und öffnete. Vor ihm stand ein riesiger, grobschlächtiger Kerl, in den Händen hielt er eine Schrotflinte.

„Verfluchtes Anwaltsschwein!", brüllte der Mann.

Burdenski schlug eine gewaltige Alkoholfahne ins Gesicht. Er starrte auf die Waffe, die genau auf ihn gerichtet war. „Das ... das muss ein Irrtum sein", stammelte er.

„Du nimmst mir meine Frau nicht weg!", schrie der Riese.

Burdenski hörte einen lauten Knall und spürte fast gleichzeitig einen Schlag in seiner Brust.

In der Sekunde, in der er starb, begriff er: Sein Tod war alles andere als ein Irrtum.

Erwin Grosche

## Der Enkeltrick

*„Oma, du musst mitspielen", rufen die Enkelchen. „Wir spielen Zoo. Wir sind die Bären." „Und was soll ich sein?" „Du bist die nette Frau, die den Bären Bonbons in den Käfig wirft."*

Sie stehen draußen vor der Bude, eingehüllt im roten Glanz der Beleuchtung des SÜDRING Centers. Es ist zu kalt, um draußen zu stehen, aber in der Bude quetscht sich alles an den Wandablagen und in der Mitte hat sich eine Schlange gebildet, deren Schwanz erst draußen ein Ende findet. Schwitzende Frauen heben ihre schwitzenden Kinder an die freien Plätze, damit die Heuler mit dem Geschrei alles abhalten, das ihnen Hähnchenbölleken und Schweinerippen streitig machen könnte. Es herrscht Krieg im Grillparadies. Ein Frikadellen-eimerchen steht auf dem Rost. Vier Würstchen winseln um Gnade. Alles brutzelt vor sich hin. Schoberdick, Grunzmeier und Bellatschik stehen draußen und halten ihre Würstchen und Frikadellen in die Luft, als wollten sie Möwen füttern. Sie mustern die drei Plastiktische, an denen schon Schlinger und Schmatzer stehen, und gehen schließlich zu einem Tisch, der in der Mitte durch einen schmutzigen Sonnenschirm über-dacht wird. Darunter steht ein Media-Markt-Azubi, der schon, ganz Streber, das rote Verkaufshemd der Kette tragen darf. Eigentlich ist dieses rote Hemd nur denen vorbehalten, die schon über hundert Flachbildschirme an den Mann ge-bracht haben, und wird nur noch getoppt durch das dunkel-rote Media-Markt-Halstuch, das jeden auszeichnet, der dort selbst schon 100 Flachbildschirme gekauft hat. Wenn der Azubi so weiter kriecht, würde bald sein Bild unter *Experte* im Eingangsbereich hängen. Mehr geht nicht. Auf seinem Namensschild steht „Burkhar", als hätte das „d" nicht mehr auf den Button gepasst. Burkhars Gesicht ist voller Eiter -

pickel, als locke die Arbeit im Media Markt deren Auftauchen hervor.

„Mahlzeit", murmelt Schoberdick und rülpst. Ganz Schwein von Welt, macht er sich breit und verteilt seine Bratwurst mit Pommes um sich herum, als wäre dies sein Stehtisch und alles von ihm erschaffen.

„Kommt zu mir Leute", sagt Schoberdick zu Grunzmeier und Bellatschik und winkt ihnen mit großen Gesten zu. Grunzmeier stellt sich mit seiner Frikadelle links neben Schoberdick und Bellatschik bleibt dann nur noch der rechte Platz. Grunzmeier zittert plötzlich. Er schüttelt sich, als hätte ihn eine kalte Hand gewürgt. Schnötte läuft ihm aus der Nase und er wischt sie erst ab, als er seine Frikadelle abgestellt hat. Er ist zu dünn angezogen, um diesen grauen Montag in Paderborn zu überleben, aber ein Ostwestfale sieht immer aus, als hätte ihn jemand entführt, und keiner will für ihn zahlen. Grunzmeier trägt den dunkelgrünen Parka ohne Innenfutter und eine Trainingshose, die er unten umgekrempelt hat. Er hat schwarze Turnschuhe an. Zum Glück klemmt ihm nicht seine blau-schwarze Paderborn-07-Kappe auf dem Kopf. Er sieht auch so schon aus wie ein Zombie. Er humpelt leicht, nicht weil er was am Bein hat, sondern weil sein rechtes Bein oft einschläft und er es dann hinter sich herziehen muss. Er sieht aus wie diese Typen, die immer auf der Westernstraße stehen und Mitglieder für irgendeinen Tierschutzverein suchen. Er sieht aus wie ein Drücker, wie jemand, dem man nicht den Rücken zudrehen darf. Grunzmeier ist Mitläufer. Er braucht immer jemanden, der ihm sagt, was er tun soll. So war das schon immer. Seit kurzem trägt er über dem Parka noch eine orangenfarbene ADAC-Weste, das lässt ihn überaus offiziell erscheinen. Grunz - meier kann an keinem Mülleimer vorbeigehen, ohne darin nach Flaschen zu fischen. Manchmal stehen Bellatschik und Schoberdick nur dabei und schütteln den Kopf. Wie peinlich. Seitdem Grunzmeier eine ADAC-Weste trägt, wirkt alles anders und ein paar Cents können sie alle drei gut gebrauchen.

Bellatschik sieht auf seine Currywurst. Er pult sich mit dem Fingernagel des kleinen rechten Fingers ein Stück Wurst zwischen den Zähnen hervor. Der Plastikpiekser hat den mittleren Zinken verloren. Er muss ihn heruntergeschluckt haben. Er hätte der Bedienung die Zähne einschlagen können. Bellatschik rutscht oft die Hand aus. So hässlich wie sie ist, hat sie sich nicht hochschlafen müssen, denkt er. Sie sieht aus wie ein Kastenwagen und wenn sie den Mund aufmacht, sieht man das Piercing auf der Zunge wie einen Mercedesstern. Er denkt kurz daran, wie er gestern Kuhlaus Oma beinahe ihren Goldzahn herausgebrochen hätte, aber dann hat sie Apfelkuchen aufgetischt und alle waren gemütlich geworden. Er denkt nur kurz daran, auch weil die Oma jetzt wahrscheinlich schon tot ist und das irgendwie zu ihr passt. Alt, wie sie war, grau, wie sie war. Bellatschik schaut auf die Bratwurst von Schoberdick. Er hat sich zu viel Senf genommen, weil er umsonst ist, und die Papp - unterlage sieht aus, als hätte sich ein Alien übergeben. Schoberdick reibt an einem Fettfleck auf dem Kragen seines Mantels. Er reibt und reibt und nichts ändert sich. Er trägt einen hellen Trenchcoat über seinem dicken weißen Rollkragenpullover und eine hellbraune Breitcordhose mit Bundfalte. Er sieht aus wie der Mann, dem Omis sofort vertrauen. Bellatschik nickt dem Media-Markt-Mitarbeiter abschätzig zu, der plötzlich seine Currywurst wie ein Wettkandidat bei „Wetten, dass ..?" aufmampft, als müsste er noch zwölf davon hinterherschlingen, und das in zwei Minuten. „Guten Appetit", sagt Schoberdick und schaut links und rechts zu Grunzmeier und Bellatschik, als sei er überrascht, sie dort zu sehen. Eigentlich stehen sie immer so. Schoberdick steht in der Mitte und Bellatschik und Grunzmeier links und rechts neben ihm. Sie fahren oft in den Südring und essen dort. Sie schlagen Zeit tot und gucken herum. Schoberdick findet die Bratwürstchen im Grillparadies die besten der Stadt, und obwohl Grunzmeier immer nur Frikadellen isst, die er in ein halbiertes Brötchen gedrückt bekommt, findet Grunzmeier das auch. Grunzmeier begeistert sich sowieso nur für das, das auch Schoberdick gut findet, und Bellatschik, dem ist das alles egal. Hansi Bellatschiks Eltern kommen aus Polen, aber er ist in Paderborn geboren und hat sich so eingelebt, dass er kaum etwas sagt und zurückhaltend bleibt, bis ihn jemand verprügelt.

„Shakira kommt nach Köln", sagt Schoberdick.

„Shakira?", fragt Bellatschik nach.

„Ja, Shakira", sagt Schoberdick. „Leck mich am Arsch."

Grunzmeier nickt, obwohl nie jemand darauf achtet, ob er nickt oder in Altenbeken ein Zug entgleist.

„Willst du da hin?", fragt Bellatschik gelangweilt.

„Sie kommt am Samstag nach Köln", sagt Schoberdick und dreht seine Wurst in dem Senfklecks herum.

Der Junge aus dem Media Markt schaut kurz auf, als der Name „Shakira" fällt, aber dann stochert er wieder mit der Plastikforke in den Pommes herum, als suche er etwas.

„Kuhlau hat mich das auch gefragt", sagt Schoberdick. „Ich bin ganz hin- und hergerissen. Shakira kann so mitfühlend sein."

Bellatschik beißt in die Wurst. Schoberdick tut manchmal so, als sei er kulturell interessiert. Er wundert sich sowieso schon, dass Schoberdick überhaupt Shakira kennt. Noch nicht mal er kennt sie, obwohl seine Frau zwanzig Jahre jünger ist und ihn über alles auf dem Laufenden hält, was ihn nicht interessiert. Nun tut Schoberdick auch noch, als würde er samstags in Deutschland herumdüsen, um sich danach mit Shakira zum Shoppen zu treffen.

„Kuhlau hat dann versucht, übers Internet eine Karte zu bestellen", sagt Schoberdick. Er beißt dabei in die Wurst, die im Senf gewendet aussieht wie ein Skinhead. Die nächsten Sätze gehen dann unter vor lauter Wurstgemampfe. Schließlich kommt auch noch diese Tussi mit den tausend Tattoos aus der Bude und zieht alle Aufmerksamkeit auf sich. Sie ist geschminkt wie ein Alien und hat sich alle Spieler des SC Paderborn auf ihre Oberarme tätowieren lassen. Sie trägt ein sabberndes Baby auf den Armen, sodass die Gesichter der Fußballer ganz breit gezogen sind, als ertrügen sie es nicht, als Babysabberunterlage missbraucht zu werden. Bellatschik ist es egal. Ihn interessiert auch keine Spur, ob Schoberdick zu Shakira fahren will oder ihm die Karten zu teuer sind. Irgendwann sagt Schoberdick auch noch, dass Shakira gar nicht an diesem Samstag nach Köln kommen wird und dass Kuhlau auch noch herausbekommen hat, dass es gar nicht Shakira ist, die nach Köln kommt, sondern Madonna. Bellatschik verschluckt sich und gibt Töne ab, als wäre ein Terrier in ihn gefahren. Wahrscheinlich, denkt er, wird gleich der Media-Markt-Azubi ein Maschinengewehr unter dem Tisch hervorziehen und alles in einen Bluthaufen verwandeln. Geschähe uns recht. Wahrscheinlich wird sich gleich der Himmel lösen und auf uns herniederfallen und alles beenden in Zombietown.

Sie hatten sich bei Stute kennen gelernt. Stute gilt als der größte „Saftladen" Europas. Granini, Kalte Muschi und andere Obstextrakte werden hier abgefüllt und vieles, was in den Regalen steht, ist von Stute, auch wenn nicht Stute draufsteht. Zugegebenermaßen war dies kein Fakt, der Schoberdick seine Arbeit lieber machen ließ. Schoberdick saß in der Kontrolle. Er thronte den ganzen Tag erhöht auf einem Platz und musste zusehen, wie tausende von Fruchtsäften an ihm vorbeifuhren. Er kam sich manchmal vor wie ein Bademeister. He, nicht drängeln dort hinten. Bellatschik und Grunzmeier waren im Frühdienst. Sie kamen kurz vor sieben und wurden dann eingeteilt. Grunzmeier war zu blöd für komplizierte Aufgaben und bekam meistens einen Besen in die Hand gedrückt. Zu fegen gab es immer in der Nahrungsmittelbranche. Er, Bellatschik, wurde immer dort eingeteilt, wo es schnell was zu tun gab. Manchmal musste er Joghurt stapeln, manchmal LKWs ausräumen. Es war Zufall, dass er sich dann mit Schoberdick einließ. Es war an einem Montag. Schoberdick musste einen Augenblick unaufmerksam gewesen sein. Er ließ den gesamten Orangensaft in Grapefruittüten laufen. Nun gab es 5000 Grapefruit-Packungen, die mit Orangensaft gefüllt waren. Das war zu viel. Mulkowski, der Vorarbeiter, maßregelte Schoberdick vor der gesamten Belegschaft. Es wäre ein ungeheurer Schaden entstanden. Er, Mulkowski, wäre auch menschlich total enttäuscht von Schoberdick. Das wäre ein Vertrauensjob, bla bla. Ein Job, der besondere Hingabe erforderte, bla bla bla. Und da schaute Schoberdick Bellatschik an. Vielleicht, weil er bei dem Wort „Hingabe" so gelächelt hatte, als würde er Mulkowski am liebsten eine Graniniflasche in den Mund stopfen, um damit sein selbstherrliches Gerede zu stoppen. Er sah also auf Bellatschik und Bellatschik auf ihn und da sah Bellatschik, wie Schoberdick, quasi als kleine Extravorstellung, eine Grapefruittüte zerquetschte und den Saft auf Mulkowski tropfen ließ, dass dieser nicht nur verstummte, sondern auch dastand wie ein begossener Pudel, der nach seiner Kastration aus der Narkose erwacht. Es war mucksmäuschenstill. Als wäre eine Bombe in das Werk eingeschlagen, erwachten alle nach dem Aufschlag und suchten nach Überlebenden. Mulkowski zitterte. Er wusste nicht, was er tun sollte. Seine Augen zuckten. Er hatte sich nicht mehr unter Kontrolle. In dem Augenblick kam Grunzmeier um die Ecke. Er schob einen riesigen Besen vor sich her, der aussah wie ein Kreuz. Die Borsten waren grün. Grunzmeier pfiff und blickte staunend in die Runde. Erst als er Mulkowski sah, blieb er stehen und sagte: „Ist … ist das Orangensaft?"

Plötzlich brüllte Mulkowski los, riss dabei Grunzmeier am Pullover herum, als wollte er ihn so weiten, dass auch seine Frau ihn tragen konnte.

„Raus", schrie er. „Raus! Verschwindet alle. Was glotzt ihr so herum. Füllt Marmelade ab."

Grunzmeier wusste nicht, wie ihm geschah. Mulkwoski war außer sich. Als hätte er den viel stärkeren Schoberdick vor sich, schleuderte er Grunzmeier herum, bis dieser stürzte und benommen auf dem Boden liegen blieb. Bellatschik konnte sich nicht zurückhalten. Er sagte ganz ruhig: „Trauen Sie sich auch an mich heran?"

In diesem Augenblick kam der Werkschutz angelaufen. Gewappnet, als wären sie im Krieg, stolzierten sie in die Halle. Sie gingen breitbeinig, weil sie Schutzhosen trugen, als wäre der Gegner mit Spießen bewaffnet. Dabei hatte sich die Versammlung längst aufgelöst und die Maschinen liefen wieder. Es standen nur Schoberdick und Bellatschik in Werkhalle drei und vor ihnen, wie ein Häufchen Elend, wimmerte Grunzmeier. Sie wurden dann alle des Werkes verwiesen und entlassen. Das war der Anfang ihres Trios. Sie waren bald bekannt und schnell gefürchtet. Mulkowski mied auf jeden Fall die Dunkelheit und wurde immer ängstlicher. Er wohnte ja auf dem Kaukenberg, da ging er gar nicht gern raus, obwohl er, wie alle dort, nicht zimperlich gewesen war. Später hatte er dann einen Unfall. Er stürzte angeblich „unglücklich" in die riesige Zentrifuge mit dem Himbeersaft. Es soll ein Unfall gewesen sein, aber die Arbeiter wussten es besser. Man fällt nicht einfach in eine Zentrifuge mit Himbeersaft. Der war gestoßen worden. Aber weil Mulkowski ein Arsch war, hatte niemand was gesagt. Im Grunde waren alle froh, dass er fort war. Und Doktor Winters Himbeersaft mochte eh keiner. Er schmeckte einfach süß und nicht nach Himbeeren. Vielleicht konnte ihm ein Hauch Mulkowski gut tun. Sicher ist nur, dass an dem Außenring der Zentrifuge ein Besen angelehnt stand, über den man leicht stolpern konnte.

Das war gar nicht so lang her. Die drei Männer gingen wie immer aus dem Haus, um keine Unruhe zu verbreiten. Sie trafen sich frühmorgens bei Zarnitz und standen herum. Sie tranken Kaffee und bestellten sich irgendwann ein Brötchen mit Käse. Die Zeit nach Stute war nicht leicht gewesen. Wer will schon drei Hilfsarbeiter einstellen, die wegen Stunk aus einem Betrieb rausgeflogen waren? In einer kleinen Stadt sprach sich alles schnell herum und so viele Jobs gab es auch nicht. Schoberdick hatte schließlich eine Idee. Er bot Stadtführungen an, die dem Besucher der Paderstadt die dunklen Seiten der Ostwestfalenmetropole zeigen sollten. Die Stadtführung be -

gann am Drogenumschlagplatz an der Marienstatue und endete im Rotlichtgebiet beim Bienenkorb. Zwischendurch besuchte man zwielichtige Kneipen und Restaurants, in denen man schlechtes Essen serviert bekam. Natürlich wurde auch das Finanzamt besichtigt und die schmuddelige Bahnhofstoilette. Schoberdick konnte alles zur dunklen Seite machen. Am Schluss ließen sich alle mit Bellatschik fotografieren, den Schoberdick als König des organisierten Verbrechens präsentierte. Das kam an. Kegelclubs und andere Zombies rissen sich um eine Führung. Leider war die Stadtführung allen Saubermännern ein Dorn im Auge – aber nicht nur denen, auch die Unterwelt wollte ohne Zeugen ihre linken Dinger drehen. Sie überzeugten Schoberdick schnell davon, dass solche Stadtführungen nicht ins brave Paderborn passten. Schoberdick lag auf jeden Fall zwei Tage im Brüderkrankenhaus und war nach dem Gespräch mit der Russenmafia taub auf einem Ohr.

Eine Zeit lang waren sie Ruhestörer. Sie sangen im Ükern vor Kneipen und hörten erst damit auf, wenn der Wirt ihnen ein Stummgeld bezahlte. Sie kippten dadurch drei Kneipenlizenzen und verdienten eine Zeit lang ganz gut, bis die Wirte plötzlich mitsangen und die Polizei ihnen auflauerte. Die Erpressung konnte man ihnen zum Glück nicht nachweisen, aber aus war es mit dem Krachmachen.

Schoberdick hatte dann gestern in der Neuen Westfälischen von dem Enkeltrick gelesen. Laut Zeitung meldeten sich immer irgendwelche Enkel bei ihren Omas und kündeten dann ihren Besuch an. Sie waren aber nicht verwandt miteinander. Die angeblichen Enkel taten einfach scheißfreundlich und dass sie ihre Wurzeln kennen lernen wollten und so was. Wenn man dann in der Wohnung der vermeintlichen Verwandtschaft war, raubte man diese bis aufs Unterhemd aus und kackte noch in ihr Schlafzimmer.

„Das mit dem Aa mach ich nicht", sagt Grunzmeier.

„Das gehört aber dazu", sagt Schoberdick und blinzelt Bellatschik zu.

„Das ist mir egal", sagt Grunzmeier. „Ich mach da nicht hin."

„Das muss ja nichts Weltbewegendes sein", sagt Schoberdick. „So machen es halt alle. Wir wollen doch nicht auffallen."

Grunzmeier merkt inzwischen, dass er verscheißert werden soll, und sagt lieber gar nichts mehr.

Das Trio hatte jedenfalls sofort, am selben Nachmittag noch, bei Kuhlaus Oma einen Versuchsballon gestartet. Kuhlaus Oma war ideal für den Enkeltrick. Sie ist noch so rüstig, dass sie im vierten Stock ohne Aufzug wohnen will. Kuhlau hatte mal erwähnt, dass seine Oma nach dem Tod ihres Mannes nicht wusste, wohin mit dem Geld, und er dann manchmal vorbeikommen würde und sie erleichterte auf Teufel komm raus. Das hörte sich gut an. Ihr Plan war einfach. Zuerst kam Schoberdick und stellte sich als Kommissar einer Spezialeinheit vor. Verdeckte Ermittlung pipapo. Er war also der Kommissar und das Wohl der Alten lag ihm am Herzen. Schoberdick konnte da sehr überzeugend sein. Er konnte alles, was alten Frauen die Röte ins Gesicht treiben lässt. Handkuss, in den Mantel helfen und Komplimente, die einem die Schuhe ausziehen. Er sagte also: Gauner laufen rum im Land. Nirgendwo ist man mehr sicher. Keiner hat mehr Achtung vor schneeweißen Haaren. Er warnte also, nur alles ein wenig amtlicher. Sie hatten sich Visitenkarten drucken lassen. Bellatschiks Frau hat das drauf. Sie arbeitet in einem Copyshop. Sie kann sogar T-Shirts bedrucken mit dem Gesicht eines Hundes drauf. Eine Karte ließ Schoberdick da und die Warnung: Melden Sie sich, Frau Kuhlau, mit diesen Monstern ist nicht zu spaßen. Küss die Hand, gnädige Frau, Ihre neunzig Jahre sieht man Ihnen nicht an, wenn ich nicht schon verheiratet wäre … ich muss mich zurückhalten. Und so weiter, und so fort. Dann kam Grunzmeier an die Reihe. Zwei Stunden später klingelte er bei Kuhlaus Oma. Er stand erstmal nur da und überlegte seinen Text. Zugegeben, Grunzmeier war die schwache Stelle, andererseits knallte man ihm nicht die Tür vor der Nase zu, weil er so hilflos wirkt. Ich bin dein armer Enkel, sagte dann Grunz - meier – „arm" ist noch nicht mal gelogen –, umarmte Kuhlaus Oma und ging zum Kaffeetrinken ins Wohnzimmer. Das war abgesprochen. Soll er in die Küche kommen, ahnt die Oma was. Wohnzimmer ist genau die richtige Location für den lang vermissten Enkel. Grunzmeier stolperte also in die Wohnung, stellte seine Plastiktüte mit den Pfandflaschen ab, merkte schnell, das Wohnzimmer ist auch die Küche. Da stand er erstmal dumm rum, setzte sich aber nicht, sondern machte sich nützlich. Er fegte. Das konnte er. Frau Kuhlau rief dann, wie angedacht war, den Kommissar, also Schoberdick, an, der dann großspurig antrabte, mit Pistole und Handschellen wedelte und dick einen auf Tatortkommissar machte, bis Oma Kuhlau Kuchen servierte. Da wurde es auf einmal gemütlich. In der Zeit kam Bellatschik ins Spiel, als Mann fürs Grobe. Er durchkämmte heimlich die Wohnung, drehte alles um und schaute drunter nach. Er suchte Bares und andere Wertsachen, was bei Kuhlaus Oma nicht einfach war. Kuhlaus Oma hatte überhaupt nichts. Sie hatte kein Geld und keinen Schmuck. Im Schlafzimmer unterm Bett war nur eine Kiste mit Fotos, die sie mit ihrem Mann zeigte. Bellatschik rotzte auf den Boden und suchte weiter. Schnell war klar, Oma Kuhlau war so arm, dass sie ihre Kerzen selbst goss, um Strom zu sparen. Es war ja nur ein Testlauf gewesen, da konnte man Kuhlaus Oma auch ein wenig Geld dalassen, und Grunzmeier kommt nun einmal die Woche vorbei und macht sauber. Nur Kuhlau selbst, der Lügenbaron, der fing sich welche. Von wegen seine Kumpels verscheißern.

Heute gilt es aber. Sie sitzen im Auto. Bellatschiks Frau hat ihnen ihren Fiat geliehen. Pfusch in allen Teilen. Er wackelt, wenn sie Gas geben, und die Scheiben sind von innen so beschlagen, dass Bellatschik kaum was sehen kann. Gibt auch nichts zu sehen. Alle fahren wie die Irren und treiben die andern vor sich her. Hinten sitzt Grunzmeier in seiner ADAC-Weste und versucht alles mitzubekommen, was vorne besprochen wird. Schoberdick hat eine Todesanzeige aus der NW ausgeschnitten. Er zieht sie unter der Nase her wie eine wertvolle Zigarre. Ein Ehemann ist gestorben, ein Finanzbeamter. Die Witwe wohnt in einem Zweifamilienhaus. Gute Wohnlage, Südviertel, Schoberdick war schon da gewesen und hat ihr den Kommissar gemacht.

„Das Haus ist so groß, dass man in zwei Wohnzimmern sitzen könnte", schwärmt Schoberdick. „Die Wohnzimmer sind nach Ortsteilen benannt. Ein Wohnzimmer heißt der ‚Elsener Salon', ein anderer der ‚Borchener Salon'. In jedem der Räume hängt ein Bild von dem Bürgermeister des Ortes. Die Zimmer sind farblich dem Gemeindewappen angepasst und überall stinkt es nach Geld."

Schoberdick schüttelt den Kopf über so viel Glück.

„Die Oma trägt noch Schwarz", sagt er. „Die ist ganz frisch. Die ist zu beschäftigt, um Verdacht zu schöpfen."

Bellatschik verdreht die Augen. Er hat kein Geld mehr. Seine Frau macht ihm zu Hause die Hölle heiß.

„Grunzmeier soll bloß seinen Besen zu Hause lassen", sagt er. „Wir müssen diesmal Geld verdienen."

Grunzmeier zieht die Nase hoch. Er spürt, dass es um ihn geht. Er will etwas sagen, stottert aber schon, als er noch still ist. Er macht den Mund auf und zu wie ein krepierender Fisch. Schoberdick dreht sich nach hinten, schlägt Grunzmeier auf den Rücken, als hätte er sich verschluckt.

„Ich habe mir eine CD von Shakira gekauft", sagt Grunzmeier schließlich.

Bellatschik rastet aus. Er schlägt auf das Lenkrad und verliert fast die Kontrolle über das Ding. Er weicht einem Vetter und Engels-Transporter aus, der plötzlich aus der Straße An den Kapuzinern kommt. Bellatschik beruhigt sich. Er atmet tief ein und aus.

„Grunzmeier soll die ADAC-Weste ausziehen", sagt er.

Grunzmeier ist beleidigt. Er schaut aus dem Fenster, obwohl es draußen immer noch nichts zu sehen gibt.

Endlich sind sie im Südviertel, in der Ruppertstraße. Grunzmeier steigt aus dem Auto. Er zieht die ADAC-Weste aus und lässt sie auf die Rückbank fallen. Er macht es so, als wäre er eine Stripteasetänzerin. Rumms, schlägt er die Fiattür zu, wie eine beleidigte Diva. Er geht auf das Haus zu, in der die reiche Oma wohnt, und klingelt. Lange geschieht nichts. Grunzmeier will schon wieder gehen, als sich doch die Tür öffnet und eine alte Frau im Rahmen steht. Grunzmeier sucht nach Worten, schließlich sagt die Frau: „Sind Sie mein Enkel?"

Grunzmeier nickt.

„Komm herein", sagt die alte Frau. „Ich habe Kaffee und Kuchen gemacht."

Die Tür schließt sich. Grunzmeier und die alte Frau sind verschwunden. Schoberdick und Bellatschik tauchen wieder aus dem Wagen auf.

„Was war denn das?", fragt Bellatschik.

Schoberdick zuckt mit den Schultern. Er streckt seinen Kopf in alle Richtungen, als wäre er verspannt. Es knackt. Er schaut Bellatschik an wie ein Saalordner, der auch nichts dafür kann, dass alles über Tische und Stühle geht. Er gähnt und lehnt sich auf seinem Sitz zurück. Er sucht eine Stellung, in der er schlafen kann, und zieht den Kragen seines Trenchcoats hoch.

„Was ist denn nun los?", fragt Bellatschik verwirrt.

„Wir warten auf den Hilferuf der Alten", sagt er, „dann stürme ich ins Haus und lasse für dich die Haustür auf."

„Und wenn kein Hilferuf kommt?", fragt Bellatschik.

Schoberdick gähnt und streckt sich.

„Und wenn kein Hilferuf kommt?", fragt Bellatschik noch mal.

Schoberdick tut so, als ob er schläft. Er hat die Augen geschlossen. Er tut sogar so, als würde er schnarchen, damit Bellatschik endlich Ruhe gibt. Sie warten fast eine Stunde, bis sich plötzlich die Haustür der Alten öffnet und Grunzmeier ihnen zuwinkt. Sie glauben, sie sehen nicht richtig. Bellatschik ist schon draußen. Schoberdick hinterher.

„Langsam", sagt er. „Keine Panik. Fahr einen Gang runter."

Grunzmeier lässt sie in die Wohnung. Er grinst. Er kann es kaum erwarten, zu erzählen. Bellatschik schaut sich um. Er entdeckt eine Messingscheibe im Flur, auf der die drei Hasen vom Dreihasenfenster verewigt sind. Er nimmt die Scheibe ab und wiegt sie, als könnte man so den Wert ermitteln. Schoberdick legt den Finger auf den Mund. Grunzmeier winkt sie ins Wohnzimmer, in den „Elsener Salon". Auf dem Sofa liegt die alte Frau und schläft. Bellatschik zieht sich seine Schuhe aus und geht zu ihr. Er schüttelt den Kopf. Er steht direkt neben der Oma. Er hebt die Messingscheibe hoch, wie eine Axt, und will sie niedersausen lassen. Da ist Schoberdick da.

„Nein", flüstert er scharf. „Nicht mit dem Dreihasenfenster."

Grunzmeier kommt hinzu. Er hat ein Stück Apfelkuchen im Mund. Er schaut starr auf die Szene und verschluckt sich gleich. Er hustet so, dass er fast stirbt. Die alte Frau öffnet ihre Augen.

„Herr Kommissar", sagt sie erstaunt. „Wie ich sehe, haben Sie schon meinen Enkel kennen gelernt."


Der Enkeltrick sprach sich schnell rum. Alle wollten mal Besuch von ihren Enkeln haben. Egal, ob sie echt waren oder nicht. Wer hatte schon Angst, ausgeraubt zu werden, wenn man zu arm ist, um auf Libori gehen zu können. Grunzmeier, Schoberdick und Bellatschik wurden berühmt. In einer kleinen Stadt reichte da Mund-zu-Mund-Propaganda. Sie schafften oft nur drei Enkelbesuche am Tag. Bellatschik wurde richtig zahm.

„Die Leute ham ja nichts", sagte er. „Da wird man brav wie ein Messdiener."

Bellatschik hatte ja mal Klempner gelernt. Er war stets hilfsbereit, wenn ein Abfluss verstopft war oder die Waschmaschine angeschlossen werden musste. Schoberdick sah sich nur noch als Schauspieler. Er übernahm nun manchmal kleinere Rollen in den Kammerspielen. Als in der Zeitung ein Artikel über das Enkeltrio erschien, rannten ihnen alle die Bude ein. Schoberdick hatte dann die Idee mit der Abokarte. Buche zehn, zahle neun. Die Alten liebten diese Art der Unterhaltung. Natürlich war es auch angenehm, jemanden im Haus zu haben, der es dann fegte. Grunzmeier war so beliebt, dass er überall seine ADAC-Weste tragen durfte. Am Ende des Jahres will das Trio mit all seinen Omas einen Ausflug nach Dortmund machen. Da kommt Shakira in die Westfalenhalle. Da werden dann fast 1000 Gruftis in den ersten Reihen sitzen und total ausrasten. Da wird Shakira staunen.

Eike Birck

## Hitlers Geburtstag

### 19. April 1933

Ein kalter Wind fuhr durch den Park. Paul Heldt stand am Ufer des kleinen Teichs und rauchte eine Zigarette. Aus einiger Entfernung beobachtete er die Vorbereitungen, die anlässlich des Geburtstages des neuen Reichskanzlers in vollem Gange waren. Ein überdimensioniertes Hakenkreuz thronte bereits auf dem Dach der Oetkerhalle. Vor zweieinhalb Jahren hatte hier unter der Leitung von Max Cahnbley das erste klassische Konzert stattgefunden, das Paul gespannt im Rundfunk verfolgt hatte.

Ab morgen sollte der Bürgerpark nun Adolf-Hitler-Park heißen. Es war eisig kalt. Paul schlang den Mantel enger um seine schmächtige Gestalt und zog den Hut tiefer in sein blasses Gesicht, das vor Kälte brannte. Unwillkürlich betastete er die flammend rote Narbe auf seiner linken Wange. Zeit zu gehen. Entschlossen trat er seine Zigarette aus.

Zurück in der Redaktion der *Westfälischen Zeitung* traf er gleich im Flur auf seinen neuen Chef. „Schöne Geschichte, diese Umbenennung", schmetterte dieser ihm euphorisch entgegen.

„Wie man's nimmt", murmelte Paul leise.

„Was haben Sie gesagt, junger Mann?" Glücklicherweise war der übergewichtige Chefredakteur etwas schwerhörig, denn Paul wollte es sich nicht gleich an seinem zweiten Arbeitstag mit ihm verderben. Ohne eine Antwort abzuwarten, fuhr Heinz Fleischer fort.

„Ich stelle Ihnen gleich den Fotografen vor, der Sie morgen Abend zu den Feierlichkeiten begleitet. Ich halte Ihnen eine ganze Seite für diese Geschichte frei. Ah, da kommt er schon.

Andreas, darf ich Ihnen unseren neuen Redakteur vorstellen? Das ist ..."

„Paul Heldt!", rief Andreas Brockmann aus und schlug seinem alten Schulfreund überschwänglich auf die Schulter. „Was führt dich denn zurück in die Provinz? Ich dachte, du studierst in München?"

„Das ist eine lange Geschichte ..."

„Ich sehe, die beiden Herren kennen sich bereits." Er räusperte sich. „Ich habe jetzt noch einen wichtigen Termin", sagte Fleischer etwas schmallippig, weil nicht er im Mittelpunkt des Interesses stand.

„Mensch, wie lange haben wir uns nicht mehr gesehen?", fragte Andreas. Er sah gut aus, mit seinem athletischen Kör - perbau und seinen flachsblonden Haaren. „Du bist doch gleich nach dem Abi nach München gegangen, oder?" Andreas hatte Recht. Seit ihrer gemeinsamen Schulzeit auf dem Ratsgymnasium hatten sie sich aus den Augen verloren. Das war zwar erst zwei Jahre her, aber es war viel passiert seitdem.

„Stimmt", erwiderte Paul. „Ich habe dort mit Jura angefangen, aber das war nicht das Richtige für mich. Diese endlosen Kommentare zu den Gesetzestexten, das war einfach öde." Er konnte Andreas nicht in die Augen schauen, denn in erster Linie waren es seine Kommilitonen gewesen, die Paul das Leben in der bayerischen Hauptstadt unerträglich gemacht hatten. Er hatte gleich nach seiner Ankunft ein günstiges Zimmer in einem der Häuser der Studentenverbindungen gefunden. Erst viel zu spät hatte Paul gemerkt, dass die Burschenschaft ein Hort nationalsozialistischer Propaganda war. Als einige seiner Bundesbrüder einen jüdischen Mitstudenten drangsalierten, hatte sich Paul schützend vor ihn gestellt. Für die Burschenschafter ein ungehöriger Affront. Es wurde Satisfaktion beim Fechten gefordert. Hier hatte Paul den Kürzeren gezogen. Er griff sich an die noch nicht ganz verheilte Narbe in seinem Gesicht. Und nun schämte er sich für seine grenzenlose Naivität.

„Das kann ich gut verstehen", sagte Andreas und blickte Paul offen ins Gesicht. Dieser zog schnell die Hand von der Narbe weg, die der Fotograf nun aufmerksam betrachtete. „Es ist nicht immer leicht, anders zu sein als die anderen."

Paul lächelte schwach. Schon zu Schulzeiten hatte Andreas die Gabe gehabt, ihn zu durchschauen. Er war ihm dankbar dafür, dass er nicht weiter in ihn drang.

Plötzlich ertönte lautes Wutgeheul aus dem Büro des Redaktionsleiters. Paul und Andreas konnten nur einzelne Wortfetzen aufschnappen. „Das kann doch nicht wahr sein ... nicht schon wieder ... Immer dieser Degenhardt ... Wer hat das denn wieder zu verantworten?"

Paul blickte seinen alten Schulfreund an. „Mit wem redet Fleischer denn da?"

„Keine Ahnung." Andreas zuckte gleichgültig die Schultern. „Die Erfahrung hat nur gelehrt, dass man besser nicht in der Nähe ist, wenn er solch eine Laune hat. Was hältst du davon, wenn wir heute Abend was zusammen unternehmen. Ich hole dich ab." Er stutzte kurz. „Wo wohnst du jetzt eigentlich?"

„Immer noch in der Goldstraße. Max hat die Wohnung dort behalten."

„Dein Bruder wohnt ganz allein in der großen Hütte? Ist er eigentlich noch bei der Polizei?"

Paul nickte bloß.

Gegen halb neun traf Andreas bei Paul ein. Paul hatte schon vor der Haustür gewartet und eine Zigarette geraucht.

„Freunde von mir machen eine kleine, informelle Party", begrüßte er ihn. „Es wird dir schon gefallen", ergänzte er, als er Pauls enttäuschtes Gesicht sah. Sie gingen über den Alten Markt Richtung Sparrenburg. Unterhalb der Burg blieb Andreas vor einer prachtvollen Jugendstil-Villa stehen.

„Wir sind da!" Energisch betätigte der junge Fotograf den Klingelknopf.

Die kunstvoll verzierte Tür wurde schwungvoll von einer

Dame um die fünfzig geöffnet. In einer Hand eine Zigaretten-spitze, in der anderen eine Sektschale. Sie begrüßte Andreas mit Küsschen, wobei etwas Sekt auf Andreas' Kragen schwappte.

„Wen hast du denn da Nettes mitgebracht", sagte sie kokett und musterte Paul neugierig, aber nicht unfreundlich aus schwarz umrandeten Augen.

„Frau Kommerzienrat Helene von Haugwitz, dies ist mein alter Schulfreund Paul Heldt, der gerade aus München zu-rückgekehrt ist. Ihm hat es dort nicht sonderlich gefallen", übernahm Andreas galant die Vorstellung.

„Wundert mich nicht, in diesen Zeiten", sagte Helene von Haugwitz und ergriff voller Wärme Pauls Hand und hielt sie etwas länger als nötig fest. „Paul Heldt ... Sind Sie der Sohn von Viktoria Heldt?"

„Ja, nur leider sind meine Eltern vor einigen Jahren ..."

„Ein schreckliches Unglück", fiel die Frau Kommerzienrat ihm ins Wort. „Ich bin ein großer Bewunderer Ihrer Mutter gewesen. Niemand interpretierte Bach auf eine solch einfühl-same Weise wie sie. Ihr Tod kam viel zu früh. Aber treten Sie doch ein. Und bitte, nennen Sie mich doch Helene."

Bevor Paul etwas erwidern konnte, zog die energische Dame ihn schon in Richtung Salon. Hilfe suchend blickte er sich zu seinem Schulfreund um, der den beiden lachend folgte.

Der großzügige Salon war rauchgeschwängert. Überall stan-den Grüppchen herum, die sich angeregt unterhielten. Es wur-de viel gelacht und der Alkohol floss in Strömen. Leise Jazz-Musik begleitete den Abend.

„Ja, hier geht es noch zu wie in den guten goldenen Zwan-zigern", sagte Andreas versonnen.

Paul wollte gerade einwenden, dass sie so alt ja noch nicht seien, als ein auffällig gekleideter Mann auf sie zuschwankte.

„Andreas, Süßer, wen haben wir denn hier?" Er blickte Paul interessiert an. „Diese schwarzen Haare, der sinnlich-sensible Mund, die helle Haut. Hätte er jetzt noch braune Augen, dann könnte man ihn glatt für Schneewittchens Bruder halten."

„Ach, Jody! Schön, dich zu sehen! Seit wann bist du wieder in der Stadt?", unterbrach Andreas den Paul noch immer schamlos musternden Mann und verwickelte ihn in ein Gespräch über Architektur.

Paul fühlte sich unbehaglich, konnte aber dennoch den Blick nicht von dem Mann namens Jody abwenden. Der trug eine sehr eng geschnittene schwarze Hose und ein locker fallendes weißes Seidenhemd, das weit aufgeknöpft Teile seiner unbehaarten Brust zur Schau stellte. Aus dem hageren Gesicht blitzten amüsierte schwarz-braune Augen hervor, die mit Kajal umrandet waren. Auch er benutzte eine Zigarettenspitze, die er nun an die blutrot geschminkten, schmalen Lippen führte. Er inhalierte und stieß den Rauch langsam aus.

„Du hast mir noch immer nicht deinen neuen Freund vorgestellt", unterbrach er Andreas' Redefluss und legte Paul vertraulich eine Hand auf die Schulter.

In diesem Moment trat ein weiterer Mann in den Kreis. „Warum machst du das? Musst du mich immer vor aller Welt demütigen?"

Jody fuhr herum und schwankte. Mit einem Ausfallschritt rettete er seine Balance. „Ach, Thomas. Ich plaudere doch nur mit Andreas' Freund. Aber … ist er nicht niedlich?", sagte Jody mit einem provozierend schmachtenden Augenaufschlag an Pauls Adresse gerichtet.

„Jetzt reicht's!", explodierte Thomas und zog den laut protestierenden Jody mit sich. In einer Ecke des Salons lieferten sie sich ein erbittertes Wortgefecht. Die anderen Gäste waren verstummt und guckten betreten in ihre Sektschalen. Und auch das Grammophon schwieg.

Paul beobachtete verwirrt die Szenerie. Er hatte gar nicht bemerkt, dass sich Helene von Haugwitz zu ihnen gesellt hatte.

„Nehmen Sie es Jody nicht übel", sagte sie mit ihrer rauchigen Stimme. „Das ist immer nur ein Spiel von ihm, wenn in Gesellschaft ein neuer Mann auftaucht."

„Läuft der immer so rum", entfuhr es Paul, der sich sofort

für seine kleingeistige Bemerkung schämte. „Ich meine, so handelt er sich doch sicherlich einen Haufen Ärger ein?"

Helene von Haugwitz lächelte nachsichtig. „Nein, er schminkt sich nur, wenn er abends ausgeht. Er ist auch nicht immer so …" Sie zögerte einen kleinen Moment. „ … exaltiert. Man ahnt es so kaum, aber für Bielefeld hat er viel Gutes getan. Deshalb lässt man ihm auch so einiges durchgehen. Sie kennen sicherlich das Viertel Königsbrügge, das als Gartenstadt konzipiert wurde?"

„Steht dort nicht das schöne Torhaus aus Backsteinklinkern? Als Eingang zum Sportplatz?", vergewisserte sich Paul.

„Ganz recht", bestätigte die Frau Kommerzienrat. „Und niemand Geringerer als Jody zeichnet sich für die Durchsetzung dieses Kleinods verantwortlich. Sicherlich, er eckt hie und da mit seiner Art an, aber bei der Stadt kommt man nicht an ihm vorbei. Und tatsächlich munkelt man, er sei auch für den Bau der neuen Kunsthalle im Gespräch. – Aber entschuldigen Sie mich. Die ersten Gäste wollen gehen."

Jody war also der berühmte Uwe Degenhardt, dachte Paul erstaunt und ließ seinen Blick durch den Salon schweifen. Ein blasser Mann in einem mausgrauen Anzug stand einsam in der Ecke und nippte freudlos an seinem Sekt. Andreas war dem Blick seines Freundes gefolgt.

„Das ist Asphalt-Schultze", sagte Andreas abfällig.

Paul guckte ihn fragend an. „Wieso Asphalt-Schultze?"

„Der sollte lieber Straßen anstelle von Gebäuden bauen. Das würde das Stadtbild nicht so verschandeln. Was er baut, ist einfach sterbenslangweilig." Andreas grinste ihn unsicher an. „Ich hoffe, der Abend hat dir gefallen?"

„Aber sicher doch", beruhigte Paul seinen alten Schulfreund. „Eine solche Ansammlung interessanter Charaktere erlebt man doch nicht alle Tage. Und ganz sicher nicht in München. Da ist eher Uniform en vogue. Ich bin froh, dass du mich mitgenommen hast. Machen wir uns auf den Weg?"

„Damit wir morgen ausgeschlafen sind für den großen Tag?", spöttelte Andreas. „Für Führers Geburtstag."

## 20. April 1933

Kurz vor dem Einbrechen der Dunkelheit trafen sich Paul und Andreas vor der Oetkerhalle. Andreas hatte bereits einige Aufnahmen gemacht. Immer mehr Menschen strömten herbei. Auch diverse Lokalgrößen hatten es sich nicht nehmen lassen, dem Spektakel beizuwohnen. Einige hundert SA-Männer marschierten mit Fackeln in den Park ein. Die Flammen warfen unruhige Schatten. Trommeln verstärkten die gespenstische Atmosphäre. Mit einem Projektor wurde ein überlebensgroßes Porträtfoto von Adolf Hitler auf die Seitenwand der Konzerthalle geworfen. Darüber schimmerte das riesige Haken - kreuz. Als der erste Redner ans Pult trat, hielten sich die beiden Journalisten abseits von der Menge. Dort trafen sie auf Max.

„Na? Im Dienst?", begrüßte Paul seinen Bruder.

„Hätte nicht gedacht, dass sich so viele Leute das Spektakel angucken. Fast alle unsere neuen *Hilfspolizisten* sind da", sagte er und deutete auf die SA-Männer. „Ich wär jedenfalls lieber nicht hier." Max nahm den Hut ab und strich sich durch das lichter werdende Haar, als sei ihm seine Anwesenheit peinlich.

„Max, wir brauchen dich hier." Ein Polizist trat auf die drei Männer zu. „Dort oben bei den großen Rhododendronbü - schen wurde eine Frau gefunden. Sie scheint tot zu sein."

Max stürzte, ohne ein weiteres Wort zu verlieren, hinter seinem Kollegen her. Paul und Andreas wechselten einen kurzen Blick und rannten ebenfalls hinterher. Vor den Büschen hatte sich bereits eine Menschentraube gebildet, die gerade von den Uniformierten aufgelöst wurde. „Bitte gehen Sie weiter. Es gibt hier nichts zu sehen. Weitergehen, bitte."

Andreas hielt seine Kamera im Anschlag. Man sah nur ein Paar Schuhe aus dem Busch ragen.

„Tut mir leid", wandte sich Max an die beiden Freunde. „Auch, oder gerade die Presse hat hier nichts verloren."

Murrend leisteten die beiden Journalisten der Anweisung Folge. Sie drückten sich noch eine Weile in der Nähe des Fundortes herum.

„Was meinst du, was passiert ist?", fragte Paul.

Andreas zuckte mit den Achseln. „Keine Ahnung. Ein Verbrechen an Hitlers Geburtstag! Na hoffentlich ist es ein politischer Gegner. Das wär doch mal ein hübsches Geschenk aus Bielefeld!" Er lachte sarkastisch auf.

„Willst du noch mal unten gucken gehen?", fragte Paul. „Brauchst du noch was für deine Reportage?"

Paul schüttelte den Kopf. Sie beschlossen, auf ein Bier im *Pappelkrug* einzukehren.

Einige Stunden später kehrte Paul nach Hause zurück. Obwohl er hundemüde war, setzte er sich an seine Schreibmaschine, um die Reportage über die Umbenennung des Parks zu schreiben. „Gehört der Park nun nicht mehr den Bürgern, sondern Adolf Hitler, oder was soll diese ganze Aktion bedeuten", knurrte er übellaunig vor sich hin. Jeder Satz war ein einziger Krampf. Paul wusste, dass sein Chef eine Jubelreportage erwartete, und genau das gelang ihm nicht.

Er hörte leise Schritte im Flur, langsam wurde seine Zimmertür geöffnet. Max stand bleich und völlig übernächtigt im Türrahmen.

„Du bist noch wach", bemerkte er überflüssigerweise.

„Ich muss noch diesen dämlichen Artikel über die Umbenennung schreiben. Und krieg das verdammtnochmal nicht hin! Und was war bei dir?"

Max ließ sich in einen Sessel fallen. „Diese Frau, also diese Tote … das war ein Mann."

„Und das habt ihr nicht gleich gemerkt", fragte Paul belustigt.

„Sie … ich meine er trug Frauenkleider und war geschminkt", verteidigte sich sein Bruder.

„Woran ist er denn gestorben?", fragte Paul nun ernsthafter.

„Mehrere Messerstiche. Bestimmt fünfzehn bis zwanzig. Konnte nicht so genau hinsehen. War ein ziemliches Blutbad. Spricht normalerweise für eine Beziehungstat. Mord mit 'nem Messer, meine ich."

„Hast du noch nicht so viele Leichen gesehen während deiner Dienstzeit?", fragte Paul mitfühlend.

„Doch, doch. Gerade in den letzten Wochen und Monaten. Aber das hier ist anders. Wenn man erst denkt, dass es eine Frau ist, und dann … Die Kollegen nehmen den Mord überhaupt nicht ernst. Selbst der Gerichtsmediziner hat geschmacklose Witze gerissen. Fürchte, das wird wieder ein Mord, der nicht geahndet wird."

„Kannst du das nicht steuern? Du bist doch kein ganz kleines Licht bei der Polizei."

„Was nicht sein kann, das nicht sein soll", antwortete Max kryptisch und ergänzte resigniert: „So sind wir nicht erzogen worden, Paul. Wir glauben an die Gerechtigkeit", fügte er pathetisch hinzu. „Ich als Polizist und du als Rechtsanwalt." Er stutzte einen kleinen Moment. „Wieso hast du eigentlich die Brocken hingeworfen?"

„Ach, lassen wir das jetzt", erwiderte Paul genervt. „Ich hab zu tun." Mit einem Ruck wandte er sich wieder der Schreibmaschine zu.


21. April 1933


Heinz Fleischer tobte. „Heldt! Sofort in mein Büro!" In seiner Faust wanden sich die unschuldigen Blätter, auf denen Paul seine Reportage verfasst hatte. „Was ist das denn hier für ein ausgemachter Scheiß?!", brüllte er und hielt seinem Reporter die zerknüllten Papiere unter die Nase. „Ich wollte keinen Besinnungsaufsatz über die Entstehungsgeschichte des Bürgerparks, sondern eine schöne atmosphärische Geschichte über die Umbenennung desselbigen. Mit großen Gefühlen. Herrgott, es war der Geburtstag des Führers und Sie kommen mir hier mit diesem Mist! Ab jetzt schreiben Sie nur noch Kurzmeldungen, da kann man nicht viel falsch machen. Und gehen Sie mir sofort aus den Augen!" Paul blickte einmal kurz in das hochrote Gesicht seines Chefs und verkniff sich einen Kommentar zu seinem Hintergrundbericht über den Park.

Im Laufe des Vormittags sichtete er diverse Polizeiberichte. Überfälle auf Kommunisten und Sozialdemokraten schienen mittlerweile an der Tagesordnung zu sein. Bei einer Razzia in einer einschlägig bekannten Kneipe, wie es so schön hieß, waren zwei Männer verhaftet worden, die der widernatürlichen Unzucht verdächtigt wurden. Ihnen drohten nun das Gefängnis und der Verlust der bürgerlichen Ehrenrechte. Paul fand jedoch keine Meldung über den Mord vom vergangenen Abend.

„Hat man dich strafversetzt?" Andreas war unbemerkt in sein Büro gekommen und schloss die Tür. Er setzte sich auf die Tischkante.

„Könnte man so sagen. Mein geschichtlicher Abriss über die Genese des Bürgerparks ist nicht so gut angekommen."

„Ich war gestern Nacht noch bei Helene. Sie war untröstlich."

Paul blickte Andreas direkt in die Augen. So langsam dämmerte es ihm.

„Die … ähm … der Tote ist Jody?", vergewisserte er sich.

Andreas nickte stumm.

„Und du hast das die ganze Zeit gewusst?", fuhr Paul auf.

„Befürchtet, nicht gewusst."

„Aber wieso hast du denn nichts gesagt?"

„Ich hatte Angst. Nein, falsch. Ich habe Angst, Paul. Da draußen schlagen sie Leute zu Tode und keinen interessiert's. Es gibt keinen Schutz für jemanden wie mich. Wer wird denn der Nächste sein, wenn schon jemand wie Jody nicht mehr unantastbar ist?"

„Aber warum trug Jody ausgerechnet bei einem Fackelaufmarsch der Braunen Frauenkleider?", fragte Paul.

„Er liebte das Spiel mit dem Feuer", sagte Andreas leise.

„Aber das grenzt doch an Selbstmord", erwiderte Paul ungläubig. „Wenn diese Braunhemden gemerkt haben, dass unter den Röcken ein Mann steckt, dann war es doch klar, dass Prügel oder Schlimmeres drohte."

„Das machte für Jody den besonderen Reiz aus. Ich glaube, dieses Versteckspiel erregte ihn." Andreas schüttelte traurig den Kopf.

„Ich weiß nicht, was ich sagen soll", gab Paul unumwunden zu.

„Brauchst nichts zu sagen", zischte Andreas und verließ stehenden Fußes das Büro.

Paul starrte auf die Tischplatte. Was war denn in letzter Zeit nur mit seiner Intuition los. Erst steckt er in München bis zum Hals im braunen Schlamassel und viel zu spät merkt er, dass sein bester Freund schwul ist.

Zaghaft klopfte Paul an die Tür seines Redaktionsleiters.

„Herein!", bellte es.

Scheinbar hatte sich Fleischers Laune noch nicht gebessert.

„Was wollen Sie denn schon wieder!", herrschte er Paul an.

„Ich habe verlässliche Informationen, dass gestern Abend ein bekannter Bielefelder Architekt bei den Feierlichkeiten anlässlich der Umbenennung des Bürgerparks ermordet worden ist", sagte Paul etwas steif und verfluchte sich dafür, dass er hier innerlich strammstand.

„Bekannter Architekt!", schnaubte Fleischer. „Ein verkommenes Subjekt war dieser Degenhardt. Da kann die Volksgemeinschaft froh sein, dass sie so einen los ist. Das ist doch pervers!"

„Aber immerhin sollte er doch die neue Kunsthalle bauen", wandte Paul ein.

„So ein ausgemachter Blödsinn! Da haben wir in Bielefeld weitaus bessere Architekten. So weit kommt es noch, dass ein solches Prestigeobjekt wie die Adolf-Hitler-Halle von so einer

Tunte gebaut wird! – Haben Sie den Bericht über die Geflügelzuchtschau schon fertig? Nicht? Dann aber los!"

Paul sah ein, dass er hier nichts ausrichten konnte, und schlich wieder in sein Büro. Andreas hatte Recht. Die Stimmung im Lande sprach nicht gerade für Homosexuelle.

Nachdem er sein langweiliges Tagewerk vollbracht hatte, irrte Paul ziellos in der Stadt umher. Ohne recht zu wissen warum, zog es ihn zur Sparrenburg. Wenig später klingelte er an der Tür der Jugendstil-Villa. Helene von Haugwitz öffnete selbst die Tür. Sie schien über sein Erscheinen nicht sonderlich überrascht.

„Entschuldigen Sie mein unangemeldetes …", setzte Paul an.

Helene von Haugwitz winkte müde ab. „Auf Etikette habe ich nie besonderen Wert gelegt", erwiderte sie. „Kommen Sie herein. Trinken Sie ein Gläschen Cognac mit mir?"

Ohne eine Antwort abzuwarten, ging sie voran in den großzügigen Salon.

„Hat Andreas Ihnen endlich gesagt, was los ist?", fragte sie und schenkte zwei Gläser ein.

„Ja. Und offen gestanden verwirrt mich dies ein bisschen."

„Sie haben es mehr mit Frauen? Habe ich Recht?"

Paul errötete leicht. Das war ihm sicherlich seit zehn Jahren nicht mehr passiert. Er nickte bloß.

„Dachte ich es mir doch. Und jetzt befürchten Sie, dass Andreas heimlich in Sie verliebt ist?"

Helene von Haugwitz hatte den Nagel auf den Kopf getroffen. „Da kann ich Sie beruhigen. Andreas ist schon seit längerem liiert. Er schätzt Sie als Freund, aber nicht auf einer … wie soll ich sagen … sexuellen Ebene."

Obwohl Paul dieses Gespräch unangenehm war, atmete er hörbar auf.

„Was mit Jody passiert ist, ist wirklich unfassbar", wechselte Paul das Thema.

Helenes Blick verfinsterte sich. Plötzlich rannen ihr Tränen über das Gesicht. „Es ist wirklich furchtbar", stieß sie um Contenance ringend hervor. „Und ich kann Thomas nicht erreichen. Ich mag mir gar nicht ausmalen, welche Qualen er wohl leiden muss. Sie haben sich das letzte Mal hier gesehen", sagte Frau von Haugwitz und beschrieb mit beiden Händen einen Bogen, der wohl die Ausmaße des Salons beschreiben sollte.

„Ein so erfolgreicher Mann wie Jody mit … sagen wir, besonderen Vorlieben, hatte sicherlich viele Feinde?", traute sich Paul zu fragen.

„Er war ein wunderbarer Mensch", entgegnete die Frau Kommerzienrat, die sich offenbar auf keine weiteren düsteren Spekulationen einlassen wollte.

Nachdem sie noch eine Weile an ihrem Cognac genippt und geschwiegen hatten, verabschiedete sich Paul.

„Besuchen Sie mich bald einmal wieder", bat Helene von Haugwitz.

Paul versprach es.

Gedankenverloren machte er sich auf den Rückweg in die Goldstraße. War Jody tatsächlich das Opfer roher SA-Gewalt geworden? Oder hatte der eifersüchtige Thomas rot gesehen? Konnte er vielleicht Jodys ständige Anbändelungsversuche bei anderen Männern nicht mehr ertragen? Und woher wusste sein Redaktionsleiter bereits von Jodys Tod?

## 22. April 1933

Am nächsten Morgen rauschte Redaktionschef Fleischer durch die Tür. „Heldt! In mein Büro!" Zögernd stand Paul auf. Er hatte in der Nacht schlecht geschlafen und fühlte sich für eine neuerliche Auseinandersetzung mit seinem Chef nicht ausreichend gewappnet.

„Heldt. Machen Sie die Tür zu!"

Paul gehorchte und blieb vor dem massigen Schreibtisch stehen.

Fleischer ließ sich mit einem Seufzer in seinen Bürostuhl fallen. „Sie haben es zwar nicht verdient, aber ich gebe Ihnen noch eine Chance. Schon allein Ihrer begnadeten Mutter – Gott-hab-sie-selig – zu Ehren. Sie gehen zur Ratssitzung. Es geht um verschiedene Bauvorhaben für die Stadt. Verfolgen Sie die Sitzung aufmerksam und machen Sie daraus einen schönen Bericht. Auch wenn diese Sitzungen einfach nur langweilig sind, das darf der Leser nicht merken. Kapiert?!"

„Ich gebe mein Bestes", entgegnete Paul schwach. „Wann geht's denn los?"

Fleischer blickte auf seine schwere, goldene Uhr. „In etwa zehn Minuten. Also, was ist? Sehen Sie zu, dass Sie zum Rathaus kommen!"

Von wegen Chance, dachte Paul. Dem Fleischer ist einer ausgefallen und er hat nicht die geringste Lust, sich selbst diese totlangweiligen Beratungen anzuhören. Trotzdem beeilte sich Paul, um pünktlich im Rathaus zu sein. Immerhin besser als eine Geflügelschau. Der Sitzungssaal war noch nicht ganz gefüllt, aber schon jetzt stand die Luft stickig im Raum. Paul bekam eine Liste mit den Tagesordnungspunkten überreicht und nahm auf einem für die Presse reservierten Stuhl Platz.

Eines musste er Fleischer lassen: Er hatte nicht zu viel versprochen. Es war sterbenslangweilig. Paul blickte auf seinen Notizblock. Darauf standen allerhöchstens vier Stichpunkte. Lustlos malte er die Buchstaben nach. Vorn auf dem Podium erläuterte bereits seit vierzig Minuten ein blasser Architekt seine Entwürfe für die neue Kunsthalle. Ein gänzlich uninspirierter Bau, der sicherlich keine Zierde für die Stadt werden würde.

„Wir danken Herrn Schultze für seine ausführliche Darlegung", ließ sich der Oberbürgermeister vernehmen. „Und da der Entwurf von Uwe Degenhardt durch sein Ableben obsolet wurde, darf ich nun bekannt geben, dass Herr Friedhelm Schultze die Ehre haben wird, die neue Adolf-Hitler-Halle für die Stadt Bielefeld zu bauen."

Paul schreckte hoch. En kurzer Applaus brandete auf. In der darauf folgenden kurzen Stille klang der erboste Zwischenruf noch lauter: „Würde Degenhardt noch leben, hättest du keine Chance!" Ein Mann war wütend aufgesprungen und schüttelte die Fäuste gen Schultze.

In diesem Moment sprang die Tür des Sitzungssaales auf. Max Heldt betrat entschlossenen Schrittes den Raum, gefolgt von vier uniformierten Polizeibeamten. Die Stiefel schepperten auf dem Boden.

„Herr Schultze, Sie sind verhaftet! Ihnen wird die Anstiftung zum Mord zum Nachteil des Uwe Degenhardt zur Last gelegt. Abführen!" Max nickte den Beamten kurz zu. Das bleiche Gesicht von Schultze hatte noch mehr an Farbe verloren. Eben die Brust noch stolz gereckt, saß er nun zusammengesunken in seinem Stuhl. Zwei Polizisten griffen ihn an beiden Oberarmen und zogen ihn hinaus. Der Architekt leistete keinen Widerstand.

Aufgeregtes Stimmengemurmel erfüllte den Saal. Auch Paul hatte sich wie die meisten anderen erhoben. Max ging auf den erstarrten Paul zu.

„Max, wie bist du darauf gekommen …", stammelte er.

„War gar nicht so schwer. Haben gestern den Spieß mal umgedreht und die SA-Schergen, die neulich die Schwulenbar überfallen haben, observiert. Hatten vor der Tür schon wieder zwei in der Mangel. Hätten die vielleicht sogar totgeprügelt, wenn wir nicht dazwischengegangen wären. Die hatten ordentlich geladen. Haben die in eine Ausnüchterungszelle gesteckt. Beim Verhör hat sich einer verplappert. Mit vorsätzlichem Mord wollte dann doch keiner was zu tun haben. Feige Bande. Sind auch nur in der Gruppe stark. Dauerte nicht lange, bis der Name Schultze fiel."

„Also hat er sich Degenhardt vom Halse geschafft und es so aussehen lassen, als wäre eine Aktion der SA mal wieder außer Kontrolle geraten."

„Blitzmerker."

„Aber wieso hast du dich für den Fall so eingesetzt? Die Kollegen wollten davon doch nichts wissen?"

Max trippelte unbehaglich von einem Fuß auf den anderen. „Tja, ich dachte …", setzte er gedehnt an.

„Du dachtest, ich sei schwul?"

„Na ja, Andreas ist dein bester Freund und da dachte ich …"

„Nee, nee. Falsch gedacht. Aber trotzdem danke. – Wie lange geht Schultze dafür jetzt in den Bau?"

„Würd nicht darauf wetten, dass er überhaupt vor Gericht gestellt wird", sagte Max müde. „So viele wie im Moment straffrei ausgehen."

„Wo soll das denn noch hinführen?", fragte Andreas leise, der sich unbemerkt zu ihnen gesellt hatte.

„Komm, wir gehen ein Bier trinken", sagte Paul. „Ich lad dich ein."

Klaus-Peter Wolf

## Der Horror beginnt in Bad Salzuflen

Etwas Ungeheuerliches geht vor. Ja, hier bei uns in Bad Salzuflen. Von wegen Wohlfühlstadt am Fuße des Teutoburger Waldes. Hier wird der Horror beginnen. Wir stehen kurz vor der Katastrophe. Dazu brauchen wir kein Atomkraftwerk.

Ich weiß es, wie Tiere wissen, dass ein Erdbeben kommt. Nein, das sind keine Märchen! Es gibt diesen sechsten Sinn. Der Tsunami hat es mal wieder bewiesen. Im Yala-Nationalpark in Sri Lanka wurden Hunderte Menschenleichen gefunden. Aber kein einziger Tierkadaver. Es war ein Reservat für Krokodile, Wildschweine, Elefanten, Wasserbüffel und Affen.

Woher wussten die Tiere vor den Menschen, was geschehen würde? Bestimmt nicht durch Hightech und Satellitenüberwachung. Sogar Alexander von Humboldt hat es schon beschrieben. 1797 hatten die Tiere in der Stadt Cumana in Vene zuela lange verrückt gespielt, bevor ein Erdbeben die Gegend verwüstete. In China beobachten sie Hühner- und Rinderfarmen, ja sogar Fischzuchtanlagen, um frühzeitig Hinweise auf Erdbeben zu bekommen. Schon der römische Schriftsteller Plinius der Ältere hat berichtet, unruhige Vögel, hysterische Hunde und nervöses Weidevieh würden eine Katastrophe ankündigen. Woher ich all solche Sachen weiß? Nun, woher wissen andere, mit wie vielen PS ein Auto ausgerüstet ist, wer auf Platz eins der Charts ist oder wie viel ein Fußballspieler kostet? Ich interessiere mich halt dafür!

Ich gehe zum Rudolph Brandes Gymnasium. Der Namensgeber war ein Apotheker und Entdecker, ein Forscher. Der wüsste bestimmt genau, wovon ich rede. Aber unser Klassenlehrer, Herr Fink, der Idiot, hat natürlich für alles eine naturwissenschaftliche Erklärung. Schlangen und Ratten würden, weil sie in Erdlöchern leben, die Schallwellen und Vibrationen wahrnehmen, behauptet er.

Ja klar. Die Schlangen und Ratten kriegen das mit – nur unsere Wissenschaftler, die sind zu blöd dafür. Und wenn die Ratten die Erschütterungen in ihren Erdlöchern bemerkt haben und genau wissen, dass da kein Bagger herannaht, sondern ein Tsunami, dann schicken sie eine SMS an die Vögel, Elefanten, Krokodile und so, damit ihre Freunde schnell genug abhauen. Vielleicht informieren die Schlangen aber auch Tarzan, damit er seine Affenarmee warnt.

Das Ganze ist doch völliger Quatsch! Absolut lächerlich. Wenn wir wieder Zugang zu unserem tierischen Wissen bekämen, würde uns das dann schützen oder verrückt machen?

Ich weiß jedenfalls, dass etwas Katastrophales geschehen wird. Und das Epizentrum des Ganzen ist hier bei uns in Bad Salzuflen, dem beliebten Kurbad.

Ich weiß nicht was und nicht wann. Aber ich spüre, es naht heran. Und ich habe diesen Impuls wie die Tiere: Ich will einfach nur fliehen, raus aus unserer Weserrenaissance-Villa. Raus aus dieser ganzen, dem Untergang geweihten Stadt.

Aber flieh mal, wenn du zwölf bist und einen verständnisvollen Vater hast, mit dem man „über alles reden kann" und der lieber dein Freund wäre als dein Vater. Und eine Mutter, die noch schärfere Röcke anzieht als deine ältere Schwester.

Bei uns ist es anders als in anderen Familien. Nicht meine vierzehnjährige Schwester Tina hat sich ein Bauchnabelpiercing machen lassen, nein! Meine Mutter trägt bauchfreie Tops. Mein Vater sagt, sie sei in die Pubertät gekommen, nicht meine Schwester. Die läuft seitdem in Leinensäcken herum und sieht aus wie ein Bettelmönch.

Wohin soll ich fliehen und wie kann ich meine Eltern und meine Schwester mitnehmen?

Ich liebe meine Familie, auch wenn sie alle völlig verrückt sind.

Leider ist mein Papa den ganzen Tag im Haus.

Er hat sein Büro im oberen Stockwerk, genauer gesagt, das gesamte obere Stockwerk ist ein einziges Büro. Er hat eine

Halbtagssekretärin, die zehn Jahre jünger ist als er und zwanzig Jahre jünger als meine Mutter. Die kommt jeden Morgen um neun und bleibt bis vierzehn Uhr. Wenn ich früh genug aus der Schule zurück bin, höre ich sie und Papa oft oben lachen. Strafverteidiger scheint ein ziemlich witziger Beruf zu sein. Früher dachte ich das nicht, aber seitdem sie bei meinem Vater arbeitet, geht es immer fröhlicher bei uns zu.

Neuerdings weigert meine Mutter sich, für die „eingebildete Zicke" mitzukochen, deshalb macht die Sekretärin jetzt immer eine Stunde eher Schluss und geht. Papa kommt dann runter und isst mit uns gemeinsam.

Es geht uns finanziell ziemlich gut. Mein Vater kauft alle drei Jahre ein neues Auto, um „die alte Kiste los zu sein, bevor die Reparaturen anfangen".

Im Moment haben wir einen dunkelblauen BMW der 5er Serie. Tina will nicht länger in so einem „Angeberauto" fahren und möchte am liebsten irgend so ein Studentenauto, einen Corsa oder einen Twingo. Mindestens zehn Jahre alt soll das Ding sein und Rostbeulen haben, weil sie unbedingt zur Schau tragen möchte, dass sie Autos eigentlich verachtet. Meine Mutter will „auf keinen Fall wieder so ein Alte-Leute-Auto", sondern etwas „Junges, Modernes – am liebsten ein Cabrio". Mein Vater findet, als Strafverteidiger müsse er „eine gewisse Seriosität auch mit dem Autokauf demonstrieren".

Da es bei uns in der Familie eigentlich recht demokratisch abläuft und die drei sich nicht einigen können, bin ich so etwas wie das Zünglein an der Waage. Wenn ich mich also für einen von den Vorschlägen entscheide, gibt meine Stimme vermutlich den Ausschlag. Natürlich werde ich meiner Schwester nicht den Gefallen tun und für irgend so eine Schrottmühle stimmen.

Als wir am Tisch über den Autoprospekten sitzen, schlage ich vor, einen Mercedes G 320 zu kaufen. Alle drei schauen mich entgeistert an, als hätte ich empfohlen, einen russischen Panzer anzuschaffen.

Meine Schwester findet, das sei „nur ein peinliches Ange-berauto", und weigert sich jetzt schon einzusteigen. Meine Mutter jammert: „Damit findet man doch nirgendwo einen Parkplatz." Mein Vater fragt mich mit verständnisvoller Stim-me: „Aber Lukas, warum denn so einen Geländewagen? Wir wohnen doch nicht in der Wüste, wir fahren doch hier nur über gut ausgebaute Straßen."

„Man kann damit besser fliehen", sage ich. „Man bleibt nicht so leicht im Morast stecken."

Meine große Schwester lacht zynisch. Dass ich im Gegen-satz zu ihr mit Muttermilch großgezogen worden sei, habe nicht nur den Brüsten meiner Mutter geschadet, sondern auch noch meinem Verstand.

Meine Mutter greift sich sofort an den Push-up-BH und will wissen, was denn bitte mit ihren Brüsten nicht in Ordnung sei, sie habe immerhin welche, im Gegensatz zu Tina.

Mein Vater stöhnt. Er zieht mich vom Tisch weg und geht mit mir in den Garten. Immer wenn meine Mutter und Tina anfangen, sich zu streiten, verlässt mein Vater mit mir den Raum.

„Weißt du", sagt er, „die haben gerade eine schwierige Phase miteinander. Wie gut, dass es mit uns beiden Männern besser läuft. Wir würden uns nie so anzicken, was, mein Großer?" Er boxt mir lachend gegen den Oberarm.

Ich hebe die Deckung gegen eine von ihm angedeutete rech-te Gerade und frage: „Heißt das, wir kaufen den Mercedes?"

„Natürlich nicht, Lukas. Das ist ein Auto für Spinner. Außer-dem ist der viel zu teuer und verbraucht enorm viel Sprit. Zwanzig Liter mindestens."

„Nein, Papa, nur fünfzehn Liter."

Er nimmt mich in den Arm. „Ich kann dich ja verstehen. Als ich in deinem Alter war, wollte ich immer, dass mein Vater …"

Ich ließ ihn erst gar nicht weiter reden. Wenn er sich erst einmal in seine Kindheit verstrickt hat, kramt er eine Ge-schichte nach der anderen aus und ich komme gar nicht mehr zum Zuge. Ich appelliere an sein Verantwortungsbewusstsein: „Stell dir mal vor, Papa, eine Katastrophe kommt."

„Was für eine Katastrophe denn?"

„Naja, zum Beispiel, also ... ein Erdbeben. Oder eine riesige Flutwelle."

„Eine riesige Flutwelle? Woher soll denn hier eine riesige Flutwelle kommen? Wir sind ein paar hundert Kilometer Luftlinie vom Meer entfernt. Und die Nordsee hat gute Deiche."

„Na, stell dir einfach vor, wir müssen fliehen, Papa. In welchem Auto möchtest du sitzen, wenn es um dein Leben geht? In einem modischen Sportwagen mit offenem Verdeck oder in einem Mercedes G 320 mit Allradantrieb und elektronischem Stabilitätsprogramm ..."

„Hey, was befürchtest du, mein Sohn? Alles ist gut, es wird uns nichts geschehen. Wir brauchen den Wagen nur, um einkaufen zu fahren. Ich muss damit zum Gericht und glaubst du ernsthaft, deine Mutter möchte bei ihrer Jazztanzgruppe mit so einem klobigen Geländewagen vorfahren?" Und dann schlägt er allen Ernstes vor, ich könne mir doch zum Geburtstag einen Geländewagen als Modellauto wünschen. Er habe als Kind auch gerne mit Modellautos gespielt. Zum Beispiel habe er einen knallroten Ferrari gehabt.

Ja, was soll man dazu noch sagen? Ich glaube, mein Vater ahnt gar nicht, wie sehr er mich damit beleidigt.

Ich ziehe mich einfach in mein Zimmer zurück und lese die Prophezeiungen des Nostradamus. Das war ein Pestarzt aus Südfrankreich, der angeblich die gesamte Weltgeschichte vorausgesagt hat. Auch den 11. September und den Krieg im Irak. Sogar Papst Benedikt XVI. hat er angekündigt. Er nannte ihn den Weiß-Blauen (das sollte wohl für Bayrisch stehen).

In der Nacht träume ich von Feuersbrünsten. Ich sehe die Stadt von oben. Unsere Straße. Unser Haus. Eine Feuerwalze, vergleichbar mit einer Sturmflut, nur eben aus Flammen, begräbt alles unter sich. Sie breitet sich ringförmig aus und erreicht von hier aus Herford und Lemgo. Ich sehe die brennende Landkarte. Schweißnass werde ich wach und renne runter in den Keller, da hängt unser Feuerlöscher. Ich hole ihn von der Wand und lese mir die Gebrauchsanweisung durch. Was nutzt so ein Ding, wenn man nicht weiß, wie es funktioniert?

Dabei stelle ich fest, dass der Feuerlöscher schon seit über 14 Monaten überm Verfallsdatum ist.

Ich laufe ins Schlafzimmer meines Vaters. Seit einiger Zeit haben unsere Eltern getrennte Schlafzimmer. Papa sitzt oft bis in die Nacht über Akten und schläft im Bett gern beim Fernsehgucken ein und meine Mutter will in keinem Raum schlafen, in dem elektrische Anlagen auf Standby stehen. Einen Fernseher mag sie überhaupt nicht.

Ich rutsche aus und knalle mit dem Feuerlöscher auf den Steintreppen lang hin. Dabei bricht mir ein Schneidezahn ab. Es tut gar nicht besonders weh, zumindest nicht weher als die schrille Stimme meiner Mutter in meinen Ohren, als sie mich sieht.

Meine Mutter macht sich Sorgen und fragt sich, ob ich Drogen nehmen würde, ich sei jetzt genau in dem anfälligen Alter, während mein Vater nur seine Ruhe und möglichst schnell wieder ins Bett will. Das mit meinem Schneidezahn könne morgen Melli, unsere Zahnärztin, regeln.

Ich zeige meinen Eltern vorwurfsvoll den Feuerlöscher und frage sie, ob sie sich etwa mit diesem Gerät wohlfühlen würden, das seit 14 Monaten über dem Verfallsdatum ist. Wie wir damit, bitte schön, einen Brand löschen sollen?

Ich glaube, ich gehe meinem Vater ganz schön auf den Keks, denn er tönt mit großen Gesten, wenn schon unser Feuer-löscher nicht funktioniere, dann könnten wir ja wenigstens in unseren BMW springen und damit fliehen. Immerhin sei der Wagen vollgetankt.

Ich muss meiner Mutter noch dreimal versichern, dass ich wirklich keinerlei Drogen genommen habe. Ich erzähle ihr stattdessen von meinem Traum und plötzlich wird sie ganz anders. Sie will mir sogar einen Tee machen, aber ich habe keine Lust auf Tee, sondern ich nötige ihr einfach das Versprechen ab, einen neuen Feuerlöscher zu kaufen oder den alten zumindest neu auffüllen zu lassen.

Aber man kann sich auf meine Familie nicht verlassen. Also, zumindest in solchen Sachen nicht. Denen fehlt der sechste Sinn für Katastrophen. Das, was Tiere auszeichnet oder eben neuerdings mich. Sie glauben nicht daran, dass sich etwas Schlimmes anbahnt. Sie können die Zeichen nicht lesen. Für sie ist ja immer alles gut gegangen.

Meine Mutter interessiert sich nur für ihre Kleidergröße und irgendeinen Fitnesspapst, der in die Stadt kommen soll und einen Vortrag halten will.

Mein Vater will einen Prozess für einen großindustriellen Steuerhinterzieher gewinnen. Natürlich weiß mein Papa, dass der Typ schuldig ist, so wie es jeder weiß und wie jede Zeitung darüber berichtet hat. Aber mein Papa will ihn heraushauen. Er hat die Hoffnung, dass er dann „mehr Kunden dieser Größenordnung" bekommen wird. Mein Vater will nämlich nicht immer nur Ladendiebe verteidigen oder Typen, die aus Eifersucht ihre Ehefrau umgebracht haben. Sein Ziel sind die richtig großen Fische und von denen hat er jetzt einen an der Angel.

Meine Schwester findet das alles ekelhaft und unmoralisch. Sie hilft regelmäßig in einem Dritte-Welt-Laden in der Altstadt aus, den sie Eine-Welt-Laden nennt. Sie arbeitet dort kostenlos, weil sie „den Fairen Handel unterstützen will". Seitdem trinken wir Kaffee, der dreimal so teuer ist wie der normale.

Meinem Vater schmeckt der Kaffee nicht, aber Tina behauptet, am Supermarktkaffee würde Blut kleben.

Die sind alle so sehr mit ihrem eigenen Kram beschäftigt, dass sie gar keine Gedanken auf unsere Sicherheit verschwenden. Das bleibt alles an mir hängen.

Die Zeichen mehren sich. Im Bermuda-Dreieck verschwindet ein Flugzeug plötzlich von allen Radarschirmen. Es ist wahrlich nicht das erste. Wer die Geschichte des Bermuda-

Dreiecks kennt, weiß, wovon ich rede. Die Wissenschaftsidioten in den Zeitungen sprechen von natürlichen Erklärungen, die es dafür gäbe, zum Beispiel, dass der Privatjet als Drogentransporter missbraucht worden sei.

Klasse Begründung. Und warum verschwindet ein Drogentransporter plötzlich von den Radarschirmen? Außerdem haben sich im Bermuda-Dreieck schon ganze Passagierflugzeuge, Militärmaschinen und Schiffe in Luft aufgelöst. Jeder weiß das, aber die Menschen weigern sich, es zu sehen. Wahrscheinlich, weil es ihnen zu viel Angst macht, genau hinzugucken.

Der Ätna spuckt wieder Lava aus und demonstriert uns damit, dass die Erde, auf der wir uns bewegen, nur eine dünne Kruste ist, unter der es höllisch brodelt. Die Schale kann jederzeit brechen und die Hölle kommt zu uns.

In den USA drehen Bienenschwärme durch und greifen die Farmer an.

Das Unheil kommt näher, aber ich weiß nicht, in welcher Form es uns treffen wird. Ich fühle mich verantwortlich dafür, meine Familie zu schützen.

Ich muss das alleine tun. Sie schaffen es nicht.

Zum Glück kann ich im Internet drei preiswerte Feuerlöscher ersteigern. Das ist sehr praktisch. Die Dinger werden ins Haus geliefert und ich muss mich nicht damit abschleppen.

Natürlich kaufe ich batteriebetriebene Rauchmelder und bringe sie in jedem Zimmer an. Meine Eltern bemerken sie nicht. Entweder denken sie, die Dinger hätten schon immer an der Decke geklebt, oder sie gucken einfach nicht nach oben, wenn sie sich durch die Räume bewegen. Es ist zum Schreien!

Im Internet bestelle ich auch ein gutes Schlauchboot mit Außenbordmotor. Ich lasse alles von der Kreditkarte meines Vaters abbuchen. Zum Glück hat er, der Strafverteidiger, scheinbar überhaupt keine Sicherheitsbedenken, wenn er zu Hause am Computer sitzt. Ich kann die Geheimzahlen und Kreditkartennummern problemlos nachlesen.

Notrationen, von denen man sich ernähren kann, sind kein Problem. Ich bestelle Kohlenhydratkomprimat-Riegel, Dosenbrot, selbsterhitzende Mahlzeiten und Wasseraufbereitungstabletten.

Es gibt ein 30-Tage-Paket vegetarisch, ein 90-Tage-Paket mit Fleisch und ein 360-Tage-Paket. Ich überlege nicht lange und bestelle drei 360-Tage-Pakete und zwölf Vegetarier-Pakete für Tina. Da gibt es echt alles, vom Gemüse-Risotto über Rührei mit Zwiebeln bis zur Mousse au Chocolat.

Schwieriger wird es mit den Waffen. Mein Vater hat zwar dauernd mit Kriminellen zu tun und könnte sicherlich problemlos an einen Waffenschein kommen, er tut es aber nicht.

Er findet, niemand solle Waffen im Haus haben, denn nur wo eine Waffe ist, kann auch eine Waffe losgehen, sagt er.

Wenn es nach ihm ginge, wären nicht mal die Polizeibeamten bewaffnet und die Bundeswehr würde mit Gummimessern und -knüppeln in der Kaserne trainieren. Das ist wahrscheinlich der einzige Punkt, in dem er und meine Schwester sich völlig einig sind.

Wenn wilde Tiere kommen oder Außerirdische, wenn irgendjemand das Trinkwasser vergiftet und deswegen die Menschen verrückt werden oder es plötzlich in der Innenstadt von Zombies wimmelt, dann müssen wir uns verteidigen. Das wird in doppelter Hinsicht ein Problem, denn erstens haben wir keine Waffen und zweitens, selbst wenn es mir gelingt, Waffen heranzuschaffen, kann in meiner Familie niemand damit umgehen.

Meiner Mutter traue ich noch am ehesten zu, eine Pistole abzufeuern. Aber kann man zum Beispiel mit einer 9 mm Sig Sauer P239 einen lebenden Toten stoppen? Oder einen Grizzly, ein Mammut, ein Wesen aus dem Weltall?

Ich finde einen Menschen, der seine Beretta verkaufen will, aber das ist eine Waffe aus dem 2. Weltkrieg – wer sagt mir, dass die überhaupt noch funktioniert?

Am liebsten wäre mir eine Pumpgun, so ein Elefantentöter. Dazu ein paar hundert Schuss Munition. Ich finde im Internet sogar mehrere Angebote, aber alle verlangen einen Waffen-schein und eine Altersangabe.

Ich rufe einen der Typen an und erkläre ihm meine Situation. Er hat Verständnis und ist bereit, mich zu treffen. Die Übergabe der Pumpgun plus 200 Schuss scharfer Munition soll im Kurpark bei den Salinen stattfinden. Er will 1000 Euro von mir, in bar.

Bargeld aufzutreiben ist für mich natürlich viel schwieriger, als einfach Überweisungen mit der Kreditkarte meines Vaters zu tätigen. Bis er die Auszüge davon in Händen hält, vergehen manchmal sechs Wochen. Dann erinnert er sich nicht mehr an alles. Er guckt eigentlich nur unten auf den Betrag und solange sein Konto nicht allzu sehr ins Minus rutscht, interessieren ihn die Details nicht besonders. Seit er den „großen Fisch an der Angel" hat, sieht sein Konto gut aus und er befasst sich nicht mehr mit so einem Kleinkram wie der letzten Tank-quittung.

Die Feuerlöscher sind inzwischen angeliefert und das Schlauchboot mit Außenbordmotor befindet sich auf dem Dachboden. Unsere Lebensmittelrationen sind gut verpackt. Ich habe uns einen Gaskocher besorgt und Schlafsäcke, in denen man auch bei 20 Grad minus draußen übernachten kann.

Den Typen mit der Pumpgun zu treffen, ist überhaupt kein Problem. Ich habe mir eine glaubhafte Geschichte ausgedacht, warum ich abends noch mal weg muss. (Um einen kranken Klassenkameraden zu besuchen, dem ich angeblich verspro-chen habe, bei den Matheaufgaben zu helfen, und dann habe ich es vergessen. Natürlich muss ich ein Versprechen einlösen. Jeder in der Familie wird das verstehen.)

Aber solche Ausreden sind gar nicht nötig, denn mein Vater ist nicht im Haus. Er geht mit einem neuen Klienten, der in seiner Firma seit Jahren Geld unterschlagen hat und jetzt „rei-nen Tisch machen will, um ein neues Leben anzufangen", in der Pfeffermühle essen oder zu seinem Lieblingsgriechen: Akropolis.

„Mit anderen Worten", sagt mein Papa grinsend, „er weiß, dass er kurz davor ist aufzufliegen, und versucht sich jetzt durch eine Selbstanzeige zu retten. Das ist ein kluger Schritt. Ich werde ihn dabei begleiten und wenn mich nicht alles täuscht, wird das Honorar ausreichen, um die letzte Hypothek fürs Haus abzubezahlen."

Meine Schwester will in keinem Haus wohnen, das von Verbrechern finanziert wurde. Meiner Mutter ist das alles egal, Hauptsache, ihre Freundinnen erfahren es nicht. Sie, die gerne Steaks isst, am liebsten nur kurz angebraten und noch ganz blutig, sagt komischerweise zur Verteidigung von Papa, der Mann ihrer Freundin Susanne sei Chef einer Großschlachterei und dessen Arbeit findet sie viel unmoralischer, da nimmt sie lieber das Geld von Steuerhinterziehern und Weiße-Kragen-Ganoven.

Tina ist in ihrer Dritte-Welt-Gruppe. Sie planen eine Aktion gegen den Verkauf von Palmöl, weil Palmöl sich so klasse und biologisch anhört, in Wirklichkeit aber dafür ganze Wälder abgeholzt werden, angeblich achtzig Fußballfelder pro Tag. Bei der Aufzucht der Palmen würde so viel Chemie verwendet, dass die Flüsse sterben. Meine Schwester hat Bilder aus Ecuador mitgebracht, von Gewässern, in denen es keinen einzigen Fisch mehr gibt. Doch sie versteht die eigenen Bilder nicht. Sie denkt die Dinge nicht logisch weiter. Wir stehen kurz vor dem Ende! Die Apokalypse naht!

Tina müsste sich eigentlich mit mir verbünden, wenn sie all das, was sie sagt, ernst meint. Aber ich glaube, die geht gar nicht aus Überzeugung in diese Umweltgruppe. Die ist einfach auf der Suche nach einem Freund und will nicht bei den Modenschauen und Modelnummern in den Discos mitmachen. Meine Mutter will irgendeinen Ski-Trockenkurs machen, um sich im Winter nicht die Beine zu brechen. Ich bin also ohnehin alleine und kann ohne jede Ausrede zum Treffen in den Park fahren.

Ich habe gleich so ein komisches Gefühl, dass der Typ mit der Pumpgun nicht kommen wird. Aber dann steht ein Mann mit einem angegrauten Vollbart vor mir. In der rechten Hand hält er eine Sporttasche. Er zwinkert mir zu und fragt, ob wir verabredet sind. Er atmet tief und fächelt sich die salzige Luft zu.

Ich nicke: „Ich glaube, ja."

Er lächelt, er habe etwas für mich.

„Ich habe auch etwas für Sie", antworte ich und tippe auf den Briefumschlag in meiner Jack-Wolfskin-Jacke.

Dann packen mich plötzlich zwei Typen von hinten und erklären mir, ich sei verhaftet.

Na danke. Ich bin in eine Falle getappt!

Sie heben mich hoch und ich fürchte, dass sie mir die Arme brechen, so grob gehen sie mit mir um. Einer stellt das Geld sicher und ich drohe ihnen, mein Vater sei Strafverteidiger und fände es bestimmt gar nicht witzig, wenn sie mich hier verhaften würden.

„Und was sagt dein Vater dazu, dass du mit 1000 Euro versucht hast, eine Pumpgun zu kaufen?"

Obwohl ich ihnen versichere, dass niemand bei uns zu Hause ist, bestehen sie darauf, mich zurückzubringen. Fast zeitgleich mit uns trifft mein Vater ein. Ich sehe ihm die Erschütterung deutlich an. Einen Moment lang kann er gar nicht glauben, dass ich wirklich sein Sohn bin, so als hätte man einen fremden Jungen angeschleppt, der mir nur zufällig ähnlich sieht. Aber dann wird er ganz Strafverteidiger. Er erklärt, ich sei erstens strafunmündig und zweitens würde ich zu der ganzen Sache schweigen. Noch bevor ich überhaupt etwas sage, fährt er mich an: „Still, jetzt rede ich!"

Dann wendet er sich wieder zu den beiden Typen: „Mein Sohn ist nur zufällig da vorbeigekommen. Es handelt sich um einen öffentlichen Platz. Er war in meinem Auftrag unterwegs, um ein Geburtstagsgeschenk für meine Frau zu besorgen. Und glauben Sie mir, sie wünscht sich keine Pumpgun! Es handelt sich um eine Verwechslung."

„Ein Geburtstagsgeschenk? Nachts im Park? Und wie erklären Sie sich, dass die Kontaktaufnahme von Ihrem Computer aus geschehen ist? Wir haben die IP-Adresse."

Jetzt braust mein Vater erst mal richtig auf. Das Ganze sei sowieso nicht legal, es sei ein Lockvogelgeschäft, man habe mich hereingelegt und so würden anständige Jugendliche kriminalisiert. Er droht mit Dienstaufsichtsbeschwerden und kündigt an, diese Sache werde ein Nachspiel haben. Ich ginge oft abends bei den Salinen spazieren, das geschehe auf ärztlichen Rat, denn ich hätte Probleme mit der Lunge.

Die Polizeibeamten verziehen sich zerknirscht und wirken wie geschlagene Wrestlingkämpfer, die vom Publikum ausgebuht werden.

Dann macht mein Vater sich erst einmal einen Espresso. Er spricht kein Wort. Er steht an der Maschine, hört zu, wie die Kaffeebohnen gemahlen werden und ist ganz in sich versunken. Ich glaube, dass dies eine gute Gelegenheit ist, ihm klar zu machen, wie schlimm es um uns alle steht. Er kann sich jetzt nicht mehr vor der Verantwortung drücken. Er muss mir dabei helfen, die Familie zu retten. Nachdem er auch noch einen zweiten Espresso im Stehen getrunken hat, hört er mir endlich zu. Ich zeige ihm das Schlauchboot mit Außenbordmotor, die Überlebenspakete und die Feuerlöscher.

Er reagiert anders, als ich gehofft habe. Er ist wenig beeindruckt und sagt: „Ich glaube, dass du professionelle Hilfe brauchst, Lukas, bevor die ganze Sache aus dem Ruder läuft. Ich habe dich in letzter Zeit sehr vernachlässigt. Vielleicht sollten wir mehr miteinander unternehmen. Hast du Lust, einen Golfkurs mit mir zu machen?"

Ja, so ist mein Vater. Andere wären in der Situation vielleicht durchgedreht und hätten ihre Kinder sogar verprügelt. Meiner schlägt mir vor, mit ihm zusammen einen Golfkurs zu machen. Im Golf- und Landclub am Schwaghof gäbe es jetzt Schnupperkurse.

Das freut mich aber nicht. Im Gegenteil, ich bin richtig sauer darüber, denn die ganze Sache sagt mir doch, dass er mich überhaupt nicht ernst nimmt. Außerdem will er nur selbst einen Golfkurs machen, um endlich „in die besseren Kreise" Einlass zu finden, die er so dringend als Klienten gewinnen möchte.

Ich solle mir keine Sorgen machen. Alles würde gut. Natürlich will er alles regeln. Er macht nicht mal wegen der 1000 Euro einen Aufstand, und dass alles von seiner Kreditkarte abgebucht wurde, nimmt er mit einem fast erleichterten Nicken zur Kenntnis. Wenn ich die Sachen geklaut hätte, wäre es für ihn viel schlimmer gewesen, glaube ich.

Nachts höre ich, wie er mit meiner Mutter spricht. Die beiden zanken sich nicht wirklich, aber sie sind doch ziemlich laut. Mehrfach betont mein Vater, seine Oma sei genauso gewesen, sie hätte ständig den dritten Weltkrieg vorausgesagt, Erdbeben oder „anderen Blödsinn, der nie eingetreten ist". Wir müssten jetzt handeln, sonst könnte das alles noch böse enden, prophezeit mein Vater. Damit ist er endlich auf meiner Linie, aber er meint das alles anders als ich.

In der Nacht rieche ich Qualm. Nein, es ist nicht wirklich der Geruch von Feuer, mehr der von verbrannten Gummireifen.

Ich wundere mich natürlich, warum die Rauchmelder nicht angeschlagen haben. Sie waren zwar preiswert, aber ich habe sie ausprobiert. Wenn man mit der Glut einer Zigarette nur in ihre Nähe kommt, heulen sie los. Nur eine Spur von Qualm reicht aus und sie schlagen an.

Ich habe die empfindlichsten Rauchmelder gewählt, die ich kriegen konnte.

Sie sind nur für Nichtraucherhaushalte geeignet. Deshalb glaube ich zunächst zu träumen, aber als ich aus dem Bett aufstehe, ist der Geruch immer noch da. Das Ganze kommt von unten aus dem Keller. Na klar, da habe ich keine Rauchmelder angebracht. Ich Idiot! Ich war zu geizig. Drei, vier Rauchmelder mehr hätten nur ein paar Euro gekostet, aber uns das Leben retten können!

Ich stürme ins Schlafzimmer meines Vaters und schreie: „Feuer! Feuer!"

Mein Vater schläft immer nackt. Er schießt aus dem Bett hoch und kaum steht er vor mir, brüllt er mich auch schon an, jetzt habe er aber genug von meiner Spinnerei und ob ich nicht wenigstens nachts Ruhe geben könnte.

Meine Mutter ist von dem Lärm ebenfalls wach geworden. Sie kommt in ihrem Seidenpyjama auf den Flur und mischt sich ein: „Riech mal, riech mal! Lukas hat Recht! Es brennt tatsächlich!"

Die Feuerlöscher sind immer noch auf dem Dachboden. Ich will hoch, um sie zu holen.

Meine Mutter ruft die Feuerwehr, denn aus dem Keller kommen jetzt dicke Rauchschwaden und nun heulen auch die Rauchmelder los.

Ich bringe die Feuerlöscher runter und will damit in den Keller, aber meine Mutter hält mich auf. Das sei Aufgabe der Feuerwehr, ich dürfe mich auf keinen Fall in Gefahr begeben.

Wir ziehen uns alle ganz schnell an. Meine Schwester will ihren Kanarienvogel retten und auf keinen Fall ohne ihn gehen.

Ich zähle die Minuten bis zum Eintreffen der Feuerwehr, und eins weiß ich jetzt ganz genau: Im Katastrophenfall werden sie zu spät kommen, denn dann wird nicht nur unser Haus brennen, sondern vermutlich wird das Feuer in mehreren Stadtteilen gleichzeitig ausbrechen.

Mein Vater zieht andere Rückschlüsse aus dem Geschehen. Er nimmt mich zur Seite, während die Feuerwehrleute mit ihren Löschgeräten in den Keller eindringen, er fragt mich allen Ernstes, ob ich das Feuer gelegt hätte.

Am liebsten hätte ich ihm doof gezeigt. Das tue ich aber nicht, ich weise diesen Verdacht nur weit von mir: „Ich habe im Bett gelegen und geschlafen, Papa. Ich bin kein Feuerteufel, ich will eine Katastrophe verhindern, nicht sie herbeiführen!"

Er bemüht sich, so zu tun, als ob er mir Glauben schenken würde, aber ich sehe es ihm deutlich an: Er hat Zweifel. Selbst als die Feuerwehrleute nach dem Löschen sagen, sie hätten die

Brandursache zwar nicht genau feststellen können, aber es sei vermutlich durch einen Kabelbrand im Wäschetrockner entstanden, nickt mein Vater, fast dankbar erleichtert, dass es nun eine offizielle Erklärung gibt, doch er schenkt ihr nicht wirklich Glauben.

Mein Vater steckt den Feuerwehrleuten sogar Geld zu.

„Für die Kaffeekasse", sagt er, doch das Ganze reicht aus, um sich für die nächsten Jahre mit einem Kaffeevorrat auszustatten.

Ich glaube, er tut das, damit sie bei ihrer Darstellung bleiben, es sei ein Kabelbrand gewesen, und weil er ihnen dankbar ist, dass sie keine Verdachtsmomente gegen seinen Sohn formulieren.

Bei dem dann folgenden Gespräch darf meine Schwester nicht dabei sein, aber meine Mutter findet klare Worte. Mein Vater schweigt die meiste Zeit und nickt nur. Er presst die Lippen so fest zusammen, dass sie zu einem rosa Strich in seinem Gesicht werden.

Ich hätte ein übersteigertes Geltungsbedürfnis, sagt meine Mutter, deswegen wolle ich mich zum Retter machen. Da wir aber alle nicht bedroht würden, müsste ich die Gefahren selbst herbeiführen. Das alles käme, weil ich mich in Wirklichkeit klein und mickrig fühlen würde, und die Kehrseite meines Geltungsbedürfnisses sei eben ein Minderwertigkeitskomplex. Daran sei auch mein Vater schuld. Der zuckt zusammen, muss ihr dann aber Recht geben, als sie sagt, es sei ja schwer, gegen so einen tollen Mann zu bestehen. Es gebe doch praktisch keinen Bereich des Lebens, in dem ich in der Lage sei, ihn zu überholen, und Söhne würden sich nun mal in Konkurrenz zu ihren Vätern befinden.

Mein Vater nickt. Irgendwie schmeichelt ihm das alles und er schlägt wieder vor, wir sollten zusammen Golf spielen.

Und plötzlich fällt es mir wie Schuppen von den Augen: Die eigentliche Katastrophe hat längst ihren Gang genommen. Das sind nicht meine Eltern! Es sind nur Imitate. Sie wurden ausgetauscht. Mein richtiger Vater, der Strafverteidiger, der Gerechtigkeitsfan, würde sich doch niemals brüsten, reiche Verbrecher zu beschützen und solche Klienten zu haben.

Meine Mutter war doch nie so eine hohle, blöde Ziege.

Wieso trägt sie kürzere Röcke als meine Schwester? Wieso malt sie sich so an? Wieso lacht sie so schrill?

Die Erklärung meines Vaters, sie sei wohl etwas spät in die Pubertät gekommen, klingt zwar witzig, ist aber nur ein Versuch der Aliens zu erklären, warum ihre Kopien nicht wirklich geglückt sind.

Sie versuchen, mich auch zu einem der Ihren zu machen. Der Psychologe, zu dem sie mich schicken wollen, ist ihr Umprogrammierer.

Aber da haben sie sich geschnitten! Nicht mit mir! Ich will meine richtigen Eltern zurückhaben! Vermutlich haben sie meine Schwester auch schon umgedreht. Vielleicht sind sie in ihren Körper gekrochen und haben sich seiner bemächtigt. Ich habe so was mal auf RTL gesehen.

Jetzt verstehe ich. Das war nicht nur ein schrecklicher Horrorfilm, das war eine Warnung an die Menschen. Die Filmemacher haben uns die Wahrheit erzählt!

Meine Eltern sind Mutanten.

Ich schreie ihn an: „Du bist nicht mein Vater!", und ich hole das große Fleischmesser aus dem Messerblock, den er Mama zu Weihnachten geschenkt hat und der kaum genutzt wird.

Jetzt zeigt mein angeblicher Vater sein wahres Gesicht. Er springt auf, reißt den Stuhl hoch und hält ihn drohend wie eine Waffe zwischen uns beide.

„Leg das Messer weg! Leg das Messer weg, Lukas!"

Meine Mutter schreit in Tönen, wie ich sie noch nie gehört habe. Es tut weh in den Ohren, es dringt hinein bis in meine Knochen. Sie soll aufhören. Aufhören!

Bevor sie jetzt beide auf mich losgehen, lasse ich das Messer fallen und entschuldige mich bei ihnen.

Ich fange sogar an zu heulen. Ich spüre, wie die Tränen über mein Gesicht laufen wie kleine Schnecken.

Ich will wieder ein guter Sohn sein! Ich will aufhören mit all dem Mist! Ich werde in einen Sportverein gehen. Ich werde Tischtennis spielen wie meine Klassenkameraden. Ja, ich will mich für Sport interessieren, für Fußball und natürlich werde ich mit meinem Vater das Golfspielen lernen.

Meine Eltern sitzen jetzt wieder friedlich bei mir und hören mir zu. Meine Mutter kocht einen Baldrian-Melissen-Tee für mich. Ich kann das Zeug kaum runterwürgen. Ich tue so, als ob ich wieder ihr lieber Junge werden würde. Dumm und angepasst. Einer, der von nichts etwas mitkriegt und keine Vorahnungen hat.

Aber ich beschließe, heute Nacht aufzustehen und ihnen die Hälse durchzuschneiden. Ich muss es tun. Die Welt steht am Rande eines Abgrunds.

Wo ich jetzt bin? In Bethel. Sie nennen es Klinik und alle sind schrecklich nett zu mir, aber es ist eine Art Gefängnis. Dahin bringen sie alle die, die ihr böses Spiel durchschaut haben. Gerade liefern sie wieder ein Mädchen ein. Sie ist nur ein wenig älter als ich. Sie hat versucht, sich tot zu hungern. Ich kann das verstehen. Es ist ihr lieber, als den Aliens zum Opfer zu fallen.

Meine Eltern sind tot. Beide. Beziehungsweise die Personen, die sich für meine Eltern ausgegeben haben. Meine Schwester würde ich gern einmal wiedersehen. Doch die kommt schon lange nicht mehr. Vielleicht gehört sie auch längst zu ihnen.

Es ist mir nicht gelungen, die Katastrophe aufzuhalten. Sie haben Bad Salzuflen zu ihrem Stützpunkt gemacht. Sie werden schon bald die Welt beherrschen.

Alles, was ich tun kann, ist zu versuchen, diese Aufzeichnungen hier herauszuschmuggeln. Es ist eine Art Flaschenpost. In der Hoffnung, dass sie jemand findet, der versteht …

Sandra Lüpkes

**Durru gu**

Ich weiß nicht, was am Münsteraner Weihnachtsmarkt tagsüber so toll sein soll. Es ist mir ein Rätsel, warum die Züge, die an den Adventssamstagen Richtung Westfalenmetropole rattern, voll gestopft sind mit Provinzlern, die dann gut gelaunt Richtung Lambertikirche pilgern, wo es eng ist und laut und wo man sich die ersten Grippeviren eingefangen hat, noch bevor man ein Heißgetränk bestellen kann.

Wenn ich ein Mensch wäre, ich würde mir das nicht antun.

Mustafa und ich hocken in der Adventszeit lieber auf dem Fenstersims vom Rathaus des Westfälischen Friedens, kleckern auf die denkmalgeschützte Fassade und sehen uns das Treiben aus der Vogelperspektive an. Erst wenn spät nachts Ruhe eingekehrt, das letzte „Last Christmas" aus den Lautsprechern geleiert ist, flattern wir hinunter zum Kopfsteinpflaster und picken auf, was unsere Schnäbel zu fassen kriegen. Pommes und Waffeln und gebrannte Mandeln und Rostbratwurst. Letztere wird von Mustafa verschmäht. Er mag kein Schweinefleisch, denn er ist eine Türkentaube. Seine Vorfahren sind vor vielen Jahren aus Osteuropa gekommen, weil es hier mehr zu fressen gibt.

Er ist mein bester Kumpel und nennt mich immer Beule, weil ich mal von einem Kirschkern getroffen wurde, den ein kleiner Junge mit einer Zwille abgefeuert hat. Keins von den Weibchen will mich jetzt noch haben. Ringeltaubenweibchen sind wählerisch, zickig und außerdem noch treu. Und Männchen gibt es derzeit in Münster einfach im Überfluss. Da haben Mustafa und ich keine Chance auf Fortpflanzung. Zum Glück haben wir uns.

„Dürrü gü", sagt Mustafa und zeigt mit dem Schnabel auf einen besonders albernen Menschen unter uns. Auch ein Männchen, das bei der Balz seine Schwierigkeiten haben dürfte, denke ich. Ein roter Mantel, ein weißer Bart und der Bommel an der Zipfelmütze blinkt albern. Ich will meinen Kopf schon wieder unter meinem weichen Flügel verschwinden lassen, da sehe ich ein Messer hinter seinem Rücken aufblitzen. Die Finger, die den Griff umklammern, stecken in einem weißen Handschuh, so weiß wie der Engel, der sich eben ein kleines Stück weiter rechts durch das Gedränge schiebt und schließlich im Menschenstrom verschwindet.

Die Klinge steckt dem rot gekleideten Typen jetzt zwischen den Schulterblättern. Normalerweise müsste der tot sein, aber er bewegt sich vorwärts wie alle anderen, schiebt sich durch die Menge, gerät ab und zu ins Stocken, wird weiter gedrückt. Vielleicht ist die Waffe nur eine Attrappe? Menschen haben einen eigenartigen Sinn für Humor, besonders hier in Münster weiß man bei solchen Szenen nie, ob die jetzt echt sind oder nur Spaß. Wenn hier Tote herumliegen, ruft dann meistens irgendeiner „Im Kasten!" und die Leiche steht auf, die Scheinwerfer verdunkeln sich und die Menschen mit den dicken Kameras geraten in hektische Bewegung. Der alte Schauspieler, der einen Privatdetektiv mimt, ist mir vom Typ her irgendwie ähnlich – auch nicht so schlank und mit verbeultem Gesicht. Doch im Gegensatz zu mir wird er von den schönsten Weibchen seiner Gattung umgarnt. Die Menschen sind wirklich befremdlich. Vermutlich ist das Messer im Rücken des Weißbarts auch nur wieder so ein schlechter Scherz oder eine Filmrequisite.

Ich stecke meinen Schnabel also beruhigt ins Gefieder und schlummere noch eine Weile. Dann, weit nach dem letzten Trompetenklang des Türmers, der von Lamberti aus die Mitternacht verkündet hat, ist es endlich so weit: Mustafa macht sich über einen Döner her. Ich habe ein zerbrochenes Lebkuchen-herz in Beschlag genommen.

Zwischen einem Haufen Hundekot und einer übel riechenden, halbgefrorenen Pfütze, die sich rund um den Stützpfeiler eines Süßwarenstandes ausbreitet, sehe ich was Besonderes liegen. Kleine hellbunte Zuckerperlen. Ich sage Mustafa Bescheid, der mag so etwas auch gern. Wir picken um die Wette, jeder drei Stück. Dann fällt mein Blick auf eine Hand, die unter dem Verkaufswagen herausragt. Hoffentlich ist das keine Falle! Die Menschen mögen uns nämlich nicht besonders und versuchen immer wieder neue Tricks, um uns zu fangen.

„Durru gu!", warne ich Mustafa.

Wir hüpfen vorsichtig ein Stück nach hinten und mustern aus sicherer Entfernung die krummen Finger und den roten Ärmel.

„Dürrü gü!" Mustafa ist schon immer ein Draufgänger gewesen. Aber wenn er meint, sich das Ganze von der anderen Seite ansehen zu müssen, dann bitte. Er macht große Augen, als er wieder unter dem Wagen hervorkommt. Jetzt sehe ich es auch: Da blinkt was! Und im Widerschein des roten Lichts kann ich auch die Klinge zwischen den Schulterblättern erkennen. Es ist der seltsame Typ von vorhin. Das Messer ist wohl doch echt.

Mir wird auf einmal ganz komisch. Alles schwingt wie eine Schaukel, verliert sich für eine Sekunde und findet sich wieder in der nächsten, als gerate das Leben ins Stocken, als würde es durchgeschüttelt. Kalt ist mir nicht mehr, wenn ich die Augen schließe, fühle ich mich wie im Sommer am Aasee. Plötzlich kommt es mir vor, als würde die Welt ringsherum aufgeblasen werden und ich könnte fliegen. Also, das kann ich ja sowieso, aber jetzt kann ich fliegen, ohne mich zu bewegen. Erst denke ich, es ist wegen der Leiche, aber Mustafa und ich haben schon oft richtige Tote gesehen. Tote Tauben neben einem Schüsselchen Gift, tote Kaninchen auf dem Asphalt am Ludgerikreisel oder auch mal tote Menschen, die vom Fahrrad oder Auto überrollt worden sind. Das hat mich nie sonderlich bewegt. Aber jetzt schwebe ich und drehe mich im Kreis und kann auf einmal Farben sehen, die völlig neu sind und nach Erdbeereis riechen. Wow!

Mustafa tanzt auf mich zu. Er grinst breit, obwohl das mit einem Schnabel eigentlich gar nicht möglich ist. „Alter!"

„Was zum Teufel ist hier los?"

„Krass!" Mustafa legt einen Flügel um mich. Das hat er noch nie getan.

„Seit wann kannst du reden, Mustafa?" Ups, denke ich, ich kann es ja auch!

Ich schaue mich um. Der Grillstand gegenüber heißt Willis Wurstparadies und behauptet, die schärfsten Schaschlikspieße der Stadt zu braten, mit einer Scheibe Weißbrot kosten sie 3,50 Euro. Woher weiß ich das bloß?

„Verdammte Scheiße, Mustafa, ich kann lesen! Und reden! Und …"

Mustafa hört nicht zu, sondern hüpft zwischen den gespreizten Fingern des Toten hin und her, als wäre das eine neue Sportart, dabei windet er sich wellenartig. Dann springt er nach oben, landet auf seinem Flügelgelenk und dreht sich um sich selbst.

„Das muss an diesen Zuckerperlen liegen. Die haben uns irgendwie …" Mir fehlen die Worte, aber für jemanden, der gerade erst seit einer Minute sprechen kann, ist das nicht verwunderlich. Ich flattere ein bisschen mit den Flügelspitzen und steige in den Himmel wie ein Silvesterböller. Mustafa folgt mir.

Es ist Wahnsinn! Wie die Verrückten steuern wir auf die Wiedertäuferkäfige zu, die am Kirchturm baumeln. Wir preschen durch die Gitterstäbe, von links nach rechts, immer wieder, dann stürzen wir senkrecht nach unten auf den Brunnen zu, weichen in letzter Sekunde aus, fliegen Slalom um die Häusergiebel. Unglaublich! Mal ist Mustafa schneller und gibt die Richtung an, dann hole ich ihn ein, rase im Tiefflug über die mittelalterlichen Pflastersteine des Prinzipalmarkts. „Ich bin unsterblich!", schreie ich.

„Korrekt!", schreit Mustafa.

Auf dem Dach, neben dem zweiten „A" von Karstadt, sitzen zwei Weibchen. Sie schauen auf, folgen mit den schlanken Köpfchen unserem Manöver und gurren. Als wir zurückkommen, sind sie hellwach. Niemals zuvor haben sie unsere Balzflüge beachtet, aber jetzt fangen sie an, mit ihren Schwanzfedern zu wackeln, als hätten wir den Wonnemonat April und die Nester in den Dachnischen warteten auf ein frisches Gelege. Ein sensationelles Gefühl, das muss ich schon sagen. Ich bin schließlich immer noch Beule, die dicke, deformierte Ringeltaube. Aber irgendwas an mir ist anders.

„Was auch immer uns in diesen Zustand gebracht hat, ich muss mehr davon haben", stelle ich fest und kratze eine verdammt enge Kurve zurück Richtung Weihnachtsmarkt. Im normalen Zustand hätte ich mir dabei alle Federn verrenkt.

Aber da, wo vorhin noch die Dinger neben der Kotze lagen, ist jetzt was los. Blaulicht und Uniformen, ein Mann im weißen Overall fummelt an dem Kerl mit dem blinkenden Bommel herum. „Die Todesursache dürfte wohl kaum zu übersehen sein", sagt er und sein Atem wird zu einer nebligen Wolke, die in den Nachthimmel steigt.

„Die Identität steht auch fest", ergänzt eine Polizistin, die sich an die Wurstbude lehnt und Notizen macht. „Henrik Ziegler, einer unserer verdeckten Ermittler im Drogenmilieu."

„Da trage ich doch lieber meinen Plastikanzug, als im Weih nachtsmannkostüm zu ermitteln", meint der Overallmann.

„Ziegler war einer großen Sache auf der Spur. Auf dem Weihnachtsmarkt sorgt nicht nur der Glühwein für gute Laune, meinte er. Heute Abend soll der gesamte Dealerring unterwegs gewesen sein, die Taschen voller Ecstasy und Co. Endlich mal genug für eine Anklage, die mehr bringt als zwei Jahre auf Bewährung." Sie beugt sich runter, berührt kurz den roten Mantel des Toten. „Damit Zieglers Identität geheim bleibt, hat er sich die Verkleidung übergeworfen. Weihnachtsmann mit Blinkebommel war seine Idee."

„Gibt's davon nicht Hunderte an einem Abend wie diesem?", hakt ein anderer Polizist nach.

Die Polizistin seufzt. „Leider. Unsere Leute haben Ziegler schon nach zwanzig Minuten im Gewühl verloren …"

Ich lande jetzt direkt neben dem Toten und gucke mich um. Mist, die bunten Kügelchen sind verschwunden. Ich schaue noch hinter eines der Wagenräder, Fehlanzeige.

Der Mann in Weiß schaut auf. „Keine Leichenstarre und die Temperatur ist auch noch nicht ganz runter. So ad hoc würde ich behaupten, er ist seit drei bis vier Stunden tot."

„Wie soll das denn gehen?", fragt die Uniformierte. „Da war hier doch noch Party in allen Gassen."

„Eventuell befinden wir uns nicht am Tatort. Die Leichenflecken an der Unterseite sind wenig ausgeprägt, er liegt noch nicht allzu lang in dieser Position …"

„Natürlich nicht", gebe ich Auskunft. „Vor weniger als vier Stunden habe ich ihn auch noch in der Senkrechten gesehen." Leider verstehen die Menschen mich nicht. Meine neue Sprachbegabung basiert also doch eher auf Mustafas und meiner erweiterten Wahrnehmung.

Der Spurensicherer ist nun am Unterleib der Leiche angelangt. „Seltsamerweise hat er aber erstaunlich viele Färbungen an den Beinen, man könnte fast glauben, er sei im Stehen gestorben …"

„Sag ich doch", sage ich. Würden diese beiden Polizisten sich drei der kleinen bunten Pillen einwerfen, wären wir auf einem Level und ich könnte ihnen verraten, dass es ein Engel gewesen ist, der den Mann erstochen hat. Aber die Drops haben sich ja leider in Luft aufgelöst. Und Menschen sind wahrscheinlich nicht sonderlich interessiert daran, sich mit einer Ringeltaube zu unterhalten.

Mustafa landet neben mir. „Was geht?"

„Die kriegen nie raus, wer dem Mann mit dem blinkenden Bommel das Messer in den Rücken gerammt hat. Wir müssen den Leuten hier helfen!"

Mustafas Blick ist verständnislos. Er hat nicht Unrecht: Was haben wir schließlich davon? Ehre und Ruhm und eine weitere Gemeinsamkeit mit diesem berühmten Detektiv vielleicht.

„Versuchen wir es mit Pantomime!", schlage ich vor.

Mustafa springt auf den toten Körper und pickt mit dem Schnabel auf das Messer. Ich stelle mich daneben und versuche meine Flügel so anzuwinkeln, als wären sie die eines Engels.

Es geht gründlich in die Hose. „Diese verfluchten Scheißtauben!", schreit der Overallmann und wirft seine schwere schwarze Tasche nach uns. Wir machen, dass wir wegkommen.

Die Polizistin sieht uns hinterher. „Komische Vögel. Kam mir vor, als wollten die uns was zeigen …"

Die Kollegen lachen sie aus. Die sind zu dumm.

Uns ist das egal. Wir können fliegen.

*

Am nächsten Morgen ist mein Schnabel so trocken, als hätte ich Tonnen von dem Salz gefressen, mit dem die orangefarbenen Männer das Glatteis auf den Bürgersteigen zum Schmelzen bringen. Wir sitzen auf unserem Stammplatz, als sei nichts passiert. Ich kann mich nicht mehr daran erinnern, wann und wie wir hier gelandet sind. Unten drängeln sich schon wieder Leute am Glühweinstand.

„Dürrü gü", begrüßt mich Mustafa, als er erwacht. Also ist der Zauber vorbei. Ich weiß nicht, ob ich darüber enttäuscht oder erleichtert sein soll. Im Moment bin ich einfach nur müde.

Plötzlich landen die beiden Weibchen vom Karstadtdach neben uns. Sie sind wunderschön, klimpern mit den Augen und die größere von beiden haucht: „Durruh guhh!"

Klar könnte man mal was unternehmen, antworte ich.

„Turruh kuh?", fragt die kleinere. Sie hat einen südländischen Akzent und es anscheinend auf Mustafa abgesehen. Der fällt fast vom Fenstersims.

Was sollen wir darauf antworten? Ja, natürlich waren wir beide das letzte Nacht, die so sagenhaft geflogen sind. Dass unser Verhalten nicht unwesentlich durch Drogen beeinflusst war, verheimlichen wir.

Es wäre schön, wenn man sich heute Abend wiedersehe, gurren beide, dann flattern sie davon.

„Durru …"

„… gü!"

Mustafa und ich sind uns einig: Ein Rendezvous ist super! Aber wir brauchen vorher unbedingt dieses Zeug, sonst sind die Mädels enttäuscht, wenn sich die ersehnten Besucher als eher unterdurchschnittlich interessante Taubenjungs entpuppen. Nervös suchen wir den Weihnachtsmarkt nach bunten Zuckerpillen ab, wir finden auch welche, sie sind einem Kleinkind aus der Spielzeugnuckelflasche gerollt, haben aber leider keine Wirkung.

Als dann auf einmal der Engel unter mir auftaucht, glaube ich kurz, er sei wirklich eine mystische Erscheinung: Ein goldener Reifen umkränzt seine blonden Locken und die behandschuhten Finger spielen mit einer Verpackung, durch deren Plastik ich hellblaue Zuckerstückchen erkennen kann. Den Mann schickt der Himmel!

Leider ist es dort unten wieder höllisch eng. Besser, wir warten ab, dass sich der Tumult auf dem Weihnachtsmarkt lichtet. Bis dahin dürfen wir nur unser Ziel nicht aus den Augen verlieren, was nicht so einfach ist. Der Engel verteilt seine Gaben über die ganze Innenstadt. Überall scheint er sehr beliebt zu sein, ob es junge Menschen mit buntem Haar sind, ältere Männer in Sakkos oder kreischende Frauen, die die Pillen in ihren Eiergrog mischen, alle freuen sich über den Engel. Ab und zu läuft er einem geflügelten Kollegen über den Weg. Von hier oben aus kann man erkennen, dass sie vielsagende Blicke austauschen und sich unauffällig aber zügig voneinander entfernen.

Hatte die Polizistin gestern nicht etwas von einem Dealerring erzählt? Ich dachte bis eben, es ginge um ein Schmuckstück, so einen Ring, wie wir Stadttauben ihn um das Fußgelenk tragen. Aber jetzt verstehe ich, dass sie damit Menschen gemeint hat, die ihren Bereich einkreisen, durch Blickkontakt verbunden sind und sich wie ein Ring über die Stadt verteilen. Um diese Drogen zu verkaufen.

Und wenn einer ihren Ring zerschlagen will, dann stechen sie ihn ab.

Jetzt kapiere ich! Die sind gefährlich! Wenn ich die Tabletten nicht wirklich sehr dringend bräuchte, dann würde ich schleunigst den Abflug machen.

Der Engel versteckt sich in einer Nische zwischen Stadthaus und Bekleidungsgeschäft, schiebt sein Gewand nach oben und pinkelt gegen die Backsteinmauer. Wenn wir unseren Kot auf die Häuser tropfen lassen, regen sich die Menschen immer auf und tun so, als würde das ganze Gebäude deswegen bald in sich zusammenbrechen. Aber sie selbst oder ihre Hunde hinterlassen an allen Ecken und Enden Urin, der beißend riecht und sicher auch nicht gut ist für die Substanz. Jetzt fummelt der Engel an seinem Hosenbund herum und legt das kleine, interessante Päckchen auf einen Mauervorsprung. Mustafa sieht es auch, wir nicken uns zu: Das ist die Gelegenheit!

Mein Kumpel schlittert eng an der Wand entlang nach unten, tut so, als wäre er verletzt und fluguntauglich. Manchmal ist er clever, der Mustafa. Ich gehe in Position, sobald der Typ abgelenkt ist, fliege ich los und schnappe mir das Zeug. Die Pillen sind klein und die Verpackung aus leichtem Kunststoff, das müsste ich im Schnabel transportieren können. Zwölf Stück sind drin, klasse, reicht zumindest fürs Erste.

Mustafa gurrt ganz krank und landet auf einem Elektro-kasten. Der Engel sagt etwas, am Klang seiner Stimme erkenne ich, dass er nicht gerade ein Taubenfreund ist.

Während er mit seinen schweren, unengelhaften Stiefeln einen Schritt nach hinten macht, hüpfe ich heran, flattere kurz hoch, öffne meinen Schnabel und … Ja! Die Beute ist mein! Schnell verschwinde ich damit nach oben, lege es in einer Dachrinne ab, denn das Zeug ist doch verdammt schwer, dann schaffe ich einen Blick nach unten. Mist! Der Engel hat Mustafa erwischt, der weiße Handschuh legt sich um die dünnen Vogelbeine. Mein Kumpel krakeelt, seine Augen sind weit aufgerissen und er hackt wild um sich. Er hat Todesangst und allen Grund dazu. Ich muss ihm helfen! Aber was soll eine unsportliche Ringeltaube wie ich gegen einen mit Muskeln bepackten Engel ausrichten?

Drei Pillen, denke ich, so wie gestern. Drei Pillen, die mich stark, schnell und unsterblich machen! Die alle Sprachen verständlich werden und die Luft wieder nach etwas anderem riechen lassen als nach Glühwein, Bratwurst und Urin. Doch als ich hektisch am Kunststoff hacke, fällt mir die Pillenpackung aus der Dachrinne und landet unerreichbar weit unten auf dem Asphalt. Mir fehlt die Zeit, bis ich an die Tabletten gelangt bin, ist Mustafa tot. Es muss auch ohne gehen!

Unten, keine zehn Flügelschläge von dem brutalen Engel entfernt, entdecke ich die Polizistin, die heute keine Uniform, dafür aber ein Funkgerät trägt. Sie muss uns helfen, und zwar sofort! Ich schwinge mich von der Dachrinne nach unten und lande auf einem der vielen beleuchteten „U"s, die Ullas Lumumba-Stand schmücken. Ach, sieh an, das Lesen klappt auch ohne chemische Hilfe. Und die Worte der Polizistin er - schließen sich mir ebenso. „Verdammt, wir waren so nah dran", zischt sie ins Mikrofon. „Der Kollege mit dem Spürhund hatte eindeutig eine Fährte aufgenommen."

„Und dann?", krächzt es aus dem Gerät.

„Was weiß ich? Es ist so eng hier, da kann man eigentlich nicht abhauen, es sei denn, man kann fliegen …"

Ich brauche gar keine Drogen, merke ich und wage, mich auf der Schulter der Polizistin niederzulassen.

Sie kreischt laut, schlägt nach mir, doch ich kralle mich in den Stoff ihrer Jacke. Die Menschen ringsherum starren mich an. Eine alte Frau holt einen Gehstock hervor und holt aus. Ihr Mann daneben hält sie gerade noch rechtzeitig davon ab, mir und der Polizistin eins überzubraten. Ich hebe wieder ab, aber nur so hoch, dass mir die Aufmerksamkeit aller weiterhin sicher ist.

„Was ist nur mit diesen Viechern los?", keucht die Polizistin, nachdem sie Haare und Kragen wieder sortiert hat. „Schon gestern haben die sich so merkwürdig aufgeführt …"

„Vogelgrippe", vermutet der Mann.

Ich schlage Kapriolen und Salti, das volle Programm, wenn das die Mädels vom Karstadt sehen könnten, sie wären mir ewig verfallen. Aber dies ist kein Balzflug, sondern die einzige Chance, die mein Kumpel Mustafa noch hat. Sie müssen auf ihn aufmerksam werden, bevor der Verbrecher ihn zermalmt. Ich drehe eine enge Spirale durch die Menschenmenge hindurch zu der Ecke, aus der Mustafas Hilfeschreie gellen. Ich höre sie, trotz der Trompeten und Glocken und Kinderchöre ringsherum. Mein allerbester Freund ist in Lebensgefahr! Erst jetzt, in diesem verqueren Moment, kapiere ich, wie viel er mir bedeutet und dass die Sache mit uns mehr ist als nur die zweite Wahl, weil sonst niemand was von uns wissen will. Ohne Mustafa wäre das Leben verdammt düster!

Endlich bin ich bei ihm und das Erste, was ich sehe, sind schwarze Stiefelsohlen auf zartem Gefieder. Dieser Unmensch will ihn zertreten! Ich fliege aufgeregt im Kreis.

„Die verrückte Taube … wir sollten ihr folgen!", ruft die Polizistin.

„Glauben Sie, das ist was Ansteckendes?", fragt die Frau mit dem Stock.

„Nein, ich glaube, sie will uns etwas sagen. Das habe ich gestern schon gedacht!"

„Sie hatten wohl etwas zu viel Rum in Ihrem Kakao", vermutet die Oma und geht kopfschüttelnd weiter.

Die Polizistin tritt aus der Menge und legt den Kopf schräg. „Was willst du von mir?", fragt sie mich. Dann schaut sie nach unten, entdeckt die heruntergefallene Pillenpackung und versteht.

Ich halte auf den Engel zu. Seine weißen Flügel schimmern im bunten Licht der Marktstände. Er ist noch immer mit Mustafa beschäftigt. Mit ganzer Kraft fliege ich gegen seinen

Heiligenschein, reiße ihn vom Kopf, die blonden Locken rutschen ebenfalls vom sehr breiten Scheitel.

„Was soll die Scheiße?", schreit der glatzköpfige Flügelmann und dreht sich ruckartig um. Mustafa nutzt seine Chance, flattert, schiebt sich wenige Zentimeter weiter und ist frei. Sofort setzt er seinen Schnabel ein, haut ihn in das seidige Gewand und reißt einen großen Lappen herunter. Zum Vorschein kommt eine böse, schwarzglänzende Pistole, die an der Hüfte baumelt. Der Kerl greift danach, aber Mustafa pickt ihm in die Hand, sodass er aufjault und die Knarre besser lässt, wo sie ist.

Die Polizistin steht breitbeinig keine fünf Meter entfernt, greift instinktiv unter ihre Jacke und holt nun ihrerseits eine Waffe heraus. „Hände hoch! Keine Bewegung!", ruft sie, und überzeugender hat diesen Satz hier in Münster wohl noch keiner ausgesprochen. Es gibt eben doch einen Unterschied zwischen Fiktion und Realität. In null Komma nix stehen drei Uniformierte neben ihr und machen ernste Gesichter.

Mustafa und ich treffen uns auf einer Straßenlaterne. Wir sind beide völlig außer Atem, aber unsagbar glücklich, dass wir noch alle Federn am rechten Platz haben.

„Durru gu", sage ich. Normalerweise behalte ich gefühlsduseligen Kram für mich, aber heute ist es anders.

„Dürrü gü", antwortet mein Freund.

Ich glaube, wir brauchen diese Drogen gar nicht. Vielleicht sind wir sowieso Helden, nur dass wir das bislang noch nicht gewusst haben. Bin ich nicht eben geflogen wie ein junger Gott? Und das aufgeregte Reden der Menschen da unten verstehe ich auch.

Der Polizist, der die Taschen des falschen Engels untersucht hat, hält freudestrahlend mehrere Tablettenschachteln nach oben. „Ich fasse es nicht, der hat so viele Amphetamine dabei, das hätte für sämtliche Tour-de-France-Teilnehmer der nächsten zehn Jahre gereicht …"

„Und ich werde beweisen, dass er oder einer seiner blond

gelockten Komplizen auch ganz gern mal mit einem Messer über den Weihnachtsmarkt spaziert", fügt die Polizistin an.

„Gute Arbeit, Kollegin!"

Die Polizistin zuckt die Achseln. „Man tut, was man kann!"

Mustafa und ich setzen uns beide aufrecht hin, recken unsere Hälse, denn eigentlich müsste die Frau ja mal erwähnen, wer sie überhaupt in diese Ecke gelockt und ihr bei der Klärung des Mordfalls maßgeblich geholfen hat. Aber sie lässt sich auf die Schultern klopfen und macht ein wichtiges Gesicht. „Ach, übrigens, erinnert mich daran, dass ich morgen mal den Kollegen vom Ordnungsamt anrufe. Die müssen unbedingt was gegen diese verflixten Tauben unternehmen. Die sind ja lebensgefährlich!"

„Blöde Kuh", denke ich.

\*

Der Mond spiegelt sich in den Bierpfützen unter uns.

Mustafa und ich stehen nebeneinander auf dem Fenstersims des Rathauses. Gleichzeitig holen wir Luft, schließen die Augen, heben ab, drehen unisono eine doppelte Schraube im Steigflug, stürzen synchron mit dreifachem Rückwärtssalto hinab, schwingen uns parallel in die Höhe, mit ausgebreiteten Flügeln schlagen wir Räder in die Luft, mit fünf Flic-Flacs landen wir punktgenau neben dem zweiten „A" von Karstadt.

So was kann ich auch ohne Pillen – aber nur mit einem richtig guten Freund.

Die Mädels wackeln mit den Schwanzfedern.

Das Leben ist schön.

„Durru gu!"

Michael Helm

## Im toten Winkel

Die A2, Dortmund-Hannover; eine weitreichende Land-schaft, eine gerade Landstraße, verstreute Häuser, Straßen-laternen, ein paar Bäume. Nur eine Tankstelle in Ostwest-falen, denkt Volker, als er dort seine Arbeit beginnt. Vor sich, auf den beiden Monitoren, sieht er sprunghaft den Hinterhof, die Seitenansicht, die Gasse zwischen den Zapfsäulen. In der Frontansicht kann er sich selbst schemenhaft in der engräu-migen Kassenkabine erkennen: im Halbdunkeln. In diesem Moment biegt ein Wagen von der Landstraße ein und hält vor Säule drei. Volker wendet den Blick von den Bildschirmen ab. Seit der gestrigen Nacht verlässt er sich lieber auf die eigenen Augen. Die Pfütze vor der geschlossenen Waschstraße, das flatternde Banner über der Servicestation für Reifendruck und Fahrzeuginnenreinigung, ein Fetzen Papier, der über die Erde geweht wird. Auf dem Asphalt schimmert das bläuliche Licht: das Erkennungszeichen für Autofahrer, ein Licht, das Volker in der Dunkelheit beunruhigt. Ein Unbekannter steigt aus einem Wagen ohne das vertraute Kennzeichen HF. Einer von denen, die irgendwoher kommen und irgendwohin wollen, denkt Volker. Da die Tankstelle nahe der Autobahn liegt, kann das überall sein. Der Beleuchtung wegen findet man ihn in seiner kleinen, abgeschlossenen Welt hinter den Zapfsäulen. Er schaut auf sein Handy, das griffbereit neben der Kasse liegt. Der Unbekannte wartet, während das Benzin läuft. Volker hat einen guten Platz hinter der Sicherheitsscheibe der Kabine. Ich kann die Leute beim Tanken regelrecht observieren, sagt er manchmal im Scherz. Der Rückschlag des Zapfhahns deutet an, dass der Fremde jetzt in Bewegung kommen wird.

„'n Abend, die drei." – „Guten Abend. 64,50 macht das." Der entfremdete Klang der Sprechanlage, das Geld in das Schubfach, das Schubfach hereingezogen. „5 Euro 50 zurück."

Das Schubfach wieder hinausgeschoben. „Gute Fahrt." – „Danke."

Das Geräusch der einrastenden Kassenklappe. Verschlossen, gesichert! Das war's.

Warten, denkt er. Die Bildschirme in ihrem Rhythmus: Hinterhof, Seitenansicht, die Gasse zwischen den Zapfsäulen. Nachdem der Kunde fort ist, liegt alles wieder verlassen. Niemand ist mehr zu sehen. Kein Ton verkündet das Ankommen eines Fahrzeuges. Heute Abend ist es ungewöhnlich ruhig, denkt Volker. Diese lähmende Stille setzt gewöhnlich erst später ein. Volker beobachtet, wie das bläuliche Licht unruhig auf der Pfütze neben der Waschstraßeneinfahrt glitzert.

Er hatte sein Notizheft und ein Buch aufgeschlagen, nimmt seinen Bleistift zur Hand, legt ihn dann aber wieder zur Seite. Vielleicht das Radio einschalten? Nein, denkt er, ich muss mich konzentrieren. Er hätte jetzt Zeit, um zu lernen. Also nimmt er den Stift in die Hand. Die Ansichten der Bildschirme wechseln geräuschlos und Volker verspürt diese Unruhe, die sich nach den ersten beiden Nachtschichten stets zu steigern beginnt. Die Stille wird fühlbar. Bestimmt nur Einbildung gestern, denkt er und versucht zu arbeiten, doch er kann sich nicht konzentrieren. Wenige Kunden kommen und lenken ihn ab. Eine junge Frau will Zigaretten, ein älterer Herr tankt seine Metallic-Limousine und bezahlt mit Kreditkarte, gleichzeitig beobachtet Volker beiläufig, wie ein Kraftwagen-fahrer seinen schweren LKW betankt und ein Golffahrer seine Scheiben reinigt. Aus dem Golf dröhnt der Lärm der Hi-Fi-Anlage durch die Sicherheitsscheibe gedämpft hinein in den abgeschirmten Bereich seiner Kasse. In diesem Moment glaubt er, sie wiederzusehen. Ob sich genau wie gestern, an derselben Stelle etwas bewegt haben soll, fragt er sich. Das lenkt ihn einen Moment von dem Golffahrer ab, der vor der Kassen-scheibe sehr wichtig mit seinem Schlüsselbund herumspielt. Volker hatte nur einen Moment lang innegehalten, bevor er das Wechselgeld in die Lade gelegt hatte. Nervös schiebt der

Kerl sein Kaugummi im Mund hin und her und als der Golf-Typ zu seinem Wagen zurückgeht, ist außer ihm und dem Fahrer des LKW niemand zu erkennen. An der Grenze zwischen dem blauen Licht der Tankstelle und der Finsternis draußen bewegt sich nichts. Volker kann dort gerade den Mast der Straßenlaterne erkennen, die seit einigen Tagen ausgefallen ist, doch schon der Bordstein verschwindet in der Dunkelheit. Etwas Laub wird hereingeweht. Sonst nichts. Ein pneumatisches Zischen der Bremse und auch der LKW rollt langsam vom Hof auf die Straße. Volker beugt sich zur Scheibe vor und sieht die roten Rücklichter in der Nacht immer kleiner werden, bis sie verschwinden.

Er schaut zur Laterne. Habe ich sie gestern wirklich gesehen, überlegt er. Das müsste dann so gegen zwölf gewesen sein. Aber er ist sich nicht sicher. Er schaut auf die Uhr. Jetzt ist es Viertel nach zehn. Sie hätten wahrscheinlich auf jemanden gewartet. Aber hier? Um diese Zeit? Hab' ich gesehen, wie ein Fahrzeug dort angehalten hat? Er nimmt seinen Bleistift, dreht ihn zwischen den Fingern, schaut auf seine Notizen, schaut auf sein Handy, dann auf die Monitore. „Ist wahrscheinlich nur Einbildung", sagt er sich laut und liest einen Absatz im Lehrbuch. Auf seinen Bildschirmen ist nichts Ungewöhnliches zu erkennen. Der Laternenmast an der Grundstücksgrenze ist auf ihnen nicht mehr zu sehen. Ein toter Winkel, denkt Volker. Ausgerechnet dort, Mist! …

Ich könnte das Radio einschalten.

Wieder nähert er sich mit dem Gesicht der Scheibe. Nichts. Stille. Die Welt außerhalb der Tankstelle liegt in einem undurchdringbaren Schwarz.

Aber es gibt bestimmt eine vernünftige Erklärung. Soll ich hinausgehen, denkt er. „Auf keinen Fall darf ich nachts den Laden verlassen!", sagt er und schaut angestrengt auf die beiden Monitore. Wartet auf die Hinterhofansicht. Es ist der einzige Ort des Geländes, den er nur mit der Kamera einsehen kann. Die graue Ansicht eines verlassenen Gebäudes mit zerbrochenen Fenstern erinnert ihn an seine Kindheit, an jenen Keller, aus dem er abends für Vater Getränke heraufzuholen hatte: die spärliche Beleuchtung von der dreckigen Decke, die Schatten, die vergitterten Türen in einer Reihe auf jeder Seite. Ein leises Stoßgebet, dann schnell dran vorbei und zurück. Oft klemmte der Schlüssel im Schloss.

Als ahne er bereits die Veränderung des Lichts, bemerkt er auf einmal, wie sich der blaue Schein draußen aufhellt und einen ins Weiß übergehenden gelblichen Ton annimmt, gleichzeitig vernimmt er die Geräusche von Reifen auf nassem Asphalt. Im Scheinwerferlicht des Fahrzeugs, das einbiegt, sieht er im Bruchteil eines Moments drei Gestalten. Er meint einen Mantel zu erkennen, die Laterne, einen kleinen Mann mit Schnauzbart, eine Plastiktüte, aber er ist sich nicht sicher.

Der VW hält vor der vier.

Die Scheinwerfer werden ausgeschaltet.

Den schlaksigen Mann, der an die Scheibe tritt, kennt er zwar beiläufig, Stefan, doch an dessen Nachnamen kann Volker sich einfach nicht mehr erinnern, obwohl sie zusammen in Bielefeld studieren und auch Stefan irgendwo im Kreis Herford wohnen muss. War es in Westerenger oder sogar in Bünde? Stefan grüßt freundlich, fragt nach seinem Studium, fragt nach Alltäglichkeiten, aber es ist kein richtiges Gespräch durch die Sicherheitsscheibe möglich. Immerhin ein bekanntes Gesicht, denkt Volker. Als Stefan die Tankstelle auf der anderen Seite wieder verlässt, verfolgt Volker zwar aufmerksam dessen Scheinwerferlicht, doch es beleuchtet nicht mehr den Bereich der Laterne im Dunkeln. „Nichts Besonderes dort", redet Volker sich ein und versucht eine Erklärung für alles zu finden. „Wenn ich mir das alles nicht bloß eingebildet habe." Die Monitoranzeigen? Ohne Veränderung. Zu hören? Nichts. Der Wind ist vielleicht stärker geworden, denkt er und wendet sich seinen Unterlagen zu. Das bläuliche Licht glitzert unverändert auf dem nassen Asphalt.

Eine Stunde lang nimmt alles seinen gewöhnlichen Gang: wenige Kunden, die tanken, vor die Scheibe treten, Dinge verlangen, bezahlen, verschwinden. Kurz nach elf: Ein Mann will Tabak und Blättchen. Halb zwölf: Ein Motorradfahrer will gerade das Wechselgeld annehmen, als Volker beinahe zufällig durch die Sicherheitsscheibe zur Laterne hinausblickt. Das Aufglühen eines Punktes ... verschwindet ... dann ein zweiter ... Zigaretten, das müssen Zigaretten sein, denkt er, kein Zweifel.

„Hey, was ist mit dem Wechselgeld?", dringt ein ungeduldiges Brummen unter dem Motorradhelm hervor. Volker schiebt die Lade sofort hinaus ohne seinen Blick von der Stelle an der Laterne abzuwenden. „Da, wieder!", sagt er laut. Ein roter, glimmender Punkt, der wieder verschwindet. „Was?" Der Motorradfahrer dreht sich noch einmal um und schaut ihn verwundert an. „Ach nichts", sagt Volker. Ist es nur Einbildung oder kann ich die Schemen eines Gesichtes erkennen, denkt er und winkt kopfschüttelnd ab. Die Maschine springt krachend an, doch Volker achtet nicht darauf. Er versucht beim Aufglimmen der Zigarette einen Fixpunkt zu halten, etwas mehr zu erkennen, dort draußen. Das satte Aufheulen des Motors. Die Maschine verschwindet auf der Landstraße in die andere Richtung. Wieder eine Zigarette, vermutlich. Volker öffnet die Tür der Kabine, umrundet den Tresen, erreicht die Zeitungs - ständer direkt an der automatischen Schiebetür. Sie reagiert nicht. Natürlich, denkt er, die Tür bleibt nachts geschlossen. Er starrt hinaus in die Dunkelheit. Der bläuliche Schein funkelt auf den Pfützen der Tankstelle. Er wünschte sich, die Straßenlaterne würde ihr Licht über den Bordstein werfen. Volker hört nur den Wind und wartet. Er denkt an den Keller, das schaurige Licht an der Decke, die Schatten. „Kein glühender Punkt mehr?" Soll ich die Tür entriegeln? Nachschauen, was ist? „Und dann?" Dazu müsste ich den Laden verlassen, mich von der Kasse entfernen. Volker geht zurück, bewegt nervös seinen Bleistift zwischen den Fingern, schaut aus dem

Fenster, schaut auf sein Handy. Weit und breit keine Scheinwerfer. „Die verdammte Laterne funktioniert seit Tagen schon nicht!" Also beruhige dich. Du musst dich beruhigen! Der Satz geht ihm immer wieder durch den Kopf. „Du musst dich beruhigen." Es gibt eine vernünftige Erklärung. Bleib schön hier drinnen und mach' deine Arbeit! Wie alt bist du eigentlich! Er schüttelt den Kopf. Das alles macht gar keinen Sinn. Im Hinterhof ist auch nichts. Du siehst es doch!

Sein Daumen drückt die Kurzwahltaste des Handys mit der vertrauten Nummer. Kein Empfang? Doch. Der Ruf geht raus. Der Rufton. Zweimal. Er wartet. Viermal. Claudia nimmt nicht ab. Kurz vor zwölf. Der Anrufbeantworter springt an: „Sie sind verbunden mit der Rufnummer 05223 911…" Kein Auto. Keine Scheinwerfer. Er drückt die rote Taste. Jetzt einen Kunden, denkt er, nur einen Kunden! Als tatsächlich jemand vorfährt, kommt der Wagen natürlich aus der falschen Richtung. Ein älterer Herr steigt aus. Das Handy klingelt.

„Bist du es? – Claudia?"

…

Er hört die verschlafene Stimme der Freundin.

…

„Nein", antwortet er beklommen.

…

„Ja, doch, sicher … Ich hatte angerufen, ja", sagt er und schaut hinaus.

Der Mann nimmt die Pistole von der Zapfsäule und beginnt seinen Wagen aufzutanken.

„Ich weiß nicht. Ich hatte angerufen, weil … ich dachte …"

…

„Natürlich wollte ich dich nicht wecken!"

Völlig ruhig steht der Mann da und schaut auf die Anzeige.

„Ja, es ist alles in Ordnung … glaub' ich."

…

„Nein. Tut mir leid."

…

„Ich weiß. Schlaf gut."

Der Mann schließt den Tankdeckel und kommt auf ihn zu.

„Ja, alles in Ordnung. Bis morgen … ich muss jemanden abkassieren …" Er drückt die rote Taste. Er nennt den Betrag und nimmt das Geld des Fremden entgegen.

„Danke. Entschuldigen Sie, haben Sie dort draußen jemanden … Was?"

„Ich fragte, ob Sie Zigarren haben!" Volker starrt in das verärgerte Gesicht des Alten.

„Nein, das tut mir leid, wir führen leider keine."

Nur ein Schulterzucken des Mannes.

„Na dann … gute Fahrt", sagt Volker und schweigt. Der alte Mann nickt und verschwindet.

Als der Wagen die Tankstelle verlässt, sieht Volker noch einmal das Glühen einer Zigarette. Schemenhaft erkennt er drei Gestalten im schwachen Lichtschein. Sie kommen doch näher, denkt er und schaut auf die Monitore. Da ist nichts. Aber er kann sie sehen, am Rande der Straße, nur etwa zwei Schritte vor der Laterne, im diffusen bläulichen Licht. Er eilt zur Rückwand, erreicht den Generalschalter für die Deckenbeleuchtung: Die weißen Leuchtstoffröhren erhellen den gesamten Innenbereich. Er läuft zurück und späht wieder hinaus. Doch erst als sich seine Augen an das grelle Licht gewöhnt haben, erkennt er, dass die drei Gestalten mittlerweile bei den Zapfsäulen stehen. Jetzt erkennt er sie deutlich auf einem Bildschirm in Frontansicht. Der Hinterhof scheint weiterhin verlassen. Er wartet auf die nächste Einstellung. Auch aus dieser Perspektive erkennbar, stehen drei Männer zwischen Waschanlage und Zapfsäule zwei. Er kann nur die groben Züge ihrer Gesichter ausmachen, die irgendwie gräulich zerfurcht auf ihn wirken. Alle mit tiefschwarzen Haaren. Die kleinere der drei Gestalten trägt einen buschigen Schnauzer, in der Hand eine Plastiktüte. Sein Gegenüber hält einen Zigarettenstummel. Und niemand sieht zu ihm hinüber. Sie stehen da, als hätten sie schon lange auf jemanden gewartet, und reden.

106

Auf einmal wird Volker sich bewusst, dass er eine perfekte Zielscheibe in dem hell erleuchteten Geschäft abgeben muss. Rückwärts, mit betont ruhigen Schritten, bewegt er sich am Kassentresen entlang, durch die Sicherheitstür, und ohne sich umzudrehen, tastet er nach dem Schalter. Die grelle Deckenbeleuchtung erlischt wieder. Im Dunkel des Raums hat er nur einen Gedanken: Das Handy liegt an der Kasse. Seine Augen beginnen sich nur langsam an die Dunkelheit zu gewöhnen. Das schwache Licht dringt von außen über den Tresen herein, schimmert über die Regale hinweg, überzieht alles mit einem bläulichen Film. Nervös schaut er sich um. Sein Handy, die fahle Kassenbeleuchtung, die flimmernden Monitore sind außer Reichweite. Er wagt es nicht, die Leuchtstoffröhren erneut einzuschalten. Er sieht, wie zwei der Gestalten angestrengt das Kassenfenster anstarren und auch der Kleinere dreht sich nun um. Ein Türke, vielleicht ein Kurde, denkt Volker. Woher soll ich das eigentlich wissen und es interessiert mich auch nicht. Jetzt ist er aufmerksam geworden. Die anderen … schwer einzuschätzen … arabisch vielleicht. Auch sie müssen aufmerksam geworden sein! Hättest du nachgedacht, hättest du mit dem Handy in Ruhe … Jetzt dreht er sich um und bewegt sich, denkt Volker, der Türke mit seiner Tüte bewegt sich. Die Kassenbeleuchtung erhellt nur einen kleinen Umkreis, darin auch sein Handy. Dazu der matte Grau-schimmer der Bildschirme. Jetzt kann er es besser erkennen. Zwischen ihm und der Kasse, auf dem Boden, auf dem Tresen, das bläuliche Licht. Es sind keine fünf Meter dorthin, denkt er. Du musst die Polizei rufen! Musst handeln, denkt er. Was wollen die da draußen? Auf jemanden warten? Was ausbaldowern? Der Fremde mit der Tüte bewegt sich, denkt Volker. Du musst die Polizei rufen, denkt er, und er geht einen Schritt, vorsichtig einen zweiten … noch einen. Der Unbekannte mit der Plastiktüte beginnt sich von der Gruppe zu lösen, geht langsam auf den Kassenbereich zu, schaut angestrengt in den Laden. Was ist in der Tüte, denkt Volker. Mitten in der Bewegung bleiben sie stehen, innen wie außen: er und der Fremde, keiner den anderen deutlich erkennend. Was passiert? Was ist da los?

Das Handy liegt nur Schritte entfernt an der Kasse. Direkt an der Scheibe. Der Mann beugt sich vor, schiebt sein Gesicht an die Scheibe und blickt suchend nach innen. Kann er mich sehen, denkt Volker, was kann er erkennen? Vielleicht nur die Reflexion des bläulichen Lichts auf der Scheibe? Nur wenige Schritte, denkt er. Doch die hätten ihn direkt vor das Gesicht des Fremden geführt. Der hebt die Plastiktüte und nimmt sie in die andere Hand. Jetzt hat er die rechte Hand frei. Was ist in der Tüte, denkt Volker und weiß eine Antwort. Sein Blick fällt auf das Handy. Früher, als Kind, hatte er leise gebetet: Lieber Gott, lass' nicht zu … Hatte diesen Gott gegen seine Kinderängste beschworen, beim Getränkeholen im Keller, wo die Gebete noch halfen. Doch er kann nicht mehr beten, er kann nicht einmal rufen. Niemand wird ihn hier hören. Das ist kein kindischer Albtraum, denkt er, das ist fassbar. Zu beten würde nicht helfen, wird Volker mit einem Mal klar. Er steht diesseits der bläulich schimmernden Scheibe, jenseits der Fremde. Der hebt seine Rechte und hält sie vorsichtig gegen die Sicherheitsscheibe, als wolle er das blaue, beängstigende Licht abschirmen, um besser sehen zu können. Die fremden Augen kommen noch näher heran, denkt Volker. Kann er mich sehen?

Er blickt auf den Bildschirm: Information, nutzlos. Er sieht den Unbekannten von hinten, wie der versucht, durch die Scheibe zu blicken, um ihn zu sehen.

„Hallo!"

Das Wort dringt dumpf zu Volker herein.

„Hallo, Mister?"

Er hört die Worte, gedämpft durch die Scheibe.

„Schon geschlossen, Mister? – Geschäft schon geschlossen, Mister?"

Volker rührt sich nicht. Der Fremde bewegt sich nicht. Dann dreht er sich um und sieht zu den anderen beiden hinüber. Er zuckt mit den Schultern. Der Mann nimmt seine Tüte wieder in die rechte Hand und entfernt sich.

Den Blick auf sein Handy geheftet, bleibt Volker stehen. Bewegt sich nicht. Er denkt nichts mehr. Was draußen geschieht, kann er nicht erkennen. Es vergehen Minuten, vielleicht nur zwei, vielleicht sogar fünf. Das kann er nicht wissen. Als seine Starre sich löst, vollendet sich sein Gedanke ins Leere. Er macht ein paar Schritte, nimmt sein Handy, zögert und hält es ans Ohr. Er hat nicht gewählt. Als Volker durch die Scheibe über den Hof schaut, sieht er die Zapfsäulen und an der Grenze des Grundstücks den Laternenmast. Er lässt seinen Arm wieder sinken. Niemand ist dort. Das Gelände liegt einsam. Die Ansicht zweier Monitore zeigt ihm nichts an. Seine Augen sagen, es ist nichts.

Als er morgens die Tankstelle nach Arbeitsschluss verlässt, lenkt er seinen Wagen rechts auf die Landstraße in Richtung Bünde. Die weitreichenden Felder Ostwestfalens liegen noch unter einem feinen Morgennebel verborgen. Er biegt ab, wie gewohnt, und folgt einer langen Allee durch den Nebel. Alles scheint so verschlafen wie immer.

Stefanie Viereck

**Mareike Malwien**

Sie hätte nie geglaubt, dass er zurückkommen würde. Nach allem, was damals geschehen war. Als sie sein Bild zum ersten Mal in der Lokalzeitung sah, fuhr sie zusammen, sein erster Auftritt in den Regionalnachrichten versetzte ihr einen Schock. Ihr eigenes Gesicht, ihre eigenen Augen, die Ähnlichkeit war verblüffend. Wäre der Altersunterschied nicht gewesen, hätte man sie für Geschwister halten können. Nur dass ihre propere Rundlichkeit sich bei ihm zu einer behäbigen Korpulenz ausgewachsen hatte.

Und dann sein Gang. Er zog noch immer das linke Bein nach. Fast zwei Jahrzehnte waren seit dem Unfall vergangen, damals war er erst achtzehn gewesen, aber seine Verletzungen hatten offenbar bleibende Schäden hinterlassen. Dieser Umstand besänftigte sie. Sie betrachtete ihn jetzt ruhiger und suchte in seinem Gesicht nach den Spuren des Jungen mit der kalten weißen Haut und den harten Augen, aber der Mann auf dem Bildschirm, der volltönend erklärte, die Stadtväter von Lemgo hätten ihn heimgeholt und er werde jetzt für die Konservativen kandidieren, war stark gerötet, hatte Schweißperlen auf Stirn und Oberlippe und sein Blick wirkte lauernd.

Sie schaltete den Fernsehapparat aus, blieb im halbdunklen Zimmer sitzen und starrte lange auf den schwarzen Bildschirm. Er ist nicht mein Kind, dachte sie. Er kann nicht mein Kind sein. Und dann dachte sie, dass er keine Ruhe geben und alles daransetzen würde, ihr Leben aufs Neue zu zerstören.

Dabei hatte sie sich mittlerweile in ihrem Alleinsein gut eingerichtet, und was immer ihr darin fehlen mochte, erfand sie sich hinzu. Das Museum, das so genannte Hexenbürgermeisterhaus, in dem sie acht Stunden täglich an der Kasse saß und gelegentlich Besucher herumführte, bot hinreichend Stoff zum Ausspinnen, vom großbürgerlichen Behagen wohlhabender Kaufleute bis zur schaurigen Geräuschkulisse aus dem Folterkeller, wo an die Hexenverfolgungen – damals vor allem von einem übereifrigen Lemgoer Bürgermeister betrieben – gemahnt wurde.

Sie hatte sich in all den Jahren eine gewisse Achtung verschafft und genoss zugleich eine Art Narrenfreiheit, konnte sich kleine, unscheinbare Extravaganzen leisten. So gönnte sie sich drei oder vier Mal im Jahr eine Übernachtung im Stadtpalais, dem ersten Haus am Platz. Sie verlangte immer das gleiche winzige Zimmer am Ende der Treppe, das nach hinten hinaus lag und eine holzummantelte Koje hatte, in der sie, wie sie den Besitzern am nächsten Morgen versicherte, jedes Mal königlich schlief. Und manchmal, an warmen Sommerabenden, fuhr sie mit dem Taxi zum Schloss Brake hinauf und aß bei dem Italiener in der alten Mühle.

Mit ihren glockenförmig ausgestellten Röcken aus festem braunen Tuch, ihrem deftigen geschnürten Schuhwerk, das sie sommers wie winters trug, und ihrem glatten braunen Haar, das rundum gerade geschnitten war, fiel sie auf unter den spärlich bekleideten Touristen, aber niemand wäre auf den Gedanken gekommen, sich über ihre Erscheinung zu belustigen. Denn trotz ihrer Aufmachung ging eine eigentümliche Anziehung von ihr aus, ihre Haltung und ihre Bewegungen waren von einer Bestimmtheit, die Einheimischen wie Fremden unwillkürlich Respekt abnötigte. Mareike Malwien. Sie würde niemals unter den bedeutenden Persönlichkeiten in der Stadtgeschichte auftauchen, aber es gab auch niemanden in Lemgo, der sie nicht kannte. Und nun, da Franz zurück war, würde es niemanden geben, der sie nicht verstohlen beobachtete. Man würde die alten Geschichten aufwärmen, und da half es wenig, dass sie längst ihren Mädchennamen wieder angenommen hatte.

Schon früher hatte sie oft gedacht, Franz könne nicht ihr Kind sein. Im Stillen hatte sie ihn den Kuckuck genannt, und manchmal hatte sie sich vorgestellt, er sei in der Klinik vertauscht worden. Helmhold hingegen war selig über seinen

Sohn, konnte sich nicht satt sehen an dem Baby in der Wiege und später an dem Jungen, der in seinen Augen so prächtig gedieh. Dabei war Franz in Wahrheit zwar ihr, aber nicht sein leiblicher Sohn. Er war der Sohn des Fremden, und bis zu dem Tag, an dem der Unfall geschah, hatte sie geglaubt, dass keine Menschenseele davon wüsste.

Sie war so jung gewesen, fast noch ein Kind, als Helmhold um sie zu werben begann, sie hofierte, ihr Geschenke machte, sie ausführte, sie mit einer altmodischen Zuvorkommenheit behandelte, die sie amüsierte. Er war fast zwanzig Jahre älter als sie, an seiner Seite kam sie sich plötzlich sehr erwachsen vor, und das gefiel ihr. Sie war nicht verliebt, aber sie mochte ihn, obgleich er in seiner blässlichen, spärlich behaarten Fülle und mit den karierten Tüchern im offenen Hemdkragen kein sonderlich anziehender Mann war. Vor allem mochte sie seine Augen, still und klar und tief wie das dunkle Wasser der Waldpfützen, in denen die Welt sich an windstillen Tagen in einer reineren Version widerzuspiegeln schien.

Als er sie fragte, ob sie seine Frau werden wolle, war sie so erstaunt, dass es ihr die Sprache verschlug. Sie saßen in den Grünanlagen am Stadtwall unter einer noch kahlen Buche, und nachdem sie eine lange Weile geschwiegen hatten, seufzte sie tief. Er fragte: Mareike, heißt das ja? Seine Stimme klang brüchig und erregt. Sie wandte ihm das Gesicht zu. Sie wollte sagen, sie sei doch zu jung, sie wisse noch nicht einmal, was sie werden wolle, und ans Heiraten habe sie ganz gewiss noch nicht gedacht. Aber als sie seine Augen sah, da konnte sie es nicht. Sie nickte stumm.

Schon zwei Monate später standen sie vor dem Altar. Ihre Mutter weinte, und Helmholds Eltern musterten sie streng. Die Verbindung war in ihren Augen eine Mesalliance, aber sie sah hübsch und proper aus, ihr Benehmen war ebenso untadelig wie ihr Brautkleid, für das ihre Mutter die letzten Reserven aus dem Sparstrumpf geklaubt hatte, und schließlich glätteten sich die Falten auf der Stirn der Schwiegermutter, und die Hochzeit wurde ein rauschendes Fest, von dem die Lemgoer noch eine ganze Weile sprachen.

In den Wochen zuvor hatte sie sich einzureden versucht, die Liebe werde mit der Ehe kommen wie der Appetit mit dem Essen. Aber als Helmhold dann Nacht für Nacht zu ihr ins Bett stieg, sie ein paar Augenblicke lang mit kleinen heftigen Stößen traktierte, sich dann mit einem glücklichen Seufzer zur Seite fallen ließ und sofort einschlief, da konnte sie nicht umhin sich einzugestehen, dass ihre Heirat ein Fehler gewesen war. Sie wurde blass und sah oft verweint aus. Trost fand sie nur im nahe gelegenen Wald, in den sie sich während des Frühsommers fast täglich ein paar Stunden flüchtete, sich in bläulichen Schatten treiben ließ und von einer anderen Liebe fantasierte.

Und dort war sie ihm begegnet. Es war schon beinahe Abend, sie lag im hohen Gras einer Lichtung, sah den taumelnden Mücken zu und wünschte, sie könnte für immer so liegenbleiben. Da tauchte plötzlich eine Gestalt auf und wäre beinahe über sie gestolpert. Später wusste sie nicht zu sagen, wer von beiden mehr erschrocken war und welche Art von Entschuldigung er gestammelt hatte. Sie wusste nur noch, dass sie auf einmal beide hatten lachen müssen, dass er ihr aufgeholfen hatte, ein wenig ungeschickt, und dass sie, als sie die Kraft seiner Arme spürte, nicht wollte, dass er sie wieder losließ. Gleich dort hatten sie sich zum ersten Mal geliebt, und als sie mit Helmhold beim Abendessen saß, war sie nicht sicher, ob all das in der Wirklichkeit oder nur in ihrer Fantasie geschehen war.

Es hatte nur ein paar Wochen gedauert, nicht mal einen ganzen Sommer lang, regnerische Wochen, die pünktlich vom Siebenschläfer an auf den sonnigen Frühsommer folgten. Alle hatten sich über das Wetter beklagt, und nur sie hatte jeden Regentag mit einem dankbaren Stoßgebet begrüßt, denn an Regentagen gab es für Gelegenheitsarbeiter im Wald keine Beschäftigung.

Kaum hatte Helmhold sein Frühstück beendet und sich auf den Weg in die Kanzlei seines Vaters begeben, rannte sie zur Hintertür hinaus und weiter in Richtung Windelstein bis zum Stadtrand. Am Waldsaum, fernab von den letzten Häusern, stand eine alte Schmiede, die der Fremde vorübergehend bewohnte, ein baufälliges Gemäuer mit einem roten Wellblechdach und wuchtigen Stützbalken an den seitlichen Wänden, die es vor dem Einsturz bewahrten. Im Innern gab es nur einen Raum, einen Ofen, der auch zum Kochen diente, einen großen Tisch mit drei Stühlen und an der rückwärtigen Wand hinter einem zerschlissenen roten Vorhang eine grob gezimmerte große Koje. Zeitweilig musste das Gebäude als Autowerkstatt oder zumindest als Garage gedient haben, denn es roch ein wenig nach Motoröl. Der Geruch schien nach kurzer Zeit sämtlichen Dingen anzuhaften, und irgendwann, so kam es ihr vor, roch selbst seine Haut nach Motoröl.

Meistens sah sie schon aus der Ferne Rauch aufsteigen. Er hatte Feuer gemacht. Er hatte Kaffee gekocht. Und doch begrüßte er sie scheinbar überrascht und beinahe förmlich. Mit feuchten Kleidern und geröteten Wangen saß sie am Tisch und trank ihren Kaffee, bis er sie endlich berührte und sie sich über Stunden vergaß.

Später saßen sie wieder am Tisch, jetzt allerdings wenig bekleidet und alle Förmlichkeit des Morgens hatte sich verflüchtigt. Der Regen traf gleichmäßig auf das Blechdach, die Scheite im Ofen knackten, es war warm wie in einem Treibhaus, und hin und wieder legte sie ihre Wange an seine nackte Schulter und sog den Geruch seiner Haut ein. Er hatte Landkarten ausgebreitet, er wollte zu Fuß nach Syrakus, auf den Spuren eines Mannes, der vor gut zweihundert Jahren ein Buch darüber geschrieben hatte. Er war besessen von diesem Gedanken, und wenn er davon sprach, spürte sie, wie die Schulter an ihrer Wange hart wurde.

Warum Syrakus, hatte sie wissen wollen, und wie er ausgerechnet auf dieses Buch gekommen sei, aber auf solche Fragen gab er keine Antwort. Sie beugte sich mit ihm über die verschiedenen Wanderkarten, hörte ihm zu, wie er die Landschaften beschrieb, ließ sich von seinem Eifer anstecken und sah sich in Gedanken an seiner Seite unter tiefblauem Himmel auf kargen steinigen Pfaden das Gebirge überwinden. Einmal schloss sie die Augen und formte lautlos mit den Lippen die Worte: Nimmst du mich mit? Als sie die Augen wieder aufschlug, sah er sie schweigend an. Aber zwei oder drei Tage später legte er seine großen Hände auf ihren Leib und sagte mit einem sonderbaren Lächeln: Vielleicht bist du jetzt schwanger.

Die Worte erschreckten sie. Plötzlich dachte sie an Helmholds Augen. Sie dachte, dass sie seine Augen schützen musste und vor Bildern bewahren, die sie trüben würden. Dennoch rannte sie weiter jeden Morgen durch den Regen zur alten Schmiede, ohne darauf zu achten, ob irgendwer sie beobachtete. Vielleicht lag es an der Dreistigkeit, mit der sie ihrer Leidenschaft nachging und die ihr so kurz nach der Hochzeit wohl kaum einer zugetraut hätte, vielleicht war es nur ein glücklicher Zufall, aber allem Anschein nach schöpfte niemand Verdacht, am allerwenigsten Helmhold. Ihre Blässe hatte sich verflüchtigt, ihr rosiges Aussehen erregte allgemein Wohlgefallen, die einen meinten, es läge an der vielen frischen Luft, da man sie selbst im Regen zum Wald hinaufwandern sah, die anderen äußerten sich schmunzelnd über die Bekömmlichkeiten einer jungen Ehe.

Als sie eines Tages feststellte, dass sie tatsächlich schwanger war, rannte sie nicht mehr. Langsam und auf vielen Umwegen wanderte sie zum Stadtrand, und als sie bei dem Fremden ankam, war es schon Mittag. Der Regen hatte aufgehört, und mitten am Himmel klaffte ein Wolkenschlitz, aus dem ein Sturzbach von Licht herabfiel. Sie hielt inne, um das Schauspiel zu betrachten, und auf einmal wurde ihr leicht ums Herz.

Als sie eintrat, saß er am Tisch vor seinen Landkarten. Sie setzte sich ihm gegenüber. Der Kaffee war längst kalt. Ich bin schwanger, sagte sie leise und senkte den Blick. Als sie wieder aufsah, waren seine Augen dunkel und traurig. Ich werde nicht mehr kommen, sagte sie. Lange Zeit saßen sie einander schweigend gegenüber. Schließlich erhob er sich schwerfällig und zog seine schwarze Arbeitsweste an, die mit den vielen Taschen. Er trat dicht an sie heran und strich ihr mit seiner großen Hand über den Kopf. Schon gut, sagte er, schon gut. Am nächsten Tag war er fort.

Noch am selben Abend sagte sie Helmhold, dass er Vater werden würde. Er wurde blass, dann dunkelrot, er öffnete den Mund, schloss ihn wieder, und endlich stieß er ein lang gezogenes Ooooh hervor und in seine Augen trat ein Glanz, der sie weich stimmte. Aus dem gemeinsamen Schlafzimmer verbannte sie ihn dennoch. Seine Zärtlichkeiten hätte sie nicht ertragen.

Franz war ein enormes Kind. Die Hebamme behauptete, er sei das größte Baby, das sie je auf die Welt geholt habe. Sein erstes Gebrüll gleich nach der Geburt war ohrenbetäubend und vom ersten Tag an verlangte er mit unersättlicher Gier nach Nahrung. Helmhold stand staunend dabei, wenn Franz mit fleischigen Lippen nach ihrer Brust schnappte und nicht mehr losließ, ehe er sie bis auf den letzten Tropfen ausgesogen hatte. Vielleicht konnte er selbst nicht fassen, dass seine kurzen Stöße im verdunkelten Schlafzimmer ein solches Ungetüm hervorgebracht hatten. Er zweifelte jedoch keinen Moment daran, dass er wahrhaftig der Erzeuger war, seine Haltung verriet ein neues Selbstbewusstsein und er sah glücklich aus.

Er wurde nicht müde, ihr das Leben so angenehm wie möglich zu gestalten, ließ den Haushalt von einer Zugehfrau besorgen und überhäufte sie mit kleinen Aufmerksamkeiten. Sie ließ ihn gewähren und dankte ihm allenfalls mit einem flüchtigen Neigen des Kopfes. Sie ertrug es noch immer nicht, dass er sie berührte, wehrte ihn sanft, aber bestimmt, ab, verwies auf die schwere Geburt, das gierige Kind, das sie auszehrte. Sie dachte an die dunkle Haut des anderen, an den

Geruch von Motoröl, an die flirrend heiße Luft über der rissigen Erde von Syrakus.

Die Haut von Franz war schlohweiß und kalt. Jedes Mal, wenn sie ihn berührte, zuckte sie unwillkürlich zusammen. Anfangs holte sie ihn oft in ihr Bett und legte ihn auf ihren nackten Bauch, um ihn zu wärmen, aber kaum war er wieder in seiner Wiege, kühlte seine Haut auf eine, wie ihr schien, unnatürliche Temperatur ab. Sie fragte den Kinderarzt, der die Sache nicht für besorgniserregend hielt. Jeder Mensch habe seine eigene Temperatur, und der Franz, der werde sich schon noch erwärmen.

Als es Sommer wurde und warm, hielt sie sich so oft wie möglich mit Franz in der Sonne auf. Während es im vergangenen Sommer ständig geregnet hatte, war der Siebenschläfer diesmal von strahlender Schönheit und tatsächlich folgten darauf sieben Wochen Sonnenschein. Sie konnte nicht anders, als beständig daran zu denken, was vor einem Jahr gewesen war, und ihre Haut begann zu brennen, während Franz blass und kühl blieb. Und einmal, als Helmhold ein paar Tage fort war, konnte sie sich nicht mehr beherrschen. Am Abend lief sie in die Garage, wo eine Büchse mit Motoröl stand, und rieb den drei Monate alten Franz von oben bis unten damit ein. Dann legte sie ihn auf ihren Bauch, sog den Geruch seiner Haut ein, und so blieben sie die ganze Nacht liegen, im dunklen Schlafzimmer bei weit geöffnetem Fenster, durch das schwere schwüle Luft hereindrang.

Am nächsten Morgen badete sie ihn und seifte ihn gründlich ab. Sie musste dreimal frisches Wasser einlassen, ehe sie alle Spuren beseitigt hatte, und Franz, der die Nacht über ungewöhnlich still gewesen war und sich kaum gerührt hatte, brüllte wie am Spieß und sah sie böse an. Später badete sie sich selbst, zog das Bett ab und stellte die Waschmaschine an, und dann kochte sie Franz einen Milchbrei mit Honig. Den hatte er seit ein paar Tagen besonders gern. Obwohl Franz noch so klein war und nichts begriffen haben konnte, senkte sie Monate lang den Blick, kaum sah er sie an, und auf ihren Wangenknochen erschienen rote Flecken.

Zwei Tage darauf kam Helmhold zurück. Wie immer begrüßte er als Erstes seinen Sohn, beugte sich über den Kinderwagen, schnitt Fratzen und gab kleine blubbernde Laute von sich, die Franz mit einem vergnügten Kreischen beantwortete. Dann wandte er sich seiner Frau zu, von der er nichts weiter erwartete als das übliche Neigen des Kopfes, aber diesmal trat sie dicht an ihn heran, legte ihre Wange an seine und sagte leise in sein Ohr: Schön, dass du wieder bei uns bist.

Von da an war alles anders. Helmhold kam wieder jede Nacht zu ihr ins Bett und traktierte sie mit heftigen kleinen Stößen, und irgendwann fand sie Gefallen daran. Sie begann ihrerseits, ihn zu locken, was ihn in einen euphorischen Taumel versetzte. In den Nächten wurde er immer kühner und ließ sich von ihr zu allerlei Dingen verleiten, die sie in der Schmiede erfahren hatte, und am Tage betrachtete er sie zärtlich und konnte sich nicht an ihr sattsehen.

Es waren gute Jahre. Sonntags ging Helmhold mit seinem Sohn in den Grünanlagen am Stadtwall spazieren, während sie einen Braten vorbereitete, und wenn es warm genug war, aßen sie im Garten unter dem Apfelbaum. Franz war noch immer unersättlich, er wuchs in die Breite und in die Höhe, und manchmal betrachtete sie ihn mit leisem Argwohn, auch dann noch, als er im Alter von sechs oder sieben Jahren auf einmal ihre Züge annahm. Nur die Augen, so behauptete Helmhold, die hätte er von ihm. Aber Franz' Augen waren düster und unergründlich und selten begegnete sie seinem Blick, ohne eine unbestimmte Furcht zu empfinden.

Später dachte sie oft an diese Jahre zurück, und sie kamen ihr vor wie aus einem anderen Leben. Sie fragte sich, wann und wo Franz zum ersten Mal gehört haben mochte, sein leiblicher Vater sei ein anderer, und wie er all die Einzelheiten in Erfahrung gebracht hatte, die er damals boshaft und gelassen vortrug, vorn auf dem Beifahrersitz neben Helmhold, während sie an einem Samstag auf dem Weg nach Detmold waren. Sie selbst saß hinten, das tat sie immer, und als Franz zu sprechen anfing, mit einer seltsam sonoren und eintönigen Stimme, überkam sie, noch ehe sie den Sinn seiner Worte recht erfasste, ein lähmendes Entsetzen.

Er sprach von dem Fremden. Er nannte ihn seinen Erzeuger. Er nannte ihn Josef Tiefenbach. Den Nachnamen hatte sie noch nie gehört. Josef Tiefenbach, so fuhr Franz fort, habe sieben Jahre in der Haftanstalt Detmold eingesessen, wegen versuchten Totschlags an seinem Bruder. Kain und Abel. Er lachte leise. Nach der Haftentlassung habe Tiefenbach sich hier und da als Waldarbeiter verdingt, zuletzt vor gut achtzehn Jahren in Lemgo. Dort habe er eine Liebschaft mit einer verheirateten Frau gehabt und, als diese schwanger wurde, die Gegend fluchtartig verlassen. Seither habe niemand mehr von ihm gehört. Man vermute, er sei nach Süditalien gegangen. Damals habe er beständig von einem Ort namens Syrakus gefaselt, und von einem Buch, das er während der Haft unzählige Male gelesen hätte.

Franz lehnte sich zurück. Da sitzt mein Herr Erzeuger also in Syrakus und lässt sich die Sonne auf den Bauch scheinen. In gespielter Entrüstung schüttelte er den Kopf und spähte aus den Augenwinkeln zu Helmhold hinüber, so dass sie sein Profil sah, seine höhnisch verzerrten Züge.

Bei dem Wort Syrakus war sie zusammengezuckt. Sie starrte auf den fleischigen Nacken ihres Sohnes. Er war nicht ihr Kind. Als sie endlich aufsah, begegnete sie Helmholds Blick im Rückspiegel. Sie sahen einander lange an. Er sah unendlich traurig aus, aber er war ganz ruhig, und da wurde sie es auch. Als sie die Hand ausstreckte, um seine Schulter zu berühren, splitterte die Windschutzscheibe, begleitet von einem ohrenbetäubenden metallischen Kreischen.

Die Ärzte sagten, er sei sofort tot gewesen, noch im Augenblick des Aufpralls. Genickbruch. Franz hatte eine gebrochene Hüfte und hinkte stark, als er nach acht Wochen aus dem

Krankenhaus entlassen wurde. Sie selbst hatte nichts, keine Verletzungen, nicht einmal eine Schramme. Im Stillen verfluchte sie ihren Sohn. In ihren Augen war er schuld an Helmholds Tod, aber sie hatte nicht den Mut, den Hergang des Unfalls zu erzählen und damit seine Herkunft zu offenbaren.

Ein ganzes Jahr lang sprach sie kein Wort. Nicht mit den Beamten, die wissen wollten, warum Helmhold am helllichten Tag bei trockener Fahrbahn von der Straße abgekommen und gegen einen Brückenpfeiler geprallt war, und nicht mit Franz, der tobte und schrie und seinen toten Vater einen Schwächling nannte. Nach den Ursachen des Unfalls befragt, behauptete er jedes Mal etwas anderes, die Eltern hätten gestritten, der Vater sei betrunken gewesen, die Mutter hätte ihn bis zur Weißglut gereizt und dergleichen mehr. Die Geschichte von seinem Erzeuger erwähnte er mit keinem Wort.

Als sie wieder zu sprechen anfing, beiläufig das Wetter erwähnte oder auf dem Wochenmarkt die Wurst lobte, fragte niemand mehr nach dem Unfall. Nachdem man sich überall in der Stadt hinreichend ereifert hatte, war die Angelegenheit rasch in Vergessenheit geraten. Und von den Beteiligten brachte niemand die Rede darauf. Sie selbst hütete ihre Zunge, und Franz war kurz nach seiner Entlassung aus dem Krankenhaus zum Studium in eine andere Stadt gegangen.

Die letzten Wochen vor seiner Abreise hatten sie zwar unter einem Dach gelebt, waren einander aber kaum begegnet. Nur einmal sah Franz sie herausfordernd an und sagte, ihr Schweigen werde ihr nicht helfen, bei all ihrer Verderbtheit werde sie nicht ungeschoren davonkommen. Er fügte noch allerlei Beschimpfungen an, und sie hatte den Verdacht, er sei betrunken. In der Nacht verschloss sie die Tür zu ihrem Schlafzimmer, und als er endgültig fortging, war sie froh.

Aber jetzt war er zurückgekehrt. Und mit ihm die unbestimmte Furcht. Dank seiner exponierten Stellung, dank der Plakate, Flugblätter, Zeitungsartikel und Interviews war seine Präsenz überall spürbar. Einmal wurde er in einer Unterhaltungssendung gefragt, ob es etwas gebe, was er absolut nicht ausstehen könne. Den Geruch von Motoröl, gab er prompt und zornig zur Antwort. Sie schaltete den Apparat aus. Ihre Hände zitterten.

Sie hatte etwas Plötzliches erwartet, etwas, das unverhofft und mit Getöse über sie hereinbräche, aber die Veränderung kam schleichend. Anfangs meinte sie, sie bilde sich womöglich bloß ein, dass man ihr mit wachsender Zurückhaltung begegnete, aber dann konnte sie sich nicht länger verhehlen, dass Gespräche verstummten, sobald sie ein Geschäft betrat, dass immer mehr Menschen einen Bogen um sie machten. Sie verstand nicht, was vorging, und zu ihrem Erschrecken stellte sie fest, dass sie, die sich doch in all den Jahren in der Stadt geborgen gefühlt hatte, mit keinem einzigen Menschen so vertraut war, dass sie ihn hätte fragen können.

Sie wurde scheu, mied von sich aus jede Gelegenheit zum Plausch, den sie sonst so gern gehalten hatte, lief früh mit gesenktem Blick die kurze Strecke ins Museum und abends wieder zurück, und zum ersten Mal war sie dankbar für die dunkle Jahreszeit, die sie vor unliebsamen Blicken schützte.

Nur in der Winterstille des Museums fühlte sie sich sicher. Die Touristen waren längst fort, und oft erschien tagelang kein Besucher. Sie streifte auf leisen Sohlen durch die Räume, horchte auf die Geräusche aus dem erleuchteten Keller, schlurfende Schritte und zuschlagende Türen, den metallischen Klang von Kettengliedern und ein kaum wahrnehmbares Wimmern, Seufzen, Ächzen und Stöhnen, das sie jetzt, da sie sich allein und bedrängt fühlte, auf neue Weise peinigte.

Manchmal stand sie lange vor dem Bildnis des toten Grafenkinds, betrachtete das zarte Gesicht, die blonden Locken, das weiße Gewand, den roten Faltenwurf seines Lagers. Sie stellte sich vor, wie kalt seine Haut war. Dann fragte sie sich, wie ihr Leben sich entwickelt hätte, wenn auch Franz im Alter von drei Jahren gestorben wäre, und ob sie das womöglich wünschte, aber sie wusste keine Antwort.

Mit der Zeit gelang es ihr, sich aus den Äußerungen, die Franz bei allen möglichen Veranstaltungen scheinbar beiläufig von sich gab, ein Bild von den Diffamierungen zu machen, die er über sie in Umlauf brachte. Er bereitete zunächst den Boden, indem er allerlei kleine, für sich genommen harmlose Begebenheiten erfand. So erzählte er überall herum, dass Mareike Malwien – er sagte immer Mareike Malwien, niemals meine Mutter – ihm heimlich Botschaften zukommen lasse, Zettelchen unter dem Wischerblatt an der Windschutzscheibe seines Wagens oder versteckt zwischen den Seiten der Zeitung, die morgens vor seiner Wohnungstür lag; Zettelchen, auf denen sie ihn an irgendein frühkindliches Missgeschick gemahnte, das er angeblich verschuldet hatte, an den Tadel seines Vaters, die Beschwerde des nächsten Nachbarn, den Schulverweis wegen eines gestohlenen Füllers und dergleichen mehr.

Dann begann er, halb verärgert und halb belustigt, sich über diese Belästigungen zu beklagen, und erklärte schließlich, sie wolle ihn offenbar manipulieren, wolle ihn zum Schweigen bringen, ihn aus der Stadt vertreiben, seine Karriere ruinieren. Und all diese scheinbar wahllos hinausposaunten Behauptungen streuten sich aus wie von Vögeln verdaute Saat, keimten stets an anderer Stelle leicht verwandelt wieder auf, und die Gerüchte nahmen kein Ende.

Einmal wurde Franz in einem Fernsehgespräch gefragt, was seiner Ansicht nach der Grund für diesen Psychoterror sei. Zunächst verwahrte er sich gegen das Wort, nannte es ein viel zu mächtiges Geschütz. Dann hob er die massigen Schultern und blickte vielsagend ins Leere. Warum das alles? Nun, es werde wohl mit dem Vater zu tun haben, mit den alten Ge schichten. Schließlich wisse bis heute niemand, was damals wirklich geschehen sei.

Er ließ ein kurzes betretenes Schweigen folgen und fuhr in halb belustigtem Ton fort, vielleicht habe Mareike Malwien seinen Vater ja verhext, habe diesen von Natur aus umsichtigen und besonnenen Menschen mit ihrer Liebe betört, bis er buchstäblich mit dem Kopf durch die Wand gewollt und den Wagen gegen einen Brückenpfeiler gesetzt habe. Da sei es doch wahrlich eine Ironie der Schicksals, dass ausgerechnet Mareike Malwien als Wächterin im Hexenbürgermeisterhaus an einstiges Unrecht und vermeintliche Zauberei gemahne. Er lachte selbstgefällig über den gelungenen Scherz.

So vergiftete er die Atmosphäre, die sie umgab, ein schleichender, nahezu unbemerkter Vorgang wie die Verunreinigung von Luft und Gewässern. Sie fürchtete sich vor jedem Gang hinaus auf die Straße und erledigte unvermeidliche Besorgungen in Geschäften, die möglichst weit von ihrer Wohnung entfernt lagen. An den Abenden saß sie still daheim. Sie schaltete den Fernseher nicht ein und las auch keine Zeitung. In den Nächten lag sie lange wach und sah mit weit geöffneten Augen an die weiße Zimmerdecke hinauf.

Wenn sie endlich irgendwann einschlief, träumte sie vom metallischen Quietschen der Dehnleiter und von all den anderen Folterinstrumenten, die im Keller ausgestellt waren, und es war ihr eigenes Wimmern, Ächzen und Stöhnen, das sie irgendwann weckte. Sie aß kaum mehr etwas, verlor an Gewicht, und ihr Gesicht wurde schmal und bleich, bis auf die bläulichen Schatten um die Augen.

Seit sie von Folterwerkzeugen zu träumen begonnen hatte, fand sie nicht einmal mehr im Museum Frieden. Stunden brachte sie an ihrem Tisch zu, der seitlich vom Eingang im Vorraum stand, sah auf die Gasse hinaus auf das regennasse Kopfsteinpflaster, und wenn Fußgänger vorbeikamen, senkte sie rasch den Blick und machte sich angelegentlich an irgendwelchen Unterlagen zu schaffen. Sie wartete, ohne zu wissen, worauf.

Und dann trat er eines Tages in die Tür. Sie hatte ihn nicht kommen sehen, obgleich sie die Gasse kaum einen Moment aus den Augen ließ. Als seine massige Gestalt sich neben ihrem Tisch aufbaute, schien der Lichteinfall trotz der gläsernen Wände zur Straße hin gedämpft und der Raum wirkte dunkler als zuvor. Sie sagte nichts und er sagte auch nichts. Sie sahen sich eine Weile an. Trotz der äußeren Ähnlichkeit zwischen ihnen kam er ihr jetzt vollkommen fremd vor. Sie fragte sich sogar, ob sie ihn erkannt hätte, wenn sein Gesicht in den letzten Wochen und Monaten nicht ständig in der Stadt präsent gewesen wäre. Und sie wunderte sich, dass sie sich in dem Augenblick, den sie so sehr gefürchtet hatte, diese Frage stellen konnte.

Sein Ausdruck, der bis eben starr gewesen war, geriet in Bewegung, seine Züge verzerrten sich, und als draußen ein paar Jugendliche lärmend vorüberzogen und er kurz den Kopf wandte, da wusste sie, dass sie dieses höhnisch entstellte Profil schon einmal gesehen hatte – damals, wenige Sekunden vor dem Unfall, als Franz vorn auf dem Beifahrersitz gesessen und zu Helmhold hinübergespäht hatte.

Und dann, als hätte dieser Anblick ungeahnte Kräfte in ihr freigesetzt, packte sie den spitzen Brieföffner, mit dem sie sonst manchmal die Schlitze der Feuermelder reinigte, erhob sich, trat dicht an Franz heran und rammte ihm blitzschnell die stilettartige Klinge in den Leib.

Erstaunt sah er sie an. Dann weiteten sich seine Augen und füllten sich mit Blut, die bläulich roten Äderchen schwollen an und drohten im nächsten Moment zu platzen. Sie stand noch immer unmittelbar vor ihm. Er machte keinerlei Anstalten, sich zur Wehr zu setzen. Langsam trat sie einen Schritt zurück, senkte den Blick und betrachtete seinen Leib. Der Mantel war aufgeschlagen, der Brieföffner hatte Jackett und Hemd durchbohrt und stak seitlich unterhalb des Brustkorbs hervor.

Als sie den Blick wieder hob, stierte er sie aus blutunterlaufenen Augen an, rang in ohnmächtigem Zorn nach Luft, hob zögernd die rechte Hand. Sie wich keinen Millimeter zurück, hielt seinem Blick stand. Er ließ die Hand sinken, und einen Moment lang sackte sein Kinn auf die Brust. Dann straffte er sich, raffte seine Mantelaufschläge, so dass man den Griff des

Brieföffners nicht sah, und wandte sich zum Gehen. Sein Schritt war fest. Erst als er die Glastür aufgestoßen und sich schon fast zwanzig Meter entfernt hatte, sah sie, dass er kaum merklich schwankte.

Einige Zeit darauf lebte Mareike Malwien wieder wie zuvor. Sie spazierte am liebsten im Mittagslicht in den Straßen umher, nutzte jede Gelegenheit für einen Plausch, führte an den Nachmittagen die Besucher mit Eifer durch das Museum, gönnte sich hin und wieder eine Übernachtung im Stadtpalais, und bei sonnigem Sommerwetter fuhr sie gelegentlich im Taxi zum Schloss Brake hinauf.

Nachdem Franz verschwunden war, hatte es eine Menge Gerüchte und Spekulationen darüber gegeben, warum er Hals über Kopf die Stadt verlassen hatte. Von schweren Verletzungen war die Rede, von einem politischen Anschlag, einer nächtlichen Messerstecherei. Andere wiederum wollten wissen, dass er an einer unheilbaren Krankheit litt, für die es in Süddeutschland eine Spezialklinik gab. Und wieder andere behaupteten, die Krankheit sei nur ein Vorwand gewesen, um Lemgo ohne Ansehensverlust zu verlassen, denn in Bayern habe sich ihm eine einmalige politische Chance geboten.

Sie selbst sprach man nicht auf ihren Sohn an, sei es aus Taktgefühl, sei es aus Scham, weil viele der üblen Nachrede allzu leicht Glauben geschenkt hatten. Und sollte irgendwer doch einmal die Frage an sie richten, warum denn der Franz bloß so plötzlich und ohne ein Wort fortgegangen sei, holte sie tief Luft und hob die Hände, um anzudeuten, dass auch sie nicht die geringste Ahnung habe. Vielleicht, sagte sie dann mit einem leisen Lächeln, habe ich den ja auch verhext.

Regula Venske

**Freischuss in Minden**

Vom Bahnhof ging Finke zu Fuß. Und obwohl er seit Jahren, genauer gesagt, seit Jahrzehnten nicht mehr in Minden gewesen war, fand er auf Anhieb den Weg, wie im Schlaf. Es kam ihm tatsächlich so vor, als würde er träumen, wobei er freilich noch nicht hätte sagen können, ob sich der Traum als schönes Taggespinst oder als Alptraum entpuppen würde.

Als er aus Minden weggegangen war, hatte er sich geschworen, nie wieder einen Fuß in seine Geburtsstadt zu setzen. Seine Sehnsüchte, seine Begierden waren zu groß und die Stadt war zu klein geworden für ihn. Und so hatte er seinen Rucksack gepackt und sich aus dem Staub gemacht, ohne irgendjemandem seinen Plan anzuvertrauen oder Adieu zu sagen. Seine Mutter, so hatte er damals gedacht, würde schon begreifen, dass er nicht wiederkäme, wenn sie erst ihr Portemonnaie und den silbernen Zigarrenabschneider, der einmal seinem Vater gehört hatte, vermisste. Das Gleiche träfe für seinen Lehrherrn zu, sobald man die Trümmer des Lehrlings-sparschweins hinter dem Tresen entdeckte. Der Mann konnte sowieso nicht ernstlich geglaubt haben, dass einer wie Finke zum Herrenfrisör taugte. Im Prinzip hatte Finke nur das Allernötigste mitgenommen, wozu damals weder eine Zahnbürste noch sein Zeugnis der Mittleren Reife zählten. Der Wisch sagte ohnehin nichts über ihn aus.

Seinen siebzehnten Geburtstag hatte er bereits in Barcelona gefeiert. Nun ja, „feiern" traf es nicht wirklich, in jenen Tagen war es ihm recht beschissen ergangen. Doch dachte Finke nur noch selten an diese Zeiten. Vorbei war vorbei. Er war keiner, der in der Vergangenheit lebte.

Jetzt aber, auf seine fast schon alten Tage, schneite ihm ausgerechnet dieser Auftrag in Minden ins Haus. Ein Zufall, mehr nicht. Trotzdem – schon witzig, wohin einen das Leben verschlug. Er war herumgekommen in der Welt, hatte alle fünf Kontinente bereist, war überall zu Hause gewesen. Oder auch nirgends, aber Finke zog die Formulierung mit „überall" vor. Es war ihm gelungen, viele Leben in das eine, kleine zu packen – ganz so, wie er es sich erhofft hatte als junger Bursche. Dass er dafür sein bescheidenes erstes Leben hatte dreingeben müssen, schien ihm kein allzu ungebührlicher Preis.

Obwohl er langsam gegangen war, denn sein Koffer wog schwer, hatte er inzwischen den Marktplatz erreicht. Flüchtig nahm er wahr, wie schmuck sich das Victoria-Hotel dem Gast präsentierte. In seiner Erinnerung sah es deutlich schäbiger aus, und die anderen Häuser am Platz desgleichen. Aber er musste sich hüten, nicht andauernd alles, was er sah, mit früher zu vergleichen; schließlich galt es, einen Job in der Gegenwart zu erledigen. Er musste sich konzentrieren.

Finke betrat das Hotel, füllte ein Formular aus, auf dem er mit Josef Schmidt unterschrieb, nahm einen Schlüssel entgegen. Stemmte den Koffer aufs Bett – er hatte ihn am Morgen bei der Gepäckaufbewahrung in Düsseldorf abgeholt – und nahm einen silbernen Zahnputzbecher heraus. Er füllte den Becher mit Leitungswasser und löste zwei Aspirin darin auf. Dann trat er mit dem Becher in der Hand ans Fenster, wobei er ihn leicht kreisen ließ, als handle es sich um einen Cognacschwenker, der mit einem edlen Tropfen gefüllt war. Man hatte ihm ein Zimmer mit Blick auf den Marktplatz gegeben. Was für ein beschaulicher Ausblick. Gleichwohl ein Panorama, das ihm Kopfschmerzen machte. Vielleicht hätte er doch lieber im warmen Phuket bleiben, den Auftrag nicht annehmen sollen. Allerdings hatte ihm die Auftraggeberin ein exzellentes Honorar angeboten. In dieser Größenordnung schlug man so leicht nichts aus. Mit der ihm in Aussicht gestellten Summe hatte er für das nächste Dreivierteljahr ausgesorgt – und es sich mit der Anzahlung bereits sechs Wochen gut gehen lassen. Finke leerte den Becher in einem Zug. Minden. Er schüttelte sich. Beim Klang der beiden Silben sah er vor seinem inneren Auge stets eine Pistolenmündung. Das war schon als Kind so gewesen, und vielleicht war aus diesem Grund ein Profikiller aus ihm geworden.

Er trat vom Fenster zurück, ging zum Bett hinüber und klappte den Koffer auf der anderen Seite des doppelten Bodens auf. Alles, was er brauchte, lag präzise an seinem Platz. Der Job in Minden sei ein ganz einfacher Fall, hatte ihm seine Auftraggeberin versichert und die Wahl der Waffe ihm überlassen. Finke besaß Schusswaffen, Messer in verschiedenen Größen, eine kleine handliche Garotte und Gift. Er würde seine Wahl treffen, sobald er das Dossier studiert hatte, das für ihn an der Hotelrezeption hinterlegt worden war. Jetzt lehnte die Akte, in einem versiegelten DIN-A4-Briefumschlag, an der Mineralwasserflasche auf dem Schreibtisch in seinem Zimmer. Bevor er sich an das Studium des Falles machte, wollte er allerdings etwas essen. Und bevor er etwas aß, musste er sich rasieren und duschen; so verschwitzt, wie er war, konnte er sich unmöglich im Hotelrestaurant blicken lassen. Zuallererst aber wollte er eine Stunde schlafen, die Reise war lang gewesen und hatte ihn angestrengt. Er schob den Koffer beiseite und warf sich aufs Bett. Kaum nahm er sich noch die Zeit, seine Schuhe von den Füßen zu streifen, schon war er eingeschlafen.

Als Finke aufwachte, lag die Dämmerung bleischwer über dem Zimmer. Er hatte wirr geträumt und brauchte einen Moment, um sich zu orientieren. Immerhin hatten sich seine Kopfschmerzen weitgehend verflüchtigt – als hätte sich durch den Schlaf der Erinnerungsstau in seinem Hirn aufgelöst. Dafür waren einige Traumfetzen nun in sein Bewusstsein ge - drungen. Entgegen seiner sonstigen Gewohnheit, sofort nach dem Aufwachen aus dem Bett zu springen und seine üblichen Streck- und Dehnübungen zu absolvieren, blieb Finke liegen und hing seinen Eindrücken nach. Er hatte am Rand der „Raupe" gestanden, des angesagten Jugendtreffpunkts wäh - rend der Messe, wie man den halbjährlichen Rummel in Min-den auf dem Königsplatz damals nannte. Ob es dieses Kinder -

vergnügen noch gab? Als Nächstes war er mit der Raupe gefahren, seine tote Mutter im Arm. Oder war es die Roggenmuhme gewesen, die im Kornfeld hauste und die Kinder fing, wenn sie im noch nicht abgeernteten Feld spielten? Plötzlich war über den Waggons das Verdeck heruntergegangen, die Mädchen hatten entsprechend gekreischt, nur die Tote an seiner Seite war unheilvoll stumm geblieben. Dann hatte ihn jemand gejagt, er war während der Fahrt abgesprungen. Im nächsten Moment hatte er sich beim Mindener Freischießen auf dem Marktplatz seinen Weg durch die Menge gebahnt.

Wer weiß, dachte Finke. Hätte er einen Vater gehabt, einen richtigen Vater in Frack und Zylinder, zu dem er hätte aufschauen können, so eine würdige Schießbudenfigur mit einer Nelke im Knopfloch und einem Holzgewehr unterm Arm, einen aufrechten Kerl, der seinem Jungen am Straßenrand zugewinkt hätte, während er in seinem Bürgerbataillon mitmarschierte – vielleicht wäre alles ganz anders gekommen. Wie hatte Finke seine Klassenkameraden um solche Väter beneidet. Sie hatten ihn nicht als ihresgleichen betrachtet, auch nicht zu sich nach Haus eingeladen. „Finke wohnt im Zigeunerviertel", so hatten sie ihn verhöhnt. Dass seine Mutter eine ordentliche Kriegerwitwe war und eine tapfere Putzfrau, die den Sohn auf die höhere Schule schickte, damit er etwas Besseres würde als sie, hatte keinen je interessiert. Aber ihn, wenn er ehrlich war, auch nicht. Spott und Verachtung, das war eben sein Schicksal gewesen, der anderen für ihn und von ihm für die anderen, und wenn er sich zur Wehr gesetzt hatte, hatte es Keile gegeben. Nur wenn die Buttjer die feinen Bürgerpinkel angriffen, auf dem Nachhauseweg von der Schule, da war er seinen Kameraden wieder gut genug gewesen und hatte sich Seite an Seite mit ihnen – und für sie mit – prügeln dürfen. Bis er irgendwann sitzen geblieben und von der Schule geflogen war.

Eine weitere Traumszene fiel Finke ein, eine seltsame Episode, in der ein kleines Puppenservice aus echtem Porzellan von Melitta eine Rolle gespielt hatte. Die Nachbarstochter hatte so was besessen – der ganze Stolz kleiner Mädchen. Flüchtig dachte er an einen dicken bernsteinfarbenen Zopf, aus dem sich eine Haarsträhne löste. Aber er hatte keine Lust mehr, in dieser Stimmung zu verharren. So etwas führte zu nichts. Oder allenfalls direkt ins Verhängnis. Er sprang aus dem Bett, langte zum Koffer hinüber und holte die Hanteln heraus.

Eine Dreiviertelstunde später saß Finke im Hotelrestaurant und stocherte zur Tarnung in einem marktfrischen Fitnesssalat, während er auf sein blutiges Rinderfiletsteak mit Madagaskar-Pfeffersauce wartete. Der Briefumschlag mit dem Dossier lag auf dem Stuhl neben ihm, er wollte dessen Inhalt nach dem Essen studieren. Erst die Arbeit, dann das Vergnügen, so hatte es in seiner Kindheit immer geheißen. Finke hielt sich daran. Ob wohl irgendjemand, den er damals gekannt hatte, noch am Ort lebte? Anzunehmen war es. Ob man ihn noch erkennen würde? Schon weniger. Er für sein Teil konnte sich an niemanden genauer erinnern, so viel stand fest. Die Gesichter von damals waren zu einem Einheitsgesicht verschwommen, einer Art Vexierbild, das sich aus den Zügen seiner Mutter und den Visagen irgendwelcher Fremder zusammensetzte, seien es seine Opfer oder andere Zufallsbegegnungen gewesen. Oder auch nur ein appetitliches Rindersteak, das ihn jetzt auf seinem Teller anlächelte und in dessen Faserung er ganz deutlich ein Antlitz ausmachten konnte.

Und endlich war auch das geschafft und er konnte sich mitsamt seinem Dossier und einem Espresso in der Bar niederlassen. Sogar einen Ballsaal hatte das Haus, und zwar den schönsten in Minden, er stellte es leicht amüsiert fest, als er den Ort wechselte. Scala, ach ja, so hatte auch das Kino geheißen, das früher in diesem Saal gewesen war und in dem er seinen ersten verbotenen Film angeguckt hatte. „Sie tanzte nur einen Sommer": Größer als das schwedische Melodram mit seiner Nacktbadeszene war das Drama gewesen, das seine Mutter veranstaltet hatte, als sie ihm auf die Schliche gekommen war.

Wie spießig war doch alles gewesen. Die engen Gassen. Fachwerk und Kopfsteinpflaster. Die Doppelmoral. Und mitten drin seltsame Straßennamen. Rampenloch. Greisenbruch. Straßen, in denen sich, wie er bald festgestellt hatte, genau das abspielte, was man beim Klang ihrer Namen vermuten sollte.

Finke nippte an seinem Espresso, dann riss er den Briefumschlag auf. Er hatte immer nur unsympathische Leute ermordet – oder aus dem Weg geräumt, wie er es beschönigend nannte. Fieslinge, Asoziale und Kriminelle. Das war Teil seiner Geschäftsphilosophie. Wer ihn engagieren wollte, musste ihn überzeugen, und zwar sowohl mit Geld als auch mit guten Gründen, sonst nahm er den Auftrag nicht an. Er war ein Künstler und kein Verbrecher. In diesem Fall hatte die Frau am Telefon bereits einiges angedeutet; nun wollte er sich ein genaueres Bild von der Sache machen. Das Risiko, dass er nach der Lektüre noch nein sagen könnte, hatte seine Auftraggeberin mit Zahlung des Vorschusses akzeptiert. Drei-, viermal war so etwas im Laufe der Zeit vorgekommen.

Die Frau hatte ihm diesen Fall auch im Namen einer Freundin angetragen, mit deren Zwillingsschwester der betreffende Mann, wie auch mit ihr, vor Jahren ein Kind gezeugt hatte. Die Schwester hatte im vierten Monat eine Fehlgeburt erlitten, an deren Folgen das Mädchen gestorben war. Genauer gesagt, sei es wohl der Versuch einer illegalen Abtreibung gewesen, hatte die Dame am Telefon mit scharfer Stimme gesagt. Aber ob - wohl dieser Kerl schuld daran war, hatte es ihn nicht weiter bekümmert. Auch für ihr Kind, das bald darauf zur Welt ge - kommen war, hatte er sich nicht interessiert. So etwas kam natürlich häufiger vor, und man konnte nicht gut alle unfreiwilligen Väter ermorden. Trotzdem konnte Finke es nicht verstehen. Was hätte er darum gegeben, einmal seinen Vater zu treffen, nur ein einziges Mal. Und sicher wäre sein Vater auch lieber am Leben geblieben und hätte seinen Sohn kennen gelernt, als kurz vor Kriegsende noch zu krepieren, oder etwa nicht?

Er selbst hatte, soviel er wusste, keinen Nachwuchs gezeugt; überdies hatte er sich mit zweiundzwanzig in Singapur sterilisieren lassen. Die Laufbahn, die er zu jenem Zeitpunkt bereits unumkehrbar eingeschlagen hatte, hatte vernünftigerweise keinen anderen Schritt zugelassen. Schade eigentlich, dachte Finke. Im selben Moment erschrak er über sich selbst. Dieses kleine Wörtchen hatte er doch seit langem aus seinem Wortschatz gestrichen! Gar nichts war schade. Und um niemanden war es je schade gewesen, davor hatten ihn seine Geschäftsphilosophie und das gründliche Studium der Akten schließlich bewahrt. Er war ein Gentleman und kein ordinärer Killer. Herrgott, was machte dieses Minden mit ihm!

Er blätterte ein wenig vor in der Akte. Folgten schwerer wiegende Gründe, oder lief das Ganze doch nur auf einen Rachefeldzug zweier enttäuschter Damen hinaus? Die Frau am Telefon hatte etwas von einem „heimtückischen Mörder" geraunt. Als sie ihre Stimme gedämpft hatte, hatte sie ihm besser gefallen. Plötzlich musste er lachen. Zu witzig, die Zielperson war im selben Jahr wie er selbst geboren. Stimmt, das hatte seine Auftraggeberin ja auch schon erzählt. Und vielleicht hatte das sogar den Ausschlag gegeben und sein Interesse an diesem Auftrag geweckt. Der andere war gewissermaßen sein alter ego in Minden, sein spießiges Spiegelbild. Was wäre wohl aus ihm selbst geworden, wäre er hier geblieben? Doch nicht wirklich ein Herrenfrisör mit eigenem Geschäft in der Altstadt, einer braven Ehefrau und drei wohlgeratenen Töchtern?

„Zielperson hat sich bereits im Kindesalter einen Spaß daraus gemacht, die Hühner des Nachbarn zu töten."

Ein weiterer Zufall, auch Finkes Nachbar hatte Hühner gehabt. Und anderes Kleintier. Wie hatte er doch gleich noch geheißen, Pichowiak? Ja, von dem hatte er einst das Handwerk des Schlachtens gelernt. Eine Zeitlang waren die Hühner noch kopflos im Garten umhergeflattert, das war ein gewöhnungsbedürftiger Anblick gewesen.

Obgleich …

Finke runzelte die Stirn und starrte auf seine Akte. Als er aufblickte, merkte er, dass der Kellner ihn beobachtete. Hatte offenbar Langeweile, der Mann. Finke richtete sich auf und deutete mit gekrümmtem Zeigefinger auf seine leere Espressotasse. Noch ein bisschen Koffein konnte nicht schaden. Nach kurzer Überlegung orderte er einen Whisky dazu. Normalerweise trank er nicht vor oder während der Arbeit. Aber in seiner Geburtsstadt durfte man wohl einmal eine Ausnahme machen – wo, wenn nicht hier?

Der Kellner brachte ihm eine Getränkekarte, und Finke war fast versucht, sich in Erinnerung an seine Jugend einen Korn zu bestellen, aber die Zeiten, in denen seine Kumpel und er Strothmanns Weizenkorn direkt aus der Flasche getrunken hatten, waren ja doch unwiderruflich vorbei. Immerhin schien es das Kultgetränk von einst noch zu geben. Er entschied sich für den besten Tropfen, den die Bar zu bieten hatte, einen sechzehn Jahre alten Lagavulin. Sechzehn Jahre, ein Jahr älter als er, war die Nachbarstochter gewesen, als er sie endlich rumgekriegt hatte. Ursel Pichowiak? Ja, so hatte sie wohl geheißen. Seine erste und, so dachte Finke in diesem Moment, seine einzige Liebe. Hatte er wirklich ihr heiß geliebtes Puppengeschirr zerdeppert, um ihr deutlich zu machen, dass ihre Kindheit zu Ende sei? Tja, und dann hatte er sie bald darauf für die Wedemeyer-Girls sitzen lassen, die er auf der Messe kennen gelernt und von denen er sich mehr Abwechslung erhofft hatte, als sie schließlich brachten. Sie waren ihm aufgefallen, weil sie immer in den Mindener Stadtfarben herumliefen, eine in roten, eine in weißen Klamotten. Leider tauschten sie ihre Garderobe ohne Vorwarnung aus, man konnte sie nicht auseinanderhalten. Das hatte ihn wohl vor allem an ihnen gereizt. Verrückte Mädchen.

Er tat so, als konzentriere er sich auf seine Mappe, bis der Kellner den Whisky brachte. Dessen Bernsteinfarbe erinnerte ihn an eine Haarsträhne, die sich aus einem straff gebundenen Zopf gelöst hatte und durch die weiches Sonnenlicht schimmerte. Sollte er überhaupt weiterlesen? Nein, er wusste genug. Die Zielperson war ein Charakterschwein. Und seine Auftraggeberin hatte nichts Falsches versprochen, es war ein ganz einfacher Fall. Reine Routine, im Grunde. Er würde nicht lange nachdenken müssen, wie der Auftrag am besten zu erledigen sei. Allerdings wünschte sich Finke, er hätte einen höheren Vorschuss verlangt. Aber jetzt war es zu spät, um noch zu verhandeln.

Das Verfahren sah vor, dass Finke, sobald er sich nach Aktenlage entschieden hatte, einen Fall durchzuführen, seinem Auftraggeber ein Okay simste und dieser ihm im Gegenzug eine Kurzmitteilung mit dem Namen der Zielperson schickte. Dieses Procedere hatte er selbst eingeführt, als Vorsichtsmaßnahme für beide Seiten. War es überhaupt noch nötig, das wie verabredet durchzuziehen?

Nun ja, Vertrag war Vertrag, und die Form musste gewahrt sein. Finke war ein seriöser Geschäftsmann, ein alter Preuße, wenn man so wollte. Er simste sein Placet an die verabredete Nummer und bestellte sich eine Zigarre. „Schmockstock", hatten sie damals in der Buttjersprache dazu gesagt. Freilich waren das andere Glimmstengel gewesen als diese Cohiba Exquisitos, zu der er sich einen weiteren Whisky gönnte. Er würde schon nicht danebentreffen, später am Abend, auf einer der Weserbrücken, selbst wenn seine Hand dann leicht zittern sollte.

Fünfunddreißig Minuten exklusives Rauchvergnügen lagen vor ihm. Fünfunddreißig Minuten bernsteinfarbene Träume. Die SMS würde er erst öffnen, wenn der Schmockstock zu Ende gepafft war. Er wusste ja nun, auf wen ihn die beiden Mindenerinnen angesetzt hatten. „Für diesen Mann brauchen wir den Besten", hatte seine Auftraggeberin gesagt. Finke hob sein Glas ihr zu Ehren. Wenigstens hatte Uschi Pichowiak die Größe besessen, ihn ausfindig zu machen und ihm keinen ordinären Killer zu schicken.

Jürgen Reitemeier & Wolfram Tewes

## Kaffeefahrt ins Ungewisse

„Jetzt stell dich doch nicht so an!"

Heinz Bollermann konnte sehr leidenschaftlich werden, wenn er erst einmal in Schwung war. Nun hatte er bereits den dritten Anlauf genommen, seinen wesentlich älteren Nachbarn Anton Fritzmeier zu überreden.

„Alle kommen mit. Und alle haben Spass. Nur du bist immer so'n sturer Bock und kommst nicht von deinem Hof runter."

„Mensch Heini", widersprach Fritzmeier müde. „Wat soll ich denn da? Wenn ich 'ne Stunde mit 'n Bus fahre, dann drückt die Blase von dem chanzen Ruckeln und Schaukeln. Und 'ne Heizdecke kaufen brauch ich auch nicht. Wenn mir kalt ist, dann nehm ich den Hund mit ins Bett. Außerdem, wer soll denn in der Zeit die Arbeit hier im Hofladen machen?"

Anton Fritzmeier war ein alter Bauer von zweiundachtzig Jahren und stand noch voll im Saft. Seinen Bauernhof bewirtschaftete er zwar nur noch in einer sehr abgespeckten Form, dafür hatte er sich vor drei Jahren auf das Abenteuer eingelassen, dort einen Hofladen zu führen. Ein Abenteuer, das zu seinem eigenen Erstaunen eine Erfolgsgeschichte geworden war. Vom Tag der Eröffnung an war sein kleiner Laden der Mittelpunkt des Dörfchens Heidental in der Nähe von Detmold geworden. Hauptsächlich deshalb, weil es hier sonst nichts mehr gab.

„Den Laden kannst du ja wohl mal für ein paar Stunden zumachen. Was willst du denn mit dem ganzen Geld anfangen, in deinem Alter? Los Anton, gib dir 'nen Ruck. Du brauchst mal Urlaub. Und wir müssen den Bus voll kriegen, sonst fällt unser Erlebnistag aus. Fast alle Rentner im Dorf haben sich schon angemeldet, aber das reicht noch nicht. Wir brauchen zwanzig Leute. Achtzehn haben wir, Wächters Hilde kriegen wir schon noch rum. Dann fehlst nur noch du. Lass uns nicht hängen!"

Nach einigen weiteren Appellen an Fritzmeiers Gemeinschaftsgeist und dem mehrfach geäußerten Versprechen, es würde „ganz große Klasse" werden, willigte Anton Fritzmeier schließlich brummend, aber resigniert ein.

Eine Woche später, Fritzmeier hatte den Termin schon wieder vergessen, kam Heinz Bollermann im schicken Anzug, aber mit hochrotem Kopf auf den Fritzmeier'schen Hof gelaufen.

„Wo bleibst du denn?", fuhr er den alten Bauern an. „Der Bus steht schon parat. Alle sind da. Und wer fehlt? Fritzmeier! Los, zieh dich um. Der Bus kommt in zehn Minuten auf deinen Hof und packt dich ein."

Jetzt hatte Anton Fritzmeier aber doch ein schlechtes Gewissen und er beeilte sich, so gut er konnte. Es dauert dann zwar fast zwanzig Minuten, bis er endlich reisefertig war, einige Mitreisende schauten demonstrativ auf ihre Armbanduhr, als Fritzmeier einstieg. Der Fahrer des kleinen Busses war mürrisch, sagte aber nichts. In Detmold stieg ein großer, elegant gekleideter Mann zu, der sich sofort voller Dynamik ein Mikro fon schnappte und den Rentnern erklärte, er sei ihr Reiseleiter und würde mit ihnen zusammen einen „herrlichen Tag" erleben. Die alten Damen fanden den schicken und stattlichen Mann mit den vollen, pechschwarzen, nach hinten gegelten Haaren einfach hinreißend. Anton Fritzmeier fand ihn schleimig. Der Mann erinnerte ihn an einen Finanzberater, dem er einmal auf den Leim gegangen war.

Dann legte der Reiseleiter eine CD mit Volksmusik ein. Bereits nach wenigen Kilometern sangen die Ersten aus voller Kehle mit. Einige, vermutlich keine echten Lipper, wollten sogar der Aufforderung des Reiseleiters folgen und schunkeln, drangen mit diesem Begehren aber nicht durch. Fritzmeier wurde dadurch abgestraft, dass sich keiner um ihn kümmerte. Ihm war das ganz recht, denn ein großer Small-Talker war er nie gewesen. Er sprach, wenn er was zu sagen hatte. Plaudern als Selbstzweck war ihm fremd.

Nach kurzer Fahrt verkündete ihnen der Reiseleiter in einem Ton, als habe er die Kronjuwelen der Queen anzubieten, dass sie nun den ersten Programmpunkt ihres „Erlebnistages" erreicht hätten. Das Konzert der „weltberühmten" Wolga-Kosaken im Kurtheater von Bad Meinberg. Kurz vor dem Kurpark gab er bekannt, dass der Bus hier auf sie warten würde und dass es nach dem Konzert von genau dieser Stelle aus wieder losginge. „Pünktlich!", fügte der noch immer brummige Busfahrer ausdrücklich hinzu, ohne jemanden namentlich zu benennen. Aber jeder ahnte, auf wen diese Mahnung gemünzt war. Anton Fritzmeier spürte die Blicke aller anderen auf sich ruhen. Er zuckte nur lässig mit den Achseln und ging mit den anderen ins Kurparkgelände zum Kurtheater.

Anderthalb Stunden später saßen sie wieder im Bus. Die meisten plapperten aufgeregt durcheinander. Das Konzert war offenbar ein voller Erfolg gewesen. Der smarte Reiseleiter ließ jedenfalls daran erst gar keinen Zweifel aufkommen, indem er sofort wieder zum Mikro griff und ihnen versicherte, dass sie eben eine „unvergessliche Stunde" erlebt hätten und es nun nahtlos weiterginge im Erlebnisprogramm. Zu den „erhabenen Externsteinen", wo sie einkehren und Kaffee und Kuchen genießen würden. Er versprach ihnen gesellige Stunden in einem herrlichen Ambiente.

„Wird aber auch Zeit!", rief Anton Fritzmeier von hinten durch den Bus. „Ich hab vielleicht 'nen Kohldampf. Mir hängt der Magen schon inne Kniekehle. Hoffentlich is der Kaffee nich sonne dünne Plörre."

Der Reiseleiter schaute irritiert durch den Bus, um die Quelle dieser unbotmäßigen Äußerung zu orten. Zwei Mit - reisende lachten, verstummten aber schnell, als sie den Ärger im Blick des Reiseleiters sahen. Die meisten schämten sich fremd für Anton Fritzmeier.

Nach sehr kurzer Fahrt, auf der nun nicht mehr so recht Stim -

mung aufkommen wollte, parkte der Bus auf dem riesigen Parkplatz an den Externsteinen bei Horn.

„Dat kurze Stück hätt ich auch zu Fuß chehen können!", brummte Fritzmeier, der einfach das Bedürfnis hatte, noch etwas zu stänkern. Dann bekam er seinen Fußmarsch. Die gesamte Rentnertruppe setzte sich zu Fuß in Bewegung und ging, einige ungeduldig schnell, andere bedächtig und langsam, zu der berühmten Felsengruppe. Fritzmeier war, obwohl einer der Ältesten im Pulk, ganz vorn mit dabei. Das wäre ja noch schöner, wenn er sich von den jungen Höppern die Butter vom Brot nehmen lassen würde. Nee, nicht mit ihm. Auf einen der Felsen steigen wollte er jedoch nicht. Nur zwei Männer, mit Anfang sechzig praktisch der Kindergarten der Reisegruppe, wagten den Aufstieg und johlten kräftig, als sie oben standen.

Lange hielt es die Damen und Herren aus Heidental nicht mehr vor dem beeindruckenden Naturdenkmal. Es zog sie unwiderstehlich zu Speis und Trank. Als sie dann in geschlossener Formation in den großzügigen Gastronomiebereich der Externsteine, beim Felsenwirt, angelangten, war die Erwartung groß. Doch vor dem Eingang stand der smarte Reiseleiter und erklärte ihnen:

„Meine sehr verehrten Damen und Herren, um Ihnen einen möglichst angenehmen und erinnerungswerten Erlebnisnach - mittag zu präsentieren, haben wir uns entschlossen, nicht diese Lokalität aufzusuchen. Kaffee und Kuchen gibt es in dem neu eröffneten Lokal Externsteiner Stuben in Holzhausen. Bitte folgen Sie mir zum Bus."

In der Rentnergruppe machte sich allgemeine Verwunderung breit. Die Profis unter den Kaffeefahrtenteilnehmern gaben zu bedenken, dass das Kuchenbuffet beim Felsenwirt seinesgleichen sucht. Doch die Einwände wurden nicht beachtet.

„Die Sache hat bestimmt einen Haken!", orakelte Fritzmeier. Er ging einigen Teilnehmern mittlerweile ziemlich auf die Nerven. Heinz Bollermann war der Erste, dem der Geduld - faden riss.

„Mensch Anton, was bist du für ein Quengelkopp! Hätte ich dich nur nicht gefragt, ob du mitkommst. Du versaust uns ja allen den Spass."

Im neuen Gasthaus waren die langen Tische bereits eingedeckt. Es bedurfte keiner weiteren Aufforderung. Wie selbstverständlich suchte sich jeder der Heidentaler Rentner einen Platz.

„Jetzt bin ich aber mal gespannt, Anton", wandte sich ein kleiner grauhaariger Mann an Fritzmeier. „Ich habe ja schon viele Kaffeefahrten mitgemacht. Manchmal war das Essen ganz prima, manchmal nicht. Mal sehen, was es heute gibt."

Das Gespräch wurde durch einen Kellner gestört, der versuchte, zwei riesige Platten mit Butterkuchen auf den Tisch zu stellen. Fritzmeier und sein Gesprächspartner rückten ihre Stühle und halfen ihm dabei. Der Kuchen war kaum aufgetragen, da kam auch schon eine junge Frau mit dem dazugehörigen Kaffee. Augenblicklich setzte Ruhe ein. Viele Hände griffen hastig nach den Kuchenstücken. In null Komma nichts waren die großen Teller leer und die kleinen voll. Jeder der Heidentaler hatte einige Stückchen Kuchen vor sich stehen. Auch Fritzmeier hatte sich versorgt. Er war zufrieden, denn dieser „Beerdigungskuchen", wie er ihn nannte, gehörte zu seinen Leibgerichten.

War vielleicht doch keine so schlechte Idee, an einem Aus - flug teilzunehmen, dachte er. Essen und Trinken gratis, nicht schlecht. Herzhaft biss der alte Bauer in den Butterkuchen. Im nächsten Moment hatte er jedoch den Eindruck, eine süße Platte Beton zwischen den Zähnen zu haben. Fritzmeier jaulte vor Schmerzen auf. Er pfefferte das Kuchenstückchen quer über den Tisch und fluchte. Sein erneut auffälliges Verhalten wurde mit empörten Blicken und ungehaltenem Gemurmel quittiert. Der Bauer ließ sich davon nicht beeindrucken. Er überprüfte, Grimassen ziehend, seinen Unterkiefer. Der war anscheinend nicht gebrochen. Dann pulte er sein Gebiss aus dem Mund und nahm es ebenfalls in Augenschein. Auch das hatte keinen Schaden genommen.

„Chott sei Dank, dat Dingen is heile cheblieben", sagte er, mehr zu sich selber, und steckte die Prothese zurück in den Mund. Dabei schien er nicht zu bemerken, dass ihn alle anderen ansahen.

Eine elegant gekleidete alte Dame tuschelte ihrer Nachbarin zu: „Das ist doch ekelhaft! Dieser alte Bauer!"

„Ekelhaft ist dieser Kuchen!", entgegnete Fritzmeier. „Der ist mindestens 'n halbes Jahr alt. Son Zeuch kannsse doch nicht fressen."

So langsam wurde der alte Landwirt richtig sauer. Er ärgerte sich über die Frau. Diese dumme Kuh, dachte er. Eine Zugezogene. Hätte mal in Bochum bleiben sollen. Er wollte gerade richtig vom Leder ziehen, da spürte er zwei kräftige Hände. Finger wurden ihm in seine Schultern gepresst, dass es wehtat.

„Na, na, na! Wir wollen uns doch benehmen."

Fritzmeier wollte gerade etwas zum Thema Benehmen sagen. Doch dann sah er in die jetzt gar nicht mehr charmant dreinblickenden Augen ihres Reiseleiters. Das Smarte, Verbindliche, das der Mann bisher an den Tag gelegt hatte, war verschwunden. Jetzt ging von dem Schwarzhaarigen etwas Bedrohliches aus. Der gerade zum Schimpfen geöffnete Mund des alten Bauern klappte mechanisch wieder zu. Lieber erstmal die Klappe halten, dachte er.

Der Rest der Rentnertruppe, der durch diesen kleinen Zwischenfall vom Kuchenessen abgehalten worden war, widmete sich jetzt wieder der Nahrungsaufnahme. Hier und da fing ebenfalls der Eine oder Andere an, über den harten, ungenießbaren Kuchen leise zu murren. Doch nach Fritzmeiers Auftritt beschwerte sich niemand mehr lauthals. Not macht erfinderisch. Die Ersten begannen die harten, süßen Stücke in ihre Kaffeetassen zu tauchen, um sie darin einzuweichen und sie so essbar zu machen.

Doch viel Zeit ließ man den alten Leuten nicht zum Verzehr des Gebäcks. Schon bald ergriff der Reiseleiter das Mikrofon:

„Meine sehr verehrten Damen und Herren! Nach dem Kaffee werden wir Ihnen einige ganz wunderbare Artikel anbieten. Aber zuerst haben wir noch eine ganz besondere Überraschung für Sie. Uns ist es gelungen, die limitierte Auflage einer CD der Wolga-Kosaken für Sie zu bekommen. Diese seltene Kostbarkeit können wir Ihnen jetzt für 35 Euro anbieten. Doch damit nicht genug. Alle CDs sind von dem weltberühmten Chorleiter Ivan Reblaus handsigniert. Meine Assistenten werden sich in den nächsten Minuten an Sie wenden und Ihnen diese einzigartigen Tonträger anbieten. Also halten Sie Ihr Geld bereit. Es lohnt sich!"

Nach dieser Ankündigung gingen zwei junge Damen durch die Tischreihen und legten jedem unaufgefordert eine CD auf den Tisch. Ihnen folgte ein junger Mann, der das Geld einsammelte. Widerspruch gab es nicht. Alle legten brav ihre 35 Euro auf den Tisch.

Nur Fritzmeier sagte: „Nee, will ich nich! Ich höre sowieso nur Radio."

Einige der Alten sahen ängstlich zu ihm herüber. Andere verärgert, geradezu bösartig. Der Schwarzhaarige redete eindringlich mit seinen Gehilfen und sah immer wieder in Fritzmeiers Richtung.

Im Raum machte sich eine unangenehme Atmosphäre breit. Die meisten der Anwesenden waren verärgert über Fritzmeier. Sie waren der Meinung, dass der mit seiner renitenten Art den angenehmen, harmonischen Nachmittag, den sich alle erhofft hatten, zerstört habe.

Zu allem Überfluss steuerten die beiden Helfer des Reise - leiters auf Fritzmeier zu. Dem alten Bauern schwante Übles. Hastig erhob er sich und nahm Kurs auf die Herrentoilette. Kurz bevor er den Saal verließ, sah er noch einmal über die Schulter. Die beiden Männer folgten ihm. Fritzmeier wurde augenblicklich klar, dass er einen großen Fehler gemacht hatte. Er hatte den Schutz der Herde verlassen. Jetzt war er auf sich gestellt. Sein Bauernstolz ließ es jedoch nicht zu, dass er umkehrte und sich wieder auf seinen Platz setzte. Augen zu und durch! Schon hatte er die Tür geöffnet und stand auf dem Flur. Jetzt nur die Ruhe bewahren, appellierte Anton Fritzmeier an sich selbst. Er flanierte über den Flur, als befände er sich auf einem Spaziergang. Kaum hatte er drei Schritte getan, da hörte er Geräusche hinter sich. Die robusten Handlanger des Reiseleiters befanden sich direkt hinter ihm. Ehe sich Fritzmeier dazu entschließen konnte, etwas zu unternehmen, packten ihn starke Hände und schoben ihn in einen dunklen Raum. Noch bevor Fritzmeier dazu in der Lage war, sich zur Wehr zu setzen, hörte er, wie sich der Schlüssel im Schloss drehte. Er war eingesperrt in einem fensterlosen, stockfinsteren Raum.

„Ich wusste doch, dass die Sache einen Haken hat", fand sich Fritzmeier bestätigt.

Wieder gingen zwei junge Frauen durch die Tischreihen und schenkten frischen Kaffee nach. Gleichzeitig ergriff der Reiseleiter das Mikrofon, setzte sein Bester-Schwiegersohn-der-Welt-Grinsen auf und kündigte großzügig an:

„So, meine Damen und Herren, jetzt gibt es noch ein Tässchen Kaffee. Und dann gebe ich einen aus. Wacholder für die Herren und ein Likörchen für die Damen."

Diese Großzügigkeit stieß auf allgemeine Zustimmung. Vereinzelt klatschten einige verhalten Beifall. Andere signalisierten Zustimmung durch Klopfen auf den Tisch. Kurze Zeit später hatte jeder der Ausflügler ein Schnäpschen vor sich stehen und der Reiseleiter prostete der Rentnertruppe zu. Er kippte sein Glas und rief übermütig:

„Auf einem Bein kann man nicht stehen. Noch eine Runde!" Wieder wurde Schnaps gebracht. Diejenigen, die noch nicht ausgetrunken hatten, wurden dazu gedrängt, dies schnellstens zu tun. Einige Damen kicherten bereits seltsam und schienen zu allem bereit zu sein. Andere, die dankend ablehnten, wurden höflich aber bestimmt überredet, doch einfach mal über ihren Schatten zu springen. So jung käme man schließlich nie mehr zusammen.

Kaum waren auch diese Gläser geleert, schleppten die beiden kräftigen Helfer des Reiseleiters eine große Kiste in den Raum und stellten sie neben den Reiseleiter.

„Und nun zum Höhepunkt des heutigen Tages!", trompetete der Reiseleiter und fletschte dabei ein schneeweißes, makelloses Gebiss. „Ich freue mich, Ihnen nun ein paar sehr wertvolle Produkte zeigen zu können, die sicher Ihr großes Interesse finden werden. Meine ganz entzückenden Assistentinnen", dabei machte er eine elegante Handbewegung in Richtung der beiden jungen Frauen, die eben noch das Geld für die CDs eingesammelt hatten, „werden mich dabei charmant unterstützen."

Anton Fritzmeier saß im Dunkeln. Etwa eine Minute brauchte er, um sich vom Schreck dieser unangenehmen Überraschung zu erholen. Dann bahnte sich Wut den Weg.

„Sauhunde!", fluchte er laut, auch wenn ihn keiner hören konnte. Was ging hier vor? Aber dann fiel ihm der Zusammenhang auf. Die alten Leute sollten hier nicht entspannen, sondern kaufen. Die sollten ausgenommen werden wie eine Weihnachtsgans. Mit so einem Querulanten wie Fritzmeier hatten die vermutlich nicht gerechnet. Jetzt hatten sie den Störenfried ausgeschaltet und konnten in aller Ruhe den gutgläubigen Rentnern das Geld aus der Tasche ziehen. Wann sie ihn wohl wieder rauslassen würden? Aber vielleicht hatten sie das ja gar nicht vor. Was, wenn die ganze Truppe nach der Verkaufsveranstaltung einfach wegfuhr und ihn hier eingesperrt ließ? Keiner sonst wusste von ihm. Würde der Wirt ihn hören, wenn er laut schrie? Oder steckte der mit den Ganoven unter einer Decke? Wie auch immer – er musste hier raus! Irgendwie.

„Es chibt nix, was ein lippischer Bauer nicht kann", brummte er. Dann streckte er beide Arme aus und tastete sich durch den Raum. Irgendwo musste doch ein Lichtschalter sein.

Die Verkaufsveranstaltung schien ein voller Erfolg zu werden. Die Rheumaheizdecken gingen weg wie warme Semmeln, die Bestände an „herrlichen" Blumenvasen, Tischdecken und Kerzenständern schmolzen dahin wie Butter in der Sonne. Sicher, die Preise waren deutlich höher als woanders. Ein alter Mann hatte darauf auch schon hinzuweisen versucht, war aber vom Reiseleiter als undankbar, „nach allem, was wir heute schon Tolles erlebt haben", ins moralische Abseits gestellt worden. Aber diese kleine Krise war nun überstanden. Der Reiseleiter war wieder bester Laune. Und schon wuchteten seine Helfer zwei große Metallkoffer in den Saal.

„Und nun kommen wir zu unserer großen Weinprobe! Wir haben hier einige sehr edle Tropfen, die Sie in dieser Qualität zu diesen Preisen sonst nicht finden werden. Sie dürfen gern ein kleines Schlückchen probieren. Vielleicht die Damen zuerst?"

Endlich! Anton Fritzmeier hatte den Lichtschalter gefunden und knipste ihn an. Der Raum wirkte zwar hell etwas weniger bedrohlich als dunkel, machte aber alle Hoffnungen Fritzmeiers zunichte, hier herauszukommen. Die Tür war massiv, mit einem Sicherheitsschloss. Nix mit Dietrich oder so. Ein Fenster gab es nicht. Ein anderes Naturell als Fritzmeier wäre jetzt verzweifelt. Sorgfältig suchte er die Wände des kleinen Raumes ab. An einer Wand stand ein Regal mit vielen silberfarbenen Blechdosen, so groß wie kleine Bierfässer. Offenbar war dies ein Vorratsraum und in den Dosen war Marmelade, Instantbrühe und sonst was. An der anderen Wand lagen zwei Holzkisten. Das war alles für seine Zwecke nicht zu gebrauchen. Der Fußboden zeigte auch keinerlei Fluchtmöglichkeit auf. Dann hob Anton Fritzmeier den Kopf und schaute zur Decke.

Irgendwie war die Stimmung im großen Saal etwas abgesackt. Der Reiseleiter, ein erfahrener Mann, spürte dies instinktiv. Der Weinverkauf lief auch nicht so, wie er sollte. Offenbar war die Magie der Veranstaltung verpufft, die Leute stellten ernüchtert fest, dass sie viel Geld für Dinge ausgeben sollten, die sie gar nicht brauchten und die sie in jedem Supermarkt günstiger bekommen konnten. Das anfänglich leise Murren verstärkte sich mit jeder Minute, immer mehr standen auf und gingen zur Toilette. Hier war dringender Handlungsbedarf. Zuckerbrot und Peitsche, dachte der Reiseleiter. Zuckerbrot hatte es eben mit den Schnapsrunden gegeben, jetzt war die Peitsche an der Reihe. Als gerade alle von der Toilette zurück waren, postierten sich auf seinen Wink hin seine beiden Helfer vor den beiden Ausgängen.

„Sie bleiben besser hier", wurde einem Mann erklärt, dessen Blase drückte. „Sie wollen doch sicher nichts verpassen?" Tonfall und Körpersprache machten deutlich, dass dies kein freundlicher Tipp war, sondern ein Befehl. Eingeschüchtert setzte der Mann sich wieder hin. Die Show konnte weitergehen.

„Die Dame am zweiten Tisch, ja, die mit dem Pelzkragen", sprach der Reiseleiter eine der Anwesenden nun direkt an, „Sie wollen doch heute Abend nicht mit leeren Händen nach Hause kommen, oder? Sie möchten doch sicher Ihren Liebsten etwas Schönes mitbringen? Meine Assistentin wird Ihnen nun unseren ganz speziellen Geschenkkorb zeigen. Ich bin sicher, mit dem werden Sie viel Freude haben."

Die Frau schluckte, widersprach aber nicht.

Gut, dachte der Reiseleiter. Die lassen sich ja tatsächlich alles gefallen. Also legen wir jetzt noch 'ne Schippe drauf.


„Wer sachtet denn?", murmelte Anton Fritzmeier, als er an der Decke ein kleines, waagerecht liegendes Dachfenster entdeckte. Das war der Weg in die Freiheit. Aber diese Freiheit lag in über zwei Metern Höhe und Anton Fritzmeier war nicht mehr der

Jüngste. Das Fenster aufstoßen war vermutlich kein Problem, aber wie sollte er da hochkommen, um herauszuklettern?

Ächzend zog er die beiden Holzkisten von der Wand und stapelte sie in der Mitte des Raumes auf. Er kletterte hinauf, aber nur um festzustellen, dass die Höhe gerade ausreichte, die Luke zu entriegeln. Das gelang ihm auch, aber noch war er lange nicht draußen. Früher hätte er sich einfach am Rahmen der Luke festgehalten und sich hochgezogen. Ja, früher! Seit fast fünfzig Jahren hatte er solche Kunststücke aufgegeben. Er musste einfach mehr Höhe erzeugen, und dafür gab es nur eine Möglichkeit. Er stieg wieder hinunter und wuchtete einige der großen Blechdosen auf die obere Kiste. Nach schweißtreiben - der Arbeit hatte er alle Dosen pyramidenförmig aufgetürmt. Fritzmeier trat einen Meter zurück und betrachtete schwer atmend sein Werk. Und da sollte er nun draufklettern? Auf dieses wacklige Konstrukt? Mit zweiundachtzig Jahren? Aber Anton Fritzmeier hatte keine Wahl. Er zog seine Jacke aus, krempelte die Hemdsärmel hoch, seufzte und kletterte auf den Rand der oberen Holzkiste. Das war noch einfach. Vorsichtig, ganz vorsichtig setzte er einen Fuß auf die unterste Ebene der Blechdosenpyramide. Dann den anderen Fuß auf die nächste Ebene. Auf der dritten Stufe wurde es richtig wackelig. Fritzmeier hatte große Mühe, sein Gewicht auszubalancieren, damit nicht durch die einseitige Belastung das ganze fragile Bauwerk zusammenbrach. Er war schweißgebadet, als er end- lich auf der obersten Ebene stand und heftig mit den Armen ruderte, um nicht abzustürzen. Jetzt konnte er nur noch gebückt stehen. Aber das Dachfenster ließ sich problemlos öff- nen. Fritzmeier konnte den Kopf und den Oberkörper durch die Öffnung stecken und atmete tief die kühle, klare Luft Holzhausens ein.

Im großen Saal war die Stimmung mittlerweile deutlich unter dem Gefrierpunkt angelangt. Der Reiseleiter war dazu überge- gangen, diejenigen, die noch nicht viel gekauft hatten, direkt anzusprechen. Sein Tonfall war in den letzten Minuten immer dominanter geworden. Keiner der alten Leute wagte es, sich dagegen aufzulehnen. Viele hatten das Gefühl, dass sie den Reiseleiter mit ihrer Undankbarkeit enttäuscht hätten und der nun mit Recht sauer auf sie war. Anderen war das unverschämte Verhalten dieser kriminellen Clique schon bewusst, aber niemand wollte der Erste sein, der Anführer, der sich ins Feuer wagte. Schnell hatte es die Flüsterrunde gemacht, dass Anton Fritzmeier schon lange nicht mehr vom Klo zurückgekommen war. Man hatte gesehen, wie die beiden Gorillas ihm gefolgt waren, hatte zwei und zwei zusammengezählt und war dadurch nur noch mehr eingeschüchtert. Fritzmeier erschien ihnen nun in einem völlig anderen Licht. War man eben noch böse auf ihn, hätten sie ihn mit seinem Selbstbewusstsein jetzt gern dabei gehabt.

„Aber ich habe doch kein Geld mehr!", jammerte gerade ein alter Mann, dem man einfach einen der Präsentkörbe auf den Tisch gestellt hatte und von dem man nun aggressiv 30 Euro dafür einforderte. „Das habe ich doch schon alles ausgegeben."

„Das macht gar nichts", rief der Reiseleiter fröhlich durchs Mikrofon. „Bei uns können Sie anschreiben lassen!" Sein Lachen war etwas zu laut, um echt zu sein. Dann brachte eine seiner Assistentinnen dem armen Mann ein vorbereitetes Formular, fragte Namen und Adresse ab und ließ den völlig verdatterten Greis unterschreiben.

Fritzmeier stand am Rande des Flachdaches und sah in die Tiefe. Einfach springen konnte er aus dieser Höhe nicht. Da würde er sich sämtliche Knochen brechen.

„Verdammt noch mal, wie komme ich denn chetz von diesen Dach wieder runter?"

Ratlos ließ der Bauer den Blick schweifen. Anschließend ging er zur anderen Seite des Daches, wo es mit der Mauer des Haupthauses verbunden war. Dieses hatte einige Balkone. Um zu dem nächstgelegenen zu gelangen, musste der alte Bauer sich um einen Mauervorsprung herumhangeln. Fritzmeier kratzte sich am Kopf. Es war schon eine Leistung gewesen, bis hierhin zu kommen. Er überlegte, ob er sich die akrobatische Übung wirklich zutrauen sollte.

„Ach, wat soll et!", redete er wieder mit sich selbst. Er presste sich an die Mauer, griff nach dem Balkongitter, setzte einen Fuß auf die Kante und zog sich ächzend zu der Absperrung herüber.

„So, dat hat cheklappt. Bin doch noch chanz rüstig für mein Alter. Wenn man mich jetzt auch noch reinlässt, dann kann der Lackaffe da unten in dem Laden wat erleben."

Das Zimmer war leer. Fritzmeier drückte gegen die Glastür. Die schien fest verschlossen. Er klopfte heftig dagegen. Nichts rührte sich. Noch einmal stemmte der alte Bauer seinen Oberkörper gegen die Tür. Es macht klick. Der Verriegelungsmechanismus hatte nachgegeben. Der Weg in das Zimmer war frei …

„Kuck an", brummte er zufrieden. „Dat Chlück is mit die Tüchtigen."

Fritzmeier betrat den Raum. Es war ein Hotelzimmer. Auf den Flur gelangte er ohne weitere Probleme.

Die Heidentaler Rentner wurden immer unruhiger. Mehr und mehr wurde ihnen klar, dass sie hier gezwungen wurden, unnötige Dinge zu kaufen und Geld auszugeben. Die Alten waren zwar nicht die mutigsten, doch jetzt ging es gegen ihre ureigensten Interessen. Sie waren sparsam!

Bollermann war der Erste, der sich traute etwas zu sagen.

„Wo ist eigentlich Anton Fritzmeier?", fragte er den Reiseführer, um unverbindlich zu wirken.

Der zuckte nur mit den Schultern.

„Fritzmeier? War das der, der ständig hier rumgemeckert hat? Ich glaube, er wollte sich einfach mal die Beine vertreten."

„Ich glaube, das mach ich jetzt auch mal", sagte Bollermann und machte Anstalten, sich zu erheben. Doch dann sah er in das finster dreinblickende Gesicht des Chefverkäufers. Eingeschüchtert ließ der Greis sich zurück auf seinen Stuhl sinken.

Die Assistenten postierten sich an der Tür. Das Gemurmel im Saal wurde lauter.

„Aber, aber meine Damen und Herren", versuchte der Reiseleiter wieder Herr des Geschehens zu werden. „Sie wollen sich doch das Beste nicht entgehen lassen."

Er stellte eine kleine Kiste vor sich auf den Tisch.

„Wir haben hier ganz wunderbare Kugelschreiber. Die wurden im Weltall von Astronauten getestet. Diese Stifte schreiben überall. Und stellen Sie sich vor, jeder von Ihnen bekommt ein solch wunderbares Schreibgerät geschenkt. Und was müssen Sie dafür tun? Nichts, außer dieses Zeitschriftenabonnement zu unterschreiben. Doch auch das ist ein Schnäppchen. Denn die ersten vier Zeitungen bekommen Sie kostenlos."

Mit den Stiften wurden Vordrucke verteilt. Doch die Alten waren anscheinend starr geworden. Sie rührten die Kugelschreiber nicht an. Dieses Verhalten veranlasste den Reiseleiter sich wieder an Bollermann zu wenden. Er ging auf den alten Mann zu. Er fasste ihn, so schien es, jovial an die Schulter und sah ihm fest in die Augen.

„Sie unterschreiben als Erster!"

Jetzt verstärkte der eben noch freundliche Schwarzhaarige den Druck auf Bollermanns Schulter. Der verzog sein Gesicht vor Schmerzen und griff nach dem Kugelschreiber.

„So, und wie ist es mit den restlichen Herrschaften? Unterschreiben!", befahl der Reiseleiter.

Fritzmeier, der durch das Fenster spähte, sah, wie der Mann mit Bollermann umging. Er konnte zwar kein Wort verstehen, erriet den Zusammenhang aber schnell. Auch wenn er auf Bollermann etwas sauer war, weil der ihn zu dieser Fahrt überredet hatte, ging ihm das deutlich zu weit.

Eine halbe Minute später stürmte Fritzmeier in den Saal.

„Wat sitzt ihr denn noch hier rum?", rief er, so laut er konnte. „Ich habe chrade den Wirt chetroffen. Der wartet schon die chanse Zeit auf euch. Er hat chesacht, et chäbe bei ihn inner Chaststube noch Schnitzel und Freibier. Aber lange würde er nich mehr warten. Wird doch alles kalt. Wenn ihr in zwei Minuten nich auffe Matte steht, macht er den Laden dicht!"

Menschen sprangen auf, Stühle fielen um und im nächsten Moment bewegten sich die Rentner wie eine Flutwelle Richtung Saaltür. Die Assistenten des Verkaufsleiters überlegten einen Moment lang, ob sie sich dem Mob entgegenstellen sollten. Sie sprangen dann aber sicherheitshalber zur Seite. Sekunden später befanden sich nur noch der verdatterte Reiseleiter und seine Helfer im Saal. Fritzmeier zog den Schlüssel ab und steckte ihn auf der andern Seite wieder in das Schloss.

„Ach ja!", rief er lachend in den Raum. „Chleich kommen ein paar chanz wundervolle Polizisten hier vorbei. Wird bestimmt 'n chroßartiges Erlebnis für euch werden. Habbich extra für euch bestellt. Exklusiv." Dann verriegelte er die Tür von außen.

Iris Grädler

## Die Himmelsleiter

Sein ganzes Leben lang waren ihm Hunde in die Quere gekommen. Die junge Havaneser-Hündin bildete keine Ausnahme. Und sie schien seinen Hass zu spüren. Mit zurückgelegten Ohren knurrte sie Heiner an diesem eiskalten Nachmittag leise an. Seine Unterarme juckten bereits. Karoline Benthoff ahnte nicht, welche Gefühle in ihm tobten, als sie ihm die Leine in die Hand drückte und ihn aufforderte, mit dem Köter in den Wald zu gehen.

Mit einem Lächeln, wie Heiner es nicht kannte, beugte sie sich zu dem Havaneser hinunter. „So viel Schnee kennst du auch nicht, nicht wahr, mein Engelchen", flötete sie. „Das wird dir Spaß machen!"

Sie hatte sich die Lippen rosa geschminkt, trug ein langes besticktes Samtkleid und eine Blume im toupierten Haar. Ein Farbtupfer Grün dem Schnee zum Trotz, hatte sie am Morgen verkündet, denn schließlich stehe Ostern vor der Tür.

Seit ihr Mann vor knapp zwei Jahren ganz plötzlich verstorben war, hatte das Kleid eingemottet in einem Schrank gelegen, wie der Rest ihrer bunten, extravaganten Garderobe, die Karoline scheele Blicke im Dorf eingebracht und das Getuschel über sie, die eingebildete Großstadtdame, nur verstärkt hatte. Seit einigen Monaten hatte sie sich nun vom Witwenschwarz verabschiedet. Als der Wischmob auf vier Beinen aufgetaucht war. Oder vielmehr sein Herrchen. Ob Heribert von Maltow auch mit einem gemeinen Schäferhund oder einem überfütterten Dackel an seiner Seite ihr Herz erobert hätte?

„Erst Mitte vierzig und schon Witwe. Das muss ein Schlag gewesen sein", hatte jemand im *Jägerhaus*, Heiners Stammkneipe, gesagt. „Aber dann so schnell wieder unter der Haube?"

Heiner hatte das Glas *Detmolder Pilsener* umklammert und

sich nicht zum Reden bewegen lassen. Er war Karoline zum ersten Mal begegnet, als er mit schweißnassen Händen einem Notar gegenüber gesessen hatte.

„Was sucht dieser wildfremde Mensch hier?", hatte Karoline gefaucht und sich mit einem Spitzenfächer Luft zugewedelt. Heiner wusste ebenso wenig, warum er an jenem schwülen Augusttag zu der Testamentseröffnung des verstorbenen Bürgermeisters eingeladen worden war.

„Es geht um den letzten Willen von Frieder Benthoff", hatte der Notar mit ungerührter Miene erklärt, „und um dessen Erbe, das seinen nächsten Angehörigen vermacht werden soll. Und die einzigen Angehörigen sind Sie, seine Ehefrau und Heiner Kundt, sein leiblicher Sohn."

Karoline und Heiner hatten sich sprachlos angestarrt. Aus Karolines Gesicht war alle Farbe gewichen. Das Wort „Sohn" war wie eine Bombe zwischen ihnen eingeschlagen.

„Lass sie nicht von der Leine", sagte Karoline jetzt und überprüfte die Schnallen der roten Rückendecke. Verpäppelter Stadthund. Fehlten nur Schafwollfüßlinge und Ohrenwärmer. „Sie würde nicht allein nach Hause finden." *Nach Hause.* Angewidert sah Heiner zu, wie Karoline den wolligen Hundekopf knuddelte, auf dem eine alberne Schleife prangte, und sich sogar über die Wangen schlecken ließ.

Er zog die Kapuze hoch und zerrte den Hund hinter sich her durch den Garten. Der späte Wintereinbruch hatte alle überrascht. Unerwartet war Neuschnee gefallen. Jetzt standen die alten Obstbäume, die Rhododendronbüsche und die hohen Tannen, die das weitläufige Grundstück umgaben, wie gepudert unter einem klaren blauen Himmel. Am Geräteschuppen lag ein Haufen Astwerk von dem Baumschnitt, den Heiner bereits erledigt hatte. Er musste das Holz noch hinauf zur Kumsttonne bringen. An dem flügellosen Mühlenstumpf, dem Wahrzeichen von Oerlinghausen, fand alljährlich das traditionelle Osterfeuer des Bergdorfs statt.

Sobald sich Heiner im Schutz des Waldes wusste und weiter zum Tönsberg stapfte, fühlte er sich leichter. Oben angekommen, nahm er dem Hund die Decke ab und band ihn an einen Baum. Seine Augen tränten und die Nase war zugeschwollen. Verdammte Hundeallergie. Er versicherte sich, dass er allein war, öffnete den Hosenbund und pisste dem Köter voll Genugtuung aufs weiße Lockenfell.

„Dreckstöle!"

Sein neues schönes Leben war in Gefahr. Dabei wollte er sich nie mehr zur Seite drängen lassen. Mit allen Mitteln würde er verhindern, dass ihm das weggenommen wurde, was ihm rechtmäßig zustand.

Im Tal war der Sandsteinbau gut zu erkennen. Ein ehemaliger Gutshof aus dem 19. Jahrhundert und seit Generationen im Besitz der Familie Benthoff. Und so sollte es nach Heiners Auffassung auch bleiben. Herrschaftlich wirkte das Anwesen mit dem parkähnlichen Garten, den Stallungen, dem Pool mit Sprungbrett. In einem umgebauten Hühnerstall hatte Heiner sein bescheidenes eigenes Reich eingerichtet. Eine kleine Wohnküche, ein Schlafzimmer, ein Bad mit Wanne. Eines nicht mehr so fernen Tages würde er im Haupthaus wohnen. Sobald er eine Frau gefunden hatte. So sah es die Klausel im Testament vor. Und niemand, auch kein hergelaufener Berliner Pinkel mit einer verwöhnten Töle würde ihm diesen Traum kaputt machen.

Wenn man einen Köter schon Cosima taufte. Ein Hund, hatte sein Alter immer gesagt, muss einen soliden Namen haben, scharf klingend wie ein Schuss. Hasso, so hieß der Liebling des Alten, eine ungarische Bracke aus seiner Jagd - hundzucht. Die schwarzen Monster bevölkerten Heiners Kindheit und seine schlimmsten Albträume. Mit ihrem Gebell waren sie die Herrscher auf dem elterlichen Hof und im Herzen des Alten. Ein kurzbeiniger Schoßhund wie Cosima, der nach jedem Gassigang ein Schaumbad nahm und statt Zähnen, die Wild zu zerreißen vermögen, die Milchbeißer eines Kleinkindes besaß, hätte in ihm nichts als Verachtung ausgelöst.

Mit einem Surren schwebte ein Segelflieger nah über den Berg hinweg. Bei dem Geräusch bekam Heiner immer eine Gänsehaut. Es klang wie die schwirrende Hundekette, die sein Alter brüllend schwang, bevor er zuschlug. Heiner schüttelte die Erinnerung ab und lief zur Hündin zurück.

„Na, mein Teufelchen, magst du ein Leckerli?", ahmte Heiner Karolines Stimme nach, zog eine Dose mit Futter aus der Parkatasche und stellte sie vor die Hündin, die misstrauisch daran schnupperte und vorsichtig zu fressen begann. Wenig später kotzte sie zu Heiners Zufriedenheit alles wieder aus und legte sich winselnd in den Schnee. Die halbe Messerspitze Rattengift hatte gewirkt. Alles verlief nach Plan. An alles hatte er gedacht. Und am Ende würde er den Kampf gewinnen.

*

„Cosima ist kerngesund. Sie hat sich noch nie übergeben." Fassungslos streichelte Heribert von Maltow die bebende Hündin.

„Sie wird Schnee geschluckt haben", jammerte Karoline, brachte eine Decke und Tropfen und ließ schließlich ein Bad für den Hund ein.

„Meinst du nicht, mein Schatz, wir sollten zum Tierarzt?", rief von Maltow ihr zu.

„Ihr Hund ist bei Karoline in guten Händen", sagte Heiner. „Besser als in Ihren."

„Hören Sie, Sie Klugscheißer, ich bin Sohn eines Hunde-züchters. Ich kenne mich aus. Ihr süßer Wauwau hat wahr-scheinlich zu viel Erdbeerschokolade gefressen und jetzt eine Darmverschlingung. Wenn ein Hund Schnee frisst und davon kotzt, ist er kein Hund, wenn Sie verstehen, was ich meine."

„Ich habe dich deutlich verstanden. Sohn eines Hunde-züchters. So, so."

Heribert von Maltow mahlte mit dem Unterkiefer, als könne er sich nur schwer zurückhalten, nicht auf der Stelle auf Heiner einzuschlagen. Aber er musste ja den feinen Herrn spielen. Ein Kavalier durch und durch, hatte Karoline gleich nach der ersten Begegnung mit ihm geschwärmt. Er hatte sich ihr als Kurgast aus Berlin vorgestellt. Am Trinkwasserbecken in der *Hirsch-Apotheke* hatten sie sich kennen gelernt und gemeinsam das frische, leicht salzige Quellwasser genossen. An seinem Arm war sie dann in den Weberpark gewandelt und hatte dem Kerl die Bronzeskulptur von Berthold Müller-Oerlinghausen gezeigt, ein im Abschiedsschmerz stumm sich umarmendes Paar. Zuletzt war sie mit Heiner dort gewesen, einige Wochen nach dem Besuch beim Notar. Mit tränenerstickter Stimme hatte sie ihm versichert, ihn als Stiefsohn bei sich aufzunehmen und den letzten Willen ihres Mannes zu erfüllen. Lebenslanges Wohnrecht. Eine monatliche Auszahlung als Gegenleistung für seine Instandhaltung des Gutshauses. Das Recht auf das Haupthaus, sobald Heiner eine Ehe einging. Alles unter der Bedingung, dass Karoline sich nicht wieder oder zumindest nicht vor ihm verheiratete. Für diesen Fall gab es eine Reihe anderer Klauseln. Wie sich jetzt zeigte, waren ihre Beteuerungen, nach Frieder käme ihr kein Mann mehr ins Bett, nichts als Witwentheater gewesen.

Heiner nahm einen Apfel aus der Obstschale und biss hinein. Er glaubte schon lange an nichts und niemanden mehr.

„Das wird ein Nachspiel haben, mein Freundchen." Heribert von Maltows Stimme war gefährlich leise.

„Ich habe Ihre Show längst durchschaut, Sie Hochstapler", zischte Heiner und spuckte ihm einen Apfelkern vor die Füße. „Aber Sie beherrschen Ihre Rolle schlechter als jeder drittklassige Provinzschauspieler. Mich kriegen Sie nicht klein."

„Sei dir da bloß nicht allzu sicher."

Heiner schielte auf den Mann, dem Karoline bald das Ja-wort geben wollte. Alles an ihm war wie mit dem Lineal gezeichnet. Der Scheitel im Salz-und-Pfeffer-Haar, der helle zweireihige hellgraue Armani-Anzug, der wie aufgeklebt wirkende schmale Kinnbart, die leicht ironischen Lippen, die kerzengerade Haltung.

Heiner hatte Erkundigungen eingezogen. Es gab in keinem Telefonbuch von Berlin oder Brandenburg einen Heribert von Maltow. Auch im Internet fand er keine Spur. Er hatte sogar einen alten Kumpel aus dem Jugendheim, der in die Hauptstadt gezogen war, um Mithilfe gebeten. Doch das Rätsel war nicht zu lösen oder ganz einfach zu erklären: Von Maltow war ein Heiratsschwindler, und sein Lockvogel die niedliche Cosima mit ihren Engelslocken. Welche Rolle aber spielte Karoline in dem Schmierenstück? War sie tatsächlich nur sein Kurschatten gewesen, deren Charme er bei gemeinsamen Spaziergängen im Teutoburger Wald erlegen war? Heiner glaubte an kleinen Gesten ablesen zu können, dass sich die beiden schon sehr viel länger kannten. War alles ein abgekartetes Spiel, in deren Verlauf Frieder Benthoff die tragische Rolle eines Bauernopfers zugewiesen worden war?

Heiner hatte in der Friedhofsgärtnerei gerade einen Aushilfsjob gehabt und die Grube für Benthoffs Sarg ausgehoben, ohne zu ahnen, dass der Tote sein leiblicher Vater gewesen war. Das halbe Dorf war der Bläserkapelle des Schützenvereins gefolgt. Dort hatte Benthoff Posaune gespielt. Niemand konnte begreifen, wie der Bürgermeister, ein Mann in der Blüte seines Lebens, der gerade erst zum Traualtar geschritten war und von dem es hieß, er habe nie auch nur ein Schnupftuch gebraucht, mit Mitte fünfzig einen plötzlichen Herztod erleiden konnte. War er gewaltsam ins Jenseits befördert worden? Und mit den Hauptverdächtigen lebte Heiner jetzt zusammen unter einem Dach. Wie eine Maus in der Falle.

*

Am Abend bat ihn Karoline auf ein Wort unter vier Augen.

„Wenn du dich nicht arrangierst, musst du gehen", sagte sie.

„Verlangt er das von dir? Du weißt, dass ich gar nichts muss", entgegnete Heiner. „Du bist diejenige, die von hier verschwindet, wenn du ihn heiratest. Soll ich dir die Stelle aus dem Testament noch einmal vorlesen?"

„Es ist nicht so, wie du denkst. Heribert weiß nichts von …"

„Wie? Du hast ihm nicht erzählt, dass ich dein lieber Stiefsohn bin? Er kommt doch wie du aus Berlin. Wimmelt es da nicht vor unehelichen Kindern? Oder akzeptiert sein Adelsclan keinen Bastard?"

Heiner nahm schweigend den Silberrahmen mit dem Foto von Frieder Benthoff von der Rosenholzkommode. Alles an ihm war klar und hell. Die grauen Augen, das rotblonde Haar, die hohe Stirn, die kräftigen Hände. Er strahlte eine Autorität aus, in der Güte lag, und diese Güte war es vielleicht, die Heiners Mutter angezogen hatte. Bis auf das Brandmal, das sich über die ganze linke Wange zog, war das Gesicht dieses Mannes Heiners Spiegelbild. Das musste wohl auch irgendwann dem Alten aufgefallen sein. Ein rotblonder Sohn mit dem hellen Gesicht des Bürgermeisters unter einem Dach, wo alles dunkel war. Das Haar der Eltern, der schmale Taleinschnitt am Fuße des Tönsbergs, worein sich das elterliche Försterhaus duckte, die stets modrig riechenden Räume mit den Jagdtrophäen, die Zwinger der Hunde, in die ihn der Alte einzusperren pflegte. In seiner Erinnerung kam Heiner alles düster vor.

„Kannst es gar nicht abwarten, die Kohle vom Konto zu räumen und endlich aus dem Bauernkaff zu verduften, stimmt's?", redete sich Heiner in die Wut hinein. „Hältst du dann bald irgendwo in einem Altberliner Schloss Hof und gehst abends in die Oper?"

„Du wirst mich nicht davon abhalten, mein Leben zu planen, wie ich es für richtig halte", versetzte Karoline mit blitzenden Augen. „Wer bist du, hä? Ein Niemand. Ein hergelaufener Nichtsnutz, der seinem Vater auf der Tasche liegt. Schau dich an. Mitte zwanzig, und nichts hast du vorzuweisen. Keine Ausbildung, keinen Beruf, nicht mal ein Mädchen hast du abbekommen. Kein Wunder. Bei deiner Art hält es ja keine bei dir aus."

„Fotze!"

Karoline griff nach Heiners Handgelenk, hielt sich die geballte Faust vom Leibe. Einen Moment blickten sie sich nur an. Dann drehte sich Heiner auf dem Absatz um und verschwand in seine Wohnung.

Lange wollte die Wut nicht weichen. Er lag auf dem Bett und betrachtete den Mond, der schon fast voll war. Bilder wirbelten durch seinen Kopf. Wie er hinter seiner Mutter auf dem Gepäckträger saß, sie den Apfelweg entlang zum Einkaufen ins Dorf fuhren. Ihr keuchender Atem, wenn es bergan ging. Wie sie seine Hand fest in ihrer hielt und ihn an den Regalen mit den Süßigkeiten vorbeizog. Wie sie auf dem Rückweg manchmal am Gut hielten und ein hochgewachsener Mann ihnen einen Korb Äpfel schenkte und Heiner übers Haar strich. Dort hatte Heiner sie das erste Mal lachen gehört. Den Kopf in den Nacken gelegt, lachte sie, um sich dann auf dem Rad stumm Tränen von den Wangen zu wischen. Eine stille Frau war sie gewesen, mit einem Geruch nach Moos und Tannennadeln. Ihre rauen Hände, die nie ruhten, Fasane rupften, im Brotteig wühlten, Socken strickten. „Warum bin ich blond und ihr nicht", hatte Heiner sie einmal gefragt. Sie hatte ihm einen Finger auf die Lippen gelegt und ihn gebeten, diese Frage nie wieder zu stellen. Es sei gefährlich und ein Geheimnis, das der Alte nicht wissen dürfe. Das letzte Jahr ihres Lebens hatte sie im Halbdunkel ihrer Schlafstube gelegen, nichts mehr zu sich genommen und war schließlich still eingeschlafen. Als sie starb, war Heiner fünfzehn Jahre alt gewesen. Ein Jahr später war er Vollwaise. Dass der Mann, der seiner Mutter und ihm das Leben zur Hölle gemacht hatte, in Wahrheit nicht sein leiblicher Vater war, ahnte Heiner nicht, als man ihn bis zu seiner Volljährigkeit in ein Jugendheim abgeschoben hatte. Warum war Frieder Benthoff nicht da gewesen, als sie ihn am dringlichsten gebraucht hatten?

Heiner schloss den Schrank auf, in dem er seine persön-
lichsten Sachen verwahrte. Den Schlüssel trug er stets bei sich.
Kurz stutzte er. Das Brett des doppelten Bodens, unter dem
das Gewehr lag, war verrutscht. Er befestigte es und holte den
Brief aus einer Metallkiste. Das Papier war schon abgegriffen,
so oft hatte er Benthoffs Zeilen gelesen, die ihm der Notar
überreicht hatte.

*Mein lieber Sohn,*
*es kommt Dir sicher merkwürdig und vielleicht auch unangemes-*
*sen vor, dass ich Dich so anrede. Auch mir erscheint es fremd, aber*
*all die Jahre, da ich Dich nur aus der Ferne sah, habe ich Dich*
*in Gedanken oft so angesprochen. Erst jetzt, viel zu spät, kann ich*
*mich Dir als Dein leiblicher Vater offenbaren. Es war der Wunsch*
*Deiner Mutter, Gott habe sie selig, Dir erst im Falle meines Todes*
*die Wahrheit mitzuteilen. Margot, Deine Mutter, war eine gottes-*
*fürchtige Frau. Der Schwur, den sie am Traualtar gegenüber*
*ihrem Mann, den Du als Deinen Vater betrachtet hast, geleistet*
*hat, war für sie unverbrüchlich. „Bis dass der Tod uns scheidet".*
*In welches Unglück sie mit Deinem Vater geraten ist, hat sie nicht*
*ahnen können. Sie war immer die Frau, die niemand zum Tan-*
*zen aufgefordert hat, das hässliche Entlein, wie sie sagte, das*
*immer sitzen geblieben war. Bis Dein Vater kam. Man hätte*
*Margot vor ihm warnen sollen. Doch waren alle wohl froh, sie*
*unter der Haube zu wissen. Ich habe mir die größten Vorwürfe*
*gemacht. Nicht weil ich Deine Mutter zum Ehebruch verführt*
*habe. Es war keine Verführung. Ich habe Margot geliebt. Sie ist*
*die einzige Frau gewesen, die in mir nicht den Bürgermeister und*
*wohlhabenden Gutsbesitzer sah. Sie nahm auch das Brandmal in*
*meinem Gesicht nicht wahr, das zuvor jede Frau in die Flucht*
*geschlagen hatte. Margot schaute mir stattdessen mitten ins Herz.*
*Dann wurde sie mit Dir schwanger. Das lang ersehnte Kind, das*
*ihr Mann ihr offenbar nicht schenken konnte. Margot sah nur*
*einen Ausweg, den Skandal, der mich das Amt gekostet und uns*
*alle zu Geächteten gemacht hätte, zu vermeiden. Sie musste das*

*Kind als das ihres Mannes ausgeben. Wir haben unsere Affäre beendet und lebten beide unsere falschen Leben. Ich habe ihr versprochen, für Dich zu sorgen, Dich zu beschützen. Aus der Ferne habe ich alles versucht, was ich konnte. In Wahrheit aber war ich machtlos. Heute denke ich, ich hätte die Katastrophe verhindern können und müssen. Ich ahnte nicht, wie ernst Margot den Schwur vor Gott nahm. Im Dorf heißt es, sie habe an einer Erbkrankheit gelitten. Wir beide, mein lieber Sohn, wissen, dass sie an gebrochenem Herzen gestorben ist …*

Heiner konnte sich gerade noch zurückhalten, den Brief nicht in Fetzen zu reißen. Erst als er die Tränen zulassen konnte, fand er in den Schlaf.

*

Zwei Nachmittage lang lud Heiner das Holz auf den Hänger, fuhr es hinauf zur Kumsttonne und schmiedete Pläne. Karoline und Heribert von Maltow bekam er kaum zu Gesicht. Frühmorgens machten sie sich geschäftig auf den Weg. Abends hörte er ihr Lachen. Wartet nur ab, dachte er. Er würde die Hochzeit vereiteln. Er würde den Berliner Pinkel und den Köter vom Hof jagen. Er wusste auch schon wie. Er würde von Maltow zu einem exklusiven Jagdausflug einladen. Irgendwo in die tiefe Senne. Wie ein Unfall würde es aussehen. Ihm, dem Sohn des ehemaligen Försters, der im Wald aufgewachsen war und von Kindesbeinen an Stunden auf Hochsitzen und bei Treibjagden verbracht hatte, würde man glauben, das war ge-wiss, nicht aber einem, der neu war im Dorf, ein Großstadt-heini, der Oerlinghausen nicht wie die Einheimischen auf der ersten, sondern auf der dritten Silbe betonte.

*

160

Am Abend des Ostersonntags war der Nachthimmel blank geputzt und der Vollmond glänzte wie eine Goldmünze. Von allen Seiten strömten die Menschen auf den Berg zum Osterfeuer. Heiner trottete hinter Karoline und von Maltow her, die sich eingehakt hatten und, die Hündin im Schlepptau, fröhlich miteinander plauderten.

„Ganz nach alter Tradition machen wir es, mein Lieber. Die Himmelsleiter hoch. Und oben gönnen wir uns einen Glühwein."

„Ein bisschen leiden wie Jesus, meinst du? Und wie viele Stufen hat diese verdammte Treppe zum Himmel?"

„Zweihundert mindestens. Aber das dürfte doch kein Problem für dich sein, mein Schatz, bei der Kondition, die du gestern Nacht hattest."

Heribert von Maltow fiel in Karolines wieherndes Lachen ein. Das wird dir bald vergehen, dachte Heiner. Er konnte den beiden kaum so schnell die vereisten Treppen hinauffolgen. Seine Beine fühlten sich an wie Blei. Der Brandy. Er hatte vor der Abfahrt zu viel davon genossen. Sich Mut angetrunken, denn von Maltow hatte ohne Umschweife zugesagt, mit ihm am nächsten Morgen zur Jagd zu gehen. Oben angekommen stellte er sich vor das Feuer und malte sich genüsslich aus, wie er dem Widersacher in den Rücken schießen würde. Ein gezielter Schuss, wie er es vom Alten gelernt hatte, und sein Prob - lem wäre gelöst.

„Lass uns anstoßen, Heiner." Heribert hielt ihm einen Becher mit Glühwein hin. „Du kannst gern Heribert zu mir sagen."

„Gibt es einen besonderen Grund?"

„Nun wir sind jetzt ja sozusagen wie eine Familie, eine Art Patchwork-Familie."

„Was soll das heißen?"

„Wir haben am Gründonnerstag geheiratet", verkündete Karoline, zog den Handschuh aus und hielt ihm stolz ihren in den Flammen funkelnden Ehering unter die Nase.

„Ihr habt was?" Heiner schmiss den Becher hin.

„Willst du uns nicht gratulieren?" Karoline schmiegte sich strahlend an von Maltow. Vor Heiner drehte sich alles. Wie hatte er so naiv sein können? Wie hätte er jemals glauben können, dass sich Karoline um sein Wohlbefinden kümmern könnte? Hatte Frieder Benthoff geahnt, dass er eine Schlange geheiratet hatte, und deshalb all diese komplizierten Klauseln in sein Testament eingebracht? Wenn Karoline sich nach einer Frist von zwei Jahren wieder verheiratet, hatte er verfügt, würde sie das Wohnrecht im Haus verlieren, aber ihren Anteil am Vermögen ausbezahlt bekommen. Wäre es Heiner gelungen, vor ihr eine Ehe einzugehen, wäre er Besitzer des Hauses. Jetzt hatte er lediglich das lebenslange Wohnrecht und würde das Haus erst nach Karolines Tod erben.

Er zerrte Karoline fort vom Feuer zur Treppe.

„Wir müssen reden. Lass uns sofort zurückfahren."

„Lass meine Frau los!", herrschte ihn von Maltow an.

„Halt dich da raus, du Wichser." Heiner trat ihm vors Schienbein und zog die kreischende Karoline weiter die steilen Stufen hinunter. Er war wie von Sinnen. Er hörte das Knistern des Feuers, das Grölen betrunkener Osterfeuerbesucher, sah Karolines grell geschminkten Mund, ihre Angst in den Augen, die Lichter des Dorfes weit unten, hörte ein Martinshorn, Cosimas Kläffen und seine eigene überlaute Stimme im Ohr, die Stimme von früher, wenn er am Tor des Zwingers rüttelte und schrie, er werde ihn umbringen, den Alten, ihn abknallen, den Wildschweinen zum Fraß vorwerfen, sobald er aus dem Zwinger raus sei.

Dann geschah alles wie eine sich lösende Lawine: Cosima war plötzlich zwischen ihnen, verbiss sich in Heiners Knöchel, brachte ihn zum Straucheln. Er hörte noch seinen eigenen Schrei, fühlte den Stoff von Karolines Mantel, als er sie am Arm fasste und mit sich riss. Dann stürzte er in ein nachtschwarzes Loch.

*

Als Heiner zu sich kam, lag er in einem Krankenhausbett und blickte in die Gesichter zweier Männer in Uniform.

„Herr Kundt, können Sie mich verstehen? Ulf Hänsel, Kriminalpolizei Detmold, und das ist mein Assistent, Bernd Gerling."

„Was ist passiert?", fragte Heiner mit einer Stimme, die ihm fremd erschien. Sein rechtes Bein hing einbandagiert in einer Schlinge. Irgendetwas Hartes war um seinen Kopf gewickelt.

„Sie sind im Städtischen Krankenhaus von Bielefeld. Sie sind von der Himmelsleiter in Oerlinghausen gestürzt und haben sich alles Mögliche gebrochen, aber das lassen Sie sich besser von Ihrem Arzt erklären. Herr Krause hat Anklage gegen Sie erhoben. Wegen Totschlag."

„Was?" Heiner verstand kein Wort. Totschlag? Und wer war Krause?

„Herr Krause wartet draußen. Er hat sich erbeten, ein paar Minuten allein mit Ihnen zu reden, bevor wir Sie befragen."

Die Polizisten verschwanden und kurz darauf erschien ein bekanntes Gesicht. Heribert von Maltow. Er trug Jeans und einen Rollkragenpullover, war glatt rasiert und blond.

„So also sehen wir uns wieder. Wer hätte das gedacht", sagte er, zückte eine Visitenkarte und hielt sie Heiner vor die Augen. *Privatdetektiv Rudolf Krause, Berlin. Spezialisiert auf Erbangelegenheiten* stand darauf.

„Hab ich doch gleich gewusst, dass Sie ein falscher Hase sind", murmelte Heiner.

„Das Sprücheklopfen wird dir noch vergehen. Karoline ist bedauerlicherweise tot. Genickbruch. Saubere Arbeit, muss ich schon sagen. Übrigens bin ich der Hauptzeuge in dem Prozess, der dir blüht. Wird mir ein Vergnügen sein. Und glaub ja nicht, dass du davonkommst. Ich habe in Karolines Auftrag deine Vergangenheit durchleuchtet. Bist ja ein schlimmes Bürschlein. Den eigenen Vater abknallen und es als Jagdunfall tarnen. Das ist nicht die feine Art. Aber so schlau, wie du glaubst, bist du ja nicht, sonst hättest du das Gewehr sonst wo versteckt, nur nicht in einem Schrank in deiner Wohnung. Jetzt liegt es als Beweismaterial bei der Staatsanwaltschaft Bielefeld. Bedanken kann ich mich trotzdem bei dir. Die Schmutzarbeit hast du mir abgenommen. Jetzt muss ich mir keine Gedanken mehr machen, wie ich Karoline loswerde. Übrigens hat sie mich als Alleinerben eingesetzt. Sehr großzügig von ihr, nicht wahr? Und die Luft in Oerlinghausen ist auch besser als in Berlin. Wenn du irgendwann aus dem Knast rauskommst, kannst du mich ja mal auf dem Gutshof besuchen. Cosima würde sich sicher auch freuen."

Michael Koglin

## Widukinds blutige Wiederkehr

Es gibt sie. Eine Stunde vor Unfällen versammeln sie sich ganz in der Nähe. Stehen herum. Und warten. Es ist, als würden sie das Blut bereits riechen. Ich weiß nicht, wo sie herkommen und ob es so etwas wie eine Hölle überhaupt gibt. Doch man erkennt sie an ihren Gesichtern. In ihnen ist das Warten, die Neugier und das Staunen eingemeißelt.

An der Enger Stiftskirche habe ich sie zum ersten Mal gesehen. So viele, dass ich sie gar nicht zählen konnte. Standen da in Gruppen vor dem kleinen Wäldchen, das dem Kirchturm den Rücken freihält. Die Zeiger der Turmuhr schoben sich auf sieben Uhr zu. Wie immer schienen sie mit nichts Besonderem beschäftigt zu sein. Sie warteten. Und ich wartete, aber es passierte nichts.

Kein Wunder, denn wenn sie in so großer Zahl auftreten, dann künden sie etwas Bedeutendes an. Und das braucht seine Zeit.

Ich verfolge sie nun schon eine ganze Weile, und ich weiß: Sind es fünf oder zehn, dann kann mit dem tödlichen Unfall in ein bis zwei Stunden gerechnet werden. Sind es aber 50 bis 100, wie in diesem Fall …?

Vier Monate musste ich mich in der kleinen gemieteten Wohnung gegenüber der Stiftskirche gedulden. Dann passierte es. Ich wollte gerade mein Fernglas weglegen, als eine Gestalt aus der Kirche stürzte. Mit einem seltsamen Umhang, darunter eine Art lederner Wams. Und er trug ein Schwert in der Hand, das er nach wenigen Schritten in ein Gebüsch warf. Mit wirren Haaren lief er über den Kirchplatz und blickte sich gehetzt um.

Ich zog mich an und machte mich sofort auf die Suche. Nach einer halben Stunde fand ich ihn. Kauernd und schlotternd in einem Gebüsch.

„Wer sind Sie?", sagte ich. Er sah mich mit aufgerissenen Augen an und biss sich auf den Zeigefinger.

„Ich? Ich … ich weiß nicht."

Hinter uns raste ein Polizeiwagen zur Stiftskirche.

„Was ist passiert?"

„Ich weiß es doch nicht", sagte er.

Ich nahm ihn mit in meine Wohnung und reichte ihm eine Decke. Verwirrt sah er an sich herunter, blickte dann fragend mich an und sah sich erstaunt in der Wohnung um.

„Sie kommen aus der Stiftskirche und Sie sehen aus wie Widukind", sagte ich und deutete auf seine mittelalterliche Kleidung. Seine Hand war blutig und am Kopf hatte er vor kurzem eine blutige Schramme davongetragen.

„Widu…?", sagte er mit tonloser Stimme.

„Widukind", sagte ich und fuhr im gleichen Augenblick zusammen.

Hatte diese lauernde Teufelsbrut die Wiederkehr des Sachsenhäuptlings angekündigt, dessen Gebeine angeblich drüben in der Stiftskirche in einem Sarkophag liegen sollten? War das möglich? Wenn es Wesen gab, die Unglücke ankündigten … nun, ich beschloss, ihn erst einmal zu verstecken.

Er betastete die Decke, die ich ihm gegeben hatte, als würde er so etwas zum ersten Mal in seinem Leben sehen.

Drüben an der Stiftskirche trafen immer mehr Polizeiwagen ein. Selbst meine fünfzig Meter entfernt liegende Wohnung wurde in das zuckende Blaulicht getaucht.

„Was ist passiert?", fragte ich ihn noch einmal.

Er schälte sich aus der Decke, fuhr sich durch die wilden Haare und sagte: „Ich weiß es doch nicht."

Ich bedeutete ihm, ruhig zu bleiben und auf keinen Fall die Wohnung zu verlassen. Dann ging ich hinüber zur Kirche, die mit Polizei-, Kranken- und Feuerwehrwagen umstellt war.

„Kein Zutritt", sagte ein Polizist am Flatterband.

Aufgrund meiner Beobachtungen kannte ich den Weg, den der Organist am Sonntagmorgen nahm. So gelangte ich durch einen Nebengang und über eine Treppe auf die Empore und sah hinunter.

Direkt neben dem Sarkophag lag der Tote, der mit einer Art glitzerndem Gewand bekleidet war. Das Licht der Beleuchtungsstrahler, die die Kriminaltechnik aufgebaut hatte, wurde zurück auf Kirchendecke, Altar und in die Seitenschiffe geworfen. Auf dem Steinboden breitete sich eine Blutlache aus.

Zwei Gerichtsmediziner in blauen Overalls knieten neben der Leiche und ein Fotograf schoss Fotos. Das Seltsame aber war die Steinplatte auf dem Widukindsarkophag: Sie war leicht verrutscht. Nach zehn Minuten trat ein Mann neben den Mediziner.

„Todesursache?", fragte er.

„Eine Spiegelscherbe. Hat die Halsschlagader glatt durchtrennt."

Ich schlich zurück in meine Wohnung. Mein mittelalterlicher Gast war inzwischen fest eingeschlafen. Ich versuchte mir einen Reim auf das Geschehene zu machen. Was war das für ein Spiegelwesen, das dort tot auf dem Kirchenboden lag? Und dann der zur Seite geschobene Deckel des Sarkophags. War Widukind tatsächlich auferstanden? Und hatte er mit einem höllischen Spiegelwesen gerungen, das ihn zurückholen wollte? Konnte das sein?

Ich rief eine Freundin an und fragte sie, was sie von Widergängern, von Schattenwesen und auferstandenen Sachsenfürsten hielt.

„Bitte, was?"

Ich beschrieb ihr den Mann, der in meinem Schlafzimmer auf einer Matratze lag, in allen Einzelheiten.

„Mittelalterliches Gewand", sagte ich. „Grobe Lederarbeiten, Sandalen, wirre Haare, eiserne Schmuckkette um den Hals, das Schwert, das jetzt im Gebüsch liegt ..."

„Ich weiß, dass du verrückt bist", sagte Annika. „Aber das grenzt ... Du willst mich verarschen, nicht?"

Ich entschuldigte mich, sie verwies auf die Uhrzeit, ich entschuldigte mich noch einmal. Dann legte ich auf.

Leider hatte ich nicht daran gedacht, dass Annika nicht gerade ein verschwiegener Mensch war. Und das sollte Folgen haben.

Mein Gast schlief noch, als mich ein „Autor historischer Romane" aus Herford anrief. Er hätte von meinen eindrucksvollen Visionen gehört und ob er sich mal mit mir treffen könnte.

„Wozu?", fragte ich.

Er plane einen Widukind-Roman, und wenn sich da jemand mit der Zeit, mit Kleidern, Umgangsformen, Essensgewohnheiten und alldem auskannte, dann sei das doch sehr hilfreich. Dann bot er an, mich am Verkaufshonorar zu beteiligen.

„Nein, danke", sagte ich, doch der Mann ließ nicht locker.

„Ich hab gedacht, ich mache Widukind zum Sohn einer Wanderhure, der, sagen wir, seine Jugend in einer Art rollendem Baumhaus verbringt."

Das sei doch mal ein ganz neuer Aspekt. „Rudimentäre Technologie im frühen Mittelalter sozusagen, da kann man glatt die Wohnwagenbauer als Sponsor bekommen."

Ich wimmelte ihn ab, indem ich ihm mitteilte, dass ich es mir überlegen würde.

In diesem Augenblick klingelte es an der Tür. Ich öffnete und erkannte gerade noch, dass jemand einen Sack in der Hand hielt, den er mir im nächsten Augenblick über den Kopf warf. Meine Hände wurden gefesselt und dann spürte ich den dumpfen Schlag an meinem Kopf.

Ich erwachte mit brummendem Schädel. Auf dem Boden liegend sah ich mich vorsichtig um. Eine ehemalige Fabrikhalle. Wahrscheinlich im Industriegebiet Enger-Hiddenhausen.

Widukind saß auf einem Stuhl, die Hände auf den Rücken gefesselt. Und sah müde aus. Vor ihm auf einer zerschlissenen Couch zwei Glatzköpfe mit tätowierten Oberarmen und ein Kerl mit Oberlippenbart und gegelten Haaren.

„Ich hab mir Widukind ganz anders vorgestellt", sagte der

Hagere in der Mitte. „Der Mann leidet unter Haarausfall. Geheimratsecken wie Einflugschneisen."

„Halt dich da raus", sagte sein muskelbepackter Nachbar, dessen Oberarm Hakenkreuz und SS-Rune zierte.

„Bursche, woher kommst du?"

„Wer sind Sie?", sagte Widukind.

„Wir sind die Nationale Kampfzelle Enger."

„Und was wollen Sie?"

„Wissen, ob du tatsächlich so eine Art Wiedergeburt vom Sachsenkönig bist."

„Welcher Sachsenkönig?"

„Widukind, du Brathahn. Der Held der arischen Rasse. Die Speerspitze der Zivilisation gegen die Heiden und Franzmänner. Bist du Widukind?"

„Ein Vorbild ist der nicht gerade", sagte der Hagere.

Das zwischen ihnen sitzende dritte Mitglied der Nazigruppe blieb stumm und fixierte weiter meinen Freund. Mit einem Kamm strich er sich durch die gegelten und nach hinten gekämmten Haare.

„Widukind", murmelte der Mann, den ich aus dem Gebüsch gezogen hatte, und es sah aus, als wollte er sich an etwas erinnern. Dann sagte er: „Ich weiß es nicht."

„Du bist die Vorhaut der arischen Rasse, Mann. Wieso kannst du dich nicht erinnern? Du bist mit deinem Pferd über den Kamm des Wiehengebirges, dein Gaul schabt einen Stein beiseite und du findest eine Quelle …"

„Und was soll das alles?"

„Mann, das ist ein Zeichen. Du trittst zum Christentum über … oder stimmt das gar nicht? Hast du weiter Wotan geopfert?"

„Was für ein Zeichen?"

„Zum Christentum überzutreten. Aber du bist deinen Göttern treu geblieben, stimmt's?"

„Ich wusste es", fiel ihm der Hagere ins Wort. „Du bist ein waschechter Arier. Die arische Rasse gegen das Franzosen…"

„Franken", sagte der Tätowierte, „Franken."

„Na, als Arier gegen dieses Multikulti-Frankenpack ins Feld zu ziehen. Das ist doch 'ne dolle Sache."

„Ich kann mich nicht erinnern", sagte Widukind.

„Was sollen wir mit diesem Klappstuhl anfangen?", fragte der Hagere. „Weißt du eigentlich, dass Heinrich Himmler dich geliebt hat, Widukind? Hast du überhaupt eine Ahnung, was hier los war? Um ein Haar und der Führer wäre nach Enger gekommen. Dann hätten wir jetzt eine Feldherrnhalle."

„Leider weiß ich nicht, was los ist", sagte Widukind.

„Du könntest ein nationales Symbol sein. Mit allem Drum und Dran. Reiterdenkmal vor dem Reichstag, Briefmarke, Volkslieder, das ganze Programm."

Wenn sie nicht das Metall gebraucht hätten, dachte ich. Bereits 1942 wurde schließlich das großartige Widukinddenkmal eingeschmolzen, weil man das Eisen dringend für die Rüstungsindustrie brauchte.

Der gegelte Nazi blickte zu mir herüber. Ich schloss rasch die Augen und versuche weiter, das Klebeband loszuwerden, mit dem meine Handgelenke gefesselt waren.

„Bist du's nun oder bist du's nicht und hast du aus nationaler Ehre diesen Fuzzi in der Kirche umgebracht?"

„Ich weiß es nicht", sagte Widukind.

„Wenn das eine völkische Angelegenheit war, dann werden wir dich zu schützen wissen."

Widukind zuckte ratlos mit den Schultern.

Der Verhörspezialist starrte den in der Mitte sitzenden Mann ratlos an.

„Und was machen wir jetzt? Übergeben wir ihn an die Bullen?"

„Seit wann übergeben wir jemanden an die Bullen? Entweder ist es Widukind, dann ist er unantastbar …"

„… und wenn er es nicht ist?", fragte der Hagere.

„Dann hat er unsere nationale Ehre angepisst und wir verbuddeln ihn in einem Braunkohleloch."

Die Truppe zog sich zur Beratung zurück. Wahrscheinlich hatte es wegen der lauen Parteikasse nur zu einem mittelmäßigen Klebeband gereicht. Nach zehn Minuten konnte ich mich befreien und Widukind losbinden.

„Ich kann mich nicht erinnern", beteuerte er mit Unschuldsmiene.

Dann schlichen wir zu einem zerbrochenen Fenster und kletterten hinaus.

In meine Wohnung konnten wir nicht mehr, also mietete ich uns im Herzog Wittekind Hotel in der Bündestraße ein. Ich hätte ja gern etwas Unscheinbareres genommen, aber irgendwie war in Enger alles nach dem Sachsenhäuptling benannt.

Wie um Himmels willen sollte es jetzt weitergehen?

„Und du hast keine Erinnerung an dieses glitzernde Wesen?", fragte ich Widukind.

Der schüttelte traurig den Kopf und war schon wieder müde.

Ich bestellte beim Service Schinkenbrote und versuchte, meine Gedanken zu ordnen. Vergeblich.

Es klopfte an der Tür. Ich öffnete und der Kellner balancierte ein silbernes Tablett in das Zimmer.

„Auf den Tisch, bitte", sagte ich und kontrollierte mit einem Blick aus dem Fenster die Umgebung.

Keine Antwort. Ich drehte mich um und blickte in den Lauf einer Maschinenpistole, die der Kellner auf uns richtete.

„Ich bringe Sie in ein Volksgefängnis", sagte der Mann und öffnete, ohne sich von uns abzuwenden, die Tür.

Zwei maskierte Gestalten stürmten in den Raum. Eine Frau und ein Mann. In aller Eile banden sie uns die Hände mit Kabelbinder auf den Rücken.

Sicher, Sachsenkönig Widukind hatte damals einiges auszufechten, aber dies hier entwickelte sich auch nicht schlecht.

Man brachte uns in einen Keller, dessen einziges Oberlicht mit einer Matratze zugestellt war.

„Lassen Sie mich raten", sagte ich. „Sie sind …"

„Antworten Sie, wenn Sie gefragt werden", unterbrach mich die Frau. Sie blitzte mich mit feurigen Augen an. „Wir sind eine Kommandoeinheit der Revolutionsgarden Enger."

Dann wandte sie sich an Widukind.

„Sie sind ein Symbol der Freiheit, ein Revolutionär. Entschuldigen Sie unsere Vorsichtsmaßnahme."

Widukind schossen die Tränen in die Augen.

„Aber ich kann mich nicht erinnern", sagte er. „Wirklich nicht."

„Kämpfer gegen die fränkische Oberhoheit. Kämpfer für einen freien Sachsenstamm. Kämpfer für soziale Gerechtigkeit und gegen den Obrigkeitsstaat."

„Mag sein", sagte Widukind, dem ich ansehen konnte, dass er in seinem tiefsten Innern aufgegeben hatte.

„Oder sind Sie eine Finte des Klassenfeindes, dann allerdings …" Sie lud die Maschinenpistole durch.

„Oh, nein", sagte Widukind. „Nur wenige Kilometer entfernt haben wir uns gegen Karl den Großen gestellt. Zwei seiner höchsten Beamten geköpft, Gefangene gemacht."

Der Mann, der die Hälfte seines Gesichts immer noch mit einer Maske bedeckte, drosch auf den Tisch.

„Wiederauferstehung! Das ist doch Humbug. Das ist Opium fürs Volk. Du bist eine dekadente Ausgeburt des Klassenfeindes."

„Aber nein", sagte Widukind. „Die Revolution, hoch lebe die Revolution. Freies Sachsenland für freie Sachsen."

Ich hatte das Gefühl, als würde er sich immer schneller um Kopf und Kragen reden. Was soll's, die Dinge passieren. Nein, es hätte mich jetzt auch nicht mehr gewundert, wenn eine Taliban-Einheit hereingestürmt wäre oder ein amerikanisches Sealkommando.

Was um Himmelswillen passierte hier? Enger ist ein beschaulicher Ort! Nette kleine Häuser, eine Musikschule, Hotels, Kegelklubs, Grillabende im Sommer und am Wochenende Ausflug zu einem Anglersee. Und wenn Besuch kam, dann zeigte man den Leuten die beschauliche Apotheke am Barmeierplatz mit dem Widukindbrunnen oder einen Bauernhof in der Nähe.

Hatte ich das Unheil heraufbeschworen, indem ich mich vor der Stiftskirche auf die Lauer gelegt hatte? Hatte ich Widukind aus seinem Grab getrieben?

Die Revolutionsgarden stuften uns als „vergebliche Finte eines verkommenen Klassenfeindes ein, der es nicht schaffen würde, die revolutionären Kräfte des Volkes in eine Falle zu locken".

Ich gebe zu, ich war jetzt so weit, mit Widukind zur Polizei zu gehen. Mir war inzwischen alles egal. Widukind hin und Widukind her. Also kaufte ich Brötchen und eine Zeitung und ignorierte die Blicke der Verkäuferin, die meinen Kumpel in seinem Mittelalter-Outfit von oben bis unten musterte.

Fröhlich erwarte ich, dass irgendein Geheimdienst an die Tür klopfen würde. CIA, Mossad, BND … es war mir alles recht. Ich wollte erst einmal ein ganz normales Frühstück.

Schweigend kaute Widukind seine Marmeladenbrötchen und löffelte sein Fünf-Minuten-Ei aus der Schale. Den Nachmittag verbrachte er dann damit, sich Gerichtsshows im Fernsehen anzusehen. Merkwürdig war das schon.

Irgendetwas konnte nicht stimmen an der Widukind-Story, doch ich bedrängte ihn nicht weiter. Er würde sein Geheimnis schon preisgeben.

In der Nacht erwachte ich durch ein Geräusch an der Tür. Im Schlafanzug schlich ich mich ins Wohnzimmer. Die Couch war verwaist. Mit einem Mantel verließ ich die Wohnung.

Die Turmuhr zeigte halb drei. Ich brauchte fünf Minuten, bis ich ihn entdeckte. Er suchte tatsächlich das Gebüsch ab, in das er sein Schwert geworfen hatte.

„Was hast du vor?", murmelte ich.

Im fahlen Mondlicht erkannte ich, wie er mit seinem Schwert zur Stiftskirche schlich. Immer wieder blickte er sich um, doch auf dem Platz war kein anderer Mensch zu sehen. Die Enger-Widukind-Enkel schliefen ihren Schlaf der Gerechten.

Ich folgte ihm vorsichtig in die Kirche. Schon am Eingang hörte ich die schabenden Geräusche. Metall scheuerte auf Stein. Dann sah ich, wie er versuchte, die Steinplatte auf dem Sarkophag beiseite zu hebeln. Immer wieder setzte er mit dem Schwert an und stemmte sich dagegen.

Wollte Widukind zurück in sein Grab? Hatte ihm der Ausflug zu seinen Ururenkeln nicht gefallen?

Plötzlich gab die Steinplatte nach und rutschte zur Seite. Widukind legte das Schwert beiseite, beugte sich über die Kante und für einen Augenblick war ich sicher, er würde gleich dort hineinkriechen. Und für immer verschwinden.

Doch dann ruderten seine Beine und er zog den Oberkörper wieder aus dem Sarkophag. In der Hand hielt er zwei Plastikbeutel. Er griff hinein und ... zog eine Handvoll Geldscheine heraus. Im matten Licht der zwei am Altar brennenden Birnen konnte ich sein triumphierendes Lachen erkennen.

Ich trat aus meiner Deckung. Jäh wich Widukind zurück und presste die beiden Plastiktüten fest an seine Brust.

„Wir teilen", sagte er. „Es ist genug da. Wir teilen, ja?"

„Wie mit deinem Kumpel?"

„Nein, nein, das verstehst du falsch. Er wollte alles. Ich bin ehrlich, du kannst dich ..."

„Ein ehrlicher Bankräuber?", fragte ich.

„Nein, nein. Es war ein Geldtransport, drüben in Holland."

„Dann ist deine Widukind-Nummer und dieses Glitzerkostüm nichts anderes als eine Verkleidung?"

Er lächelte schief, erzählte, dass sie die Kostüme aus einem Karnevalsfundus hätten.

„Das war doch eine gute Idee", sagte er.

Er musste mein versteinertes Gesicht bemerkt haben, denn plötzlich warf er mir eine der Plastiktüten zu.

„Nimm, es ist deins."

Ich bückte mich. Und griff zum Schwert.

*

Das ist jetzt zwei Monate her.

Abend für Abend und Nacht für Nacht sitze ich in meiner Wohnung und beobachte den Eingang der Stiftskirche. Diese grauen Menschen können nicht lügen, es wird etwas passieren. Das ist sicher. Ob es der echte Widukind ist, der kommen wird? Ich weiß es nicht. Mit einem Teil des Geldes habe ich mir stecknadelkopfgroße Überwachungskameras gekauft und in der Kirche installiert. Dazu Geräusch-Melder und zehn Infrarot-Alarmanlagen. Wenn er kommt, der Sachsenfürst, meine Monitore werden es zeigen.

Sicher, zunächst muss er den Leichnam beiseite schieben, den ich im Sarkophag versteckt habe. Aber vielleicht ist das Blut dieses Bankräubers ja so etwas wie ein Toten-Adrenalin. Ein Weckruf: Steh auf, Widukind. Steh auf und sieh, was aus dir geworden ist.

Sandra Niermeyer

**Johnny**

Kerstin und ich waren heute unter der Autobahnbrücke an der A 33. Dort sind Ausläufe des Waldes, wir nennen ihn einfach den „Mäusewald". Eigentlich dürfen wir dort nicht hin, aber solange Mama im Büro ist und Papa bei der Arbeit, merkt es keiner. Uns kamen zwei komische Frauen entgegen. Sie hatten lange, verfilzte Haare und zerrissene Kleidung. Sie sahen uns verärgert an. Mir war gleich ganz unheimlich zumute. Ich hielt mich an Kerstin fest. Kerstin hat nie Angst. Oder sie tut zumindest so.

Die beiden Frauen gingen auf dem schmalen Weg unter der Brücke hintereinander her, wir stellten uns an den Rand, um ihnen Platz zu machen. Als sie an uns vorbei waren, flüsterte Kerstin mir zu: Siehst du die Fußabdrücke?

Es hatte geregnet, der Weg war schlammig, und die Schuhabdrücke der beiden waren deutlich auf dem aufgeweichten Weg zu sehen.

Wir graben die Abdrücke aus, bewahren sie auf, und dann schaue ich morgen bei Aktenzeichen XY, ob die beiden Frauen gesucht werden, bestimmte Kerstin.

Kerstin sagt immer, was gemacht wird.

Ich rannte nach Hause, weil mein Zuhause in der Bielefelder Vorortsiedlung näher lag als Kerstins. Zu ihrem Haus musste man erst über fünf Gartenzäune springen. Ich holte zwei Schaufeln und ein paar alte Seifenschalen aus dem Abstellraum.

Als ich wieder zur Autobahnbrücke zurückkam, kniete Kerstin neben den Fußabdrücken und bewachte sie, dabei war weit und breit niemand zu sehen, der die Abdrücke hätte zerstören können. Wir gruben sie aus, legten sie auf die Seifenschalen und deponierten sie neben den Kaninchenställen in unserem Garten.

Ich erzähle dir dann morgen, was sie bei Aktenzeichen XY gesagt haben, verabschiedete Kerstin sich.

Kerstin ist zwei Jahre älter als ich. Sie darf schon XY gucken, ich noch nicht.

Beim Abendbrot dachte ich die ganze Zeit an die beiden Frauen.

Ich muss nun aufhören zu schreiben. Papa kommt die Treppe hoch. Er will nachschauen, ob ich noch lese. Ich darf nur bis neun Uhr lesen, und es ist schon Viertel nach neun.

Wir haben heute auf dem Schulhof ein Spiel gespielt. Ich kannte es noch nicht, aber die älteren Kinder haben es schon oft gespielt.

Wir stellten uns im Kreis auf, klatschten uns gegenseitig auf die Hände, und wer an einer bestimmten Stelle des Liedes abgeklatscht wurde, musste in die Mitte gehen.

Das Lied ging so ähnlich: Johnny komm, wir knacken eine Leiche, Johnny komm ins Leichenhaus. Johny komm, die Leiche wird schon weicher, und dann schlürfen wir sie aus. Jajaja, ob sie, ob sie, ob sie das wohl dürfen, ohne Messer, ohne Gabel, ohne Tischgebet …

Meistens wurde ich abgeklatscht, weil ich zu langsam war. Wenn ich in die Mitte musste, hatte ich Angst. Ich war dann die Leiche, die ausgeschlürft wurde.

Die anderen sangen immer lauter und verkleinerten den Kreis. Zum Glück klingelte es zur nächsten Stunde, bevor sie mich ganz umzingelt hatten.

Ich muss nun erst die Mathehausaufgaben machen, bevor ich weiterschreiben kann.

Beim Mittagessen habe ich Mama gefragt, ob ich heute Abend Aktenzeichen XY sehen dürfte. Mama meinte, dafür sei ich noch zu klein. Ich sagte, dass Kerstin es schon seit zwei Jahren sehen dürfte. Das stimmt zwar nicht, aber Mama lässt sich manchmal erweichen, wenn ich ihr sage, dass andere Kinder es viel besser haben als ich. Sie antwortete, sie müsse erst Papa fragen. Das war schon ein halbes Ja.

Ich habe gerade nach den Fußabdrücken neben den Kaninchenställen geschaut. Sie sind gut getrocknet. Das Profil der Schuhe ist genau zu erkennen. Die eine Frau hat Schuhgröße 41 und die andere Größe 42. Sehr große Füße für eine Frau, wenn man mich fragt. Es macht sie noch verdächtiger, finde ich.

Papa hat es erlaubt! Wenn er Hunger hat und nicht vom Essen abgehalten werden will, erlaubt er fast alles. Ich frage ihn immer vor dem Abendessen, wenn ich irgendetwas Wichtiges will.

Ich muss unbedingt noch schreiben, obwohl es schon drei Uhr nachts ist. Ich kann nicht schlafen. Aktenzeichen XY war ganz schrecklich.

Mama und ich saßen auf dem Sofa und Papa im Sessel. Ich verstand nicht alles, worum es ging, aber an eine Szene erinnere ich mich deutlich.

Eine Frau arbeitete im Supermarkt. Sie war die Letzte dort, und als sie ging, schloss sie die Tür ab. Ein Mann lauerte ihr auf. Er überfiel sie noch neben dem Supermarkt und erstach sie. Man konnte nur seine Füße sehen, auf die das Blut spritzte. Er wusch sich das Blut an einem Wasserhahn ab, der am Seitenausgang des Supermarktes angebracht war. Man konnte sehen, wie sich das Wasser mit dem Blut vermischte und in einer riesigen Lache in einen Abfluss floss. Mama und ich fingen an zu schreien, weil es so gruselig war. Papa lachte.

Sie zeigten von dem Mann immer nur seine Füße, das war besonders unheimlich.

Irgendwie hängt das alles zusammen. Die Abdrücke der beiden Frauen und die Turnschuhe des Mannes. Ich weiß nur noch nicht wie.

Wir haben heute auf dem Pausenhof wieder das Spiel gespielt. Heute war ich so schnell, dass ich kein einziges Mal in die Mitte musste.

Kerstin redet auf dem Schulhof nicht mit mir. Sie will nicht mit mir gesehen werden, weil ich zwei Jahre jünger bin.

Auf dem Nachhauseweg durch die Felder holte sie mich ein. Ich hab gestern Aktenzeichen XY gesehen, schnaufte sie.

Ich auch, sagte ich stolz. Ich versuchte, nicht ganz so angeberisch zu klingen, aber ich fühlte mich wichtig, weil ich es auch gesehen hatte.

Kerstin ignorierte mich. Die beiden Frauen kamen nicht vor, sagte sie. Wahrscheinlich dauert es noch bis zur nächsten Sendung. Sie sind bestimmt gerade erst an dem Tag aus dem Gefängnis geflohen, an dem wir sie unter der Autobahnbrücke gesehen haben. Die nächste Sendung hat außerdem als Schwerpunkt Ostwestfalen.

Hast du den Mann mit dem Blut an den Turnschuhen gesehen?, fragte ich.

Kerstin nickte. Die Turnschuhe kenne ich, sagte sie, die gibt es im Kaufhof im Sonderangebot.

Ich glaubte ihr nicht. Kerstin wollte nur angeben, das will sie immer.

An den Schuhen der Frauen war auch Blut, sagte ich.

Nein, sagte Kerstin, an denen war kein Blut.

Doch, beharrte ich. Komm heute Nachmittag gucken, dann zeige ich es dir.

Am Mittagstisch konnte ich kaum still sitzen. Zum Glück gab es Nudeln, sonst hätte ich vom Stuhl auf die Küchenanrichte klettern müssen, um aus dem obersten Fach den Ketchup zu holen. Aber so stand er gleich auf dem Tisch, und ich ließ ihn einfach verschwinden, als Mama sich umdrehte.

Ich rannte nach draußen und schüttete etwas Ketchup auf die Fußabdrücke. Ich drückte ihn tief in die Erde, damit er nach altem getrockneten Blut aussah. Dann wartete ich auf Kerstin.

Sie kam um drei Uhr. Sie hat mehr Hausaufgaben auf als ich, weil sie älter ist.

Hier, zeigte ich ihr, Blut!

Kerstin sah die Abdrücke misstrauisch an. Das war vorgestern noch nicht, sagte sie.

Es hat sich aus der Erde nach oben geschoben, sagte ich, durch den Trocknungsvorgang. Blut schiebt sich immer irgend - wann an die Erdoberfläche, darum werden auch die meisten Morde aufgedeckt. Wenn man eine Leiche vergräbt, wandert ihr Blut nach oben.

Kerstin runzelte die Stirn. Sie kann es nicht haben, wenn ich mehr weiß als sie.

Hat mir mein Papa erklärt, fügte ich hinzu, er kennt sich mit Biologie aus. Es hat etwas mit Ost-Mose zu tun.

Plötzlich hörten wir ein furchtbares Geschrei aus dem Kaninchenstall des Nachbarn. Er hat große Kaninchen, nicht so kleine Zwergkaninchen wie wir.

Kerstin und ich lugten über den Zaun. Der Nachbar kam mit einem langen Stock aus dem Stall, der an der einen Seite einen Haken hatte, und der steckte im Genick eines Kaninchens.

Das Kaninchen zappelte und schrie. Es klang wie ein Mensch.

Duck dich, zischte Kerstin. Ich ging schnell in die Knie.

Hast du seine Schuhe gesehen, flüsterte Kerstin. Ich spähte durch die Lücken des Holzzauns. Ich konnte nur die Füße des Nachbarn sehen. Er trug Turnschuhe. Neben seinen Schuhen tropfte Blut zu Boden.

Er trägt die gleiche Marke wie der Mörder, sagte Kerstin.

Ich hielt mir mittlerweile die Ohren zu. Das Kaninchen schrie immer lauter. Warum konnte er es nicht endlich töten?

Er quält es langsam und grausam zu Tode, flüsterte Kerstin.

Mir war schlecht. Ich fand den Nachbarn schon immer unheimlich, aber dass er so grausam war, hatte ich nicht gewusst.

Endlich hörte das Kaninchen auf. Auf den Platten vor dem Stall war eine riesige Blutlache. Der Nachbar holte einen Gartenschlauch und spritzte das Blut in einen Abfluss. Es war genauso wie in dem Film mit dem Supermarktmörder. Er wiederholte seine Tat. Ich hatte gehört, dass Serienmörder ihre Tat immer und immer wieder wiederholten, bis sie vollständig zufrieden mit ihr waren. Er hieß Jupken. Das war eine Abkürzung für Johannes, und das wiederum klang wie Johnny. Es hing alles irgendwie zusammen.

Komm heute Nacht um drei Uhr an diese Stelle, sagte Kerstin, dann sehen wir weiter.

Mit den Worten lief sie nach Hause. Sie sprang gekonnt über die Gartenzäune. Ich blieb manchmal mit der Hose daran hängen.

Ich ging auch ins Haus. Es würde nicht weiter schwierig sein, nachts unbemerkt die Wohnung zu verlassen, meine Eltern hatten einen festen Schlaf.

Wo ist die Ketchup-Flasche, fragte meine Mutter, als ich in die Küche kam.

Mir fiel ein, dass ich sie neben den Ställen hatte stehen lassen. Hoffentlich hatte Kerstin sie nicht gesehen.

Kerstin wartete schon auf mich, als ich um drei nur im Schlafanzug zum Zaun kam.

Ich habe einen Drohbrief dabei, sagte Kerstin. Lies mal.

Wir haben Sie gesehen, stand dort. Was Sie mit der armen Frau gemacht haben. Ihre Turnschuhe haben Sie verraten. Sie sind ein Verbrecher. Wenn Sie nicht zur Polizei gehen und gestehen, wird es Ihnen übel ergehen. Legen Sie morgen einen Beutel mit 100 Euro unter der Autobahnbrücke an der A33 ab, dort, wo der Wald ausläuft. Wenn Sie es nicht tun, verraten wir Sie.

Wir kletterten über den Zaun und stachen den Zettel mit einer Heftzwecke gegen die Tür des Kaninchenstalls.

Ich fühlte mich beobachtet, als wir durch den Garten des

Nachbarn zurückhuschten. Er stand bestimmt hinter der Gardine und beobachtete uns. Auf den Platten vorm Stall waren immer noch kupferfarbene Flecken.

Ich habe gute Neuigkeiten:
Das Geld lag tatsächlich da!!! Er hat es dorthin gelegt!!
Kerstin und ich sind heute nach der Schule gleich zur Autobahnbrücke gelaufen. Auf dem Weg unter der Unterführung lag eine Geldbörse mit 100 Euro. Sie enthielt nicht nur Scheine, sondern auch mehrere Kreditkarten, ein paar Fotos von steckbrieflich gesuchten Verbrechern und Briefmarken.
Wir müssen aufpassen, dass die Scheine nicht nummeriert sind, sagte Kerstin. Fass sie am besten nicht an, damit deine Fingerabdrücke nicht darauf sind.
Sie griff das Portemonnaie mit ihrem Pulloverärmel und ließ es in ihre Hosentasche gleiten.
Am besten, du nimmst es mit nach Hause, sagte Kerstin. Ich habe heute eine Vier in Mathe geschrieben, und meine Mutter ist sauer auf mich.
Als wir an meiner Haustür angekommen waren, steckte ich das Portemonnaie in meinen rechten Kniestrumpf, weil ich einen Rock trug, der keine Taschen hatte.
Was hast du denn da am Bein, fragte meine Mutter, als ich in die Küche kam.
Ach nichts, sagte ich.
Zeig mal her, sagte sie.
Sie zog das Portemonnaie aus meinem Strumpf und öffnete es.
Nicht anfassen, rief ich, du darfst deine Fingerabdrücke nicht darauf hinterlassen!
Meine Mutter sah mich komisch an.
Wo habt ihr das gefunden?, fragte sie.
Auf der Straße, log ich.
Wir müssen es zur Polizei bringen, sagte sie.
Ich bekam Angst. Wenn wir es zur Polizei brachten, kam

heraus, dass wir unseren Nachbarn erpresst hatten, und Erpresser kamen ins Gefängnis.

Meine Mutter ging abends mit meinem Vater zur Polizei und lieferte das Portemonnaie ab. Ich saß nervös am Küchentisch. Nun würde alles herauskommen.

Als meine Eltern nach Hause kamen, sahen sie mich nicht an. Sie wussten bestimmt schon, dass ihre Tochter eine Erpresserin und kriminell war. Sie hatten kaum die Wohnung betreten, da klingelte das Telefon.

Meine Mutter nahm ab. Ja, sagte sie. Jetzt schon? Das ging aber schnell!

Ich zitterte. Der Nachbar hatte mich also schon angezeigt. Meine Mutter legte auf. Der Besitzer des Portemonnaies hat sich schon gemeldet, sagte sie. Es ist eine Frau. Sie hat bei der Polizei 300 Euro Finderlohn für uns hinterlegt, weil sie so froh war, dass sie die ganzen Kreditkarten und Fotos wiederbekommen hat.

Meine Eltern fuhren noch einmal zur Polizei und kamen mit den 300 Euro zurück. Die kommen auf dein Sparkonto, sagten sie.

Ich konnte es immer noch nicht fassen. Sollte ich tatsächlich nicht ins Gefängnis kommen?

Die Frau meinte, dass sie das Portemonnaie vermutlich unter der Autobahnbrücke verloren hat, als sie dort mit ihrer Freundin spazieren ging, sagte meine Mutter beiläufig. Wart ihr dort?

Ich schüttelte heftig den Kopf. Wir haben es auf der Straße gefunden, sagte ich.


Heute Morgen erwartete uns eine weitere Überraschung. Unser Nachbar ist verschwunden. Er hat die Kaninchenställe geöffnet und ist dann abgehauen. Die Kaninchen hoppeln im Garten herum und fressen Löwenzahnblätter.

Seine Frau hat ihn verlassen, und da hat er das Trinken angefangen, meinte meine Mutter. Hoffentlich hat er sich nicht umgebracht.

Aber ich weiß es besser. Er ist geflohen, weil er Angst hat, dass wir ihn verraten.

Als ich Kerstin nachmittags an der Schaukel traf, fiel mir ein, dass ihr ja eigentlich die Hälfte von den 300 Euro zustehen. Aber ich sagte nichts. Das Geld auf meinem Sparkonto sollte nämlich irgendwann für meinen Führerschein sein, und der ist vielleicht teuer, wenn ich so viele Fahrstunden brauche wie meine Mutter.

Hast du schon gehört, sagte ich, der Nachbar ist verschwunden.

Kerstin nickte. Schlechtes Gewissen, sagte sie altklug.

Eine Woche ist vergangen seit meinem letzten Eintrag. Der Nachbar ist wieder aufgetaucht. Er hat sich in einem Försterhochsitz an einem der Felder, die an unserem Schulweg liegen, erschossen. Es hat ein paar Tage gedauert, bis ihn jemand gefunden hat, er war schon ein bisschen vergammelt.

Ich hab's mir fast gedacht, meinte meine Mutter. Er hat die Trennung von seiner Frau nicht verkraftet.

Aber ich weiß natürlich mehr als meine Mutter. Sein schlechtes Gewissen hat ihn umgebracht.

Heute kam dann seine Frau und räumte die Wohnung aus. Sie hatte ihren neuen Freund dabei. Sie küsste ihn bei jedem Gang vom Haus zum Auto. Schamlos, meinte meine Mutter.

Die Kaninchen sind schon lange verschwunden. Sie tauchen manchmal in dem einen oder andern Garten in der Nach - barschaft auf und fressen den Salat oder die Mohrrüben ab.

Einer unserer Nachbarn hat sogar mit einer alten Schrot - flinte auf sie geschossen, aber zum Glück nicht getroffen, weil er grauen Star hat.

Ich durfte wieder Aktenzeichen XY sehen. Von dem versprochenen Ostwestfalenschwerpunkt merkte ich zwar nichts, aber der Fall hat sich geklärt.

Der Supermarktmörder ist gefasst, sagte Eduard Zimmermann. Dank vieler Anrufe in unserer Zentrale konnte er gefunden werden.

Ich wusste, dass er log. Der Mörder ist nicht gefasst, sondern tot. Aber das wollte Eduard den Zuschauern nicht sagen, damit sie nicht zu enttäuscht sind. Alle wollen, dass so ein Mörder vor Gericht kommt und hart bestraft wird. Sie sind traurig, wenn er sich einfach in einem Hochsitz erschießt. Obwohl ich finde, dass es das Beste ist. Die Gerichte haben genug mit Nachbarschaftsstreitigkeiten und so weiter zu tun, da haben sie für einen Mörder keine Zeit.

Das Spiel „Johnny komm" spielen wir auf dem Schulhof gar nicht mehr, jetzt wo Jupken tot ist. Wir spielen nun wieder Gummitwist. Es hängt alles irgendwie zusammen.

Hans-Jörg Kühne

## Essen wie Gott in Bünde

Thomas Kuss, Hauptkommissar der Bielefelder Kriminalpolizei und momentan etwas unterbeschäftigt, da in der Großstadt am Teutoburger Wald aktuell keine Morde oder sonstige Kapitalverbrechen begangen wurden, saß in der „Eurobahn" und stierte aus dem Fenster. Er befand sich auf dem Weg nach Bünde.

Nicht, dass ihn dort irgendetwas wirklich hingezogen hätte – Bielefeld erschien ihm klein genug –, nein, einzig und allein die erwähnte berufliche Langeweile hatte ihn zu dieser Reise bewegt. In Bünde wollte er den dort wohnenden Justus Simpler von der Sitte aufsuchen. Dieser Kollege war ihm im Grunde ebenso egal wie die Stadt. Eigentlich empfand er gegenüber ihm sogar eine Art Abneigung, weil dieser jünger und sportlicher war.

Seit einigen Tagen war Justus Simpler nicht mehr an seinem Bielefelder Arbeitsplatz erschienen. Im Polizeipräsidium Ost an der Lerchenstraße nahm man am ersten Tag seines Fernbleibens an, dass er erkrankt sei und sich melden werde. Am zweiten Tag rief die Abteilungsleiterin der Sitte, Gudrun Hildebrand, bei Simpler an, erreichte aber niemanden. Am dritten Tag erwartete man dann die ärztliche Krankschreibung. Auch die traf nicht ein. Gudrun Hildebrand bat daraufhin die Kollegen der Streife in Bünde, bei Simpler vorbeizufahren, um anzuklingeln und sich nach ihm zu erkundigen. Er schien jedoch nicht da zu sein. Das alles war sehr merkwürdig. Die Krankenhäuser in der näheren und weiteren Umgebung Bündes wurden aufgefordert, unter ihren Patienten, insbesondere den Notfällen, nach dem Namen Justus Simpler zu suchen. Das blieb jedoch ebenfalls ohne Ergebnis.

Thomas Kuss bot sich schließlich an, nach Simplers Verbleib zu fahnden.

Nach 25 Minuten Fahrt stand Thomas Kuss schließlich auf dem Vorplatz des aus rotem Ziegelstein erbauten kleinen Bünder Bahnhofes. Alles wirkte schnuckelig und niedlich. Er stieg in ein Taxi und nannte als Ziel die Brunnenallee 19. Dort wohnte Simpler.

Während der Fahrt versuchte er sich daran zu erinnern, wann er das letzte Mal in Bünde gewesen war. Vor Ewigkeiten. Irgendwann hatten sie mit der Schule einen Ausflug hierher gemacht. Vor Kuss' innerem Auge tauchte plötzlich eine monströse Pfeife auf. Mannshoch. Die musste in diesem Tabakmuseum stehen. Hatte auf ihn damals einen gewaltigen Eindruck gemacht. Er meinte sich zu erinnern, dass sie das Teil damals den Kids als größte Pfeife der Welt vorgestellt hatten. Rauchbar nicht nur für Riesen. Und jetzt erinnerte sich Kuss auch daran, wie er damals versucht hatte, die Logik dieses Ausstellungsstückes und ihrer Macher zu durchdringen. Warum stellte jemand eine so große Pfeife her, die doch niemand auf offener Straße, bei der Arbeit oder sonst wo rauchen konnte? Der kleine Thomas Kuss hatte sich damals an dem Teil hochgehangelt, um zu sehen, ob der Pfeifenkopf mit Tabak vollgestopft war, wie er es damals bei seinem Vater gesehen hatte, der selbst Pfeife rauchte. Was für eine Enttäuschung war es gewesen, als er das Unglaubliche entdeckte: In den Riesenpfeifenkopf war eine Holzplatte eingebaut und darauf etwas echter Tabak gestreut, der die Platte jedoch nicht zur Gänze bedeckte. Die Verantwortlichen machten sich somit noch nicht einmal die Mühe, den Betrug zu kaschieren. Was für eine jämmerliche Vorstellung! Damals hatte Kuss auch gesehen und gefühlt, dass die Pfeife keineswegs aus purem Holz, sondern aus irgendeinem Ersatzmaterial gefertigt war, das man lediglich mit etwas Holzähnlichem furniert hatte. Hier und dort war es bereits abgestoßen und schadhaft und bedurfte baldigst einer Renovierung. Die fragwürdige Vorstellung wurde durch die Ausführungen des Museumführers komplettiert, der tonlos, weder mit Stolz noch mit Verachtung in der Stimme, sondern mit scheinbar vollkommener Gleichgültigkeit und Humorfreiheit, den Superlativ von der größten funktionsfähigen Pfeife der Welt verkündete. Das tat er wahrscheinlich mehrfach am Tag, viele Male in der Woche und zahllose Male im Monat und Jahr. Jegliche Begeisterung, die er möglicherweise einmal für sein Museum empfunden hatte, war einer „Mir-ist-alles-egal"-Haltung gewichen, die sich in gefährlicher Weise auf die Gruppen übertrug, die er durchs Museum führte. Er sollte ausgewechselt werden. Das dachte damals zumindest Klein-Thomas. All das hatte er zu jener Zeit deutlich verspürt und sich desillusioniert abgewandt.

Das Taxi hielt, Kuss zahlte, ließ sich eine Quittung geben, stieg aus und schaute sich das Haus von außen an, in dem Simpler wohnte. Dann ging er zur Haustür und klingelte bei Kaczmarek. Das, so hatte man ihm mitgeteilt, sei der Hausmeister, der ihm notfalls Simplers Wohnungstür öffnen würde.

„Ist doch nicht zu fassen", sagte Kuss leise zu sich selbst, „alle Siedlungskontrolletis haben polnische Namen!" Ihm fiel ein uraltes Lied von den Bläck Föös ein. Ein Karnevalsschlager. Der Refrain lautete, so glaubte Kuss sich erinnern zu können: „Huusmeester Kaczmarek, Siedlungskontrolleti, alles fee-ess im Griff". Kuss lachte in sich hinein.

Aus dem kleinen Lautsprecher über der Klingelleiste kam eine kratzige Stimme: „Ja, bitte?"

Diese Frage hatte einen so unfreundlichen Klang und Tonfall, dass Thomas Kuss schon jetzt keinen Bock mehr auf Bünde hatte und am liebsten auf der Stelle umgekehrt wäre. Dennoch – er zwang sich, freundlich zu antworten, stellte sich mit seiner Amtsbezeichnung vor, verwies darauf, dass man ihn doch wohl angekündigt habe.

Ein Summton ertönte, und Kuss drückte die Tür auf. Im Hausflur roch es, wie nicht anders zu erwarten war, stark nach Essen. Kuss sackte innerlich zusammen. Warum stinkt es in 98 Prozent aller Hausflure und Wohnungen, die ich aufsuche, immer nach schlechtem, billigem Essen? Er verzweifelte fast an dieser Tatsache. Er war müde, hatte keine Lust, die zwei Treppen zur Hausmeisterwohnung hochzusteigen, mit einem Kaczmarek zu sprechen, den er nicht würde ausstehen können, ihn um den Schlüssel zu Simplers Wohnung zu bitten, um dort dann, in einem anderen Essensdunst, nach seinem Kollegen zu suchen. Am liebsten wäre er weggelaufen. Er hatte einfach keine Lust mehr. Nicht mal der Gedanke daran, den Hausmeister mit der Dienstpistole einfach umzulegen, konnte ihn erheitern. Er griff zu seinem Schulterholster, fühlte den geriffelten, schweren Griff der Waffe, spürte das kalte Metall. Das beruhigte ihn schlagartig.

Kurz danach stand er vor Kaczmarek, einem kleinen grauen Männchen mit nichtssagenden, billigen kik-Klamotten am Leib. Eine seltsame, schlecht geschnittene Blue-Jeans, ein rotes Sweat-Shirt mit einer großen, weißen ‚45' darauf – was auch immer das bedeuten mochte – und unfassbar lächerlichen Hausschuhen an den Füßen: zwei Gesichter mit großen Augen und niedlichen Ohren, offenbar Kühe darstellend.

„Sind von meiner Tochter!", murrte der Hausmeister grimmig, als er Kuss' erschreckten Gesichtsausdruck bemerkte. „Muss ich tragen, sonst ist sie mir böse!"

„Verstehe!", log Kuss.

„Ach, tatsächlich?", fragte Kaczmarek mit einem lauernden, scharf-kritischen und ungläubigen Tonfall. „Sie wollen zu Justus Simpler? Da waren doch schon mal Kollegen von Ihnen da. Unsere Dorfsheriffs. Simpler hat aber nicht aufgemacht. Ich hab denen gesagt, dass Simpler unterwegs sei. Auf keinen Fall in der Wohnung. Ich weiß doch, wo meine Mieter sind!"

„Davon bin ich überzeugt! Ihre Mieter? Gehört Ihnen das Haus?", fragte Kuss.

„Nein, gehört mir nicht. Habe mir nur diese Ausdrucksweise angewöhnt. Muss mich doch hier um alles kümmern. Da baut man ein gewisses Verhältnis zu den Mieterinnen und Mietern auf."

„Ein freundschaftliches?"

„Ich weiß nicht, was Sie meinen!", antwortete der Hausmeister und starrte Kuss mit einem vollkommen leeren Gesichtsausdruck an.

Eine kurze Pause entstand.

„Na, dann öffnen Sie mir doch bitte einmal die Wohnung von Justus Simpler!", sagte Kuss endlich.

„Ja, darf ich Ihnen denn so einfach die Tür öffnen? Ich meine, das darf doch nur die Polizei oder so!"

„Mann Gottes! Ich bin die Polizei!" Kuss wurde sauer.

Kaczmarek verschwand in seiner Wohnung, ließ die Tür etwas offen stehen. Kuss folgte ihm nicht. Er hatte kein Interesse daran, wie es in Kaczmareks Bude aussah. Und roch. Im Prinzip wusste er es, weil es überall gleich aussah. Und nach Essen roch. Er hasste das alles, es widerte ihn an.

Der Hausmeister kehrte zurück.

„Dann kommen Sie mal mit!", sagte er zu Kuss und wollte vorangehen.

„Danke, Herr Kaczmarek, aber ich finde den Weg allein. Wenn Sie mir bitte den Schlüssel aushändigen würden!"

„Na, wenn Sie meinen, aber ..."

Thomas Kuss nahm ihm den Schlüssel aus der Hand. „Ja, meine ich! Kein aber!"

Wenig später stand Kuss in Simplers Wohnung. Sie lag im zweiten Stock. Er hatte mehrfach geklingelt und erwartungsgemäß wurde nicht geöffnet. Dann nahm er den Schlüssel, drehte ihn im Schloss, trat ein und wusste sofort Bescheid, dass derjenige, der hier wohnte, nicht mehr lebte. Es war nur so ein Gefühl, das sich in irgendeiner Weise über die Atmosphäre mitteilte. Denn objektiv deutete nichts auf einen Todesfall hin. Es roch nicht etwa nach Verwesung oder Ähnlichem. Nein, es roch vielmehr nach zahllosen Fünf-Minuten-Terrinen, die Simpler offenbar verzehrt hatte.

Kuss überlegte. Was wusste er über Justus Simpler? Nicht viel. Er war bei der Sitte, etwa 30 Jahre alt. Viel zu jung und gut aussehend, als dass Kuss ihn hätte mögen können. Nun war Kuss in dessen kleiner Wohnung. Alles sauber, aufgeräumt. Bei mir sieht's deutlich schlimmer aus!, dachte Kuss.

Nach kurzem Rundgang stand er wieder auf dem Flur. Er verspürte kein Bedürfnis, in der Wohnung eines Toten weiter herumzuschnüffeln. Er wusste, dass er nichts finden würde.

Auf der Straße, an der frischen Luft, atmete er tief durch. Und plötzlich spürte er einen milden Hauch, nur für einen kurzen Moment. Ein Amuse-Gueule des Frühlings. Noch ein paar Tage, und er würde sich mit Riesenschritten nähern.

„Thomas? Thomas Kuss? Küsschen?", fragte plötzlich eine weibliche Stimme.

Er sah hoch. Vor ihm stand eine schlanke, große Frau. Kuss schaute ihr ins Gesicht. Das war Petra! Petra Schmückler, seine Klassenkameradin aus der Zehnten, in die er damals so unfassbar verliebt gewesen war, sie jedoch nicht in ihn.

„Petra! Ich glaub's nicht! Dich hat's also nach Bünde verschlagen!"

„Wie das Leben so spielt, Küsschen! Und was machst du hier?"

„Och, ich wollte nur einen Kollegen besuchen!"

„Aber du arbeitest doch nicht hier, oder? Ich hätte dich im kleinen Bünde sonst bestimmt schon einmal gesehen!"

„Nein, nein, ich bin bei der Kripo Bielefeld. Schon seit verdammt langer Zeit."

„Bei der Kripo? Mann, Küsschen, wer hätte das gedacht! Warst doch früher immer so'n Öko-Heini: gewaltfrei, linksradikal und so!"

Eigentlich widerstrebte es Thomas Kuss, seinen alten Spitznamen „Küsschen" nach so langer Zeit wieder hören zu müssen. Aber aus dem Mund von Petra klang er überhaupt nicht demütigend. Natürlich bekam er damals wie heute zum Geburtstag von irgendwem immer eine Packung Ferrero Küsschen. Gab Schlimmeres. Er schaute Petra Schmückler an. Sie sah unverschämt gut aus. Natürlich sah man ihr das Alter ein wenig an. Aber es schien ihr nicht viel anzuhaben. Ihr ohnehin spöttischer Gesichtsausdruck hatte noch etwas Wilderes, Gnadenloseres bekommen. Kuss gefiel das. Ja, er stand bereits wieder in hellen Flammen. Wie damals. Von irgendwoher hörte er Musik. Ein Mensch, offenbar seiner Alterskohorte zugehörig, hatte ein Fenster geöffnet und seine Stereo-Anlage auf „volle Pulle" gestellt, wie man zu Kuss' Jugendzeiten sagte. Ein Live-Mitschnitt. David Bowie sang „Hey babe, your hair's alright, hey babe, let's go out tonight, you like me, and I like it all, we like dancing and we look divine, you love bands when they're playing hard, you want more and you want it fast ..."

Und während das Stück lief, unterhielten sie sich. Thomas Kuss hatte ein Gefühl, als sei er breit, hätte zu viel Bier getrunken. Am liebsten hätte er Petra gegriffen und an sich gedrückt. Die Luft brannte an diesem Freitagmorgen in Bünde, vor dem Haus von Justus Simpler in der Brunnenallee.

„Warum ist aus uns damals eigentlich nichts geworden?", fragte Petra Schmückler plötzlich.

Kuss schrak zurück, war verdutzt.

„Hast du mich denn damals überhaupt gewollt?", fragte er. „Ich hatte den Eindruck, dass du lieber diesen Handwerker-Typen mit der Porno-Bürste, also mit diesem blöden Schnäuzer, wolltest."

„Immer noch eifersüchtig auf Günti? Schnäuzer trug man damals übrigens. War modern", sagte Petra.

„Habt ihr nicht geheiratet?"

„Haben wir. Sind aber seit vier Jahren geschieden! Du hättest mich damals übrigens fragen können. Vielleicht hätte ich dann eher dich geheiratet."

„Über eindeutige Signale oder eine Ermutigung dazu hätte ich mich sehr gefreut!", sagte Kuss.

Petra Schmückler lachte. Es klang gut, irgendwie perlend. Dazu sang David Bowie.

„Darf ich dich heute Abend zum Essen einladen?", fragte Kuss, während er gleichzeitig über seine eigene Kühnheit staunte.

„Mhmmm", machte Petra Schmückler und drehte sich wie ein Teenie-Mädchen hin und her, als wäge sie das Angebot genau ab, dabei nicht das Kokettieren vergessend.

„Na gut", sagte sie schließlich, „20 Uhr im ‚La Giocosa'. Vergiss nicht, vorher einen Tisch zu bestellen. Ist nämlich immer sehr voll da!"

„Wo ist denn das, ‚La Giocosa'?", fragte Kuss.

„Am Museumsplatz. Ganz in der Nähe unserer berühmten Laurentiuskirche."

„Na, das passt ja. Der Schutzheilige der Köche und der Küchen. Wusstest du, dass sie den Heiligen Laurentius im Jahre 258 in Rom zu Tode gegrillt haben? War ein echter Märtyrer."

„Immer noch an der Historie so interessiert wie damals, was? Kannst mir heute Abend von ihm erzählen. Aber nicht beim Essen."

Thomas Kuss sah Petra nach. Verdammt schlank, wirklich. Natürlich wusste sie, dass er ihr nachschaute. Er war wie ausgewechselt und fragte sich, was er bis zum Abend tun und lassen könne. Zuerst einmal griff er zum Handy, ließ sich von der Auskunft mit dem ‚La Giocosa' verbinden. Nach einiger Zeit meldete sich eine freundliche Männerstimme und nahm die Reservierung auf. Kuss habe Glück, so lautete der Bescheid. Bis auf einen Tisch für zwei Personen sei alles schon reserviert. Aber das passe ja jetzt genau.

Mit seinem Smartphone ging Kuss ins Internet und suchte nach dem ‚La Giocosa'. Und er staunte nicht schlecht. Das Restaurant schien deutschlandweit bekannt zu sein. Es sei eines der besten überhaupt. Dort träfe sich mittlerweile sogar – hin und wieder – der internationale Jetset. Der Aufstieg vom Geheimtipp zum Anwärter auf diverse Michelin-Sterne sei kometenhaft gewesen und viel schneller als in der Branche sonst üblich.

Anschließend suchte Kuss die Polizeiinspektion Bünde auf. Dort war man recht unfreundlich. Ein Hauptkommissar na -

mens Frank Specht empfing ihn, schaute ihn aber kaum an und tat schwer genervt.

„So, so, auch Hautpkommissar, aha!", sagte er. „Aus Biele - feld also. Ist ja toll. Aber ich sag's Ihnen gleich, Herr, äh, Kuss – ist ja ein lustiger Name –, wir sind hier zuständig. Genauer gesagt, die Polizeiinspektion Bünde. Kümmert ihr euch in Bielefeld mal ruhig um eure Angelegenheiten und lasst uns unsere Dinge selbst erledigen!"

„Ja, ja, ist ja schon in Ordnung, Herr Kollege!", meckerte Kuss zurück. „Aber hier geht es um einen Polizisten, der zwar in Bünde wohnte, dessen Dienststelle aber in Bielefeld war!"

„Wieso sprechen Sie von Justus Simpler in der Vergangenheitsform? Ist der etwa schon tot? Wissen Sie etwas, was Sie uns erzählen sollten?"

„Nein, das ist nur so ein Gefühl, das mir sagt, dass Simpler bereits tot ist. Ich hab' mich in dieser Hinsicht noch nie getäuscht!"

„Aha, nur so ein Gefühl, was? Ihr Kripo-Bullen aus der großen Stadt seid wohl ziemlich cool, oder? Während wir armen Plattfüßler hier auf dem platten Land uns mühsam die Fakten erarbeiten und versuchen, die Spuren zu lesen, fällt euch das alles so zu! Ihr habt Eingebungen, die euch noch nie getäuscht haben!"

„Also gut, noch einmal ganz von vorn und ohne Stress: ich werde mich etwas in der schönen Stadt Bünde umschauen, werde Fragen stellen und hoffe, dass Sie nichts dagegen haben! Könnten wir uns darauf einigen?"

Polizeihauptkommissar Frank Specht sagte nichts, winkte nur ab und verschwand in seinem Büro. Thomas Kuss zog die Augenbrauen hoch und verließ das Gebäude.

Er griff zum Handy und wählte die Nummer von Gudrun Hildebrand, der Chefin der Sitte. Kuss gab ihr einen Bericht dessen durch, was er bisher in der Tabakstadt erlebt hatte, wobei er allerdings das zufällige Treffen mit seiner früheren Klassenkameradin aussparte. Er erwähnte die unfreundliche

Haltung der hiesigen Polizeidienststelle, deren Vertreter sich durch Kuss' Herumschnüffeln offenbar sehr gestört fühlten. Und er sprach von seinem Gefühl, seiner Ahnung, dass Justus Simpler nicht mehr lebe.

„Ich will nur hoffen, dass dein Gefühl dich dieses eine Mal betrogen hat!", sagte Gudrun Hildebrand.

„Mein Gefühl hat mich aber noch nie betrogen!"

„Ich weiß."

„Ich benötige jetzt Informationen über Justus Simplers Lebenswandel, seine Freunde, seine Freundinnen", sagte Kuss. „Wer von den Kolleginnen oder Kollegen in Bielefeld hat sich auch privat mit Simpler getroffen? Kannst du in dieser Richtung Erkundigungen einziehen und mir mitteilen?"

„Wird gemacht!", sagte Gudrun Hildebrand. „Was wirst du tun?"

„Ich bleibe übers Wochenende in Bünde und werde hier und dort etwas herumfragen. Damit ich nicht jeden Tag dieselbe Strecke mit der Bimmelbahn fahren muss, nehme ich mir ein Hotelzimmer!"

„Was für eine aufopfernde Bereitschaft von dir, mein lieber Thomas! Wir könnten doch den Kollegen in Bünde die Sache zur Gänze überlassen."

„Nein, nein, ich hänge mich da jetzt rein! In Bielefeld ist im Moment sowieso nicht viel zu ermitteln."

„Ausspreche Anerkennung!", sagte Gudrun Hildebrand. „Was für ein Einsatz! Dabei hast du doch den Simpler nicht unbedingt geliebt, oder?"

„Nee, das nicht! Aber Job ist Job. Und schließlich war er ja nun mal einer von uns."

Sie legten auf. Anschließend suchte Kuss eine von Müllers Drogerien auf, die auch hier in der kleinen Stadt Wurzeln geschlagen hatte. Dort kaufte er Zahnbürste und Zahnpasta und Einmal-Rasierer. Im benachbarten Kaufhaus erwarb er zu einem vertretbaren Preis zwei Unterhosen, zwei Paar Socken und ein durchaus modisches Hemd. Anschließend checkte er

in einem kleinen Hotel ein, das ihm schon morgens in Bahn-
hofsnähe aufgefallen war.

Kuss deponierte seine Habseligkeiten und legte sich aufs
Bett, nickte ein. Nach einiger Zeit erwachte er, schaltete mit
der Fernbedienung den Fernseher an und schaute das Nach-
mittagsprogramm. Weil er nichts zum Lesen hatte, zog er aus
der Nachttischschublade die Hotelbibel heraus und blätterte
darin herum. Es war die alte Luther-Übersetzung. Na, kein
Wunder, hier in Bünde. Dann duschte er, rasierte sich, putzte
die Zähne und zog das neue Hemd an. Er war fertig für sein
Rendezvous.

Kurz vor acht Uhr abends saß er bereits am Tisch im ‚La
Giocosa' und wartete auf Petra. Es war, wie angekündigt, rap-
pelvoll, jeder Platz besetzt. Und es war verdammt warm. Das
lag wohl zum größten Teil daran, dass an einer der Längsseiten
des großen, hohen und rechtwinkligen Raumes, dessen vor-
herrschende Farbtöne Schwarz und ein dunkles Grau waren,
ein offener Kamin brannte. Kuss orderte ein Wasser und sagte
dem Kellner, der die Bestellung aufnehmen wollte, dass er
noch auf jemanden warte. Dann sah er sich um. Die Autos
draußen auf dem Parkplatz, Limousinen und SUVs von
BMW, Porsche, Audi, Mercedes, sogar ein gelber Ferrari mit
niederländischem Kennzeichen, hatten bereits signalisiert,
welche Klientel hier speiste. Obwohl das Preisniveau der Gerichte gar nicht einmal so hoch war, sah man hier jene, die
sich, ob zu Recht oder nicht, zur Hautevolee zählten und
wahrscheinlich über einiges Kleingeld verfügten.

Jemand steuerte auf Kuss' Tisch zu. Es war Petra. Groß,
schlank, offenes dunkles Haar, eng anliegender, schwarzer Ho-
senanzug mit weißer Bluse zu High Heels. Nicht schlecht. Die
Leute, an denen sie vorbeiging, blickten hoch. Die Männer
verdrehten ihre Hälse, um ihr nachzuschauen, und bemühten
sich, es vor ihren Begleiterinnen zu verbergen. Die merkten
das natürlich, weil Frauen immer merken, wenn man ihnen
etwas vormacht. Kuss musste an die Schauspielerin Pam Grier

aus dem Film „Jackie Brown" von Quentin Tarantino denken. Genauso sah Petra aus. Fast genauso. Pam Grier hatte eine deutlich dunklere Hautfarbe. Das war aber auch schon alles.

Kuss stand auf und fühlte sich auf einmal hoffnungslos underdressed. Petra trat an den Tisch heran, man reichte sich zuerst die Hand, gab sich dann aber, dem Usus der Schönen und Reichen folgend, je einen Kuss auf die linke und die rechte Wange. Eigentlich war dieses dem französischen Gebrauch entlehnte „Bise-Bise" nur ein Andeuten, ein Hauchen von Küssen, aber hier und heute Abend handelte es sich um ganz konkrete Küsse, die sich Petra Schmückler und Thomas Kuss auf die Wangen gaben. Und beide signalisierten sich gegenseitig damit, ohne es sich jedoch tatsächlich selbst einzugestehen, dass sie mehr wollten.

„Du siehst toll aus, Petra! Keiner meiner hier anwesenden Geschlechtsgenossen hat so eine Frau an seinem Tisch sitzen!"

„Du siehst auch ganz passabel aus, Küsschen! Na, vielleicht bis auf das Hemd."

Der Ober kam an den Tisch, begrüßte Petra aufs Herzlichste, die scheinbar öfters hier gesehen wurde, und empfahl je einen Rot- und einen Weißwein eines bestimmten Gutes, die heute eingetroffen seien. Kuss überließ Petra die Bestellung, nickte nur alles ab, da er von dieser Materie sowieso äußerst wenig verstand.

Beide studierten die in schwarzes Leder eingebundenen Speisenkarten, als der nächste Anwärter um die Aufmerksamkeit Petras sich dem Tisch näherte.

„Petra! Buona sera! Wie schön, dich wieder einmal hier zu sehen!" Ein kleinerer, untersetzter Mann in einem fast übertrieben schicken und korrekt sitzenden Anzug stand neben ihnen.

Petra war begeistert: „Enzo! Das ist ja schön, dass du heute Abend hier bist! Ich möchte dir jemanden vorstellen!" Damit wies sie auf Kuss, der sich jetzt erhob.

„Das ist mein alter Klassenkamerad Thomas Kuss von der

Bielefelder Kripo, den ich heute zufällig in der Stadt traf. Ich hab ihn natürlich sofort gebeten, mich zum Essen in dein Restaurant einzuladen!"

„Das hast du gut gemacht, meine Teure!", sagte Enzo, hauchte die beiden Küsse auf die Wangen von Petra und begrüßte dann artig Thomas Kuss. Der stand stramm wie ein Zinnsoldat. Es fehlte nur noch, dass er die Hacken zusammengeschlagen hätte.

„Ihr habt unendliches Glück, ihr beiden!", sagte Enzo. „Vor einigen Stunden habe ich wieder eine Partie Lammfleisch von meinem Lieferanten aus Afghanistan bekommen. Und deshalb steht heute Abend, und zwar nur heute, unser berühmtestes und bestes Gericht auf der Speisenkarte."

„Agnello Enzo?", Petra kreischte fast vor Begeisterung und wandte sich aufgekratzt an Thomas Kuss, der das Gefühl hatte, dass hier alles etwas zu dick aufgetragen war. „Das ist das absolut Leckerste, Genialste, was du dir vorstellen kannst, Thomas! ,Agnello Enzo' gibt es nur ganz selten. Wegen dieses Gerichts ist Enzo in den Michelin-Guide aufgenommen worden und wird darin auch bald seinen ersten Stern bekommen. Und wir haben die seltene Gelegenheit, es hier und heute zu essen!"

Kuss gab sich Mühe, auch etwas Begeisterung zu zeigen, obwohl er am liebsten gegangen wäre. Diese alberne Bussi-Gesellschaft mit ihren aufgesetzten Manieren hatte ihn schon immer angeödet. Ein Spielverderber wollte er aber nicht sein. Deshalb bestellte er zwei Mal das angeblich phänomenale Gericht nebst einem schweren Rotwein aus dem Land der deutschen Sehnsucht. Petra saß ihm gegenüber und freute sich wie ein Kind.

Kuss wurde erst dann etwas lockerer, nachdem er rasch drei Gläser Wein getrunken hatte. Von seiner Begleiterin erfuhr er, dass sie des Öfteren bei Enzo zu Gast sei. „Agnello Enzo" hätte sie aber bisher nur wenige Male essen können. Es sei göttlich gewesen. Kuss ließ Petra plappern, erfreute sich an ihrem Anblick und an der Wirkung des Weines.

Nach einer wahrhaft phänomenal schmeckenden Suppe standen schließlich die Teller mit dem Hauptgang vor ihnen. Die Portion war übersichtlich. Ein kleines Stück Fleisch in der Mitte, darum etwas grob geschnittenes Gemüse und Kartoffelscheiben, übergossen mit einer dünnen, durchsichtigen Sauce. Der Geruch des Fleisches war noch verführerischer als der der Suppe.

„Gibt's denn dazu keine Kräuterbutter?", fragte Kuss fast enttäuscht. Er war es gewohnt, zu einem Steak in jenen Restaurants, in denen er verkehrte, wie selbstverständlich Kräuterbutter, Pommes oder Kroketten gereicht zu bekommen.

„Von Meggle, was?", fragte Petra spöttisch. „Hör mal, Küsschen, das hier ist High-End-Essen, da gibt's so fettiges Geschmacksverstärker-Zeugs nicht!"

„Okay, okay!", beeilte sich Kuss mit der Antwort.

Er schnitt ein Stück des rötlichen Fleisches ab. Das Messer schnitt fast von selbst, wie durch warme Butter, so zart war es. Gerade als er auf die Gabel zusätzlich eine Kartoffelscheibe nehmen und das Ganze zum Mund führen wollte, griff Petra nach seinem Arm.

„Halt, mein Lieber! Das ‚Agnello Enzo' musst du pur essen! Ohne Beilage!"

Thomas Kuss gehorchte. In dem Moment, in dem er das Fleisch in seiner Mundhöhle mit der Zunge aufgenommen hatte und langsam zu kauen begann, bemerkte er ein Kribbeln und heftig einsetzenden Speichelfluss. Dann nahmen seine Rezeptoren den Geschmack wahr. Es fand nichts weniger als eine Revolution in seinem Mund statt! Die, so schien es ihm, gesamte Bandbreite der den Menschen bekannten Gewürze war abgedeckt, von ganz scharf bis vollkommen stumpf, von saftig bis trocken, von aggressiv bis ruhig. Kuss war überwältigt, brachte keinen Ton heraus. Er wollte nicht glauben, dass Essen eine solche Wirkung entfalten konnte. Wie war das möglich? Dieser Enzo und seine Köche mussten Genies sein! Doch halt, was war das für ein Geschmack? Der, der ganz im

Hintergrund war? Nur ein Hauch von Brutalität schwang mit, irgendetwas, das Kuss an den scheußlichen Geruch von brennendem Fett erinnerte, an Fleischerhaken und die Angst der Tiere vor ihrem Schlachter. Diese Ahnung hätte ihn fast würgen lassen, doch ebenso schnell, wie sie gekommen war, verschwand sie wieder, und es war alles nur noch Wohlbefinden.

„Hast du das auch gespürt?", fragte er seine Begleiterin.

„Ich weiß, was du meinst!", sagte Petra Schmückler. „Du meinst den ‚Kick'!"

„Was?", Kuss schaute irritiert.

„Nun, diese kurze Ahnung in dieser Symphonie des Wohlgeschmacks, wodurch diese plötzliche, brutale Geschmacksnote, deine persönlichen Geister, deine Bedrückungen vor dem inneren Auge auftauchen."

„Ja, genau!", sagte Kuss. „Es war aber schnell wieder fort!"

„Wegen dieses ‚Kicks' kommen die Leute hierher. Von weit her. Aus ganz Deutschland und Europa. Natürlich lieben sie den Wohlgeschmack aller anderen Speisen, die du hier bekommen kannst. Aber wenn ‚Agnello Enzo' auf dem Plan steht, dann gibt es kein Halten mehr!"

„Nicht zu fassen. Ich kann's kaum glauben", murmelte Thomas Kuss in sich hinein.

Als sie fertig waren, kam Enzo an ihren Tisch, um sich sein Lob abzuholen. Petra stand begeistert auf und küsste ihn auf die Wange. Auch Kuss erhob sich aus Achtung vor der kulinarischen Großtat. Das hatte etwas zu bedeuten, denn so etwas tat er nur sehr selten. Er schüttelte Enzo die Hand und fand kaum die passenden Worte, um seine Begeisterung angemessen in Sprache zu kleiden. Enzo verstand sich auf das Spiel und nahm die Lobhuldigungen bescheiden abwehrend entgegen.

Kuss bestellte noch eine Flasche des robusten Rotweins, schenkte ein und trank. Er war in Hochstimmung, fühlte sich zurückversetzt in jene Stunden nach einem gefährlichen Einsatz, als die Spannung wich, das Adrenalin aber weiterhin verrückt spielte. Auch Petra wurde immer aufgekratzter, lachte wild und etwas zu laut auf und schaufelte ihre prachtvollen Haare hin und her wie ein Ross, das seinen Kopf wirft. Kuss verstand, winkte dem Kellner und zahlte, gab ein großzügiges Trinkgeld.

Beim Hinausgehen winkte Enzo den beiden zu.

„Ciao! Einen schönen Abend noch!"

Die Luft draußen war kalt und erfrischend.

„Komm, Küsschen, ich lad' dich noch zu mir ein! Die obligatorische Tasse Kaffee!"

„Da sage ich nicht nein!" Kuss kam sich stark vor, wie zehn Gorillas.

Sie gingen hinter das Haus, zum Parkplatz. Petra steuerte auf einen nagelneuen, grauen Porsche Boxter zu, schloss auf und forderte Kuss auf einzusteigen.

„Als Polizist weise ich dich darauf hin, dass dein Blutalkohol über dem gesetzlich zulässigen Wert liegen dürfte!"

„Kannst mich ja verhaften", meinte Petra spöttisch und startete den Wagen. Der Motor sprang mit einem Fauchen an. Sie jagte ihn im Leerlauf einige Male in die Höhe, kuppelte dann, stieß im Rückwärtsgang schnell und gekonnt aus der Parklücke, wendete und schoss aus der Einfahrt, kaum nach links und rechts sehend. Auf der Ausfallstraße beschleunigte sie in vier Sekunden auf 100 Stundenkilometer. Es blitzte sofort. Geschwindigkeitsübertretung.

„Verdammt, und ich sitze in diesem Auto, neben der schlimmsten Temposünderin seit Adam und Eva!", jammerte Kuss.

„Scheiß drauf!", sagte Petra.

Kuss dachte: Stimmt! Scheiß drauf!

Petra drückte einen Knopf. Das Verdeck fuhr zurück. In rasender Fahrt preschten sie über eine Landstraße. Irgendwo bogen sie rechts ab, wobei der Wagen mit dem Heck hin und her schleuderte, von Petra aber gekonnt abgefangen wurde, und hielten schließlich vor einem einsamen, großen, rechteckigen, modernistischen Kasten.

„Du wohnst aber verdammt nobel!" Kuss staunte aufrichtig.

„Ist die Hütte von meinem Ex", sagte Petra, „der ist jetzt Unternehmensberater bei Gilcher & Co. Er lebt heute vorwiegend in seiner riesigen Stadtwohnung. Da finden ihn auch seine blonden, dümmlichen Gespielinnen besser. Ich darf es mir hier gemütlich machen."

Sie schaltete mit einem Schlüssel die Alarmanlage aus und öffnete mit einem anderen die schwere Haustür. Plötzlich war von innen rasendes Hundegebell zu hören.

„Verdammt, auf Hunde stehe ich nicht!", sagte Kuss todernst und griff zu seinem Schulterholster.

„Das ist Tamara!", sagte Petra. „Du wirst sie mögen!"

Tamara kam über den schwarzglänzenden Granitfußboden angewetzt. Sie war bestimmt der größte Berner Sennenhund, den Kuss jemals gesehen hatte. Obwohl das Aussehen dieser Hunderasse gemeinhin etwas freundlich Unterbelichtetes und Gutmütiges hatte, schien Tamara hier eine Ausnahme zu machen. Sie bellte laut und tief, sah gleichermaßen wohlwollend und auch wieder nicht aus und machte Anstalten, an Thomas Kuss hochzuspringen, als Petra Schmückler ein kurzes „Aus" rief und Tamara sofort von ihrem Vorhaben abließ.

„Siehst du? Sie mag dich!"

„Ach, tatsächlich? Hatte einen ganz anderen Eindruck!"

Kuss erinnerte sich daran, weshalb sie beide hier waren, und wollte nicht mehr lange fackeln. Er ging aufs Ganze, zog Petra plötzlich an sich und küsste sie, noch bevor sie zum Schein dagegen protestieren konnte. Tamara sah das und knurrte.

„Der Köter mag das nicht!", sagte Kuss. „Da kann ich mich nicht konzentrieren!"

Petra kümmerte sich nicht darum. „Würdest du gern einmal sehen, wie ich hier lebe?", fragte sie. „Ich könnte dir eine kleine Führung durchs Haus anbieten. Vielleicht fangen wir mit dem Schlafzimmer an?"

„Gute Idee!"

Es war schon ziemlich lang her, dass Kuss mit einer Frau zusammen in einem Schlafzimmer war, um die Freuden körperlicher Zuneigung zu genießen. Und er konnte sich nicht daran erinnern, schon einmal, auch nicht in seiner wildesten Jugendzeit, mit solcher rücksichtslosen Vehemenz über jemanden hergefallen zu sein. Er erkannte sich nicht wieder. Und schämte sich dafür. Irgendwie.

Was, in drei Teufels Namen, tue ich hier?, fragte sich Kuss, während er wie ein wild gewordener Eber jene Bewegungen vollführte, die zwar gemeinhin als zum Geschlechtsakt zugehörig bezeichnet werden, in dieser rabiaten Form jedoch bei nicht wenigen Psychotherapeuten und Sexualwissenschaftlern einiges Stirnrunzeln, vielleicht sogar Abscheu hervorgerufen hätten. Dann fiel ihm ein, dass mal ein berühmter Psychotherapeut verkündet hatte, dass man beim Geschlechtsverkehr keine narrative Distanz einnehmen dürfe, sonst funktioniere es nicht. Mit diesem Lehrsatz im Hinterkopf setzte Kuss sein viehisches Treiben fort.

Petra beschwerte sich keineswegs über Thomas Kuss' rabiates Vorgehen, schien es vielmehr zu genießen. Während man das Kratzen von Tamaras Pfoten an der Schlafzimmertür und ihr wüstes, mächtiges, weittragendes und wütendes Gebell hörte, kamen die Schulkameraden von einst zu einem Höhepunkt, der für beide Seiten zwar durchaus befriedigend, jedoch ohne jegliches Niveau war.

Beide lagen nebeneinander und hechelten wie Tamara, die jetzt ein wenig Ruhe gab.

„Hoffentlich schreddert sie aus lauter Wut und Eifersucht nicht wieder den Teppich!", sagte Petra kurzatmig. „Hat nämlich 'ne Menge Kohle gekostet!"

„Also, ich weiß nicht …", sagte Kuss, als er wieder etwas zu Atem gekommen war.

„Was weißt du nicht?"

„Ich hab' früher, in meiner Jugendzeit, so ein wenig mit Drogen herumexperimentiert, LSD, Gras und so 'n Zeug!"

„Mensch, Thomas, das haben wir doch alle! War eben die Zeit!"

„Ja, richtig! Aber gerade heute Abend habe ich das Gefühl, als hätte ich irgendein Aufputschmittel genommen. Und gleichzeitig etwas, was euphorisierend wirkt!"

„Sollte das an mir liegen, dann fühle ich mich aber sehr geehrt!", sagte Petra Schmückler.

„Mit Sicherheit hast du auch damit zu tun", meinte Kuss, „aber mein Zustand ähnelt so stark dem ... wie soll ich's sagen? Ich bin fest davon überzeugt, dass ich Drogen intus habe!"

„Ich habe dir aber nichts in den Wein gerührt, Thomas!"

„Nein, das glaube ich auch nicht. Aber vielleicht war was im Essen bei Enzo? Vielleicht schmeckt das deshalb so unvergleichlich gut, weil er eine bestimmte Substanz reinmischt?"

„Halte ich für sehr gewagt, diese These", sagte Petra, „aber ..."

„Was, aber?"

„An den wenigen Abenden, an denen ich ‚Agnello Enzo' gegessen habe, fühlte ich mich danach genau wie heute, immer äußerst beschwingt und unternehmungslustig. Ich habe das aber jeweils auf meine Tagesform geschoben."

„Der Typ, dieser Enzo, verabreicht seinen Gästen Rauschgift. Darauf wette ich!"

„Hör mal, Küsschen, jetzt fängst du aber an zu spinnen!"

„Nee, Petra, ich spinne nicht! Und weißt du, was ich jetzt tun werde?"

„Ich kann's mir beim besten Willen nicht vorstellen."

„Ich fahre wieder zurück ins ‚La Giocosa' und sehe mich dort um!"

„Einmal Bulle, immer Bulle, was? Warte mal lieber bis morgen früh damit. Wir haben mittlerweile halb drei. Da ist doch niemand mehr. Enzo macht erst um elf Uhr morgens wieder auf."

„Umso besser, wenn niemand da ist!"

„Willst du da etwa einbrechen? Glaub mir, Küsschen, so etwas solltest du als Polizist nicht tun! Ohne richterlichen Durchsuchungsbeschluss darfst du das nicht. Wäre Einbruch. Du riskierst deine Pension."

„Meine liebe Petra: Fahr mich doch bitte jetzt und sofort wieder zum Restaurant und lass mich meine Arbeit tun. Du wirst da auf keinen Fall mit hineingezogen."

„Wäre ja auch noch schöner!"

Es kostete Kuss noch einiges an Überredungskunst, bis er Petra Schmückler so weit hatte, dass sie sich wieder anzog, Tamara beruhigte und mit ihm wieder zurückfuhr, in die Innenstadt von Bünde.

„So ein Quatsch! Rauschgift im Essen! Was tue ich hier eigentlich?", schimpfte Petra Schmückler während der Fahrt leise vor sich hin.

„Du hilfst bei wichtigen polizeilichen Ermittlungen!"

„Ach, Unsinn!"

Kuss ließ Petra am Anfang der kleinen Altstadtstraße halten, in der sich das ‚La Giocosa' befand.

„Wartest du hier auf mich?", fragte er.

„Ich werde warten. Soll ich dich auf irgendeine Weise warnen, falls deine Kollegen, die Bullen, anrücken? Oder vielleicht andere Leute?"

„Ruf mich auf dem Handy an! Ich stelle es auf Vibrations - alarm. Wenn ich's bemerke, weiß ich, dass wahrscheinlich jemand kommt!"

„Gott, ist das alles aufregend!", stöhnte Petra Schmückler mit übertriebener Gleichgültigkeit in der Stimme.

„Mit mir erlebst du wenigstens richtig was!"

„Würdest du auch mit mir, wenn wir noch länger in meinem Bett geblieben wären!"

„Können wir ja nachholen!"

„Na, ich weiß nicht! Dazu müssten wir noch einmal ‚Agnello Enzo' essen."

Thomas Kuss ging die 50 Meter bis zum Haupteingang des

‚La Giocosa' und rüttelte leicht an der Tür. Sie war, wie kaum anders zu erwarten, abgeschlossen. Kuss durchschritt daraufhin die Einfahrt zu dem hinter dem Haus liegenden Parkplatz und stand schließlich vor der Rückfront. Es war stockdunkel. Kein Bewegungsmelder, der irgendeine Beleuchtung plötzlich eingeschaltet hätte. Einige Meter von Kuss entfernt signalisierte ein dickes, silbernes Metallrohr, das durch einen Mauerdurchbruch geführt war und an der Hauswand ganz nach oben bis zum Dach lief, dass dort die Abluft der Küche durchgeleitet wurde. Daneben befand sich eine Metalltür, hinter der höchstwahrscheinlich die Küche lag. Neben der Tür war ein großes Fenster mit Fliegengitter davor.

Kuss rüttelte an dem Rahmen des Gitters. Er ließ sich leicht herausnehmen. Das Fenster dahinter stand auf Kippe.

Da hat aber jemand keine allzu große Angst vor einem Einbruch, dachte Kuss.

Die beobachteten Nachlässigkeiten ließen Thomas Kuss hoffen, dass der überschäumend freundliche Enzo auf den Einbau von Alarmanlagen verzichtet hatte. Kuss griff mit beiden Händen an der rechten, unteren Seite den nach hinten geklappten Rahmen, hob ihn etwas an und drückte dann. Das Fenster schwang auf und baumelte gefährlich, da es jetzt nur noch an einem einzigen Scharnier hing. Kuss stieg ein. Wären ein Bewegungsmelder und eine daran angeschlossene Alarmanlage installiert gewesen, hätten sie sich spätestens jetzt lautstark gemeldet. Aber es passierte nichts.

Kuss sah sich um und schaute links und rechts. Er zog seinen Schlüsselbund hervor, an dem eine LED-Taschenlampe hing. Ihr kleiner, aber kräftiger Lichtkegel glitt durch den Raum, traf auf den sauber geputzten Gas- und Elektroherd, auf ebenso sauber geschrubbte Arbeitsflächen aus Chrom, einen dicken Hackklotz, zwei gewaltige Kühlschränke aus blank poliertem Metall, Fritteusen, Mikrowellenherde, einen Pizza-ofen und zwei Magnetstreifen an der Wand, an denen diverse Messer, Beile, Sägen und ähnliche Küchenwerkzeuge hafteten.

Kuss zog anerkennend die Augenbrauen hoch. Er hatte irgendwann vor kurzem im Fernsehen gesehen, dass diese Art der Aufbewahrung von Küchenwerkzeugen in Japan seit jeher üblich war und nun in Europa Einzug hielt. Wer modern sein und sich als Könner profilieren wollte, der warf sein Messer nach Benutzung so gekonnt in Richtung der Magnetstreifen, dass es dort hängen blieb. Dazu bedurfte es allerdings einiger Übung.

Kuss bewegte sich sehr vorsichtig durch den Raum. Der Inhalt der Kühlschränke interessierte ihn. Er öffnete den ersten. Das Licht gab den Blick auf zahllose Schalen und Töpfe frei. Darin befanden sich Suppen, Flüssigkeiten verschiedener Farben, Salate und alle erdenklichen Vorräte. Dasselbe traf auf den zweiten Schrank zu.

Kuss öffnete eine angrenzende Tür und ließ den kleinen blauen Lichtkegel der Taschenlampe hindurchwandern. Hier standen große Regale mit Konserven, Behältern mit Olivenöl, Holzkisten mit Früchten, Pilzen und andere Dinge. Plötzlich ein Geräusch. Thomas Kuss erschrak, beruhigte sich aber sofort wieder. Es war nur die Kühlung gewesen, die angesprungen war, weil er die Tür geöffnet hatte.

Kuss betrat den Raum. Hier war alles in penibelster Ordnung, sauber aufgereiht, wie man es von einem Restaurant erwarten würde, das sich mittlerweile zu den besten weit und breit zählte.

Vorn rechts stand eine riesige Kühltruhe. Kuss öffnete langsam und vorsichtig den Deckel. Auch hier sprang das Kühlaggregat sofort an und machte einen Höllenlärm. Drinnen lagen in Plastikfolie eingewickelte Fleischstücke und zwei Hinterläufe von irgendeinem armen Tier. Kuss hob diesen und jenen der Beutel an und untersuchte ihn von außen, so gut das ging. Er musste grinsen. Jedes Mal, wenn er im Zu-sammenhang mit seinem Beruf eine Kühltruhe sah, vermutete er darin eine menschliche Leiche oder Teile davon.

An der gegenüberliegenden Wand erkannte Thomas Kuss

einen Mauerdurchbruch und eine sich daran anschließende, kleine Treppe, die offenbar in einen etwas tiefer gelegenen Teil oder in den Keller führte. Kuss stieg die fünf Stufen hinab und wurde, kaum unten angekommen, von dem typischen und sehr starken Geruch von Wildbret umfangen, das man ungekühlt zum Reifen aufgehängt hatte. Tatsächlich befanden sich an der gegenüberliegenden Wand zwei tote Rehe, die still vor sich hin müffelten. Kuss dachte angestrengt nach. Wie hieß dieser bestimmte Geschmack beginnender Fäulnis, den manche Liebhaber als besonderes Aperçu im Geschmack des zubereiteten Wildes so schätzten? Verflucht, er kam nicht drauf … Aber jedenfalls war es irgendwie eklig. Der Geruch setzte sich in seinen Riechorganen fest. Er spürte, dass dieser ihn einige Tage begleiten würde.

Kuss ließ den Lichtstrahl an den Wänden entlangwandern, um dann noch einmal auf die Haken, an denen das Wild hing, zu fallen. Unten, auf dem gekachelten Fußboden, hatten sich kleine Pfützen längst geronnenen Blutes gebildet. Kuss entdeckte hinten in der Ecke noch eine weitere, etwas größere Blutlache. Hing da noch ein Stück Wild? Ein großes Tier vielleicht? Ein Wildschwein? Kuss näherte sich und verzog wegen des stechenden Geruchs seine Nase.

Er schrak zurück. Auch wenn er im Laufe seines Daseins als Mitarbeiter zahlloser Mordkommissionen schon die absurdesten Dinge gesehen hatte, so trat ihm der Tod doch immer wieder in den bizarrsten Formen entgegen. In diesem Fall sah er nun seinen Kollegen Justus Simpler von der Bielefelder Sitte, wie dieser dreigeteilt und entsprechend an drei Haken von der Decke hing. Am ersten baumelte der Kopf, am zweiten der Rumpf, am dritten die Beine. Hier und dort waren große, rohe und rote Stellen auffällig. Dort war Fleisch herausgelöst, herausgeschnitten worden.

Kuss trat näher, betrachtete sich das gruselige Ensemble eingehend und bemerkte, dass insbesondere im Beckenbereich Fleisch fehlte. Hier konnte man die blanken Knochen erkennen.

„Dort befanden sich die Austern!", sagte plötzlich eine Stimme hinter ihm. „Die haben Ihnen und Petra offenbar ganz besonders gut geschmeckt. Man sagt ihnen übrigens eine stark aphrodisische Wirkung nach. Wie es sich mit menschlichen Austern verhält, das wusste ich allerdings noch nicht. Vielleicht können Sie mir da weiterhelfen?"

Kuss war vom Betrachten seines toten Kollegen so abgelenkt gewesen, dass er nicht bemerkte, wie sich Enzo, der Inhaber des ‚La Giocosa', genähert hatte. Kuss verfluchte sich innerlich, wollte schnell zu seinem Holster greifen, um die PPK zu ziehen.

„Das lassen Sie doch bitte bleiben, wenn Sie nicht sofort das Zeitliche segnen wollen!", sagte Enzo rasch. „Zu Ihrer Information, und weil Sie als Polizist wahrscheinlich ein Kenner verschiedenster Handfeuerwaffen sind: ich halte meine alte Beretta 92, mit 9 mm Parabellum geladen, gespannt und entsichert auf Sie gerichtet. Das gibt 'ne große Schweinerei, wenn ich aus dieser Distanz auf Sie schießen müsste."

Kuss versuchte, sich ruhig und cool zu geben und drehte sich langsam um: „Wo ist denn Ihr italienischer Akzent geblieben?"

„Ach, wissen Sie, den lege ich in meiner Freizeit ab. Ist zu anstrengend, immer so zu reden. Das tue ich nur für die Gäste meines Restaurants. Gibt denen das optimale ‚bei-Enzo-dem-echten-Italiener-essen-gehen'-Feeling. Das braucht die Bussi-Gesellschaft. Steigert meinen Umsatz."

„Wir haben also in Wirklichkeit Menschenfleisch gegessen, am gestrigen Abend?", fragte Kuss.

„So ist es! Die Austern! Aber bringen Sie diesen Begriff nicht fälschlicherweise mit Muscheln in Verbindung!", führte Enzo aus. „Es handelt sich bei Austern um einen speziellen Begriff, der besonders zartes, wenn nicht sogar das beste Fleisch zum Kochen und Braten aus dem Bereich des Beckens bezeichnet. Wie angedeutet: die Austern von Herrn Simpler habe ich Ihnen gestern Abend serviert! Es war zu bemerken, dass mein ‚Agnello Enzo' Ihnen aufs Vortrefflichste mundete! Den übrigen Gästen natürlich auch."

„Sie haben uns also alle zu Kannibalen gemacht!"

„Nun drücken Sie es doch nicht so theatralisch aus! Es ist doch reine Definitionssache, dass wir Menschen den Verzehr unseresgleichen als in irgendeiner Weise moralisch verwerflich betrachten. Als sei es nicht ebenso schlimm, arme Rinder, Schweine und Geflügel aus unserer aktuellen, entsetzlichen Tierhaltung, die eher Tierquälerei ist, zu essen. Davon abgesehen: Der Geschmack von Menschenfleisch, zumindest, wenn ich es zubereitet habe, ist doch wohl außerordentlich, oder? Ist ja auch eine Besonderheit. Ich habe es nicht immer im Angebot. Nur wenn mir solche Personen wie Justus Simpler begegnen. Seine Konstitution erfüllte alle Voraussetzungen: nicht zu sportlich, nicht zu fett, nicht zu jung, nicht zu alt. Gerade richtig, optimal gewissermaßen. Er kam des Öfteren in mein Restaurant, war begeistert von meinem Essen, insbesondere von meinem Spezialgericht, von dem Sie ja auch gekostet haben."

„Und dann haben Sie ihn irgendwann umgebracht, hier aufgehängt und zum Verzehr freigegeben."

„So ist es, mein Lieber."

„Mich würde interessieren, was Ihre Angestellten, Ihre Köche und Kellner dazu sagen, dass Sie Menschenfleisch servieren."

„Ach, sehen Sie, Herr Kuss, die wissen das nicht. Ich mache mich nachts, so wie ich es jetzt gerade tun wollte, daran, die guten Stücke aus meinen Schlachtmenschen herauszulösen, um sie dann am nächsten Tag den Köchen vorzulegen. Da diese Menschenfleisch nicht kennen, nehmen sie immer wieder an, es handele sich um irgendein exotisches Tier. Das hat bis jetzt immer geklappt."

„Sagen Sie, Enzo, was geht in Ihrem Kopf vor? Hat man Ihnen vielleicht irgendwann einmal Geistesgestörtheit attestiert? Oder was bewog Sie dazu, in Ihrem Restaurant Men - schenfleisch anzubieten?"

„Haben wir nicht alle unsere kleinen Macken? Nun, dieses spezielle Kochen ist die meine. Und die Ergebnisse sind doch geradezu genial, oder? Es hat Ihnen doch phänomenal geschmeckt, nicht wahr? Und ich wette darauf, dass Sie mit Petra danach noch eine recht akzeptable Nacht verbrachten? Ist das nicht toll, was ein Stückchen gut zubereitetes Fleisch bewirken kann?"

Thomas Kuss überlegte die ganze Zeit, wie er aus dieser Situation herauskommen könnte. Enzo konnte ihn hier nicht lebend weglassen, das war klar. Anschließend würde er dann, wie sein Kollege, ebenfalls auf den Tellern der Gäste enden.

„So, Herr Kuss, ich muss mich nun langsam an die Arbeit machen. Und Sie stören mich ein wenig dabei. Ich werde Sie gleich mit einem Schuss aus meiner Beretta töten und dann spurenfrei entsorgen. Ihre gesamte Konstitution eignet sich leider nicht für ‚Agnello Enzo'. Sie sind etwas zu alt, hier und dort zu fetthaltig, während Ihre wenigen fettfreien Regionen nur ausgesprochen zähes und sehniges Muskelfleisch bieten dürften. Nichts für meine verwöhnten Gäste. Ich muss auf Qualität achten, das verstehen Sie doch, oder?"

Gerade in dem Moment, als Enzo seine Beretta hochnahm, um auf Thomas Kuss anzulegen, traf ihn etwas Schweres am Hinterkopf. Enzo taumelte, ein Schuss löste sich, verfehlte aber Kuss und schlug in die sterblichen Überreste von Justus Simpler ein. Thomas Kuss sprang nach vorn, warf sich auf Enzo, riss ihn zu Boden und drehte ihm die Arme auf den Rücken, holte die Handschellen hervor, die hinten an seinem Gürtel steckten, und legte sie ihm an. Enzo röchelte. Kuss sah hoch. Im Halbdunklen stand Petra Schmückler mit einer großen, gefrorenen Hirschkeule in den Händen, die sie Enzo über den Schädel gezogen hatte.

„Das is'n Teil, was? Hab' ich aus der Kühltruhe, da hinten!"

„Danke für deine Hilfe, Petra! Hast mir das Leben gerettet!"

„Könnte hinkommen! Mir hat das Ganze zu lange gedauert. Darum bin ich dir schließlich gefolgt. Hab' vermutet, dass du möglicherweise in Schwierigkeiten bist!"

„Du Heldin! Außerdem ist an dir eine Polizistin verloren gegangen. Hast du übrigens unser kleines Gespräch belauscht?"

„Ich hab' alles mitbekommen. Auch, dass wir die Austern von deinem ehemaligen Kollegen gegessen haben. Und dass ich in der Vergangenheit wohl häufiger und unwillentlich zur Kannibalin geworden bin. Wie wohl auch zahlreiche andere aufrechte Bünder Bürgerinnen und Bürger. Ähm … ich glaub', für unser beider Karrieren und Leumund wäre es ratsamer, wenn wir offiziell nichts von Justus Simpler gegessen haben. Das überlassen wir den anderen. Könnte man das gegenüber der hiesigen Polizei sprachlich in etwa so drehen?"

„Könnte man!", sagte Kuss und schnaufte.

Que Du Luu

**Luft!**

„Kafka entzieht sich mir immer wieder", sage ich. „Wenn ich denke, ich hab ihn endlich gepackt, spricht wieder was anderes dagegen."

„Jaja", sagt er und nickt verständnisvoll. „Das ist das Problem mit ihm und zugleich sein Reiz: die Multivalenz. Man kann ihn nicht eingrenzen, er ist auf keinen Nenner zu bringen."

Und er nickt weiter. Nicht so wie andere nicken. Er nickt ohne Ende wie diese Dackel hinten auf der Hutablage.

„Und deswegen hab ich es noch nicht geschafft", sage ich. „Kann ich die Hausarbeit nächsten Monat abgeben?"

„Natürlich", antwortet er.

Ich weiß nicht, wie ich es sagen soll. Der Klops kommt erst noch. Ich schlucke meine Scham herunter und versuche ganz locker zu klingen.

„Kann ich den Schein schon mal kriegen? Damit ich die Zwischenprüfung machen kann? Sonst zahlt das Bafög-Amt nicht weiter."

Er hört auf zu nicken, so abrupt, dass mein Herz aufhört zu schlagen.

Ich stottere weiter: „Ich bin mit der Miete schon im Rückstand und das Bafög-Amt –"

„Nein", zischt er. Sein Kinn hängt fast auf seiner Brust.

„Ich brauch den Schein aber!"

„Nein", zischt er wieder und schaut stirnrunzelnd zu mir hoch, ohne den Kopf zu heben. „Ich habe meine Prinzipien."

Und er fängt wieder an zu nicken wie die potthässlichen Dackel: „Einen Leistungsnachweis-Schein gibt es nur für eine fertige Arbeit."

„Ich brauch aber das Geld!"

Nicht heulen, sage ich mir, nicht heulen, du wirst ihn schon rumkriegen.

Ich sehe ihn mit meinen Rehaugen bettelnd an. Er sieht klapprig aus, als sei er hundert Jahre alt. Im Hörsaal hatte er immer jünger gewirkt. Aber das heißt nichts. Ich hab immer in der letzten Reihe gesessen und meine Brille nie aufgesetzt. Und die Arbeit hatte ich per Mail mit ihm abgesprochen. Obwohl ich so viele Vorlesungen bei ihm hatte, sehe ich ihn heute zum ersten Mal so richtig aus der Nähe. Jetzt schaut er mich auch an. So stechend, dass ich seinem Blick ausweiche und stattdessen die furnierten siebziger Jahre Möbel betrachte, die bestimmt so alt wie die Uni selbst sind.

„Ich gebe Ihnen Geld", nuschelt er und nickt schon wieder.

Hat er das gesagt? Hat er das wirklich gesagt?

Ich schaue ihn fragend an. Er hebt seinen Kopf und seine Mundwinkel zucken.

Ich fühle mich wie im Film. Ein alter Lustmolch von Literaturprofessor, der seine Studentin angräbt. Er ist schrumpelig … einfach widerlich!

„Nein, das meine ich nicht", sagt er, als er mein Gesicht sieht. „Es ist nichts Schmutziges und Sie tun dabei etwas Barmherziges." Er nickt wieder, diesmal voller Elan, es passt nicht zu seiner schlaffen Haltung. „Sie können mich erretten!", ruft er plötzlich aus wie ein Zeuge Jehovas.

Bloß weg, schießt es mir durch den Kopf.

„Fünftausend", sagt er.

„Was?", frage ich.

„Einen kleinen Gefallen", sagt er, „für FÜNF-TAU-SEND-EU-RO."

Fünftausend ist alles andere als klein. Fünftausend ist fett, happig – gigantisch! Aber was soll ich dafür tun? Mich ausziehn, nackt tanzen, seinen Schwanz lutschen? Meine Zunge fühlt sich schon ganz pelzig an, ich muss gleich kotzen.

„Ich sagte doch, dass es nicht so etwas ist!", zischt er bei meinem Anblick.

Klar, denke ich, ich soll hier kurz aufräumen und krieg dafür so viel Kohle.

„Ich erläutere es Ihnen", sagt er. Eine weiße Strähne hängt ihm nun ins Gesicht. Er sieht wirr aus. „Mich verfolgt seit Jahren ein unüberwindbares Problem." Er nickt und nickt mechanisch. Gleich fällt ihm der Kopf ab. „Man kann die Zeit nicht zurückstellen, man kann Dinge nicht ungeschehen machen. Aber ich habe mich dem Problem gestellt. Möchten Sie die ganze Geschichte hören?"

Er wartet keine Antwort ab und spricht weiter: „Meine Frau ... sie reagiert nicht mehr auf mich."

Ich weiß, was jetzt kommt.

Er ist in sich selbst versunken. Seine Augen werden feucht. „Meine Frau ... ich leide enorm darunter."

Dann geh zum Arzt, denke ich, oder zum Straßenstrich.

Aber er hört mich ja nicht.

Er starrt auf die Tischplatte. „Meine Frau ... sie liegt im Koma." Seine Stimme zittert nun. „Ich bin schuld ... ich allein."

Koma? Und er ist der Schuldige? Plötzlich höre ich ein lautes Knallen und Zersplittern von Glas und sehe an seinem Kopf vorbei durchs Fenster. Ein rotes Auto ist einem blauen Golf in die Seite gefahren. Der Golf kam vom Parkdeck 2 und der Fahrer hatte wohl nicht nach rechts geschaut. Das rote Auto war aber schon auf der Universitätsstraße. Die Beifahrertür vom Golf ist ganz eingedrückt. Gut, dass niemand dort saß. Der Fahrer steigt jetzt aus. Ihm ist nichts passiert und da fällt es mir wie Schuppen von den Augen. Die beiden hatten bestimmt einen Autounfall und er saß am Steuer. Ich schäme mich, weil ich unter die Gürtellinie gedacht hatte.

Er sitzt wie ein Häufchen Elend vor mir. Eine Träne läuft ihm über die rechte Wange. Er tut mir leid. Ich krame in meiner Hosentasche nach Taschentüchern, aber ich finde keins.

„Nein", sage ich, „Sie müssen sich nicht schuldig fühlen. Sie haben das bestimmt nicht mit Absicht gemacht und außerdem kann jedem so was mal –"

„Warten Sie ab!", zischt er und schlägt mit seiner Faust auf den Tisch.

Ich fühle mich wie erstarrt.

Er wischt sich die Träne weg.

„Meine Frau und ich. Wir haben eine enorme Auseinandersetzung gehabt. Und ich sagte in meiner Wut: ‚Ich könnte dich erwürgen!'"

Er hebt den Kopf und schaut mich an. Was soll ich dazu schon sagen?

„Sie hat gelacht", erzählt er weiter, „und sie hat geantwortet: „Mit deinen schwachen Armen kannst du das gar nicht. Da kann ich ja länger die Luft anhalten." Ich muss noch dazu sagen: Sie war immer eine sehr gute Taucherin gewesen. Sie konnte mindestens fünf Minuten die Luft anhalten."

Er bewegt sich nicht mehr und läuft rot an. Vielleicht hat er einen Herzinfarkt? Aber er pustet auf einmal Luft aus, direkt in mein Gesicht. Sein Atem riecht nach Verwesung. Dann schnappt er wieder hörbar nach Luft, als müsste er die ganze Umgebung in sich einsaugen.

„Ich ging also auf meine Frau zu. Die Wanduhr zeigte genau sieben an. Sie blieb im Sessel sitzen, die Arme gelassen auf der Lehne und schaute siegessicher. Ich habe meine Hände um ihren Hals gelegt und drückte zu."

Er hebt seine Hände und formt sie zu einer Schraubzwinge. Sein Blick wird glasig.

„Zuerst versuchte meine Frau noch zu lachen, aber langsam verzog sich ihr Gesicht. Sie zog an meinen Händen, kratzte meine Wangen blutig. Ja, halte nur die Luft an, habe ich gedacht, halte die Luft an. Sie verdrehte die Augen, aber ich war mir sicher, es ist ja noch nicht einmal eine Minute um. Dann ließ sie sich hängen, ihre Arme, ihre Schultern. Ihr Kopf hing nicht, denn ich hielt ihren Hals immer noch fest. Sie erinnerte mich an eine schlaffe Blume, die nur noch von der Vase gehalten wird."

Er nimmt die Hände wieder runter und presst seine blassen Lippen aufeinander.

„Wenn ich sie jetzt loslasse, lacht sie mich aus, überlegte ich,

216

sie tut doch nur so. Ich hatte immer noch Kraft in den Armen, sah aber kurz zu der Wanduhr und da erblickte ich, dass es schon zehn Minuten nach sieben war. Ich hatte ihr zehn Minuten lang die Luft abgeschnürt!"

Ich spüre einen Kloß in meinem Hals und versuche ihn runterzuschlucken.

Er guckt immer noch irre vor sich hin, als sei ich gar nicht da: „Jetzt verweilt sie seit zwei Jahren im Johannes-Krankenhaus, immer noch im Koma. Nach zehn Minuten stirbt das Gehirn langsam ab, haben die Ärzte mir mitgeteilt."

Oh Gott, seit Jahren gehe ich in seine Vorlesungen und erst jetzt geht mir auf, dass er der absolute Spinner ist. Wieso hat sich seine Frau darauf eingelassen?

„Ja", spricht er weiter. „Dieser Unfall ist irreversibel. Aber ich habe nun endlich einen fachkundigen Analytiker in der Niedernstraße aufgesucht und er hat mir den Weg der Errettung aufgezeigt."

„Und der wäre?", frage ich.

„Dazu brauche ich Sie", sagt er. Ich glaube einen zynischen Unterton zu hören. „Dafür gebe ich Ihnen viel Geld: fünftausend Euro."

Ich überlege, worauf er hinauswill. Auf einmal sehe ich seine Frau vor mir. Wie sie bewusstlos in einem sterilen Krankenhauszimmer liegt mit Schläuchen, Kabeln und Maschinen. Da fällt es mir wie Schuppen von den Augen.

„Das soll ich also tun", stelle ich fest. „Ich soll mich also ins Krankenhaus schleichen und die Maschinen abstellen. Aber ich – "

„Nein! Es geht um das Trauma, das ich davongetragen habe. Der Analytiker explizierte mir, ich könne dieses Trauma erst ablegen, wenn ich es noch einmal durchlebe."

Was meint er?

„Ich muss es noch einmal tun", sagt er.

„Was?"

Er fängt schon wieder heftig zu nicken an wie diese ekelhaften Dackel.

„Ich muss diese Situation noch einmal durchleben."

„Sie wollen mich …", ich schnappe nach Luft, „… würgen?"

„Natürlich würge ich Sie dann nicht bis zum Koma." Er sagt das, als sei es das Selbstverständlichste auf der Welt. „Ich würge Sie nur zwei Minuten. Sie versuchen dabei meine Hände wegzuschieben und zerkratzen mir das Gesicht."

Was tu ich hier bloß?, frage ich mich. Wie kann so ein Durchgeknallter Literaturvorlesungen halten? Ob seine Sekretärin im Nebenzimmer ist?

„Ich bin doch kein Verbrecher!", schreit er auf einmal. „Ich will nur mein Trauma ablegen! Sie ein bisschen würgen! Wieder frei sein!"

Ich drücke mich aus dem Stuhl, da zieht er aus der Schublade einen Batzen grüner Geldscheine hervor und wedelt mir den Duft von Sorglosigkeit entgegen.

„Fünftausend!", schreit er. „Fünftausend für zwei Minuten Arbeit! Nichts Schmutziges! Ich würge Sie nicht bis zum Koma!"

Soll er sich doch eine andere Dumme suchen.

„Sie sehen meiner Frau sehr ähnlich!"

Was für ein Kompliment. Seine Frau ist bestimmt genauso faltig und klapprig wie er. Und ich bin erst zweiundzwanzig.

„Nun gut, nur eine Minute!", schreit er mir entgegen. Die Strähne hängt ihm wieder ins Gesicht, direkt über sein linkes Auge.

Ich denke an den bekloppten Kafka, die Ziege vom Bafög-Amt, die bösen Briefe vom Vermieter.

Fünf Monate sorgenfrei für eine Minute Luftlosigkeit! Bestimmt kann ich drei Minuten die Luft anhalten. Er darf nur nicht zu fest drücken, sonst klemmt er mir die Adern ab.

Ich setze mich wieder. Er atmet erleichtert aus.

„Nur eine Minute?", frage ich.

Er nickt wieder heftig.

„Und nicht zu fest?", frage ich.

„Nein, nein", sagt er zerstreut.

Er legt mir die grünen Hunderter vor die Nase und läuft um den Tisch rum.

So direkt vor mir, kommt er mir nicht mehr so schlaff vor wie hinter dem Schreibtisch. Er hebt seine Hände, sie sind viel zu groß für ihn.

„Eine Minute nur", erinnere ich ihn noch mal.

Seine überdimensionalen Hände schnellen auf mich zu. Sie legen sich kalt und klebrig um meine Kehle.

Nein, will ich schreien, ich hab noch nicht Luft geholt, gerade ausgeatmet, aber er drückt schon zu.

Ich zerre an seinen Händen, aber sie bleiben hart, ich zerkratze sein Gesicht, er grinst, lockert seinen Griff nicht, saugt meinen Anblick in sich auf. Ich sehe sein hämisches Grinsen, ich sehe Kafkas Segelohren, die rot lackierten Nägel der Bafög-Ziege, die kahlen Olivenbäume in der tristen Unihalle, den weißen Stapel Mahnungen auf meinem Nachttisch. Alles verschwimmt, alles wird schwarz.

René Pleyter

## Versmolder Schlachtplatte

Der dreizehnte Mai war ein Mittwoch. Hauptkommissar Wilke von der Bielefelder Kriminalpolizei, gelegentlich als Morgenmuffel und Griesgram verschrien, befand sich bereits zu früher Stunde in blendender Laune. Es war ein ganz besonderer Tag. Dreißig Jahre hielt er es nun in dem Laden aus, ohne sich verbiegen zu lassen, und mit beachtlichen Erfolgen in seiner Ermittlungsstatistik.

Natürlich hatte er sich zunächst geweigert, sein Jubiläum zu feiern. Er wollte es nicht an die große Glocke hängen. Mehrere Monate hatte er so getan, als sei ihm die Bedeutung des nahenden Datums entfallen. Danach folgten Wochen erbitterter Verweigerung, wenn sein Assistent oder andere Kollegen fragten, ob er eine Party oder zumindest einen kleinen Umtrunk plane. Das sei ihm alles zuwider, knurrte er, und dass er am liebsten Urlaub nehmen und weit wegfahren würde, statt dumme Reden anzuhören und schwitzige Hände zu schütteln. Kriminalassistent Rothmanns, der ihm im Büro gegenüber saß und meist den ungeliebten Recherchekram übernahm, hatte mehrere Tage intensiver Überredung benötigt, bis Wilke einen kleinen Imbiss im Büro akzeptierte.

Mira, die Praktikantin, hatte das Büfett ebenso gut hergerichtet wie ein professioneller Catering-Service. Rothmanns als gebürtiger Versmolder verfügte über beste Beziehungen in die heimliche Welthauptstadt des Fleischereihandwerks und hatte keine Mühen gescheut. In der Mitte des langen Tisches prangte eine üppige Schlachtplatte, umringt von Fleisch- und Wurstspezialitäten, die auf großen Holzbrettchen angerichtet und mit Petersilie, Eierhälften und Tomatenvierteln garniert waren. Dazu gab es Brötchen jeder Form und Konsistenz, verschiedene Brotsorten, starken Kaffee und zur Feier des Tages ein paar Flaschen Sekt. Käse und Rohkost spielten eine eher untergeordnete Rolle, ganz nach dem Geschmack des Kommissars. Eigentlich war es noch etwas früh für schwere Gerichte, aber da es ein ruhiger Vormittag war, nahm man das Ereignis in Angriff, bevor die Gunst der Stunde schwand. Rothmanns hielt eine launige Ansprache und gratulierte seinem Chef, der mit einer ebenso launigen, mit leicht resignativen Untertönen gewürzten Rede antwortete. Die Praktikantin schenkte Sekt ein. Das Büfett war eröffnet.

„Ist das Schwein?" Der Kommissar hatte sich zwei heiße Würste von der Schlachtplatte in ein knuspriges Brötchen geklemmt.

„Glaube schon", erwiderte Rothmanns mit vollem Mund. „Lecker, nicht?"

„Hat einen kleinen Beigeschmack. Irgendwas Merkwürdiges …"

„Kapern", sagte Paula, die Putzfrau, die zum lebenden Inventar der Abteilung gehörte und den Schreibtisch des Kommissars seit vielen Jahren unverdrossen von Kaffeeflecken und den Fußboden vom Abrieb seiner Westernstiefel reinigte.

„Ich mag keine Kapern."

„Dann sind es auch keine", sagte Rothmanns schlau. „Denn die Wurst schmeckt Ihnen ja, oder? Das sind Würz-Knacker. Mit einer Kräutermischung. Alles mit viel Liebe und Sorgfalt hergestellt."

„Dein Lokalpatriotismus in allen Ehren, aber manchmal verschleiert er dir schon den objektiven Blick. Und den Ge - schmack auch, wie es scheint. Das sind weder Kapern noch Kräuter. Das schmeckt nach …"

Das Telefon schrillte. Rothmanns stellte seinen Teller beiseite, auf dem sich ein Schinkensortiment türmte, ließ sich auf einen der Drehstühle nieder, klemmte den Hörer zwischen Ohr und Schulter und begann hastig ein paar Wortfetzen zu notieren. „Wirklich eine Hand?", schrie er ins Telefon. Die Lautstärke im Raum war beachtlich. Mira, Paula und Herbert von der Sitte trugen gerade ein Ständchen vor.

„Und wo, sagen Sie?"

In leicht gebückter Haltung huschte er in den Korridor hinaus, um besser zu verstehen. Als er ein paar Minuten später wieder das Büro betrat, wo sich inzwischen eine kleine Polonäse um die Schreibtische bewegte, war sein Gesicht ernst.

„Kacke am Dampfen", rief er seinem Chef ins Ohr, und befreite ihn aus der Schlange.

„Was ist los?", fragte Wilke verärgert, der eine Katastrophe bereits beim Klingeln hatte kommen sehen. Es war ja klar, dass er sein Jubiläum nicht ungestört würde genießen können.

„Wir müssen los", war Rothmanns' lapidare Antwort.

„Und wohin?"

Rothmanns zog ihn in ein ruhigeres Eckchen. „Nach Versmold. In einem Müllkübel wurde eine Hand gefunden."

„Willst du mich veralbern? In Versmold, wo Fuchs und Hase sich Gute Nacht sagen?"

Rothmanns nickte. „Ja, Chef. Und da es kaum wahrscheinlich ist, dass der Besitzer der Hand noch fröhlich weiterlebt, haben wir es entweder mit einem bizarren Unfall oder aber mit Mord zu tun."

Rothmanns drückte auf die Tube, zumindest versuchte er es. Sein Chef hatte noch rasch ein paar Leckerbissen vom Büfett als Wegzehrung in eine Tupperdose gepackt. „Sonst ist alles weg, wenn wir wiederkommen. Ich kenne schließlich meine Pappenheimer!"

Rothmanns nickte. „Die Mira, klein wie sie ist, kann ganz ordentlich was wegputzen, da wundert man sich. Von den Kollegen vom Einbruch ganz zu schweigen."

Die dreißig Kilometer von Bielefeld nach Versmold hatten es in sich, besonders, da Rothmanns den notorisch verstopften Weg über Halle eingeschlagen hatte. Kommissar Wilke ächzte genervt und langte durchs Fenster, um das Blaulicht aufs Dach des Zivilfahrzeugs zu setzen.

„Du lernst es einfach nicht", meckerte er. „Statt über Stein-

222

hagen und die Käffer zu fahren, reitest du uns in den schönsten Stau!"

„Sie haben wie immer Recht, Chef ... Kann ich noch ein
Würstchen haben?"

Wilke hatte die Tupperdose geöffnet, deren Inhalt einen
durchdringenden Geruch im Wagen verbreitete. Er schob sich
noch einen Würz-Knacker in den Mund.

„Ausnahmsweise." Und hielt seinem Assistenten eine lau-
warme Kochwurst unter die Nase.

Es war kurz vor eins, als sie vor der Versmolder Polizeiwache
in der Bachstraße ankamen. Dienststellenleiter Meise hielt bereits nach ihnen Ausschau.

„Wie ist die Sachlage?", fragte Wilke, während er die Tupperdose unter seinen Sitz schob.

„Der Fundort ist nicht weit von hier. Drei Straßenecken."

Meise stieg in den Fond des Wagens und gab Rothmanns
Anweisungen, wie er fahren sollte. Am Fundort flatterten
bereits rot-weiße Bänder. Die Kollegen von der Spurensicherung waren schneller gewesen.

„Wollen Sie die Hand sehen?", fragte der anwesende Rechts-
mediziner, als er den Kommissar erkannte. Er machte Anstalten, den grünen Plastiksack, der sich in einer Transportkiste zu
seinen Füßen befand, zu öffnen.

„Nicht nötig", winkte Wilke ab, dem die Würstchen plötzlich schwer im Magen lagen.

Rothmanns grinste verstohlen. Sein Chef konnte auch nach
dreißig Jahren, in denen er weiß Gott allerlei zu sehen bekommen hatte, noch blass werden.

„Die Hand befand sich in der Tonne da drüben." Der Ein -
satzleiter deutete auf einen Mülleimer, auf dem in roter Schrift
die Nummer 12 prangte.

„Der Müllwagen war schon im Anrollen. Die Dame des
Hauses wollte noch eben eine Kleinigkeit entsorgen. Als sie
den Deckel der Tonne öffnete, lag die Hand gleich oben auf."

„Und wie kommt so eine einzelne Hand in Umlauf? Könnte es sich um einen Unfall handeln?"

Der Mediziner schüttelte den Kopf. „Die Hand wurde mit großer Kraft vom Unterarm abgetrennt, Knochen und Sehnen sind glatt durchtrennt. Vielleicht ein Axthieb. Oder eine Machete. Oder sonst ein großes und sehr starkes Messer. Genaueres wird erst die Obduktion ergeben."

Die Miene des Einsatzleiters wirkte leidend. „Wir durchforsten die ganze Umgebung, unter Einbeziehung sämtlicher Mülltonnen. Bislang nur die Hand. Keine weiteren Leichenteile. Und keine Gegenstände, die mit der Tat in Verbindung stehen oder auf die Identität des Toten schließen lassen würden."

„Was Letzteres betrifft, kann ich vielleicht weiterhelfen ..." Der Doktor zog ein Tütchen aus seiner Kitteltasche. „Dieser Ring befand sich am zweiten Finger der Hand. Ich habe ihn vorsichtig abgezogen. Eingraviert sind ein Datum und ein Name. *Gunda.*"

Dienststellenleiter Meise räusperte sich und wandte sich dem Kommissar zu. „Darauf wollte ich nun gerade kommen. Kurz bevor Sie eintrafen, ging bei uns nämlich ein Anruf ein. Eine Frau Koch, die ihren Mann vermisst."

„Frau Koch?"

„Gunda Koch, um genau zu sein."

„Sind Ihre Kollegen schon bei ihr gewesen?"

„Nein, um ehrlich zu sein. Es war nur wenige Minuten vor Ihrer Ankunft. Und da Sie sich vermutlich mit der Dame selbst unterhalten wollen ..."

„... können wir ihr bei der Gelegenheit auch gleich die traurige Nachricht überbringen", beendete Rothmanns den Satz.

„Ist es denn sicher, dass es sich um die Hand von diesem Herrn Koch handelt?", fragte Wilke, der solche Aufgaben nicht liebte.

„Der Rest der Leiche fehlt noch – die Tatsache vorausgesetzt, dass der Besitzer der Hand nicht mehr unter den Lebenden weilt. Aber Versmold ist nicht Hamburg. So viele Ehemänner sind hier nicht abgängig, und so viele Gundas gibt es auch nicht."

„Dann bleibt uns wohl nichts übrig", sagte der Kommissar resigniert und ließ sich die Adresse geben.

Frau Koch war eine etwas verhärmte Frau von Ende dreißig, die man durchaus einige Jahre älter schätzen konnte. Sie sah blass und übermüdet aus. Sie rieb sich die Hände an ihrer Schürze ab, bevor sie den Beamten die Hand gab. Vielleicht hatte sie gerade in der Küche gestanden und Kartoffeln geschält. Das kleine Einfamilienhaus am Rande von Versmold wirkte ein wenig freudlos. Die Fensterrahmen waren alt, die Fassade hätte einen neuen Anstrich vertragen können.

„Wir haben vier Kinder, da muss man sehen, wie man über die Runden kommt", sagte Frau Koch mit einer Handbewegung, die irgendwie entschuldigend wirkte, als habe das Leben sie gelehrt, klein und nachgiebig zu sein und anderen Menschen mit einer Art vorauseilender Demut entgegenzutreten.

„Sie haben Ihren Mann vermisst gemeldet, Frau Koch?", fragte der Kommissar, der zwar seinen Dienstausweis vorgezeigt, den Zusatz „Mordkommission" aber so in den Bart genuschelt hatte, dass die Frau es offenbar nicht verstanden hatte.

„Es ist ein bisschen früh, ich weiß. Ihr Kollege von der Wache hat mich aufgeklärt. Vermisstenanzeigen normalerweise erst nach 48 Stunden. Aber ich bin so beunruhigt. Mein Mann würde niemals wegbleiben, ohne etwas zu sagen. Er ist sehr gewissenhaft. Er liebt die Kinder."

„Dürfen wir vielleicht kurz reinkommen?", fragte Rothmanns mit sanftem Druck. Er wollte einen tränenreichen Ausbruch im Vorgarten vermeiden. Die Gardinen des Nachbarhauses hatten sich bewegt. In diesen kleinen Straßen wussten die Nachbarn immer alles.

Frau Koch wurde noch blasser. Sie ließ die beiden Polizisten eintreten und führte sie in die Stube. Die Möbel waren unelegant und altmodisch, vielleicht aus zweiter Hand erworben, aber sorgfältig poliert. An der Wand über dem Sideboard hingen gerahmte Familienfotos. Kinder mit Schultüten, bei der Erstkommunion, auf einem Campingplatz.

„Seit wann vermissen Sie Ihren Mann?"

„Eigentlich erst seit heute früh." Frau Kochs Stimme war sehr leise. „Gegen halb zehn gestern Abend verließ er das Haus."

„Um ein Bier zu trinken? Oder Luft zu schnappen?", fragte Rothmanns.

„Nein", sagte die Frau ruhig. „Um arbeiten zu gehen. In der Fleischfabrik. Nachtschicht, weil das besser bezahlt wird."

Rothmanns blickte etwas betreten. Offenbar hatte es jemanden getroffen, der es nicht verdiente.

„Seine Schicht beginnt um zweiundzwanzig Uhr und endet um sechs Uhr früh", nickte Frau Koch. „Spätestens um halb sieben liegt er dann im Bett. Auf dem Rückweg bringt er immer noch die Frühstücksbrötchen mit. Auf dem Weg von der Fabrik ist ein Bäcker, der schon so früh verkauft."

„Und heute kam er nicht nach Hause?"

Frau Koch tupfte sich die Augen. Allmählich schien ihr aufzugehen, dass die vielen Fragen nichts Gutes bedeuten konnten. „Ich hätte doch gemerkt, wenn er da gewesen wäre. Die Brötchen lagen auch nicht auf dem Küchentisch."

Der Kommissar zog die kleine Tüte mit dem Ring aus der Tasche. Frau Koch erstarrte. Dann presste sie sich die Hände vors Gesicht, krümmte sich mit einem Aufschluchzen.

„Wo hat man ihn hingebracht?"

Wilke seufzte leise. Nun mussten sie der aufgelösten Frau erklären, dass bislang nur die Hand ihres Mannes gefunden worden war – in einer Mülltonne.


Das Gebäude der alten Fleischwaren- und Wurstfabrik wirkte düster. Sandstein, in hundert Jahren schwarz geworden. Ein großer Schlot gab gräulichen Wasserdampf in den Himmel ab.

Der Kommissar fühlte einen leisen Schauder. Die Szenerie erinnerte ihn an etwas. Vielleicht eine Einstellung aus einem Film. Oder ein Traum.

„Déjà vu", murmelte er leise, während Rothmanns einparkte.

„Was meinen Sie?"

„Bisschen unheimlich, der Kasten. Hat was von einem Krematorium, findest du nicht? Oder so ein übler Schauplatz aus einem Tarantino-Film."

„Sie haben zu viele Horrorstreifen gesehen, Chef. Drinnen ist die Fabrik auf dem neuesten Stand, alles modern und sauber."

„Woher weißt du das?"

„Ferienjobs, als ich noch zur Schule ging. Jeder, der in Versmold aufgewachsen ist, hat irgendwann mal hier gejobbt."

„Gab es nichts Besseres?", fragte der Kommissar, während er missmutig den Schlot, dessen Dampf dunkler zu werden schien, und die vergitterten Fenster betrachtete.

„Die Arbeit war nicht so übel. Wir haben Würstchen gefressen, was das Zeug hielt."

„Ich glaube, mir wäre der Appetit vergangen", murmelte der Kommissar. Sie gingen die breiten Stufen hinauf.

Sein Assistent zwinkerte. „Was glauben Sie denn, woher die Köstlichkeiten für Ihr Büffet heute stammten?"

„Hierher?"

„Logisch. Heute früh um acht war ich schon hier, als Sie noch in den Federn lagen. Das Beste vom Besten, direkt ab Werk!"

Sie hatten die Tür erreicht, die sich mit einem schweren Knarren hinter ihnen schloss.

Der Firmenchef war einer dieser jovialen älteren Herren, die ihre Betriebe wie wohlwollende Patriarchen leiteten.

„Herr Koch?", fragte er bestürzt, nachdem er über die Sachlage in Kenntnis gesetzt worden war. „Einer unserer zuverlässigsten Mitarbeiter. Wer um Himmels willen sollte ihm etwas angetan haben?"

„Das wissen wir noch nicht", antwortete der Kommissar mit dem stoischen Lächeln, das er sich im Laufe der Jahre angewöhnt hatte.

„Wir haben Grund zu der Annahme, dass Herr Koch entweder während der Arbeit oder auf dem Hin- oder Rückweg eine schicksalhafte Begegnung hatte", formulierte Rothmanns vorsichtig. „Ist er denn gestern überhaupt zur Nachtschicht erschienen? Seine Frau sagt, er sei pünktlich losgegangen. Können Sie das überprüfen?"

„Selbstverständlich", sagte Herr Rösch beflissen. „Die Stempeluhr … Frau Müller?" Er drückte auf eine Taste seines Telefons. „Können wir bitte mal überprüfen, wann Herr Koch gestern Abend gekommen ist?"

Einen Moment später öffnete sich die Tür. Die kleinstädtisch aufgebrezelte Blondine aus dem Vorzimmer erschien. Sie verfügte jedoch über fundierte Kenntnisse der Datenverarbeitung.

„Sie können es hier auf Ihrem eigenen Bildschirm abrufen, Herr Rösch", sagte sie. „Soll ich es Ihnen eben zeigen?"

Herr Rösch, der sich mit seinen Programmen nicht allzu gut auszukennen schien, nickte etwas verlegen. Wilke und Rothmanns traten hinzu.

„Sehen Sie, hier ist es." Frau Müllers Bluse klaffte ein Stück auseinander, während sie sich nach vorne beugte und auf eine Namensliste deutete. „Norbert Koch. Um 21 Uhr 52 gestern eingestempelt."

„Und wann ist er wieder gegangen?"

„Moment mal …" Frau Müller klickte hierhin und dahin, während Herr Rösch lüstern in ihren Ausschnitt lugte.

„Das ist merkwürdig. Herr Koch hat sich nicht wieder ausgetragen. Schichtende war um sechs Uhr. Aber gestempelt hat er nicht. Hellmann, Keller, Kulm … Aber Koch ist nicht dabei."

„Und was bedeutet das?", fragte Herr Rösch, obwohl völlig klar war, was es bedeutete.

„Das bedeutet, dass Herr Koch diesen Betrieb wahrscheinlich nicht wieder verlassen hat", sagte der Kommissar streng. „Zumindest nicht lebend und freiwillig. Denn was hätte ihn abhalten können, sich am Ende der Schicht ordnungsgemäß wieder auszutragen?"

„Hatte Herr Koch Probleme mit seinen Kollegen? Gab es Streit?", fragte Rothmanns.

„Nicht, dass ich wüsste", sagte Rösch zögerlich, dem der gute Ruf der Firma am Herzen lag.

„Wir haben ein sehr gutes Betriebsklima", bestätigte die Sekretärin.

Der Kommissar zog eine Miene, als schenke er den Aussagen keinen Glauben. „Ich brauche eine Liste aller Beschäftigten, wobei diejenigen, die gestern Nachtschicht hatten, hervorzuheben sind."

Die Sekretärin nickte und lief eilig, um das Gewünschte zu besorgen.

„Und nun hätte ich gerne eine Führung durch den Betrieb", fuhr Wilke fort. „Damit ich mir ein Bild machen kann."

In der Produktionshalle roch es nach rohem Fleisch und heißem Dampf.

„Irgendwann riecht alles danach", sagte Rothmanns, der seine Erfahrungen hatte. „Die Haut, die Haare, die Kleider."

„Man gewöhnt sich dran", sagt Herr Rösch, der die Führung selbst übernommen hatte. „Nach ein paar Tagen merken Sie das gar nicht mehr."

„Kann ich mir nicht vorstellen", murmelte der Kommissar.

Die stählernen Maschinen wirkten beinahe surreal in der düsteren Halle. Der Dampf schimmerte grünlich und bewegte sich in seltsamen Formen. Unter der hohen Decke blieb er hängen, zusammengeballt wie eine Gewitterwolke.

„Nun weiß ich es", bemerkte er. „Ein Gemälde von Bosch. All diese Utensilien, diese Instrumente. Eine Vision der Hölle."

„Wenn ich es nicht besser wüsste, würde ich sagen, Sie haben gekifft, Chef", raunte Rothmanns leise. „Davon bekommt man Paranoia."

„Hier ist unser größter Fleischwolf." Herr Rösch war vor einem blank polierten Ungetüm stehen geblieben. „Das Fleisch wird durch diese Lochscheiben gepresst. Der Durchmesser der Löcher bestimmt den Zerkleinerungsgrad."

„Was da durch ist, ist geschreddert", sagte der Kommissar lakonisch, wobei er wieder ein Frösteln im Nacken fühlte, als würde ihm ein kalter Schatten folgen. In seinem Magen hatte sich ein Ziehen breit gemacht.

Rothmanns leuchtete mit seinen Kenntnissen. „Und das ist das Wolfmesser. Gegebenenfalls können auch mehrere Lochscheiben und Messer hintereinander gesetzt werden, umso feiner wird die Masse."

„Haben Sie hier mal gearbeitet?", fragte Rösch.

„Lange her. Vor fünfzehn Jahren, als Gymnasiast."

„Das Fleisch wird zuerst entbeint, so weit wie nötig von Sehnen befreit, dann zerkleinert, entweder grob oder fein, und mit den anderen Zutaten vermischt", erläuterte Rösch, während sie weitergingen. „Salz, Gewürze, Pistazien. Danach geht es in die Füllmaschine. Da wird die Wurstmasse in die Hüllen gefüllt. Naturdarm oder Kunsthüllen."

„Naturdarm, aha", wiederholte Wilke mit Widerwillen.

„Verwendet werden Därme von Rind, Schaf oder Schwein. Man kann aber auch Blasen von Rindern und Schweinen nehmen, sowie Schweinemägen. Die sind auch zum Verzehr geeignet. Der Durchmesser der Wursthüllen wird als Kaliber bezeichnet."

„Kaliber haben wir auch", nickte Wilke ernsthaft und deutete auf seine Dienstwaffe. „Nur nicht so große."

Rothmanns verdrehte die Augen. Sein Chef hatte eindeutig nicht den besten Tag erwischt.

„Ich werde lange Zeit keine Wurst mehr essen", sinnierte Kommissar Wilke, als sie das Gebäude verließen. „Vielleicht nie wieder."

„Warum denn, Chef? Hat Ihnen die Führung nicht gefallen? Sie sind etwas blass um die Nase, wenn ich das sagen darf."

„Zu viel Blut, zu viel Gedärme."

„Aber delikat!" Irgendwie hatte sich eine Packung frische Knackwürste in Rothmanns' Manteltasche verirrt, und er biss herzhaft hinein. Der Kommissar fühlte einen leichten Brechreiz.

Sie studierten die Liste, die Frau Müller ausgedruckt hatte. Die sechsunddreißig Männer der Nachtschicht waren natürlich nicht im Betrieb, sondern lagen zu Hause in den Federn. Sie waren überwiegend schlecht gelaunt, von der Polizei herausgeklingelt zu werden. Ansonsten verhielten sie sich unverdächtig. Als sie den Grund des Besuchs erfuhren, waren alle betroffen.

„Zwei von den Kollegen sind aktenkundig", sagte Rothmanns später, als sie in einer Imbissstube einen Kaffee tranken. „Peter Bauer. Vor ein paar Jahren eine Anzeige wegen Widerstands gegen die Staatsgewalt, auf einer Demo gegen das Endlager Gorleben."

„Warum sollte der seinen Arbeitskollegen killen?"

„Ich glaube, Sie sind voreingenommen, Chef, weil Sie mit diesen Leuten sympathisieren."

„Wer ist der andere?"

„Fred Koopmann. Vorbestraft wegen Verstoß gegen das Betäubungsmittelgesetz und Körperverletzung."

„Koopmann", sagte Wilke nachdenklich. „Das war doch dieser große, maulfaule Typ?"

„Seine Maulfaulheit macht ihn ja nicht automatisch verdächtig, oder?"

„Intuition", sagte Wilke mit einem Schulterzucken. „Er war nervös, trotz der äußerlichen Dickfelligkeit. Er hat mir nicht in die Augen gesehen. Immer so an meiner Nase vorbei an die Wand. Wenn du dreißig Jahre in dem Job bist, geht dir dieses Licht irgendwann auf. Wir werden uns Koopmann morgen noch mal vornehmen."

„Solange Ihr Bauchgefühl unser einziger Beweis ist, werden wir nicht weit kommen, Chef", gab Rothmanns zu bedenken. „Dann kann der uns ganz schön dumm dastehen lassen."

In dieser Nacht träumte der Kommissar schlecht. In seinem Bauch war ein zentnerschwerer Druck. Im Halbschlaf dachte er an den bösen Wolf, dem Wackersteine in den Leib gefüllt werden. Der Wolf hatte glühende Augen und heulte wie ein Verdammter. Sein Maul atmete fettigen Dunst. Blut triefte von seinen Lefzen. Frisches Fleisch, rohes Fleisch. Er bleckte die stählernen Zähne, er grollte und gierte und öffnete seinen Schlund, in dem ein großes Messer rotierte. Rötliche Masse war alles, was blieb. Eine weiche, fettige, formbare Masse, die keinerlei Rückschlüsse mehr zuließ auf das, was sie noch vor wenigen Augenblicken gewesen war.

Schweißgebadet schreckte Wilke hoch. „Die Wölfe haben ihn gefressen", dachte er. „Gefressen mit Haut und Haaren, und nur die eine Hand haben sie übrig gelassen."

Mit der Hand tastete er nach dem Schalter seiner Nachttischlampe, strich eine feuchte Strähne aus der Stirn und dachte an den großen Fleischwolf in der Fabrik. „Da kann man auch ein halbes Schwein reinwerfen", brummte er, während er sich aus dem Bett schälte, um sich ein Glas Wasser zu holen. „Da bleibt nichts übrig."

Flüchtig sah er in den Spiegel überm Waschbecken. Seine Haut war bleich, er hatte Ringe unter den Augen. Das Büfett. Die Würste mit dem merkwürdigen Beigeschmack. Er versuchte, seinen Verstand in geordnete Bahnen zu lenken. Schlafen konnte er nun ohnehin nicht mehr. Es war Viertel vor vier. Er trottete in die Küche und stellte einen starken Kaffee auf.

„Irgendwo muss die Leiche ja geblieben sein", überlegte er, während er Zucker in seine Tasse schaufelte. „Nach der Pause um zwei Uhr ist Koch von niemandem mehr gesehen worden. Er wäre nicht einfach mitten in der Schicht verschwunden. Dafür war er nicht der Typ. Viel zu pflichtbewusst.

Irgendjemand hat ihn gehindert, seine Arbeit wieder aufzunehmen. Jemand, der ihn schnell verschwinden lassen musste."

Er fühlte die Steine in seinem Magen schwerer werden. „Ich sollte Vegetarier werden", murmelte er und ging ins Bad, um sich zu übergeben.

Fred Koopmann gestand am dritten Tag. Zunächst starrte er nur stumpf und dumpf vor sich hin. Aber der Verdacht hatte sich erhärtet. Von der Spurensicherung gab es schwerwiegende Neuigkeiten: Weiter unten in der Mülltonne war zu guter Letzt die Uhr des Toten aufgetaucht. Wahrscheinlich hatte sie sich zunächst noch am Stumpf der Hand befunden. Auf dem Uhrenglas war der Teil eines blutigen Fingerabdrucks zu erkennen, der nicht zu Norbert Koch gehörte. Stattdessen konnte er Fred Koopmann zugeordnet werden.

„Sie sind doch ohnehin überführt, Herr Koopmann", sagte der Kommissar zum zwanzigsten Mal und mit dünner werdender Geduld. „Leugnen nützt nichts mehr. Tun Sie sich selbst einen Gefallen und machen Sie reinen Tisch."

„Warum konnte dieser Idiot mich auch nicht in Ruhe lassen!", platzte Koopmann endlich heraus. „Was musste er sich in meine Angelegenheiten mischen!"

Der Kommissar entspannte sich ein wenig und streckte seine Beine, die vom stundenlangen Sitzen steif geworden waren. Der Knoten war geplatzt.

„Dabei war der Anlass völlig lächerlich. Eine Tüte Gras, nichts von Bedeutung!", jammerte Koopmann.

„Gras?", fragte Rothmanns.

„Marihuana, vermute ich", sagte sein Chef.

Koopmann wischte sich Schweißtropfen von der Stirn. „Es gehörte ja nicht mal mir. Ich habe es nur weitergegeben. Im Grunde habe ich nur jemandem einen Gefallen getan."

„Und worin bestand dieser Gefallen?"

Koopmann zuckte die Schultern. „Die Wurstfabrik bekommt diese abgepackten Kräutermischungen. Das Zeug kommt aus der Türkei. Für die Würz-Knacker. Rosmarin, Thymian und so weiter. Trockenkräuter, abgepackt in Klarsichtbeutel. Jede Tüte zu 1000 Gramm. Das wird dem Brät beigefügt, wenn es aus dem Wolf kommt. Und da das Zeug alles gleich aussieht, fiel es gar nicht auf, wenn in den Kartons ab und zu eine Tüte mit anderen Kräutern war. Optisch gar kein Unterschied. Bestes Gras. Immer 1000 Gramm, genau wie die Kräutermischung. Mein Job war es, diese Tüten unbemerkt aus den Kartons der neuen Lieferungen zu holen und aus der Fabrik zu schmuggeln. Unter der Jacke. In der Thermoskanne. Irgendwie. Dann habe ich es weitergegeben. Kinderkram eigentlich. Ein kleines Zubrot. Ich muss Unterhalt für zwei Blagen zahlen, die ich nicht mal zu sehen kriege."

„An wen haben Sie die Beutel weitergegeben?"

Koopmann zuckte die Schultern. „Da war so ein Typ. In dieser Kneipe am Busbahnhof. Keine Ahnung, wie der heißt."

„Das finden wir noch heraus, verlassen Sie sich drauf!", sagte der Kommissar streng. „Und was war mit Herrn Koch?"

„Ich dachte, er wäre in die Pause gegangen, so wie alle anderen. Aber er kam noch mal zurück. Hatte irgendwas vergessen. Wahrscheinlich sein Butterbrot. Ich war gerade dabei, die Kartons zu öffnen, als er mich überraschte. Der Koch, das war so ein Hundertzwanzigprozentiger. Hat gleich angefangen, rumzujammern. Dass ich die Firma schädigen würde. Und dass er davor die Augen nicht verschließen könne. Dabei hat er gar nicht verstanden, worum es ging. Er dachte ernsthaft, ich würde eine Tüte Kräuter klauen. Und dafür machte er so ein Geschrei! Ich wollte mit ihm reden. Ich habe ja nur versucht, ihn am Arm zu halten. Da wurde er gleich hysterisch und hat angefangen, um Hilfe zu rufen. Die anderen waren ja alle in der Pause. Da hat es keiner gehört. Und ohne dass ich es wollte, ist das Ganze ausgeartet. Er wollte mir die Tüte aus der Hand reißen. In dem Handgemenge sind wir beide ausgerutscht. Eine Fettpfütze auf dem Boden. Das kommt vor. Er schlug lang hin. Ich auf ihn drauf, um ihn still zu machen. Wir waren am

Fleischwolf. Da langte er plötzlich mit der Hand nach oben, um sich festzuhalten, um sich wieder hochzuziehen. Und griff direkt ins laufende Messer. Das hat ihm die Hand glatt weggefetzt. Mit einem einzigen Hieb. Die Hand flog durch die Luft. Ich hätte beinahe gekotzt. Koch knallte hin und bewegte sich nicht mehr. Mit dem Kopf auf den Metallsockel. Der war tot, das sah ein Blinder. Loch im Kopf. Verdammte Scheiße, dachte ich. Der muss weg. Was anderes konnte ich gar nicht mehr denken."

Koopmann presste seine Hände an die Schläfen. Die Erinnerung hatte ihn blass werden lassen.

„Was haben Sie mit ihm gemacht?", fragte der Kommissar.

„Das müssen Sie schon selbst rausfinden. Ich bin müde. Und ohne meinen Anwalt sage ich gar nichts mehr."

„Sie glauben wirklich, dass er Koch in den Fleischwolf geworfen hat?", fragte Rothmanns skeptisch, nachdem man Koopmann zurück in seine Zelle gebracht hatte.

„Ich befürchte es", sagte Wilke ernst. „Wo hätte er ihn sonst so schnell lassen sollen?"

„Mitsamt den Kleidern? Mit Haut und Haaren? Ich glaube, das hätte selbst der große Wolf nicht geschafft."

„Glauben heißt nicht wissen", sagte der Kommissar düster, der sich in seine schwarze Vision zu verlieben begann. „Wir brauchen sofort eine Untersuchung der Produktion, die in der Nachtschicht von Dienstag auf Mittwoch durch den Wolf ge - gangen ist."

„Darf ich Sie erinnern, Chef, dass ich die Sachen für Ihr Ju - biläumsbüfett am Mittwochmorgen in aller Frühe im Werk abgeholt habe? Und dass auch frischgemachte Würz-Knacker dabei waren?"

„Das weiß ich. Ich habe ja mindestens fünf davon gegessen."

„Dann könnte man ja beinahe sagen, es geht um die Wurst." Rothmanns, der das Ganze für ein Hirngespinst hielt, hatte diesen gewissen Unterton, mit dem er seinen Chef auf die Palme bringen konnte.

„Versuch bloß nicht, witzig zu sein!"

„Schon Otto von Bismarck sagte: Je weniger die Leute wissen, wie Würste und Gesetze gemacht werden, desto besser schlafen sie."

Wilke sah inzwischen so leidend aus, dass sein Assistent es vorzog, auf weitere Bemerkungen zu verzichten, und sich eilig auf die Socken machte, um die Analyse der in Frage kommenden Wurstwaren zu veranlassen.

„Alles negativ", verkündete Rothmanns am nächsten Morgen. „Es wurden Proben aller in Frage kommenden Produkte genommen, inklusive der Würz-Knacker, an denen Sie sich gütlich getan haben, Chef. Herr Rösch hat mich auf Knien angefleht, diskret vorzugehen, um den Ruf der Firma nicht zu ruinieren."

„Ist das wirklich sicher?", fragte der Kommissar.

„Völlig sicher."

Nach der Erleichterung kam die Wut. Wilke ließ Fred Koopmann vorführen, der ihm mit seinem Schweigen die schlimmste Nacht seines Lebens bereitet hatte.

„Wo ist Norbert Koch?", herrschte er ihn an.

Koopmann hob dumpf den Kopf. „Wenn Sie mich dann in Ruhe lassen: Ich habe ihn vergraben. Auf dem Gartengelände hinter der Fabrik. Unterm Kirschbaum."

„Im Ernst? Und ich dachte schon … Ich dachte schon, Sie hätten ihn …"

„Zu Wurst verarbeitet?" Koopmann zwinkerte boshaft. „Ich bin doch nicht pervers! Auf solche Ideen kann auch nur ein Polizeihirn kommen! Zuerst habe ich ihn einfach unter die Maschine geschoben. Das Blut habe ich aufgewischt. Außerdem ist es nicht ungewöhnlich, wenn in einer Fleischfabrik mal rote Flecken sind. In der zweiten Pause habe ich ihn dann in eine Plane gewickelt und nach draußen gebracht. Der war ja ein Fliegengewicht. Durch den Notausgang, und dann die paar Meter bis zu dem Baum geschleppt. War ja dunkel. Hat keiner gesehen. Da habe ich eine Grube gemacht und ihn reingelegt. Der Garten ist völlig verwildert. Fällt gar nicht auf, dass an einer Stelle das Gestrüpp angehäuft ist."

„Und die Hand?"

Koopmann zuckte die Schultern. „Ich bin dann wieder rein. Fast eine Stunde zu spät. Die Pause war natürlich längst vorbei. Aber die Nachtschicht ist meist ruhig. Keiner hat was gesagt. Nebenbei versuchte ich, noch hier und da ein paar Blutspritzer wegzuwischen. Da sah ich die Hand unter der Maschine liegen, mitsamt der Uhr. Kurz vor Feierabend habe ich beides in eine Plastiktüte gesteckt und in meiner Brotdose mit rausgenommen. Einfach so."

„Wurde Herr Koch nicht vermisst?"

„Nicht wirklich. Jemand meinte, der wäre wohl auf dem Klo eingeschlafen."

„Und der Beutel mit dem Gras?"

„Keine Ahnung."

„Der ist nicht zufällig in dem Fleischwolf gelandet?", fragte Rothmanns, einer plötzlichen Eingebung folgend.

„Kann schon sein", sagte Koopmann gleichgültig. „Koch hatte ihn mir aus der Hand gerissen. Dann flog er durch die Gegend. Keine Ahnung, wo das Zeug gelandet ist."

„Wir fahren sofort nach Versmold. Der Garten muss umgegraben werden. Und Gnade Ihnen Gott, wenn wir Koch nicht finden!", rief der Kommissar, während der Zentnerstein in seinem Magen sich langsam aufzulösen begann.


Sie wurden fündig. Norbert Koch lag tatsächlich zu Füßen des Kirschbaums, in einer flachen Grube, die mit etwas trockenem Strauchwerk notdürftig getarnt war.

„Da haben Sie ja noch mal Glück gehabt, Chef", bemerkte Rothmanns während der Heimfahrt. „Kennen Sie eigentlich die Geschichte von Fritz Haarmann, dem Schlächter von Hannover? Und diesen alten Schlager: Warte, warte nur ein Weilchen …"

Er begann fröhlich zu trällern. Wilke ignorierte ihn einfach und starrte vor sich hin. Die Sonne brannte. Rothmanns schaltete die Lüftung des Wagens ein. „Was stinkt hier eigentlich so?"

„Verdammt, die Dose mit dem Schweinkram!", rief Wilke. „Steht seit vier Tagen unter meinem Sitz!"

Er öffnete das Seitenfenster, ein Würgen unterdrückend. Und während die Tupperdose samt Inhalt in einen Graben flog, irgendwo zwischen Kölkebeck und Hesselteich, schwor er sich, nie wieder in diese Gegend zu kommen.

Norbert Sahrhage

**Tod am Hücker Moor**

Es war dunkel geworden und der böige Westwind ließ das
moorige Wasser in rhythmischen Abständen gegen die Bretter
des Bootssteges klatschen. Das Licht der wenigen Laternen
erhellte nur den vorderen Teil des Parkplatzes und den Eingangsbereich der Gaststätte. Abgerissene Blätter und kleine
Äste wurden vom Wind wieder aufgewirbelt und flogen, von
den Laternen angestrahlt, ziellos durch die Luft. Ein früher
Herbststurm kündigte sich an.

In „Mettings Moorkate" hielten sich die üblichen Stamm -
gäste auf. Drei Landwirte aus der benachbarten Gemeinde Ahle
standen nahe der Eingangstür an der Theke und beschwerten
sich halb in plattdeutscher, halb in hochdeutscher Sprache
lautstark über die Milchpreise. Am hinteren Teil der Theke
saßen Horst Kürten und Rolf Kröger und blickten schweigsam
in den ohne Ton laufenden Fernseher. Claus Kleber moderierte
gerade eine Nachrichtensendung. Frittken Sieks hockte mit
hochgezogenen Schultern und aufgestützten Ellenbogen auf
seinem Stammplatz am Fenster, das einen Blick auf den Bootssteg und das nächtliche Hücker Moor ermöglichte. Ein Bier
und ein Wacholder standen noch unberührt vor ihm.

Walter Sussiek und Ingo Daniels hatten gerade ihr Dart-
Spiel beendet und sich zu Kürten und Kröger gesellt, als die
Tür aufging und ein weiterer Gast die kleine Kneipe betrat. Er
war schlank, etwa 1,70 m groß und braun gebrannt. Seinen
Kopf zierte eine Halbglatze, die verbliebenen Haare waren
kurz geschnitten. Er trug ein dunkelblaues Jackett, darunter
ein gestreiftes Hemd mit weit geöffnetem Kragen. Ein
Goldkettchen mit einem Keltenkreuz war dadurch sichtbar.
Trotz seines fortgeschrittenen Alters – Rolf Kröger schätzte
den Neuankömmling auf gut sechzig Jahre – wirkte er körperlich fit. Der neue Gast passierte die drei Landwirte mit federn-

den Schritten und setzte sich nahe den vier Männern an den hinteren Teil der Theke.

„Kann ich bei Ihnen ein großes Bier bekommen?", fragte er die tief dekolletierte Wirtin, die hinter der Theke stand.

Vera Ackermann lächelte den neuen Gast an: „Ja sicher." Sie nahm ein Bierglas und hielt es unter den Zapfhahn. „Ich habe Sie hier noch nie gesehen. Sind Sie auf der Durchreise?"

Der Mann nickte. „Sozusagen. Ich habe früher mal in Spenge gewohnt, da war ich gelegentlich hier. Wird die Gaststätte noch immer von der Familie Metting bewirtschaftet?" Der Mann deutete mit dem rechten Arm auf die Eingangstür.

„Metting?" Die Wirtin lachte. „Das ist lange her … Ach so, der Name steht noch vorne auf dem Schild. Das ist gut fürs Geschäft. Der alte Metting ist lange tot und seine Kinder haben an meine Schwester und mich verpachtet. Wir sind bestimmt schon seit fünfzehn Jahren in der ‚Moorkate'". Sie drehte den Zapfhahn erneut auf und ließ noch etwas Bier in das Glas laufen.

*

Als Alfred Wiedemann um kurz vor zehn am Hücker Moor ankam, um die Boote für das Tagesgeschäft vorzubereiten, fiel ihm sofort auf, dass ein Ruderboot fehlte. Es war die „Anna". Die Paddelboote hingegen lagen vollzählig am Steg. Der alte Wiedemann rieb sich den üppigen grauen Kinnbart und blickte auf den See hinaus. Nach kurzer Zeit hatte er das vermisste Boot erspäht. Es war abgetrieben worden und lag am Ostufer des Sees.

Nach dem heftigen Regenguss der vergangenen Nacht war das Moor jetzt still. Boote befanden sich nicht auf dem Wasser, die Restaurationsbetriebe hatten noch geschlossen. Die Saison neigte sich dem Ende zu. Das fehlende Ruderboot schien sich in der Nacht losgerissen zu haben, denn an dem dünnen Stahlseil, das die Boote mit dem Steg verband, hing ein runder

Haken, der normalerweise an der Spitze des Bootes befestigt war und es damit sicherte.

Alfred Wiedemann schloss das Stahlseil auf und zog es aus den Rundhaken der übrigen Boote. Die Boote waren jetzt nur noch mit einem einfachen Haken an den Uferpfählen festgemacht. Wiedemann holte zwei Ruder aus dem alten Schuppen, der sich hinter dem Ausflugslokal befand, und setzte sich dann etwas schwerfällig in ein Ruderboot. Auf dem Boden des Bootes schwappte der Niederschlag der vergangenen Nacht. Bevor die ersten Gäste eintrafen, würde er die Boote leer schöpfen müssen.

Nach wenigen Schlägen hatte der Rentner die kleine Bucht verlassen, nach weiteren Ruderschlägen befand er sich mitten auf dem See. Hier war es vollkommen ruhig und nahezu windstill. Nur ein Paar Wildenten, der Erpel voraus, strichen im Tiefflug über den See und wasserten in der Nähe der kleinen Halbinsel, auf der eine Fischerhütte stand.

Alfred Wiedemann kam dem abgetriebenen Ruderboot näher. Das Boot hatte sich im Uferschilf verfangen und bewegte sich kaum wahrnehmbar auf und ab. Plötzlich stutzte der Ruderer. In dem Boot vor ihm lag etwas. Wiedemann ruderte weiter heran. Als er sein Boot vorsichtig neben das abgetriebene Ruderboot bugsiert hatte, sah er das nackte Gesäß eines Mannes, der bäuchlings auf dem Boden des anderen Ruderbootes lag.

„Hallo, was ist mit Ihnen?"

Alfred Wiedemann erhielt keine Antwort, der Mann bewegte sich nicht. Der alte Wiedemann spürte auf einmal ein seltsames Gefühl in der Magengegend. Er ahnte, nein, er spürte instinktiv, dass der Mann in dem anderen Boot tot war. Vorsichtig manövrierte er sein Ruderboot von dem anderen Boot weg, bevor er in seine Tasche griff und ein Handy hervorholte. Er wählte die 110.

*

Das Telefon klingelte. Kriminalhauptkommissar Klaus Korff, der gerade an einem Abschlussbericht geschrieben hatte, hob ab. Am anderen Ende der Leitung war Kriminalrat Paul-Heinrich Pott, sein Vorgesetzter.

„Klaus, am Hücker Moor in Spenge ist eine männliche Leiche gefunden worden. Du musst rausfahren und dir die Sache anschauen. Das ist doch neuerdings dein Beritt, oder?"

Pott spielte auf einen Fall an, den Korff im letzten Jahr bearbeitet hatte. Korff beschloss, den letzten Satz zu ignorieren.

„Hast du weitere Informationen?"

„Nein. Die Dienststelle in Spenge hat angerufen und gemeldet, dass am Hücker Moor in einem Boot des Restaurationsbetriebes Metting eine männliche Leiche gefunden worden ist. Die Spurensicherung ist bereits unterwegs."

„Gut, ich fahre los. Ich nehme Jörg Zeinitz mit, der hat im Augenblick nicht viel zu tun."

Korff nickte Zeinitz grinsend zu, der sich gerade in seinem Büro befand und mit der neuen Praktikantin schäkerte, und griff dann nach dem Autoschlüssel, der in seinem BVB-Aschenbecher auf dem Schreibtisch lag. Korff war seit mehr als zwei Jahren Nichtraucher und benutzte den Aschenbecher seitdem als Ablage für den Schlüssel seines Dienstwagens. Zeinitz guckte wütend, hatte das Zeichen aber verstanden und verließ das Büro. Wenige Sekunden später traf Korff seinen Mitarbeiter, der inzwischen ein hellbraunes Jackett übergestreift hatte, auf dem Flur.

Über Jöllenbeck und Lenzinghausen gelangten die beiden Kriminalbeamten nach Spenge, wo sie den Ort durchfuhren und dann nach rechts in Richtung Hücker-Aschen abbogen. Wenige Minuten später waren sie am Hücker Moor.

\*

Uniformierte Kollegen hatten das Grundstück der „Moorkate" großräumig mit Flatterband abgesperrt. Auf dem Bootssteg vor der Kneipe erkannte Korff einige vertraute Gesichter von Mitgliedern der Spurensicherung, darunter das Hermann Dreyers, der die Gruppe leitete. Auch Ulrich Willmsen, der Polizeifotograf, war noch bei der Arbeit. Ein ihm unbekannter Kollege in Polizeiuniform erstattete Korff einen kurzen Bericht: „In einem Ruderboot, das zur ‚Moorkate‘ gehört, ist heute Morgen eine männliche Leiche gefunden worden. Das Boot trieb am gegenüberliegenden Ufer. Wir haben die Leiche gerade geborgen. Sie liegt dort." Er wies mit dem rechten Arm auf die Terrasse, die sich zwischen Gaststätte und Seeufer befand. „Anhand der Papiere konnten wir bereits den Namen des Toten ermitteln. Er heißt Wolfgang Wissel und ist Schweizer Staatsbürger." Korff trat etwas näher an den Toten heran, der auf einer schwarzen Plastikunterlage lag. Der Hosengürtel des Toten war geöffnet, die Hose war bis zu den Knien heruntergezogen, so dass der erste Blick eines Betrachters auf das nackte Geschlecht des Toten fallen musste.

Korff wandte sich an den Arzt, der neben dem Leichnam stand und den Totenschein ausgestellt hatte: „Können Sie mir etwas zur Todesursache und zum Todeszeitpunkt sagen?"

Der Arzt zögerte. „Ich habe den Mann bislang nur flüchtig untersuchen können. Er ist bereits längere Zeit tot, der Tod ist vermutlich vor acht bis zwölf Stunden eingetreten. Der starke Regen heute Nacht erschwert eine genaue Bestimmung." Er machte eine kurze Pause. „Der Tote wurde sehr wahrscheinlich erwürgt. Es kann aber auch sein, dass man seinen Kopf dabei in eine tiefere Pfütze gedrückt hat und er ertrunken ist. An seinem Hals sind jedenfalls deutliche Würgemale zu erkennen. Sein Gesicht ist stark verschmutzt. Genaueres wird sich aber erst nach einer Obduktion feststellen lassen."

Zeinitz deutete fragend auf die heruntergezogene Hose des Toten.

Der Arzt erläuterte: „Der Mann hat so im Boot gelegen, mit der entblößten Gesäßpartie nach oben."

„Gibt es Anzeichen auf einen Sexualmord?"

„Nein, Genitalien und Anus sind, soweit ich das feststellen konnte, unberührt."

*

In diesem Augenblick näherte sich ein Geländewagen. Nach kurzer Diskussion zwischen der Fahrerin und einem mit der Absperrung beauftragten Polizisten hob dieser das Flatterband an, so dass das Auto auf den abgesperrten Parkplatz der Gast-stätte fahren konnte. Die Fahrerin parkte nicht weit entfernt vom Auto des Toten, einem Mercedes mit schweizerischem Kennzeichen. Dem Wagen entstieg eine sonnenbankgebräunte, leger gekleidete Frau, die vor zwanzig Jahren sicherlich sehr attraktiv gewesen war.

Der Polizist kam auf Korff zu und sagte: „Wir haben vor-hin Frau Ackermann, die Pächterin der ‚Moorkate', angerufen und sie gebeten herzukommen. Der Herr Wiedemann" – er wies auf einen alten Mann, der an einem der Tische auf der Terrasse saß – „hat den Toten gefunden und uns auch die Telefonnummer der Pächterin gegeben."

Korff bat Zeinitz, den alten Wiedemann zu vernehmen. Inzwischen war die Pächterin an ihn verwiesen worden, und Korff stellte sich der Frau vor. Dann führte er sie zu dem Steg, auf dem der Tote abgelegt worden war.

„Kennen Sie den Mann?"

Die Frau warf einen kurzen Blick auf die in entwürdigen-der Weise daliegende Gestalt. „Ja, wie er heißt, weiß ich aller-dings nicht. Er war gestern Abend in der ‚Moorkate'. Er kam so gegen zehn Uhr und blieb bis kurz vor zwölf. Da habe ich die letzten Gäste hinauskomplimentiert. Der Mann war da aber schon weg."

„Können wir uns hier irgendwo in Ruhe unterhalten?"

„Ja sicher, kommen Sie mit, wir setzen uns ins Lokal."

Die Wirtin wollte zum Eingang des Gasthauses gehen, doch Korff hielt sie am Unterarm zurück.

„Das geht noch nicht. Wenn Sie bitte aufschließen würden … Zunächst müssen unsere Leute von der Spurensicherung den Gastraum untersuchen."

Die Wirtin schloss das Lokal auf, dann deutete sie auf einen Gartentisch, der etwas abseits auf dem Steg stand. Korff nickte. Nachdem sich die beiden gesetzt hatten, fragte Korff: „Wer war gestern Abend zuletzt noch bei Ihnen?"

„Na ja, Horst Kürten und Rolf Kröger blieben bis zuletzt. Walter Sussiek, Ingo Daniels und Frittken Sieks waren schon vorher gegangen."

Korff notierte sich die Namen der Gäste und deutete dann nach rechts, wo der Leichnam gerade abtransportiert wurde. „Der Mann heißt Wolfgang Wissel. Mit wem hat er sich gestern Abend unterhalten?"

Die Wirtin der „Moorkate" überlegte. „Anfangs habe ich mit ihm gesprochen. Als sich herausstellte, dass der Mann früher einmal in Spenge gewohnt hat, haben sich auch Horst Kürten und Rolf Kröger in das Gespräch eingeschaltet. Sie wollten wohl herausfinden, ob sie den Mann von früher kannten oder ob sie gemeinsame Bekannte hatten."

„Und – kannten sich Kröger, Kürten und Wissel von früher?"

„Ich glaube nicht. Wissel war ja auch einige Jahre älter als Kröger und Kürten. Ich habe dem Gespräch allerdings nicht immer zugehört."

„Was war Thema des Gesprächs?"

„Soweit ich mitbekommen habe, drehte sich das Gespräch anfangs um mögliche gemeinsame Bekannte. Etwas später sprachen sie über die Spenger Volksschule und die früher an der Schule tätigen Lehrer. Wenn ich es richtig verstanden habe, war Wissel vor etwa dreißig oder vierzig Jahren aus Spenge weggezogen und hat zuletzt in der Schweiz gelebt. Er war zurückgekehrt, weil sein Vater verstorben war und er nun sein Elternhaus verkaufen wollte."

„Welchen Eindruck hat der Ermordete auf Sie gemacht?"

„Keinen sonderlich guten. Er war ein Angeber und wirkte nicht offen, es schien, als ob er sich verstellte, wenn Sie wissen, was ich meine. Er war ein Mann, zu dem man sich keine näheren Kontakte wünscht."

„Können Sie mir etwas über die übrigen Männer sagen, die sich in Ihrer Gaststätte aufgehalten haben?"

Vera Ackermann lächelte und zog eine Packung Zigaretten aus ihrer Jackentasche. „Sicher, die sind ja fast jeden Abend bei mir. Horst Kürten ist arbeitslos. Er hat zurzeit Eheprobleme. Seine Frau scheint sich von ihm trennen zu wollen. Er ist ziemlich verzweifelt. Aber anstatt mit seiner Frau zu reden, hängt er meistens in meiner Kneipe herum."

„Was wissen Sie über Rolf Kröger?"

„Der ist geschieden, ein netter Typ, ausgesprochen witzig. Er arbeitet als Versicherungsvertreter. Er ist mit Horst Kürten eng befreundet. Die haben schon in ihrer Jugendzeit zusammen Fußball gespielt."

„Sie haben eben noch einen Frittken Sieks erwähnt ..."

Die Wirtin lachte leise, zündete sich dann ihre Zigarette an und nahm einen tiefen Zug. „Ja, Frittken. Der redet nicht viel. Der sagt nur etwas, wenn er eine Bestellung aufgibt. Frittken heißt eigentlich Friedhelm und wohnt in der Nähe des Moores. Er ist eine Art Lebenskünstler. Der ist häufig finanziell etwas klamm und lässt dann anschreiben. Bislang hat er seine Deckel aber immer noch beglichen."

„Ist der schon Rentner?"

„Nein, so alt ist der noch gar nicht, der ist höchstens Mitte fünfzig."

„Und – ist er verheiratet?"

„Frittken?" Die Wirtin lachte. „Nein. Vor ein paar Jahren hat mal eine Philippinin bei ihm gewohnt. Die hatte er, glaube ich, aus so einem Katalog. Sie hat es aber nur wenige Wochen bei ihm ausgehalten und ist dann wieder zurück in ihre Heimat. Er scheint auch mit ihr nicht viel gesprochen zu haben."

Korff wechselte das Thema. Er deutete auf das Reklameschild, das über dem Eingang der „Moorkate" angebracht war. „Sie betreiben das Lokal zusammen mit Ihrer Schwester? War Ihre Schwester gestern Abend auch in der ‚Moorkate'?"

Vera Ackermann schüttelte den Kopf. „Die ist zurzeit auf Mallorca und macht Urlaub. Sie kommt nächste Woche wieder, dann fahre ich weg."

\*

Horst Kürten wohnte in einer Doppelhaushälfte in der Nähe des Hückerkreuzes. Es war kurz nach zwölf Uhr, als die beiden Kriminalbeamten an der Haustür klingelten. Es dauerte eine Weile, bis ihnen die Tür geöffnet wurde. Korff stellte sich und Zeinitz vor. Kürten, der einen Trainingsanzug mit Werbeaufschrift trug, schien etwas irritiert, führte die beiden Kriminalbeamten dann aber in das Wohnzimmer, wo der Fernseher lief. Kürten schaltete den Fernseher aus und bedeutete den beiden Männern sich zu setzen. Die Wohnung war aufgeräumt und wirkte gemütlich.

Korff übernahm die Gesprächsführung: „Herr Kürten, wir haben heute Morgen am Hücker Moor eine Leiche gefunden. Es handelt sich um Wolfgang Wissel, mit dem Sie sich gestern Abend in der ‚Moorkate' unterhalten haben."

Kürten reagierte überrascht. Es dauerte einen Augenblick, bis er antwortete: „Ja, Rolf Kröger und ich, wir haben uns mit einem Mann unterhalten, der früher einmal in Spenge gewohnt hat. Und der soll tot sein?"

Korff nickte. „Er ist heute Nacht ermordet worden. Wo - rüber haben Sie sich mit ihm unterhalten?"

„Ich weiß nicht … Wir hatten schon etwas getrunken. Er hat uns davon erzählt, dass er in den Siebzigerjahren in die Schweiz ausgewandert ist und dass er dort eine Menge Geld verdient hat. Er hat auch einige Runden ausgegeben. Er war nach Spenge gekommen, um sein Elternhaus zu verkaufen. Danach wollte er wieder zurück in die Schweiz."

„Haben Sie zusammen mit ihm das Lokal verlassen?"

„Nein, Rolf und ich, wir sind gemeinsam raus. Rolf hätte wohl gerne noch etwas mit Vera unternommen, die hatte aber keine Lust mehr und wollte nach Hause. Deshalb hatten Rolf und ich beschlossen, noch ein wenig weiter nach Bünde zu fahren."

„Wo war Wissel, als Sie das Lokal verließen?"

Kürten überlegte kurz. „Er war schon etwas früher raus, weil er sich mit Vera gestritten hatte. Ich glaub, er hatte sie beleidigt oder Vera hat das jedenfalls so empfunden. Er hat gezahlt und ging dann raus. Als wir die ‚Moorkate' verließen, stand sein Wagen aber noch auf dem Parkplatz. Das Schweizer Nummernschild war ja nicht zu übersehen."

„Kam Ihnen das nicht merkwürdig vor?"

„Schon, zumal es anfing zu regnen. Aber wir haben gedacht, dass er noch ein bisschen frische Luft schöpfen wollte. Er hatte ganz schön gebechert. Wir haben dann so lange im Auto gewartet, bis Vera abgeschlossen hatte und weggefahren war. Dann sind wir auch gefahren."

„Weshalb haben Sie das gemacht?"

Kürten blickte die beiden Kriminalbeamten an, als verstehe er die Frage nicht. „Na ja, Wissel hatte sich nicht gerade gut benommen, Vera gegenüber. Wir kannten ihn ja nicht. Wir dachten, es sei besser, wenn wir ein wenig auf Vera aufpassen."

„Und Wissel ist nicht aufgetaucht?"

„Nein. Den haben wir nicht mehr gesehen."

„Und Sie, was haben Sie gemacht?"

„Wir hatten schließlich doch keine Lust mehr, irgendwo anders hinzufahren. Rolf hat mich dann nach Hause gebracht."

\*

Friedhelm Sieks wohnte allein in einem wenig gepflegten Bauernhaus nahe dem Hücker Moor. Der Bauernhof wurde ganz offenkundig nicht mehr bewirtschaftet. Nachdem Korff an der Tür geklingelt hatte, regte sich zunächst nichts. Erst als Zeinitz laut „Hallo, ist da jemand?" gerufen hatte, kam Sieks aus der Scheune, die aus roten Ziegelsteinen errichtet war und schon bessere Zeiten erlebt hatte. Er war mit einer grünen Arbeitshose und einem durchgeschwitzten graukarierten Hemd bekleidet, das er bis zu den Oberarmen aufgekrempelt hatte. Darunter trug er ein weißes Unterhemd mit langen Ärmeln. In der Hand hielt er ein Beil. Vermutlich hatte er in der Scheune Holz gespalten.

„Was wollen Sie?", fragte er unfreundlich.

„Sind Sie Friedhelm Sieks?", vergewisserte sich Korff. Als Sieks nickte, stellte sich Korff vor. Sieks schien wenig überrascht, jedenfalls zeigte er keine Reaktion.

„Sie waren gestern Abend in der ‚Moorkate'?"

„Ja."

„Gegen zehn Uhr kam noch ein Gast?"

„Ja."

„Kannten Sie den Mann?"

„Nein."

„Haben Sie mit ihm gesprochen?"

„Nein."

„Hat sich jemand mit dem Mann unterhalten?"

„Ja, Kröger und Kürten."

Die Einsilbigkeit seines Gesprächspartners ging Korff langsam auf die Nerven. Er ließ seinen Blick über den Hof schweifen.

„Sie bewirtschaften den Hof nicht mehr?"

„Nein."

„Wovon leben Sie?"

„Das Ackerland ist verpachtet. Ich brauche nicht viel zum Leben. Manchmal verkaufe ich noch Brennholz und helfe meinen Nachbarn bei der Arbeit."

„Sie sind gestern Abend etwas früher gegangen als sonst üblich?"

„Kann sein, ich fühlte mich nicht so gut."

„Ist Ihnen außerhalb der ‚Moorkate' etwas aufgefallen?"

„Nein."

Korff fluchte innerlich. Er hatte selten ein so unergiebiges Gespräch geführt. Er gab Zeinitz ein Zeichen. Die beiden verabschiedeten sich und gingen zurück zu ihrem Wagen.

*

Rolf Kröger besaß eine kleine Versicherungsagentur in der Bünder Innenstadt. Korff und Zeinitz trafen ihn am frühen Nachmittag in seinem Büro an. Nachdem sich die beiden Besucher gesetzt hatten, klärte Korff den Gastgeber über den Leichenfund am Hücker Moor auf.

„Der Mann heißt Wissel. Sie haben sich gestern Abend längere Zeit mit ihm unterhalten. Worüber haben Sie gesprochen?"

Kröger griff nach einem angespitzten Bleistift, der auf seinem Schreibtisch lag, und rollte ihn zwischen Daumen und Zeigefinger der rechten Hand hin und her. „Wir haben über verschiedene Dinge geredet. Meistens hat Wissel gesprochen. Er hat ziemlich angegeben mit dem, was er in der Schweiz erreicht hat. Ein unangenehmer Typ."

„Sie stammen doch aus Spenge. Hatten Sie seinen Namen vorher schon einmal gehört?"

„Nein. Ich kannte auch seinen Vater nicht. Der muss vor kurzem gestorben sein, denn Wissel wollte sein Elternhaus verkaufen. Er fragte mich, ob ich nicht auch den Verkauf von Häusern vermittle."

„Und – tun Sie das?"

„Nein. Das ist nicht mein Metier."

Korff beugte sich leicht vor. „Wie war das gestern Abend? Wer hat die Gaststätte zuerst verlassen?"

Kröger dachte einen Augenblick nach. „Hm, ganz vorn an der Theke standen drei Bauern, die haben sich die ganze Zeit über die niedrigen Milchpreise aufgeregt. Die gingen zuerst."

Er machte eine kurze Pause. „Bis dieser Wissel in die Kneipe kam, hatten Horst und ich uns mit Walter Sussiek und Ingo Daniels unterhalten. Die beiden haben sich, glaube ich, so gegen elf Uhr von uns verabschiedet. Wir haben mit Wissel noch zwei oder drei Runden getrunken, bevor dann auch wir aufgebrochen sind. Wissel ist kurz vor uns raus. Er hatte sich mit Vera gestritten. Worum es dabei ging, weiß ich nicht."

„Wann hat Friedhelm Sieks das Lokal verlassen?"

„Richtig, Frittken war ja auch noch da. Der war auch noch ziemlich lange da. Der hat sich aber nicht an unserem Gespräch beteiligt, das macht der nie." Kröger zögerte: „Ich glaube, der ist aber noch vor Wissel nach Hause gegangen."

„Sie wollten dann noch ein wenig weiter?"

„Ja, Horst hat Stress mit seiner Frau. Ich dachte, er soll mal auf andere Gedanken kommen, und wir wollten deshalb noch ins Ennigloher Industriegebiet, da ist so ein Etablissement, Sie wissen schon …" Er machte erneut eine Pause. „Wir haben aber zuerst darauf aufgepasst, dass Vera gut in ihr Auto gekommen ist."

„Herr Kürten hat mir davon erzählt. Was haben Sie dann gemacht?"

„Als Vera weggefahren war, wollte Horst plötzlich nicht mehr. Er wollte nach Hause. Ich habe ihn dann heimgebracht."

„Und Sie?"

Kröger blickte auf den Stift in seiner Hand und schob ihn mit der linken Hand leicht hin und her. „Na ja, ich bin dann doch noch kurz ins Industriegebiet gefahren."

*

„Wer ist verdächtig?"

„Wenn wir nicht den großen Unbekannten bemühen wollen, müssen wir uns weiter auf die Besucher der ‚Moorkate' konzentrieren."

Korff und Zeinitz saßen um neun Uhr in Korffs Büro, tranken Kaffee und besprachen den Fall.

Zeinitz nickte. „Vera Ackermann hat von Kröger und Kürten ein Alibi erhalten. Sie war bis zuletzt in der Kneipe und ist dann nach Hause gefahren."

Korff präzisierte: „Zumindest hat sie den Parkplatz verlassen, ob sie nach Hause gefahren ist, wissen wir nicht. Sie wäre aber körperlich kaum in der Lage gewesen, Wissel zu erwürgen."

„Bleiben Kürten und Kröger. Die beiden hatten sich zuvor längere Zeit mit Wissel unterhalten. Als sie gingen, stand Wissels Wagen noch auf dem Parkplatz. Er scheint also noch irgendwo da draußen gewesen zu sein."

„Was ist mit Sieks, Sussiek und Daniels?"

Zeinitz machte eine abwehrende Handbewegung. „Sieks hat laut Zeugenaussagen mit Wissel kein Wort gewechselt, Daniels und Sussiek haben die ‚Moorkate' früh verlassen. Sie werden von dem Gespräch nicht viel mitbekommen haben. Welches Motiv sollten sie haben?"

„Welches Motiv sollten Kröger und Kürten haben?"

„Geld? Wissel hat doch mit seinem Reichtum geprotzt. Kürten ist arbeitslos, der wird nicht gerade in Geld schwimmen. Ob Krögers Versicherungsagentur läuft, wissen wir nicht. Was ist, wenn die beiden sich zusammengetan und die Sache gemeinsam erledigt haben?"

Korff schüttelte den Kopf. „Das glaube ich nicht. Dazu war die Leiche zu auffällig positioniert. Da muss etwas anderes dahinter stecken als simpler Raubmord."

„Vielleicht will der Täter dadurch auch nur ablenken?"

Das Telefon klingelte, Korff griff nach dem Hörer. Hermann Dreyer, der Chef der Spurensicherung war dran. „Klaus, ich will dich vorab über einen Fund informieren, den wir in Wissels Auto gemacht haben. Im Kofferraum lag ein Laptop. Wir haben uns die Dateien angeschaut und eine Unzahl von pornographischen Fotos gefunden. Sie zeigen Kinder, fast ausschließlich Jungen."

Korff schwieg. Dann überlegte er laut: „Das würde ja mit der seltsamen Lage der Leiche zusammenpassen. Habt ihr Hinweise gefunden, die auf einen Raubmord schließen lassen?"

„Nein, das Auto war unbeschädigt, in Wissels Brieftasche befanden sich etwa 1.000 Euro in bar."

„Wisst ihr inzwischen, wo Wissel ermordet worden ist?"

„Wir haben gestern nichts gefunden. Durch die starken Regenfälle in der Nacht sind alle Spuren verwischt. Selbst die Spürhunde haben uns nicht weiterhelfen können."

„Ich danke dir, Hermann."

Korff legte auf. Er berichtete Zeinitz von dem Gespräch und meinte dann: „Geld als Mordmotiv scheidet vermutlich aus."

Zeinitz kramte in der Innentasche seines Jacketts und zog dann einen Zettel hervor. „Hier, bevor ich es vergesse. Ich habe gestern am Hücker Moor mit einem Kollegen gesprochen. Der erzählte mir, dass in Spenge ein pensionierter Ortspolizist lebt, der Land und Leute kennt und uns vielleicht Informationen über Wissel geben kann. Wir sollten uns einmal mit ihm unterhalten. Der Ortspolizist heißt … warte mal" – Zeinitz warf einen Blick auf den Zettel – „er heißt Helmut Kleineberg und wohnt in Spenge in der Nordstraße."

„Gut, ich werde mal bei ihm vorbeifahren. Jörg, du kümmerst dich um Kürtens Frau. Frag sie, ob sie bestätigen kann, dass Kürten um 24 Uhr nach Hause gekommen ist. Überprüfe auch den Bordellbesuch Krögers und versuche etwas über die wirtschaftliche Lage seiner Versicherungsagentur herauszubekommen."

*

Am Kreisverkehr hinter der Tankstelle bog Korff in die Nordstraße ab. Er fand das Haus des pensionierten Polizisten auf Anhieb und hielt an. Kleineberg selbst öffnete die Haustür. Vor Korff stand ein etwa achtzigjähriger Mann mit schlohweißen, linksgescheitelten Haaren und einem Kinnbart. Er blickte Korff über den oberen Rand seiner Lesebrille an. „Ja bitte?"

„Ich bin ein Kollege von Ihnen", sagte Korff und reichte dem Weißhaarigen seinen Dienstausweis.

Der Pensionär sah sich den Ausweis an und nickte. „Was kann ich für Sie tun?"

„Wie Sie vielleicht schon in der Zeitung gelesen haben werden, ist am Hücker Moor gestern eine männliche Leiche gefunden worden. Der Mann heißt Wolfgang Wissel. Er soll früher in Spenge gewohnt haben. Vielleicht können Sie mir helfen? Einige Hintergrundinformationen würden uns möglicherweise weiterbringen."

Helmut Kleineberg nickte. „Kommen Sie herein."

Er führte den Kriminalbeamten in ein kleines, nicht sonderlich aufgeräumtes Wohnzimmer. Sie setzten sich. Kleineberg machte eine etwas unbestimmte Handbewegung, mit der er auf die Unordnung hinweisen wollte. „Sie müssen entschuldigen, meine Frau ist zurzeit im Krankenhaus."

Korff lächelte. „Mich stört das nicht. Sie kannten den Toten?"

„Nein, aber ich kannte den Vater des Toten, Karl Wissel. Das war ein komischer Kauz, ein Schnorrer, wie ihn die Welt noch nicht gesehen hat. Er war in Spenge dafür bekannt, dass er sich immer nach hinten stellte, wenn es darum ging, einen auszugeben. Er arbeitete bei der Post. Zu Hause hatte der nicht viel zu sagen. Ich habe einmal erlebt, wie ihn seine Frau aus der Kneipe geholt hat." Kleineberg lächelte. „Ich glaube, der hat nicht viel getrauert, als seine Frau gestorben ist. Mit dem Sohn hat es seinerzeit mal Probleme gegeben, er ist deshalb auch in die Schweiz gegangen."

„Worum ging es damals?"

„Ich kann mich nur noch dunkel erinnern, es gab da eine Anzeige gegen ihn, aber die wurde dann später wieder zurückgezogen." Als er in das enttäuschte Gesichter seines Gastes blickte, zögerte er. „Ich kann das sicherlich noch herausbekommen. Ich habe viele Sachen aufgehoben, auf dem Dachboden." Er zeigte nach oben. „Außerdem könnte ich meine Frau fragen. Die kannte Karl Wissel und seine Frau ebenfalls, sogar noch besser als ich. Ich besuche sie heute Nachmittag noch im Krankenhaus. Oberschenkelhalsbruch, schlimme Geschichte."

Korff erhob sich. Viel hatte das Gespräch nicht gebracht. Er hatte gehofft, dass Kleineberg konkretere Informationen gehabt hätte. „Wenn Sie noch etwas erfahren sollten, rufen Sie mich bitte an." Korff reichte dem pensionierten Kollegen seine Karte.

*

Korff las den Obduktionsbericht des Gerichtsmediziners zum dritten Mal. Er war müde und unkonzentriert und musste deshalb immer wieder neu ansetzen. Laut Obduktionsbericht war Wissel erwürgt worden. Dabei hatte offenbar ein Kampf stattgefunden, in dessen Verlaufe Wissel mit dem Gesicht in eine Pfütze gedrückt worden war, so dass er etwas Moorwasser hatte schlucken müssen. Während des Kampfes musste Wissel seinen Mörder gekratzt haben, denn unter seinen Fingernägeln waren Hautpartikel gefunden worden, für die der Gerichtsmediziner eine DNA-Analyse in Auftrag gegeben hatte.

Korff entschloss sich dazu, einen Kaffee aus der Kantine zu holen. Als er zurückkam, um sich noch einmal mit den zum Obduktionsbericht gehörenden Fotos zu beschäftigen, saß Zeinitz bereits in seinem Büro.

„Ich habe mit Frau Kürten gesprochen. Sie weiß nicht, wann ihr Mann vorgestern nach Hause gekommen ist. Die beiden haben seit einiger Zeit getrennte Schlafzimmer. Sie habe schon geschlafen, behauptet sie."

„Das ist ja auch wahrscheinlich. Weshalb sollte sie lügen?"

Zeinitz hob die Schultern und schwieg.

„Hast du herausgefunden, weshalb sich die beiden trennen wollen? Haben sie Kinder?"

„Nein, haben sie nicht. Frau Kürten meint, dass ihr Mann zu häufig mit Rolf Kröger zusammenhänge. Kröger sei ein Spieler und – das sagte sie wörtlich – ein ‚Hurenbock'. Sie fühle sich nur noch als fünftes Rad am Wagen."

Korff nickte langsam. „Hm. Damit besitzen Kürten und Kröger kein richtiges Alibi … Hast du etwas über Krögers Versicherungsagentur herausbekommen?"

„Na ja, sie läuft wohl nicht besonders gut. Ich habe mit einem Mitarbeiter der Bank gesprochen, bei der Kröger sein Privatkonto hat. Der wollte mir zwar keine konkreten Zahlen nennen, aber ich habe aus den Andeutungen herausgehört, dass Kröger zurzeit nicht sehr solvent ist, im Gegenteil, er scheint seinen Kreditrahmen voll auszuschöpfen."

„Was ist mit dem Bordellbesuch Krögers? Kann man sich an Kröger erinnern?"

„Du, da war heute Mittag schon relativ viel Verkehr." Korff lachte. Zeinitz fuhr fort: „Kröger gilt als Stammgast der ‚Erogenen Zone'. Drei- bis viermal im Monat taucht er dort auf und verkehrt immer mit einer gewissen Marlene. Ihr bürgerlicher Name ist Elke Grafenhorst. Heute Mittag begann ihre Schicht. Ich habe mit ihr gesprochen und sie hat bestätigt, dass Kröger vorgestern Abend bei ihr war, allerdings wohl erst gegen halb zwei."

„Hm. Da liegt reichlich Zeit zwischen dem Verlassen der Kneipe und dem Bordellbesuch, selbst wenn man berücksichtigt, dass Kröger Kürten zuvor nach Hause gebracht hat. So groß sind die Entfernungen zwischen der ‚Moorkate', Kürtens Wohnung und dem Bordell ja nicht."

„Die beiden hätten also Wissel umbringen können. Vera Ackermann war weg und sonst war niemand mehr am Moor. Sie wären also ungestört gewesen."

„Aber weshalb sollten sie? Es wurde nichts gestohlen …"

„Nichts, von dem wir wissen. Vielleicht hat Wissel ihnen das Auto geöffnet und sie haben genommen, was sie wollten."

Korff schüttelte den Kopf und erhob sich. „So ganz überzeugt mich das nicht. Wir sollten aber noch einmal mit Kürten sprechen. Er ist der weichere von beiden. Wenn wir einen zum Reden bringen können, dann ist es Kürten."

*

Die beiden Kriminalbeamten standen am späten Nachmittag vor der Tür des Reihenhauses und klingelten. Horst Kürten öffnete. In seinem Gesicht war Verwunderung und Unsicherheit zu lesen.

„Darf ich fragen ..."

„Herr Kürten, wir haben noch ein paar weitere Fragen an Sie im Zusammenhang mit dem Mordfall Wissel", unterbrach ihn Korff.

Kürten nickte ergeben und führte die beiden Kriminalbeamten in das Wohnzimmer. Nachdem man sich gesetzt hatte, eröffnete Korff das Gespräch: „Herr Kürten, Ihre Frau kann nicht bestätigen, dass Sie vorgestern Abend gegen 24 Uhr nach Hause gekommen sind."

Kürten schwieg.

„Sie haben getrennte Schlafzimmer?"

Kürten nickte. „Meine Frau will sich scheiden lassen."

„Weshalb?"

Kürten schien kurz wegen der Frage aufbegehren zu wollen, dann schwieg er jedoch weiter. „Ich weiß nicht", sagte er schließlich, als Korff und Zeinitz ihn weiterhin fixierten. „Sie meint, dass ich sie vernachlässige, dass mir nichts mehr an ihr liege."

„Ist das so?"

„Nein. Sie bedeutet mir immer noch etwas", sagte er leise.

„Herr Kürten, rein theoretisch hätten Sie und Rolf Kröger den Mord an Wissel begangen haben können."

Kürten erschrak merklich. „Weshalb sollten wir das getan haben?", fragte er dann aufgebracht.

Korff ging auf die Frage nicht ein. „Sie waren bis zuletzt in der ‚Moorkate'. Sie waren, nachdem Vera Ackermann das Ge -

257

lände verlassen hat, allein mit Wissel am Moor. Wissel hat Hautpartikel unter seinen Fingernägeln, die vom Mörder stammen. Wir haben bereits ein DNA-Gutachten in Auftrag gegeben. Der Mörder ist so gut wie identifiziert."

Zeinitz hatte Kürten beobachtet. Er war bei den Ausführungen Korffs ruhig geblieben.

„Wir glauben, Herr Kürten, dass Sie und Kröger ein Motiv haben, ein finanzielles Motiv. Sie sind seit einem halben Jahr arbeitslos. Ihre Frau will sich von Ihnen trennen. Können Sie Ihr Haus dann noch halten? Krögers Versicherungsagentur läuft mäßig bis schlecht. Er lebt über seine Verhältnisse." Korff machte eine Pause. „Hat Wissel Ihnen erzählt, dass er viel Geld im Auto hatte?"

„Das stimmt doch alles nicht!" Kürten wurde laut. „Das ziehen Sie doch alles an den Haaren herbei."

Zeinitz schaltete sich ein: „Herr Kürten, in wenigen Stunden haben wir das Ergebnis der DNA-Analyse. Wenn Sie eine Aussage machen wollen, dann ist jetzt der richtige Zeitpunkt."

Kürten schrie jetzt: „Wir waren es nicht! Glauben Sie mir, wir waren es nicht."

*

„Wir haben, was Kürten und Kröger betrifft, nichts in der Hand, alles bloße Vermutungen. Wenn wir bei den beiden nicht weiterkommen, müssen wir uns Sieks, Sussiek und Daniels genauer ansehen."

Jörg Zeinitz nickte. Sie saßen im Auto vor Kürtens Haus und reflektierten das Gespräch mit ihm.

„Kürten hat sich so verhalten, wie sich jemand benimmt, der zu Unrecht verdächtigt wird. Ich habe ihn beobachtet, seine Empörung war nicht gespielt."

„Auf mich hat er auch so gewirkt. Vermutlich sind wir, was Kürten und Kröger betrifft, auf dem Holzweg."

Korffs Handy klingelte.

„Herr Korff?"

„Ja, am Apparat."

Korff hatte den Anrufer sofort erkannt. Es war Kleineberg, der frühere Dorfpolizist.

„Herr Korff, ich habe einiges herausgefunden. Vielleicht kann ich Ihnen weiterhelfen."

„Das ist sehr nett von Ihnen, dass Sie ..."

„Die Wissels hatten damals Mieter, eine alleinstehende Frau namens Grell mit ihrem etwa zehnjährigen Sohn. Wolfgang Wissel soll sich an den Jungen herangemacht und ihn sexuell missbraucht haben. Es hat eine Zeit gedauert, bis sich der Junge seiner Mutter anvertraut hat. Die hat dann den jungen Wissel angezeigt. Der muss damals so etwa zwanzig Jahre alt gewesen sein."

„Und – was ist daraus geworden?"

„Die Sache ist ausgegangen wie das Hornberger Schießen. Die Mutter hat die Anzeige kurze Zeit später zurückgenommen. Die Ermittlungen wurden eingestellt, bevor sie begonnen hatten." Kleineberg hustete.

„Hm, weiß man etwas über den Grund, weshalb die Mutter des Jungen die Anzeige zurückgezogen hat?"

„Frau Grell war damals schon mit einem Bauern aus Hücker-Aschen liiert und sie standen kurz vor der Heirat. Der künftige Stiefvater des missbrauchten Jungen wollte offenbar nicht, dass die Sache publik wurde. Er wollte keinen Skandal." Kleineberg hustete erneut, dieses Mal etwas heftiger, dann fuhr er fort: „Frau Grell hat geheiratet und der Junge ist auf den Hof seines Stiefvaters gezogen. Wolfgang Wissel hat sich aus dem Staub gemacht und ist in die Schweiz gegangen."

Korff schwieg einen Augenblick. In seinem Kopf nahm eine Idee Gestalt an.

„Wie hieß der Landwirt aus Hücker-Aschen, den Frau Grell geheiratet hat?"

Kleineberg musste einen Augenblick nachdenken. Dann nannte er Korff den Namen.

Korff atmete tief durch. Seine Vermutung war richtig gewesen.

*

Es dämmerte bereits, als Korff und Zeinitz auf den Hof fuhren. Sie parkten das Auto vor der Scheune und klingelten. Niemand öffnete. Auch die Scheune war verschlossen, wie Korff feststellte. Während Korff vorn an der Haustür wartete, umrundete Zeinitz das Wohnhaus, konnte aber auch auf der rückwärtigen Seite des Hauses keine Hinweise auf die Anwesenheit des Hausherrn entdecken.

Als Zeinitz wieder sichtbar wurde und die Schultern hob, um Korff zu signalisieren, dass niemand zu Hause war, winkte dieser seinen Kollegen zum Auto.

„Ich weiß, wo er ist. Der Mann ist seit vierzig Jahren traumatisiert. Kein Wunder, dass der nicht viel redet."

Korff bog in die Moorstraße ein und fuhr auf den noch leeren Parkplatz der „Moorkate". Nur Vera Ackermanns Geländewagen stand bereits dort. Als Korff und Zeinitz auf die „Moorkate" zugingen, bemerkten sie, dass an der Wand des Hauses ein altes Fahrrad lehnte.

Die beiden betraten den Gastraum. Die Wirtin begrüßte sie freundlich. Frittken Sieks saß auf seinem Platz am Fenster und starrte teilnahmslos vor sich hin, Bier und Wacholder waren unberührt. Weitere Gäste fehlten.

Korff setzte sich zu dem schweigsamen Gast, Sieks rührte sich nicht. Zeinitz bestellte zwei Cola und kam dann auch an den Fenstertisch.

Korff versuchte Sieks behutsam zu erreichen. „Herr Sieks, wir haben da eine alte Geschichte ausgegraben … Sie haben vor etwa vierzig Jahren zusammen mit Ihrer Mutter bei der Familie Wissel in Spenge gewohnt." Sieks nickte mechanisch. „Sie kannten Wolfgang Wissel. Ihre Mutter hat ihn damals angezeigt, weil er Sie …"

Sieks hatte sich aufgerichtet, seine Schultern strafften sich. Er nickte wieder und unterbrach Korff mit einer heftigen Armbewegung: „Wissel war ein Schwein, ein elendes Schwein. Ich habe mein ganzes Leben davon geträumt, ihn zur Rede zu stellen. Vorgestern Abend habe ich ihn wiedererkannt. Er trug immer noch dieses Kettchen mit dem seltsamen Kreuz." Sieks schwieg.

„Und dann haben Sie ihn ..."

„Ich habe draußen auf ihn gewartet. Als ich ihm meinen Namen nannte, konnte er sich an mich erinnern, aber er lachte nur und meinte, ich solle verschwinden, jetzt wäre ich zu alt für ihn ... Da habe ich ihn fertiggemacht."

Dieter Fleiter

**Teufel Alkohol**

Um eine Flasche aufzuschrauben, braucht man normalerweise zwei Hände, aber Fiekens' Rechte klebte steif gefroren am Griff des Wagenhebers. Er starrte frustriert auf den Apfelkorn-Flachmann in seiner Linken, während diese Schweinekälte sich unbarmherzig ins Mark seiner Knochen vorarbeitete.

Es war fast halb zwölf Uhr nachts, mitten in der Woche. Fiekens klemmte sich die Pulle zwischen die Beine und nach fünf Minuten endlosem Gefummel rann endlich der erste Schluck die Kehle runter. Es wurde ein sehr großer Schluck. Gegen die Kälte, aber vor allem gegen diese Scheißangst, dass es schiefgehen könnte. Dass der erste Schlag nicht saß.

Nachdem der Apfelkorn sich an sein nervenstärkendes Werk gemacht hatte, sah die Sache schnell wieder ganz anders aus. Fiekens' Optimismus kehrte zurück. Diese kleine Drecks-ratte war fällig.

Er lugte zwischen Dachrinnenrohr und Hauswand hin-durch zum Eingang des schnieken Mehrfamilienhauses. Nichts. Wenigstens sein Versteck war absolut perfekt. Praktisch uneinsehbar und keine drei Meter bis zur Haustür. Ein, zwei schnelle Schritte, sobald sein spezieller Freund den Schlüssel ins Schloss der Haustür steckte und dann …

Fast auf den Tag genau vor drei Jahren schien das Leben des Hauptschulabbrechers und ehemaligen Gerüstbau-Azubis Rainer Hermann Fiekens eine kaum mehr zu erwartende Wen - dung zu nehmen. Die Bestatter schoben gerade die sterblichen Überreste seines Vaters in ihren dunkelgrauen Mercedes Sprinter, als er den kleinen Wandschrank öffnete, in dem sein alter Herr seine persönlichen Unterlagen unter Verschluss hielt. Den Schlüssel hatte dieser misstrauische Zausel immer am Mann gehabt, keine Chance, zu seinen Lebzeiten mal einen kurzen Blick reinzuwerfen. Alte Fotos, Geburts- und sonstige Urkunden flogen achtlos auf den abgetretenen Läufer des väterlichen Schlafzimmers, während in weniger als fünf Meter Luftlinie wieder einer der Discounter-Tieflader am Haus vorbeirollte und den Aschenbecher auf dem Nachtschränkchen in ein mittelschweres Vibrieren versetzte. Fiekens hätte das knallrote Sparbuch der örtlichen Kreissparkasse fast übersehen, es war zwischen das Familienbuch und eine alte Versicherungs - police gerutscht.

Er ließ sich auf das nussbaumfurnierte Doppelbett fallen, in dem die durch Billigweinbrand und filterlose Kippen malträtierte Pumpe seines Erzeugers irgendwann in der letzten Nacht ihren Dienst quittiert hatte. Einen Augenblick später traf auch den Filius fast der Schlag.

821.320,21 Euro stand da als letzter Eintrag in der Spalte „Haben". Dieser verlogene Scheißkerl. Wie konnte man seinem eigenen Fleisch und Blut dermaßen die Hucke voll lügen?

Was hatte der Alte gejammert, als er vor fünf Jahren das halbe Hektar Wiese vorm Haus an den Discounter-Riesen verkauft hatte. Der benachbarte Bauer hatte seinen Acker schon Monate vor ihm verkloppt, aber ohne das Grundstück des alten Fiekens ging nichts. „Diese Gauner haben mich aufs Kreuz gelegt. Die paar Kröten. Reicht gerade mal, um meine Rente ein bisschen aufzubessern." Von wegen. D-Mark Millionär war er die ganze Zeit gewesen und hatte trotzdem jeden Scheiß - pfennig dreimal umgedreht. Obendrein hatte der Alte monatlich 150 Euro Kostgeld von seinem Sohn kassiert. Fiekens wurde übel angesichts einer solchen Mischung aus Geiz, Verlogenheit und Misstrauen.

Sie hätten sich was schickes Neues kaufen können. Irgendwo im Ortszentrum, in der Nähe der „Holter Pilsstube" und den anderen von ihm oft wie gerne besuchten Kneipen. Nicht mal beschissene Lärmschutzfenster hatte er einbauen lassen! Als wenn ihn das Schicksal verhöhnen wollte, erzitterten in dem

Moment erneut die Scheiben in ihren Rahmen, ein weiterer Sattelschlepper dröhnte am Haus vorbei Richtung Logistikzentrum.

Der Frust und die Enttäuschung hielten exakt eine halbe Minute an. Eine weitere Dreiviertelstunde später waren sämtliche Alkoholvorräte im Haus vernichtet und Fiekens ließ sich per Taxi in den nächsten Puff chauffieren.

Sein Blaseninhalt hatte sich mittlerweile in einen gefrorenen gelben Klumpen verwandelt. Verfickter Dreck, wieso war Winter? Und warum stand er hier in Wildleder-Stiefeletten und einem Jeansanzug herum? Rückzug? Ab in die warme Kiste? Niemals! Mit einem weiteren Schluck aus der Pulle bekräftigte Fiekens seinen Entschluss. Es wird durchgezogen. Das Schwein bezahlt, hier und heute. Außerdem hatte er ja alles bis ins kleinste Detail vorbereitet.

Klaus-Werner Berenbrinker kratzte die letzten Krümel der Pizza Calzone auf seinem Teller zusammen und schob sie sich in den Mund. Er blickte Jennifer nach, die auf dem Weg in die Küche war. Die Kleine hatte ordentlich zugelegt, das stand mal fest. Und was fast noch schlimmer war: Sie hatte in den zwei Jahren, in denen sie sich trafen, immer noch nicht kochen gelernt. Was Ordentliches zwischen die Kiemen, nach einer anstrengenden Runde auf dem Wohnzimmersofa, das war ja wohl das mindeste, was man verlangen durfte. Aber das spielte jetzt alles keine Rolle mehr. Denn das hier gerade war ihr letzter gemeinsamer Abend.

„Is kein Bier mehr da, Schnuffel. Soll ich schnell rüber zur Tanke?"

„Lass mal, ich muss eh noch fahren."

„Wie, du willst noch nach Hause?"

„Muss morgen früh raus."

„Oh, schade."

Er hatte keine Lust auf große Erklärungen. Morgen war er weg, über Hannover und Frankfurt Richtung DomRep. Da erstmal in Ruhe die Lage peilen, später vielleicht eine kleine Bar, einen Jetski-Verleih aufmachen. Keine krummen Dinger mehr, was Grundsolides.

Schließlich war er finanziell mehr als komfortabel ausgestattet. Eigentlich hatte er seinen Abgang erst in zwei, drei Jahren geplant, aber die letzte Sache war ein Volltreffer. Er leerte sein Herforder und schaute den Schneeflocken zu, wie sie hinter dem Fenster im Schein der Straßenlaterne ein kleines Tänzchen veranstalteten.

Einen kurzen Moment hatte er sogar überlegt, Jenni mitzunehmen. Gut, das war in einem ziemlich aufgeladenen Moment, als das kleine Luder ihm neulich auf dem Parkplatz vom Getränkemarkt ... Fünf Minuten später und wieder bei klarem Verstand entschied er sich für einen sauberen Schnitt. Er würde ihr alles in einer SMS erklären. Morgen, vom Flughafen aus.

0,35 Liter Apfelkorn gingen normalerweise relativ spurlos an Fiekens vorbei. Aber da waren ja noch die sechs bis acht doppelten Bacardi-Cola, die er sich zur Einstimmung zu Hause genehmigt hatte. Er lehnte an der Hauswand und starrte auf die blaue Altpapiertonne direkt vor ihm, aus der ein Teil der „Neuen Westfälischen" herauslugte. „DSC mal wieder in ..." Die Schlagzeile krieg sogar ich zusammen, dachte Fiekens, obwohl er fast nie las, höchstens mal in der neuen „Car-Tuning" blätterte, wenn vor ihm jemand am Lottoschalter stand. In der Scheiße natürlich, wo diese Gurkentruppe hingehört. Er selbst hatte ein paar Jahre in der Jugend des VfB Schloß Holte gespielt. Aber in der B-Jugend hatte er einem Mannschaftskollegen ein geklautes Mofa verkauft, da hatten sie ihn rausgeschmissen.

Als er aus Richtung des hauseigenen Parkplatzes eine Autotür schlagen hörte, äugte Fiekens um die Ecke. Berenbrinker. Die

Blinkerleuchten flackerten kurz auf, als er seinen Wagen per Fernbedienung abschloss. Während er bestens gelaunt auf die Haustür zukam, schlossen sich Fiekens' blau gefrorene Finger einen Tick fester um den Wagenheber. Berenbrinker steckte den Schlüssel ins Schloss, da stürmte Fiekens hinter der Hausecke hervor, holte aus und drosch mit voller Wucht – gegen die Hauswand, haarscharf an Berenbrinkers Kopf vorbei. Dieser zuckte zusammen, drehte den Kopf und starrte den ihn entgeistert anstarrenden Fiekens entgeistert an. „Ficke, was …?" In dem Moment verlor er auf der feinen Pulverschneeschicht das Gleichgewicht und schlug mit dem Hinterkopf auf die Kante der Gehwegseinfriedung, wenige Zentimeter neben der dicken Sisal-Fußmatte mit der Aufschrift „Endlich zu Hause!".

Berenbrinkers Schädel dröhnte, als wäre ein Chinaböller darin hochgegangen. Ein verheerender Kater, nach der durchgefeierten ersten Nacht in seiner neuen Wahlheimat San Juan? Er öffnete blinzelnd die Augen und blickte an sich herab. Die gefühlten zwei Kilometer schwarzes Isolierband, mit dem sein Körper von den Knöcheln bis zum Hals stramm umwickelt war, sprachen gegen diese Mutmaßung. Allmählich gewöhnten sich seine Augen an das gleißende Neonlicht. Um ihn herum schraubte sich ein Wald von Hochregalen Richtung Hallendecke, unzählige Etagen voll gestellt mit verschiedensten Artikeln des täglichen Bedarfs. Paletten voller Babywindeln, daneben Salatöl, darüber Haushaltsreiniger und so weiter.

Wo, wie und vor allem: warum? Mühsam kramte Berenbrinker in seinem dröhnenden Schädel ein paar Gedankenfetzen zusammen: Abendessen bei Jennifer, irgendwann nach Hause, den Wagen geparkt …

In dem Moment riss ihn ein surrendes Geräusch aus seinen Gedanken. Bevor sein angeschlagener Kopf zu irgendeiner brauchbaren Vermutung in der Lage war, bog ein Gabelstapler um eine Regalecke. Eine voll beladene Palette auf den Hörnern hielt er direkt vor ihm. Jetzt erkannte er auch den Mann am

Steuer und das entscheidende Puzzleteil des gestrigen Abends war schlagartig gefunden.

„Ficke, bist du jetzt völlig durchgeknallt? Mach mich los, du krankes Arschloch!"

Berenbrinker hatte sich ebenso kurzfristig wie intuitiv für eine konfrontative Vorgehensweise entschieden. In spätestens einer Viertelstunde würde er von diesem klebrigen Zeug befreit sein. Und dieser debile Schwachkopf den Tag verfluchen, an dem seine Geburt den IQ-Schnitt von Schloß Holte versaut hatte.

Fiekens blickte das an einem Regalposten hockende, stramm verschnürte Bündel einen Moment lang an. Sein Alkoholpegel ließ irgendwelche Zweifel an seinem Tun nicht im Ansatz aufkommen. Angst? Pah, das hier wurde knallhart durchgezogen, so oder so.

Irgendwas an Ficke gefiel Berenbrinker nicht. Dieser trotz Vollsuff entschlossene Blick, und außerdem hatte er ihm irgendwas ziemlich Hartes über den Kopf gezogen. Vielleicht war es taktisch geschickter, ein wenig geschmeidiger zu agieren.

„Schneid mich aus dem Zeug hier raus und wir vergessen die Sache. Mein Wort drauf. Jeder baut mal Scheiße."

„Genau so sieht es aus. Und du …" Fiekens entfuhr ein kleines Apfelkorn-Bäuerchen „– und du hast einen ziemlich großen Haufen Scheiße gebaut, mein Freund."

Mein Freund, das war natürlich nicht ernst gemeint. Aber Berenbrinker hatte es sicher geschnallt, die Situation war ja recht eindeutig.

„Ich will meine Kohle wiederhaben."

Berenbrinker war nicht sonderlich überrascht über dieses Ansinnen.

„Ich meine auch, Ficke. Ich meine auch. Aber wir sind da ganz dumm gelinkt worden."

„Ein wasserdichter Deal, hast du gesagt. Mein Geld wär' so sicher wie auf der Bank von … von …"

„England. Na, ja, das ist so eine Redensart. Für meinen Kumpel Adnan hätte ich die Hand ins Feuer gelegt. Dass der mit der Kohle einfach so die Biege macht, das war die größte Enttäuschung meines Lebens."

Fiekens stieg vom Stapler, riss ein Stück der Folie auf, mit der die Ware umwickelt war, und griff sich eine der Kräuterschnapsflaschen von der Palette.

„Ficke, übertreib es nicht. Ich gebe dir noch genau eine Minu…"

„Schnauze!"

Er hatte Berenbrinker im „Pilsstübchen" kennen gelernt. Vom Sehen kannte man sich natürlich schon immer, aber bisher hatten irgendwie die Berührungspunkte gefehlt. Zu der Zeit hatte Fiekens ungefähr die Hälfte seines Erbes in Alkohol, einen günstig geschossenen, lindgrünen Porsche 928 S sowie diverse Bordellbesuche angelegt. Nebenbei bemerkt: Er bereute keinen einzigen Cent. Jedenfalls kamen die beiden ins Quatschen, später ging es noch rüber in die „Jeverstube" und anschließend zu „Ralle und Babsi". Da hatte Berenbrinker dann von diesem einmaligen Investment angefangen. Ein Gastro- und Freizeit-center, wie es Ostwestfalen noch nicht gesehen hatte. Kneipen, Restaurants, Fitness- und Nagelstudio, Bowlingcenter, Groß-raumdisco sowie einen megaexklusiven Club. „VIP only – plus wir zwei kleinen Scheißer", hatte Berenbrinker gesagt und eine nächste Runde Herforder bestellt. Was für ein Typ, dachte Fiekens damals begeistert. Dreht am ganz großen Rad. Und ließ ihn mit anfassen.

Es war allerhöchste Eisenbahn. Wenn der Kerl so weiter prasste, wäre seine Kohle in einem halben Jahr komplett verballert gewesen. Im Grunde war das eine gute Tat, die Hohlbirne davor zu bewahren, sich in Rekordzeit auch noch die letzen drei Gehirnzellen wegzusaufen. Nach zwei Tagen war er abschussreif gelabert. Die Brache lag einen knappen Kilometer Richtung Gütersloh, perfekt präpariert, inklusive Bauschild: „1A-Top-Invest. London – Dubai – Schloß Holte-Stukenbrock".

Kumpel Adnan aus Bielefeld hatte sich S-Klasse und Anzug geliehen und machte auf Businesstyp, der auf allen sieben Kontinenten investiert hatte. Kleiner Patzer, Adnan hatte das wohl irgendwie mit den Weltmeeren verwechselt. Aber Ficke hätte auch bei zwanzig Kontinenten nicht groß aufgehorcht. Der letzte Funken Restzweifel wurde mit einer speziellen Vertragsklausel beseitigt: „Der Investor hat bis zur Fertigstellung des Projekts jederzeit das Recht, vom Vertrag zurückzutreten, bei Rückzahlung der kompletten Einlage plus Zinsen." Am nächsten Morgen räumte Ficke sein Konto leer, stopfte die Kohle in eine Baumarkt-Plastiktüte und übergab sie Adnan feierlich auf dem Parkplatz der Kreissparkasse.

„Ficke, ich bin genauso blank wie du. Ich hab' dir meine Kontoauszüge gezeigt, schon vergessen? Morgen ziehe ich aus meiner Bude aus, kann mir die Hütte nicht mehr leisten." War ja nicht mal gelogen, zumindest der Teil in der Mitte.

„Siehst du die Palette da ganz oben im Regal?"

Berenbrinker blickte nach oben.

„Im" war maßlos übertrieben. Sie hing mehr in der Luft als alles andere, und zwar genau über ihm.

„Da hat einer der Jungs wohl pünktlich Feierabend gemacht. Ich bugsier' das Teil eben mal bündig in Reihe."

„Was soll die Scheiße? Das Ding hängt direkt über mir."

„Deshalb ja. Nicht dass dir die halbe Tonne noch auf die Rübe knallt …"

„Ficke, hör auf!"

„Und wenn dir das alles zu sehr an die Nerven geht, einfach ‚Du kriegst deine Kohle' rufen."

„Wovon denn bitte?" Ein Hauch von Hysterie mischte sich in Berenbrinkers Stimme.

Fiekens trat ganz nah an ihn heran und beugte sich zu ihm runter. „Nicht – mein – Problem, Arschloch!"

Berenbrinker so klein mit Hut, der wohlige Vollsuff. Fiekens konnte sich an keinen Tag erinnern, der ihm so viel Spaß gemacht hatte. Er verstaute die mittlerweile halb leere Flasche in der Ablage neben dem Fahrersitz, warf den Stapler an und machte sich an die Arbeit. Der erste rasante Versuch, die Palette auf die Hörner zu nehmen, ging grandios in die Hose. Einen knappen halben Meter zu niedrig angesetzt, knallten die zwei Gabeln Funken schlagend gegen einen der Stahlträger.

„Hör auf damit!!! Du hast doch nicht mal einen Schein!", schrie Berenbrinker, dessen Stimme sich vor Panik mehrfach überschlug.

Das klang jetzt gar nicht mehr so cool, stellte Fiekens amüsiert kichernd fest. Aber wo er Recht hatte. Sechsmal war er zur Staplerprüfung angetreten, sechsmal war er gleich in der Theorie durchgerasselt. Es war unfassbar, dabei hatte er den normalen Führerschein gleich beim dritten Anlauf gepackt. Tja, jedenfalls hatte Fiekens deshalb die vollen sechs Jahre seiner Tätigkeit hier als Lagergehilfe zugebracht, hauptsächlich damit betraut, per Hubwagen Verpackungsmaterial zu den großen Containern auf der Rückseite des Gebäudekomplexes zu befördern. Bis zu dem Tag, an dem das Herz seines Alten den Dienst quittiert hatte.

Aber sechs Jahre den Kollegen auf den Staplern zugucken, da kriegt man so einiges mit. Mit diesem Wissen und geschätzten dreieinhalb Promille im Blut setzte er zu einem weiteren Versuch an. Und siehe da, die Gabeln schoben sich beinah passgenau unter die Europalette. Beim Zurücksetzten rutschte ihm dann leider unglücklich der Fuß vom Gas. Der Stapler kam ein wenig zu abrupt zum Stehen, worauf die voll beladene Palette gefährlich weit in Richtung der Gabelspitzen rutschte. Das Ganze federte einige Sekunden bedrohlich nach, bis sich die Situation beruhigte.

Jetzt kam plötzlich etwas auf, was Fiekens sein ganzes Leben abgegangen war: Ehrgeiz. Wäre ja wohl gelacht, diese Ladung wandert sauber ins Regal, basta. Er nahm Maß, aber der Alkohol, gepaart mit nachlassender Konzentration und chronischer Unfähigkeit ... Er knallte mit voller Wucht gegen den Hochregalboden, wobei sich eine der Gabeln ganz böse unter dem Regalboden verkeilte, was wiederum die Fracht in bedenkliche Schräglage brachte. Eine mehr als verfahrene Situation.

Eine Einschätzung, die Berenbrinker teilte.

„Du kriegst die Kohle! Du kriegst die Kohle!!! Ich schwör's, aber stell das Ding ab!"

Fiekens dachte über den Vorschlag nach. Seine kurzfristige Ehrgeiz-Attacke verpuffte so schnell, wie sie gekommen war. Er machte den Stapler aus, nahm einen Schluck aus der Pulle, stellte sich mit der Flasche in der Hand vor Berenbrinker und blickte ihn abwartend an.

„Ich hab' da noch eine Notreserve."

„Ach?"

„Für ganz schlechte Zeiten. Achtzig Riesen."

„Das reicht nicht."

„Ficke, bitte! Ich zahl dir alles zurück. Morgen erst mal die achtzig, gleich wenn die Bank aufmacht. Den Rest in Raten. Bitte, Ficke, ich ... kack mich gleich ein vor Angst."

Fiekens blickte auf den armselig jammernden Berenbrinker herab. Sein Blick glitt durch die Halle, den Gang zwischen den Regalen entlang Richtung Getränkeautomaten und Schichtleiter-Büro. Er konnte es sich nicht erklären, aber so beschissen der Job hier auch gewesen war, auf einmal erschien ihm die Zeit hier als die mit Abstand schönste seines Lebens. Er hielt Berenbrinker die Flasche vor den Mund. Der war heilfroh über diese Geste der Entspannung und fuhr gierig die Zunge aus.

„Diese dauernde Sauferei, ständig in irgendwelchen Puffs rumhängen." Fiekens wurde fast ein wenig philosophisch. „Auf Dauer ist das so langweilig wie jeden Tag Pommes-Zigeunerschnitzel. Die Jungs hier waren echt in Ordnung. Und irgendwann hätte ich den Staplerschein gepackt."

„Hättest du, auf jeden!"

„Das sagst du jetzt nur so."

„Nein, echt, Ficke. Du hast es drauf. Da fehlt nur ein bisschen … Feintuning."

„Weißt du was? Ich hör auf mit dem Alk. Und gleich morgen frag ich, ob ich hier wieder anfangen kann."

Fiekens holte ein Teppichbodenmesser aus der Ablage des Staplers und fing an, Berenbrinker loszuschneiden.

Der schämte sich ein wenig vor sich selbst wegen seines panischen Gewimmers. Aber es war ja auch um Leben und Tod gegangen, da kann man schon mal ein wenig die Nerven verlieren. Aber dafür würde Ficke bezahlen. Igor und Jaschan würden ihm die Eier auf links drehen, das war ihm die fünf Riesen wert, die sie für so eine Dienstleistung berechneten. Und morgen früh, wenn dieser Blödmannsgehilfe wartend vor der Bank steht, würde er der extrem reizenden Stewardess zulächeln, die ihn an Bord des Lufthansaflugs Frankfurt – Santo Domingo begrüßt.

In genau dem Moment knirschte es ebenso kurz wie bedrohlich und beide blickten gleichzeitig nach oben, zur Quelle des Geräusches.

Die Jungs der Frühschicht konnten sich beim besten Willen keinen Reim auf die Sauerei machen, die sie vorfanden. Ein Gemisch aus zerborstener Europalette, Glasscherben und zwei männlichen Körpern, eingelegt in einen Sud aus Blut, Kondensmilch und Wodka.

Für Berenbrinker kam jede Hilfe zu spät, der abgebrochene Kopf einer Wodkaflasche hatte sich in seine Halsschlagader gebohrt.

Um das Leben von Rainer Hermann Fiekens, seit der zweiten Klasse von allen nur Ficke gerufen, kämpften die Ärzte mehrere Tage. Nach vier Monaten Krankenhausaufenthalt wurde er entlassen und in ein Pflegeheim am südlichen Rand des Teutoburger Waldes überstellt. Sein Zimmer teilt er sich seitdem mit einem Schlaganfallpatienten, für den ebenfalls keinerlei Hoffnung mehr besteht, jemals wieder ein selbstbestimmtes Leben zu führen. Die beiden haben sich im Rahmen ihrer Möglichkeiten angefreundet und werden, sooft es die Witterung zulässt, in ihren Rollstühlen in den parkähnlichen Garten geschoben. Dort verdämmern sie friedlich sabbernd ihre Zeit, wenn sie nicht gerade Schwester Manuela nachglotzen.

Thorsten Knape

**Flaschendrehen**

Es ist so lange her – und ich habe nie darüber gesprochen. Niemand, der dabei war, hat jemals darüber gesprochen. Das war unser Deal – und dieser Deal hat gehalten. Bis jetzt. Fast 20 Jahre lang. Wir hatten alle unsere guten Gründe, es für uns zu behalten. Jetzt werde ich reden – ich habe jetzt keine andere Wahl mehr.

Dieser Abend, diese Nacht vom 27. auf den 28. Februar 1991 hat mich bis heute verfolgt. Und jetzt holt er mich ein.

Natürlich war an diesem Abend Alkohol im Spiel; aber auch ohne hätten wahrscheinlich zumindest wir Jungs sofort zugestimmt, als Anna vorschlug, Flaschendrehen zu spielen.

Flaschendrehen – zu Teenie-Zeiten war das für pickelige Spätstarter wie mich oft die einzige Chance gewesen, mal einen Kuss von einem dieser unerreichbaren Super-Mädels der Klasse zu bekommen – und wenn schon nicht das, dann wenigstens davon zu profitieren, wenn die Flasche genau vor der Richtigen zur Ruhe käme, nachdem man etwas verschämt bestimmt hatte, dass der oder hoffentlich die Nächste das T-Shirt ausziehen müsse.

Als Anna, unsere Gastgeberin, jetzt die leere Weinflasche auf den Teppichboden legte, kam mir all das sofort wieder in den Sinn. Und es war mir peinlich, wie aufgeregt ich war, dieses Teenie-Spiel jetzt – mit Mitte zwanzig – wieder spielen zu können – vor allem mit diesen Mitspielerinnen.

Wir waren in dieser Zeit oft bei Anna. Sie hatte sich im Dach - geschoss der elterlichen Wohnung ein cooles Apartment eingerichtet. Dummerweise lag ihre Wohnung mitten in Brackwede.

Dieser hässliche Bielefelder Stadtteil, den wir hassten und liebten und aus dem wir geflohen waren, sobald es möglich war – nur, um bei jeder möglichen Gelegenheit wieder zurückzukommen.

Im trist-grauen Gymnasium waren wir zur Schule gegangen, im schäbigen „Pendel" hatten wir unser erstes Alt-Schuss getrunken und beim hiesigen Sportverein, der SVB, ließen wir uns von ehrgeizigen Trainern quälen. Das alles war nicht wirklich schön, aber es hat uns zusammengeschweißt.

Anna stieß etwas später zur Clique. Sie war ein bisschen jünger als ich, eine begnadete Tennisspielerin damals. Die große SVB-Familie hatte den unschätzbaren Vorteil für uns Jungs, auch jenseits der Schule Mädels kennen zu lernen. Die Tennismädchen schauten uns beim Basketball zu, die Volleyballer luden die Trampolin-Springerinnen zu ihren Feten ein. Das eröffnete Möglichkeiten.

Ich konnte meine Möglichkeiten in Bezug auf Anna damals leider nie nutzen – sie war einfach immer so umlagert, dass es für einen schüchternen Basketballer mit Überlänge kein Durch- oder gar Drankommen gab. Das traf mich hart, denn mich erinnerte Anna immer an – um in ihrer Sportart zu bleiben – die junge Gabriela Sabatini. Und ich war schon immer ein großer Fan des argentinischen Damentennis.

„Hey, Langer, wovon träumst du?"

Anna winkte mit der rechten Hand vor meinen offenen Augen hin und her.

„Bist du so geschockt, oder was ist los? Keine Lust auf Flaschendrehen?"

„Und wie! Wie sind die Regeln?"

„Keine Regeln; alles ist erlaubt! Einer wünscht sich was, und auf den die Flasche zeigt, der muss es machen."

Das war eine klare – und wie mir schien, vielversprechende – Ansage von Bea, Annas nicht minder attraktiver Freundin. Auch Bea kannte ich seit ewigen Zeiten, auch so eine Tennislady, allerdings eher vom Typ Anna Kurnikowa – aber das war ja weiter auch nicht schlimm. Bei Bea hätte ich damals sogar

Chancen gehabt. Aber einmal Sabatini-Fan, immer Sabatini-Fan. Auch wenn Sabatini offenbar immer noch nichts mit mir zu tun haben wollte.

Ich setze mich sofort mit in den Kreis, in dem neben Bea bereits auch mein Freund Clemens Platz genommen hatte. Clemens strahlte bis über beide Ohren. Zweifellos hatte er ähnliche Erinnerungen an die Schulzeit, vielleicht sogar ähnliche Hoffnungen auf das, was kommen könnte, mindestens aber ebenso viel getrunken wie Anna, Bea und ich.

„Also keine Regeln", wiederholte Anna mit ernster Miene. „Was für ein Kinderkram."

Das kam von dem Typ, der sich Clemens und mir am Anfang des Abends ganz cool als Dave vorgestellt hatte. Ganz in Schwarz war er gekleidet, im Haar eine Sonnenbrille – ein Lackaffe. Anna und Bea hatten ihn auf einer Unifete im Westend kennen gelernt. Er hatte ihnen erzählt, dass er bis jetzt in Freiburg studiert habe und nun zum Hauptstudium an die Bielefelder Uni gewechselt sei. Im Laufe des Abends hatten wir nur ein paar Worte miteinander gewechselt. Der Typ gehörte halt nicht dazu; war nicht von hier, keiner von uns. Und mehr noch: Er störte – unter anderem bei meinem neuerlichen Versuch, ins argentinische Damentennis einzusteigen, den ich mir für heute Abend fest vorgenommen hatte. Und dabei konnte ich mögliche Konkurrenten nicht gebrauchen. Trotzdem hatte ich freundlicherweise sogar ein wenig Interesse bekundet, als ich hörte, er sei aus Freiburg gekommen. Zwischen Abi und Studium hatte ich mich dort oft und gerne herumgetrieben.

„Was macht der ‚Feierling'?", hatte ich von ihm wissen wollen. Diese Hausbrauerei war damals absoluter Kult in Freiburg – Brezel und ein Frischgebrautes im angrenzenden Biergarten sind ein Muss – für jeden Einheimischen und für jeden Touristen.

„Den Laden kenne ich nicht", hatte Dave geantwortet. „Kann wohl nichts Besonderes sein."

Mir schien es unmöglich zu sein, in Freiburg studiert zu

haben und den „Feierling" nicht zu kennen. Ich verbuchte das unter „komischer Typ eben" und dachte zunächst nicht weiter darüber nach.

Und jetzt zierte sich dieser komische Typ, sich zu uns in den Kreis zu setzen. Dagegen allerdings hatte ich nichts einzuwenden.

„Du brauchst ja nicht mitzuspielen, wenn du nicht willst."

Oh Gott, das klang tatsächlich wie Teenie-Geschwätz; hatte ich das wirklich gerade gesagt? Anna ging gar nicht drauf ein – Dave auch nicht.

„Nun komm schon", drängelte Anna in Klein-Mädchen-Manier und zog den coolen Dave zu uns auf den Teppich. Die Runde war komplett.

Und da saßen wir nun, fünf Menschen, eigentlich erwachsen, eigentlich dazu auserkoren, die neue wissenschaftliche Elite der Republik zu werden. Aber statt über Nietzsche und die Weltrevolution zu diskutieren, versuchten wir nun krampfhaft, in den Schneidersitz zu kommen, und freuten uns wie Kinder auf so etwas Erhabenes wie – Flaschendrehen. Mochten der Rotwein und die Hoffnung auf eine neue Chance bei Anna als Entschuldigung gelten.

„Auf wen die Flasche zeigt, der darf Bea küssen", bestimmte Anna. Ein guter Beginn, dachte ich mir. Es ging gleich in die richtige Richtung.

Aber nicht lange.

Der Flaschenhals zeigte auf Dave.

Der lachte überheblich, drückte Bea einen flüchtigen Kuss auf die Wange, nahm die Flasche und schaute in die Runde.

„Kinderkram – sag ich doch – der nächste küsst erst einmal den Flokati."

Und damit nahm das Spiel einen Lauf, den ich mir nun so ganz und gar nicht erhofft hatte. Es erwischte Clemens.

Anna und Bea lachten sich halb tot, als der arme Clemens den Teppich knutschte.

Mein Freund ließ die Erniedrigung tapfer über sich ergehen,

ergriff schnell die Flasche und damit die Chance, das Spiel wieder in den Bereich unerfüllter Pennäler-Wünsche zurückzubringen. Innerlich aber begann in Clemens die Wut hochzusteigen. Armer, tapferer Clemens. Vielleicht der cleverste in der Runde, aber sicher nicht der, der eine Situation in die Hand nimmt und in den Griff bekommt. Clemens und ich kannten uns damals bereits seit einer kleinen Ewigkeit – beste Freunde halt. Gemeinsame Schule, gemeinsamer Konfirmationsunterricht und immer die gleiche Rollenverteilung: Ich geriet in Schwierigkeiten, und Clemens boxte mich raus. Allerdings absolut nicht im eigentlichen Sinn der Wortes. Denn Little Clemens' Waffe war das Reden; allerdings nur, wenn es wirklich sein musste. Klein, schmächtig, mit einer viel zu großen Brille auf der Nase hatte er früh gelernt, dass er in körperlichen Auseinandersetzungen nie eine Chance haben würde. Also blieb er ruhig, hielt sich, so gut es ging, aus allem heraus und griff nur dann ein, wenn es absolut notwendig war. Zum Beispiel, um einem unbeholfenen Trottel wie mir aus irgendeiner brenzligen Situation zu helfen. Wenn sich Little Clemens allerdings zum Einschreiten entschied oder wenn er wirklich wütend wurde, dann brach es mit einer solchen Macht aus ihm heraus, dass so ziemlich jeder allein vor Schreck das Weite suchte. Dann schlug er mit Worten auf sein Gegenüber ein, verdrosch ihn mit Schimpftiraden – dann war er sogar mir unheimlich. Welch eine Wut in einer solch kleinen und eigentlich so liebenswerten Person doch stecken konnte.

Noch schien Clemens allerdings weit davon entfernt zu explodieren.

„Was haben wir gelacht. Ihr scheint es ja auf peinliche Situationen abgesehen zu haben. Na gut. Dann mal zur Sache: Auf wen die Flasche zeigt, der erzählt uns mal eine richtig schön peinliche Geschichte aus seinem bewegten Leben. Thema: der erste Kuss."

Gut gemacht, tapferer Clemens. Den Spieß umgedreht und

trotzdem beim erhofften Großthema des Abends geblieben. Ein Cleverle eben, mein Clemens.

Die Flasche kam bei Bea zum Halten und brachte uns so in den Genuss einer kurzen, aber durchaus charmanten Episode aus der Frühphase erotischen Experimentierens.

„In der Schule, vor allen Leuten. Gott, was war das peinlich. In der Pause, er kam ganz nah an mich heran. Ich hatte eigentlich nichts dagegen. Hielt ihm meinen Mund entgegen. Und was macht der Blödmann? Mit Zunge! Ich hab einen solchen Schreck bekommen, dass ich laut aufschrie. Alle anderen haben auf dem Boden gelegen vor Lachen."

„Wie alt warst du?"

Clemens wollte es ganz genau wissen. Ein analytischer Geist eben. Oder fuhr er gar in Bezug auf Bea eine ähnliche Strategie wie ich bei Anna?

„Dreizehn – vierzehn?"

„Siebzehn."

Jetzt lachten wir und merkten gar nicht, dass die Tatsache, dass Bea sich damit als echter Spätstarter geoutet hatte, ihr wirklich richtig peinlich war.

Bea nahm die Flasche und hielt sie einen Moment unentschlossen in der Hand.

„Das werdet ihr mir büßen! Okay – hier ist die Ansage. Der Nächste erzählt ebenfalls eine peinliche Geschichte. Aber über jemanden anders aus der Runde. Etwas, was der andere garantiert nicht selber erzählen würde."

Sie schaute vielsagend in die Runde. Und in der Tat. Jeder schien einen Moment erschrocken darüber nachzudenken, was da auf ihn zukommen konnte. Was wusste Anna über mich, was wusste ich über sie, das niemand hören sollte? Würde Clemens etwas ausplaudern, was besser nie ans Tageslicht kommen sollte? Ich sah den anderen an, dass sie ähnliche Gedanken hatten. Nur Dave blieb ruhig. Bei dieser Runde konnte er nur gewinnen.

Die Flasche zeigte wieder auf Clemens.

Ein vielsagendes Grinsen machte sich auf seinem Gesicht breit. Er schaute mich an, und ich wusste sofort, er würde irgendetwas aus seinem reichhaltigen Repertoire meiner Peinlichkeiten zum Besten geben. Nur welche?

„Kennt ihr die Geschichte vom Klocamper?", fragte Clemens in die Runde.

„Oh nein!", stöhnte es mir. Natürlich wusste ich, was jetzt kam.

Die Geschichte spielte in unserer Stammkneipe, dem „Pendel" an der Brackweder Hauptstraße.

„Süße achtzehn war er, unser Langer. Und hatte mal wieder einige Alt-Schuss zu viel zu sich genommen."

Clemens genoss sichtlich die sich ihm bietende Gelegenheit, mir eins auszuwischen.

„Ich riet ihm, mit mir nach Hause zu gehen, aber der Herr wollte nicht. Ich ging, er blieb. Und er blieb lange."

Clemens hatte die volle Aufmerksamkeit der Runde.

„Kurz bevor das ‚Pendel' zumachte, überkam unseren Freund offenbar ein dringender Harndrang. Dieser war wohl obendrein noch mit einer unüberwindbaren Mattigkeit gekoppelt. Unser Freund nahm also auf einer der Toiletten Platz, vielleicht auch nur, um sich einen Moment auszuruhen. Wer will das im Nachhinein schon noch genau sagen."

Ich ignorierte die amüsierten Blicke aus der Runde. Daves schäbiges Grinsen aber versetzte mir einen Stich. Es wirkte wie ein Siegerlächeln: Da wurde offenbar gerade ein Konkurrent demontiert – und zwar gründlich.

Clemens machte das für ihn in vorzüglicher Art und Weise. Warum eigentlich?

„Gegen sechs Uhr in der Frühe klingelte mein Telefon. Unser Held war erwacht und hatte beim Verlassen der Toilette die erschütternde Feststellung machen müssen, dass die Kneipe dunkel, zu und verriegelt war. Nur zu gerne wären wir wohl dabei gewesen, als ihm seine missliche Situation klar wurde."

Genüssliches Nicken allerseits – insbesondere von Dave.

„Ist ja gut. Amüsiert euch nur auf meine Kosten."

Ich hatte mich zur Offensive entschlossen.

„Ich war tapfer und ich war clever. Ich sondierte meine Chancen auf einen unbemerkten Ausbruch. Besann mich dann aber. Die Schlagzeile ‚Ausbrecher gefasst' wollte ich nicht riskieren. Ich fand im Stockdunklen das Telefon und rief jemanden an, von dem ich damals glaubte, er wäre mein Freund."

Böser Seitenblick auf Clemens.

„Dieser Verräter da besorgte sich die Telefonnummer vom Wirt und gemeinsam haben mich die beiden dann aus meinem Gefängnis befreit. Und geschworen haben sie, dass die Geschichte vom Klocamper unter uns bliebe. So weit zum Thema: Vertrauen unter guten Freunden ..."

Clemens hatte mit seiner Geschichte die Lacher auf seiner Seite. Und ich den Spott.

„Aber ich hätte auch ausbrechen können, und keiner hätte je erfahren, was passiert war. Ich wollte nur nichts kaputt machen."

Eine gute Verteidigung, wie ich fand.

Dave allerdings schien auf eine solche Erklärung nur gewartet zu haben.

„Du bist ein Blender. Du hattest einfach keinen Mumm in den Knochen. Das war's. Sonst hättest du die Tür aufgebrochen und wärst verschwunden. Stattdessen rufst du um Hilfe."

„Halt die Luft an. Ich hab ganz bestimmt mehr Mumm in den Knochen als der feine Herr aus Freiburg."

„Nun gebt endlich Ruhe; alle beide." Clemens nahm die Flasche.

„Ich glaube, ich bin dran. Wir haben so viel über Peinlichkeiten von früher geredet. Willkommen im Hier und Jetzt. Hier ist Rhodos. Hier wird gesprungen!"

„Alter Latein-Angeber!", raunte ich ihm zu. Allerdings glaubte ich zu verstehen, worauf er hinauswollte. Immerhin hatte Clemens wie wir alle schon das ein oder andere Glas geleert. Also wollte er wohl zurück zu den schwülen Pennäler-Aktionen, die wir uns am Anfang von diesem Spielchen erhofft hatten – à la T-Shirt hoch und Zungenkuss.

„Also, auf den die Flasche zeigt, der muss hier und jetzt was Peinliches tun!"

Sprach's und drehte die Flasche. Ich sah seinem Blick an, dass es ihm wirklich leid tat, als der Flaschenhals bei mir zur Ruhe kam.

„Na prima, was darf es denn sein?"

„Wir können unseren Klocamper ja wieder irgendwo einsperren – und eine peinliche Befreiungsaktion starten."

„Danke Anna, Superidee!"

„Nein – wirklich – und dann wird er erwischt und es ist ihm megapeinlich." Auch Bea hatte anscheinend kein Mitleid mit mir.

„Bevor er erwischt wird, müsste er ja eigentlich erst einmal etwas Verbotenes tun."

Dave gefiel die Richtung, in die dieses dumme Spiel sich jetzt entwickelte.

„Aber dafür braucht man halt Mumm. Und das ist für dich bestimmt nur 'ne Sektmarke."

„Ich hab es schon einmal gesagt und ich wiederhole er gerne – ich habe garantiert mehr Mumm als du."

„Ach ja, du Maulheld? Dann beweise es uns doch endlich. Tu was Verbotenes!"

„Und was bitte schwebt dir vor: Soll ich ein Auto klauen – oder lieber irgendwo einbrechen?"

„Gute Idee", Dave griente mich an. „Such dir was aus."

„Blödsinn!"

„So ist das Spiel."

„Blödsinn!"

„Ach komm schon, mach was", mischte sich Bea ein.

Wenn ich mir nicht in meinem weinseligen Kopf immer noch Hoffnungen auf eine Chance bei Anna gemacht hätte, wäre ich aufgestanden und gegangen.

Aber so ein Abgang kam jetzt nicht in Frage. Stattdessen

schaute ich mich Hilfesuchend in der Runde um. Die anderen würden doch wohl erkennen, in was für eine idiotische Richtung unser Spielchen abzudriften drohte. Sie würden Dave zurechtweisen. Ihm sagen, wie dumm sie diesen Machtkampf fänden.

Aber nichts dergleichen passierte.

Die diversen Gin Tonic, die sich die beiden Frauen schon den ganzen Abend über genehmigten, schienen die dunkle Seite der beiden Jura-Studentinnen zum Vorschein gebracht zu haben.

Anna grinste. „Los, ich weiß was: Wenn du schon nicht ausbrechen kannst, dann brichst du eben in ein Haus ein."

Entgeistert schaute ich sie an. „Das ist nicht dein Ernst, oder?"

„Keine Panik, Langer. Nimm das Nachbarhaus. Die alten Herrschaften nebenan sind eh nicht da. Sind seit einer Woche zur Kur, in Bad Pyrmont oder so. Und über ihrer Garage haben sie immer ein Fenster auf Kippe stehen."

Sie schien sehr zufrieden mit ihrer Idee.

„Also, machst du's?"

Ich weiß bis heute nicht genau, warum ich es machte. Aber ich machte es.

Draußen auf der Straße war es ruhig. Wie ausgestorben. Anna wohnte in der Kollostraße – eine der vielen Wohnstraßen, die von der Brackweder Hauptstraße hoch in Richtung Wald führen. Im oberen Teil standen gut ein Dutzend Häuser. Alle aus den Fünfzigern – zweigeschossig, kleiner Garten drumherum. Gutbürgerlich durch und durch. Brackwede pur.

Vom Küchenfenster nebenan beobachteten mich die anderen. Ich kletterte auf die Garage, fand das Fenster. Es stand auf Kippe, genau wie Anna gesagt hatte.

Mit der linken Hand fasste ich hinein, drückte den Hebel so weit wie möglich nach unten. Das Fenster sprang auf.

Die Straßenlaterne erhellte den Raum – es war das Badezimmer. Ich musste hinunter in den Keller, die anderen hatten eine Flasche Wein verlangt – als Beweis, dass ich tatsächlich drin war.

Durch den Flur, bis zur Küche – dahinter war die Kellertür. Anna hatte mir vorher alles erklärt. Sie war früher oft in dem Haus gewesen, als die Tochter der Nachbarn noch zu Hause wohnte; die beiden waren wohl Freundinnen gewesen.

Ich öffnete die Kellertür, der Schlüssel steckte. Eine steile Treppe führte hinab. Durch die offene Tür fiel ein wenig Licht auf die Stufen. Fünf Stufen schaffte ich – dann hörte ich einen lauten Knall, und es war stockdunkel.

Oben hatte jemand die Tür mit Schwung zugeworfen; ich hörte, wie sich der Schlüssel im Schloss drehte.

Na super. Erwischt. Wer immer da oben war; er hielt mich garantiert für einen Dieb.

„Hallo, hören Sie. Wer immer Sie sind – ich bin kein Einbrecher."

Ich redete laut und schnell. Ich nannte meinen vollen Namen, meine Adresse, mein Alter; einfach alles, was mir einfiel, um dem da oben klarzumachen, dass hier im Keller kein Schwerverbrecher, sondern nur ein unglaublicher Dummkopf stand.

„Es ist alles nur 'ne blöde Wette, ein Spiel. Ich komme von nebenan, ich will nichts stehlen. Es ist nur – oh verdammt – es ist doch nur …

Bitte, rufen Sie nicht die Polizei. Herrgott, ich bin total harmlos. Ich, ich …"

Ich wusste nicht mehr weiter. Oben regte sich nichts. Kein Laut war zu hören. Mir kam plötzlich eine Idee.

„Anna, Dave. Wenn ihr das seid da oben, das ist nicht witzig."

Keine Reaktion. Aber das war doch die einzige plausible Erklärung. Die waren mir gefolgt, um mich zu erschrecken.

„Okay, ihr habt euren Spaß gehabt. Ich bin der Blödmann,

ich bin drauf reingefallen. Jetzt lasst uns hier verschwinden. Los, macht die Tür auf."

Und tatsächlich, ich hörte, wie der Schlüssel umgedreht wurde.

„Sie scheinen ja wirklich kein richtiger Einbrecher zu sein."

Die Frau, die oben an der Kellertür stand, war ungefähr so alt wie ich. Und sie sah umwerfend aus. Ein übergroßes Sweatshirt war offenbar so ziemlich alles, was sie trug. Die halblangen, lockigen Haare zerzaust; offensichtlich hatte sie geschlafen und war dann von den Geräuschen, die ich bei meinem „Einbruch" verursacht hatte, geweckt worden.

Aber das Wichtigste: Sie lächelte mich an. Es war ein spöttisches Lächeln, vielleicht sogar gepaart mit einer kleinen Dosis Mitleid. Wahrscheinlich gab ich auch wirklich ein jämmerliches Bild ab. Erst hatte ich im Dunkeln auf der Kellertreppe nahezu hysterisch geheult und um Gnade gewinselt und jetzt stand ich da – und wusste nichts zu sagen.

„Ich … Du. Ich meine, ich …"

„Ja?"

Sie ließ mich zappeln. Und es gefiel ihr.

„Was machst du hier überhaupt?"

Zugegeben eine eher blöde Frage angesichts meiner Situation, aber ich war tatsächlich neugierig.

„Supernummer. Fragt mich der Einbrecher, was ich hier zu suchen habe."

„Ich bin kein Einbrecher."

„Das sagen sie alle."

„Witzig, wirklich."

Ich erzählte ihr nochmals alles, was ich schon in die Dunkelheit hinein gerufen hatte.

„Und wer bist nun du?"

„Das ist mein Elternhaus. Immer, wenn ich für ein paar Tage in Bielefeld bin, schlaf' ich natürlich hier. Umso lieber, wenn sie nicht da sind. Eigentlich wohne ich in Hamburg. Ich studiere da."

Ich war unterdessen die Kellertreppe wieder hochgestiegen, stand jetzt dicht vor ihr. Was für eine Frau.

Natürlich merkte sie sofort, wie ich sie anstarrte.

„Ich glaube, du verschwindest jetzt besser. Vielleicht sehen wir uns ja mal wieder. Du weißt ja jetzt, wo ich wohne."

„Du lässt mich gehen?"

„Was sollte ich sonst tun. Dir die Polizei auf den Hals hetzen?"

„Nimm mich gefangen."

„Das hättest du wohl gerne."

„Ja."

„Nächstes Mal. Hau jetzt ab."

„Wie heißt du?"

„Karo."

„Da lässt sich der Lange erwischen – von Karo."

Zurück in Annas Wohnung hatte ich den anderen mehr oder weniger genau erzählt, was sich drüben abgespielt hatte.

Natürlich kannte Anna das Mädchen von nebenan, beteuerte aber glaubhaft, dass sie wirklich keine Ahnung hatte, dass Karo an diesem Abend aus Hamburg gekommen war.

„Und sie sah wirklich so super aus?"

Obwohl ich natürlich nicht in allen Details geschildert hatte, wie fasziniert ich von Karo gewesen war, hatte mein Freund Clemens es sofort herausgehört.

„So ein schönes Mädchen – und so allein zu Haus …"

Dave grinste und ich wäre ihm für diesen blöden Spruch am liebsten an die Gurgel gegangen. Aber ich hatte keine Lust mehr auf eine Fortführung unseres Hahnenkampfs – und ich hatte auch kein großartiges Interesse mehr daran, meine Chancen bei Anna zu testen. Meine Gedanken waren woanders.

„Genug für heute, ich mach' mich auf den Weg."

„Spät genug", bestätigte Clemens und holte unsere Jacken. Zu meiner Überraschung machte auch Dave Anstalten zu gehen. Ich hätte geschworen, er wäre noch geblieben, als wir das Feld räumten. Wir verabschiedeten uns von Anna und Bea und gingen hinaus in die kalte Nachtluft. Es war mittlerweile fast zwei Uhr. Wir trennten uns vor der Tür. Clemens hatte es eilig, er sagte, er wolle versuchen, den „Lumpensammler" zu erreichen, die letzte Straßenbahn in Richtung Innenstadt.

Ich hatte vor, in aller Ruhe zu Fuß über den Berg nach Hause zu gehen. Das würde zwar fast eine Stunde dauern, aber ich brauchte das jetzt nach all der Aufregung. Dave war mit einem uralten, klapprigen R4 Kastenwagen da. Voll gepackt mit Sachen. Vorne meinte ich sogar einen Schlafsack zu erkennen. Passte gar nicht zu ihm. Und dass er sich überhaupt ans Steuer seines Autos setzte, wunderte mich auch. Hatte er nicht mindestens so viel getrunken wie wir? Entweder er hatte uns die ganze Zeit etwas vorgemacht – oder er riskierte in diesem Moment seinen Führerschein. Als er an mir vorbeifuhr, hielt er kurz an, drehte das Seitenfenster herunter und grinste mich ein letztes Mal an: „Ich wünsche feuchte Träume, der Herr."

Am nächsten Morgen klingelte mein Telefon. Es war Anna, und sie war außer sich. „Du musst sofort kommen. Es ist was Schreckliches passiert. Karo ist tot."

Als ich die Kollostraße hochfuhr, sah ich zwei Polizeiwagen und einen weißen Bulli vor dem Haus stehen, in das ich vor wenigen Stunden eingestiegen war.

Der Eingang des Hauses war mit Flatterband abgesperrt. Ich parkte weiter oben, so weit weg wie möglich.

Die anderen warteten schon in Annas Wohnung. Sie hatte auch Clemens und Dave sofort angerufen. Bea war sowieso über Nacht bei Anna geblieben.

Dave kam bereits im Flur auf mich zu.

„Na, gestern Nacht noch mal bei der Lady gewesen?"

„Was willst du damit sagen?"

„Dass es doch irgendwie komisch ist. Du steigst bei ihr ein

– und am nächsten Morgen ist sie tot."

Ich ließ ihn ohne ein Wort im Flur stehen und ging zu den anderen ins Wohnzimmer.

Anna weinte. Nachdem sie sich etwas beruhigt hatte, erzählte sie, wie sie am Morgen zu Karo hinübergehen wollte, um mit ihr über die vergangene Nacht zu reden. Auch, um sich für die blöde Aktion, an der sie ja nicht ganz schuldlos gewesen war, zu entschuldigen.

Sie hatte gesehen, dass die Haustür auf stand, und war schließlich ins Haus gegangen, als niemand auf ihr Rufen reagierte.

Karo hatte im Flur gelegen, nur wenige Meter von der Haustür entfernt. Ihr Kopf in einer riesigen Blutlache.

Neben der Toten auf einer Anrichte habe ein Telefon gestanden – vollkommen unter Schock stehend habe sie von dort aus sofort die Polizei gerufen.

„Die sagten, ich solle dort warten. Das habe ich aber nicht gekonnt. Ich bin nach Hause zurück, habe Bea alles erzählt." Anna fing wieder an zu weinen. Bea übernahm, sie war erstaunlich ruhig.

„Bis die Polizei kam, haben wir überlegt, was wir sagen. Ich habe Anna erklärt, dass ich es für besser hielte, nichts über gestern Nacht zu erzählen. Am Ende bekommst du noch Ärger, weil du bei ihr warst."

Anna hatte sich wieder ein wenig beruhigt.

„Der Polizist hat dann erzählt, dass Karo wohl mit dem Hinterkopf gegen die Kante der Anrichte im Flur gefallen war. Er machte aber auch solche Andeutungen, dass es wohl kein Unfall war. Irgendjemand habe sie geschlagen oder gestoßen – auf alle Fälle wäre noch jemand in der Wohnung gewesen – wahrscheinlich ein Einbrecher. Und dann hat er gefragt, ob uns irgendetwas aufgefallen sei. Ob wir was gehört oder gesehen hätten."

„Wir haben gesagt, dass Anna und ich ferngesehen hätten und früh im Bett waren. Wir haben nicht mal was von unserer kleinen Party erzählt", ergänzte Bea.

Clemens nickte.

„Ich finde auch, es gibt keinen Grund, ihnen das zu erzählen. Wir wissen alle, dass der Lange nichts mit Karos Tod zu tun hat."

„So – wissen wir das?" Das war Dave. Er schaute einen nach dem anderen an.

„Und was, wenn er doch was damit zu tun hat?"

Ich ging sofort zwei Schritte auf ihn zu.

„Und was, wenn du was damit zu tun hast? Was hast du denn gemacht, als du mit deiner Klapperkiste weggefahren bist. Ein bisschen gewartet und dann umgedreht? Du wusstest doch, dass sie allein zu Hause war."

Dave versuchte, sich zu verteidigen.

„Vielleicht hast du uns angelogen. Vielleicht ist dein Einsteigen bei Karo ganz anders abgelaufen, als du uns nachher erzählt hast. Oder du bist nachher noch mal wiedergekommen."

Die anderen schüttelten den Kopf – sie waren auf meiner Seite.

„Du musst uns gerade was von Lügen erzählen. Bei dir stimmt doch hinten und vorne nichts. Freiburg – dass ich nicht lache. Da hast du garantiert nicht studiert. Kennst nicht einmal den ‚Feierling'. Und überhaupt: Läufst hier piekfein herum – und fährst so eine schäbige Karre. Sah gestern Abend eher so aus, als ob du in dem Kombi schlafen würdest. Und du hast uns wahrscheinlich den ganzen Abend was vorgemacht – so viel getrunken wie wir hast du bestimmt nicht. Machtest draußen plötzlich wieder einen sehr nüchternen Eindruck."

Das war es. Ich hatte ihn erledigt.

„Bullshit!", brummte Dave.

Aber der Verdacht stand im Raum. Auch Anna und Bea starrten Dave jetzt an. Stille.

Clemens war es schließlich, der uns alle beruhigte.

„Leute, hört mit dem Blödsinn auf. Ich schlage vor, was gestern Abend geschehen ist, bleibt einfach unter uns. Wenn wir jetzt zur Polizei gehen und uns alle gegenseitig wie wild beschuldigen, hilft das keinem. Und es macht Karo nicht wieder lebendig. Wir halten die Klappe – und zwar alle. Ist das klar?"

Alle nickten. Auch Dave.

Das war unser stummer Schwur, der bis heute gehalten hat.

Es gab einfach nicht genug Spuren und keine Zeugen. Die Ermittler gingen weiter davon aus, dass es ein Einbrecher war, den Karo auf frischer Tat ertappt hatte und der sie vielleicht davon abhalten wollte, die Polizei zu rufen. Er war offenbar durch das Seitenfenster eingestiegen. Dort gab es sogar Fingerabdrücke, aber sie waren verwischt worden.

Die Polizei hat den Täter bis heute nicht ermittelt. – Meine Rechnung ist aufgegangen.

Anna, Bea und Clemens waren nie auf die Idee gekommen, dass ich es war. Und für Dave war es zu riskant gewesen, den Mund aufzumachen. Er hatte ja auch nur einen Verdacht. Und er war der Außenseiter. Die Brackweder Clique hält zusammen. Und wer nicht dazugehört, hat keine Chance.

Vielleicht hatte Dave geahnt, dass ich tatsächlich noch einmal zu Karos Haus zurückgekehrt bin. Dass ich noch mal durch das Badezimmerfenster eingestiegen bin, weil ich dachte, sie fände das cool, wenn ich plötzlich vor ihr stehe.

Sie mochte mich doch. Sie wollte mich doch wiedersehen, hatte sie gesagt.

Aber sie schrie los und wurde richtig wütend. Ich wollte sie beruhigen. Aber sie rannte aus ihrem Zimmer, direkt Richtung Hausflur. Ich hatte Angst, sie würde auf die Straße hinauslaufen, vielleicht zu Anna. Was wäre das peinlich gewesen. Ich lief also hinter ihr her, es gelang mir, ihren linken Arm zu greifen, kurz bevor sie die Haustür erreichte. Ich riss sie herum. Heftig, viel zu heftig. Sie verlor das Gleichgewicht, ich hielt weiter ihren Arm fest. Ich drehte sie, sie fiel. Ihr Kopf schlug mit einem furchtbaren Geräusch gegen die Anrichte.

Ich verwischte meine Spuren, so gut es ging, und verließ das Haus an der Kollostraße so, wie ich gekommen war. Bei Anna brannte längst kein Licht mehr. Niemand hat mich gesehen. Ich konnte mir sicher sein, dass meine Freunde nie etwas gesagt hätten, was mich in Verdacht hätte bringen können. Das einzige Risiko stellte Dave dar. Aber was sollte er schon ausrichten.

Er war der Außenseiter. Und die Clique stand hinter mir. So läuft das bei uns.

Bis heute hat unser Schweigen gehalten. Niemand hat es gebrochen. Wenn ich – ausgerechnet ich – es jetzt tue, hat das einen einfachen Grund.

Dem Grund bin ich gestern begegnet. In Brackwede – auf der Hauptstraße. Wie könnte es anders sein. Ich habe ihn zunächst gar nicht erkannt. Er kam auf mich zu, ziemlich heruntergekommen. Wahrscheinlich wollte er mich nach ein paar Cent fragen. Er erkannte mich in dem Augenblick, in dem ich ihn erkannte.

Ich sah in seinen Augen, dass er sich sofort wieder an die zwanzig Jahre alte Geschichte erinnerte. Und er sah in meinen, dass ich Angst davor hatte.

Damals hatte er vielleicht viel zu verlieren gehabt. Vielleicht wollte er Fuß fassen in unserer Clique. Um irgendetwas auf die Beine zu stellen. Dazu brauchte er uns. Als unser Bekannter hätte er in Brackwede eine Chance gehabt.

Dazu war es offenbar nicht gekommen.

Jetzt war er ganz unten, hatte nichts mehr zu verlieren. Es war mir in diesem kurzen Augenblick, als wir uns anschauten, klar, was ihm durch den Kopf ging. Warum sollte er nicht einfach zur Polizei gehen und die Geschichte von damals aus seiner Sicht erzählen. Und würde die Polizei nachfragen: Würden meine Freunde von damals nicht auch alles zugeben? Keine Clique hält ewig.

Also breche ich als Erster das Schweigen, bevor es andere tun.

Dieses hier ist mein Geständnis. Alles ist gesagt. Ich werde mich in Brackwede der Polizei stellen. Den Dienststellenleiter am Stadtring kenne ich noch von früher. Er war mal in unserer Clique.

Andererseits: Was würde schon passieren, wenn man morgen einen Stadtstreicher hinter den Gleisen am Güterbahnhof finden würde. Tot, erschlagen – mutmaßlich von seinesgleichen. Selbst wenn man herausfände, dass er sich Dave genannt hat und schon früher mal in Brackwede aufgetaucht war.

Er ist nach wie vor keiner von uns. Weit davon entfernt.

Gisa Pauly

**Arminius' Plan**

Ich heiße Godelind. Ich weiß es, denn der Name klingt in mir, als hätte ihn gerade jemand gerufen, als hallte er in mir nach. Godelind … Ich glaube, der Name gefällt mir.

Das Vorankommen ist nicht leicht. Nicht nur, weil das Gelände unwegsam ist, weil ich durch hohes Gras steigen muss, das die Fellstücke, die ich um Beine und Füße gewickelt habe, und den Saum meines Wollrocks durchnässt und ihn immer schwerer macht. Meine Schritte sind auch schwerfällig, weil ich etwas trage, was mir Rückenschmerzen bereitet und mich am zügigen Gehen hindert.

Ja, ich bin schwanger. Ich weiß es nicht nur, ich fühle es, spüre das werdende Leben in mir, eine Last, aber auch eine Hoffnung. Die Burg, in der ich mich geborgen fühlte, habe ich nicht gern verlassen. Nun bin ich auf dem Weg zur Teutoburg. Ob man mich dort willkommen heißen wird? Aber ich muss es wagen, es bleibt mir nichts anderes übrig, als weiterzugehen. Umdrehen will ich mich nicht, das würde mir das Herz brechen. Ich muss meine Aufgabe erfüllen, das ist meine einzige Chance. Wenn ich tu, was Fürst Segestes von mir verlangt, wird alles gut werden. Dann will er mein Kind anerkennen als fürstlichen Nachkommen, und dann werde ich es schaffen zu vergessen, dass ich auch von Ludolf schwanger sein könnte. Ludolf, der von einem Tag auf den anderen verschwand.

Fürst Segestes glaubt, dass er sich einer römischen Legion angeschlossen hat. Auch deswegen muss ich tun, was der Fürst von mir verlangt. Wenn Arminius ein falsches Spiel spielt, wäre Ludolf in tödlicher Gefahr. Varus wollte Fürst Segestes ja nicht glauben, er vertraut Arminius nach wie vor. Weil er dumm ist, sagt der Fürst, schrecklich dumm und naiv.

Meine Beine tun weh, ich brauche eine Pause. Da, ein Baumstumpf! Ein bisschen ausruhen, nur ein paar Augenblicke. Aber ich muss aufpassen, wenn ich mich setze. Unter meinem Rock ist ein Stoffbeutel versteckt, den ich hüten muss wie meinen Augapfel. Niemand darf ihn bemerken, und ich muss mich vorsichtig bewegen, damit der ausgehöhlte Lehmklumpen, den ich dort verborgen habe, keinen Schaden nimmt. Das Gift darin ist kostbar, sehr kostbar. Ich muss den Auftrag des Fürsten erfüllen, damit ich zurück kann auf die Eresburg, wo mein Kind zur Welt kommen und aufwachsen soll. Ob es nun Segestes' oder Ludolfs Kind ist … für mich spielt das keine Rolle.

Ich weiß nicht, wie lange ich auf dem Baumstumpf gesessen habe. Plötzlich merke ich, dass mir kalt wird. Das Licht der fahlen Herbstsonne steht nicht mehr am Himmel, die Zweige der alten Eichen stechen in graue Wolken, sie versuchen, die Abenddämmerung herabzuziehen. Es wird Zeit, dass ich weiterkomme. Ich will unbedingt an die Tür der Teutoburg klopfen, bevor die Dunkelheit hereingebrochen ist. Danach wird man mir nicht mehr öffnen, und ich habe Angst davor, außerhalb der Burgmauern zu nächtigen.

Fürst Arminius hat nicht nur Freunde unter den Cheruskern. Es gibt viele, die mit den Römern paktieren wollen, die sich Vorteile versprechen von ihrer Kultur, ihrem Fortschritt, ihrem Luxus, ihrer Stärke. Diejenigen wissen oder ahnen zumindest, dass Arminius sich mehr und mehr von den Römern abgewandt hat, seit er die Nachfolge seines Vaters antreten musste. Arminius' Bruder Flavus ist in Rom geblieben und hält an allem Römischen fest, aber Fürst Segestes weiß, dass Arminius die römische Besatzermacht loswerden will. Wenn er auch Varus' Freundschaft annimmt, wenn er auch mit dem römischen Statthalter isst, trinkt und Orgien feiert. Fürst Segestes ist der Meinung, dass Arminius nur darauf wartet, Varus in einen Hinterhalt zu locken. Deswegen das Gift und deswegen meine Aufgabe. Eine einfache Dienstmagd wie ich wird keinen Argwohn erregen, meint der Fürst.

Ich spürte das Wort auf meinen Lippen, bevor ich aufwachte. „Roma!" Das konnte nicht mehr Godelind sein. Sie beherrschte nur die Sprache ihres germanischen Stammes und wusste nichts von römischer Sprache und römischer Kultur. Trotzdem spürte ich, dass ich „il mio presidente" flüsterte, noch ehe ich richtig erwachte, und dann wieder daran dachte, dass ich einen deutschsprachigen Therapeuten hatte. Ich war wieder … ich.

„Es gibt viele Gründe, warum eine Rückführung in ein vergangenes Leben sinnvoll sein kann", hatte mir Dr. Englers vorher erklärt. „Aus therapeutischer Sicht können Rückführungen bei sich wiederholenden Beziehungsmustern hilfreich sein. Der Erinnerungsspeicher Ihres Geistes sucht dann Situationen auf, die mit Ihrem Problem verbunden sind. Sie erleben sie erneut, verstehen sie und können sie schließlich emotional neutralisieren."

Ich war zunächst sehr skeptisch gewesen. „Sie meinen, ich habe alles schon mal erlebt? Ich suche mir immer wieder die falschen Männer, weil ich in meinem früheren Leben schon so verrückt war?"

Aber Dr. Englers schüttelte den Kopf. „Ob es sich tatsächlich um Situationen aus einem früheren Leben handelt, kann niemand sagen. Vielleicht ist es auch nur die spontane Bebilderung eines Spannungsfeldes durch das Unbewusste."

Ich starrte ihn an. Was meinte er damit? „Che cosa?"

Aber mein Psychologe winkte ab, ehe ich weiterfragen konnte. „Das ist für die Wirksamkeit der Hypnose unerheblich."

Diese Antwort kam mir recht. So genau wollte ich es gar nicht wissen. Hauptsache, ich schaffte es endlich, mich nicht immer wieder in Männer zu verlieben, die mich ausnutzten und hintergingen. Mächtige Männer, populäre Männer, Männer mit großen Namen, mit Geld, mit Ansehen … meis - tens auch mit einer Ehefrau. Und ich war immer nur die Geliebte, die Gespielin, die keine Ansprüche stellen, die nicht lästig werden durfte. Manchmal war ich so voller Rachegedanken, dass ich Angst hatte vor einem Mord aus Leidenschaft. Auch deswegen hatte ich Dr. Englers aufgesucht.

„Ich hieß Godelind", erzählte ich ihm. „Der Mann, der mir einen Auftrag gegeben hatte, war Fürst Segestes. Er hat mich zur Teutoburg geschickt."

Dr. Englers sah mich überrascht an. „Sie waren unter der Hypnose in einer Zeit vor gut zweitausend Jahren? Fürst Segestes war der Vater von Thusnelda. Sie war die Frau von Arminius, dem Fürsten der Cherusker. Sie wissen doch, der Mann, der das römische Heer vernichtete."

Ich war nicht zufrieden mit meinem Psychiater. „Sie haben mich zu früh zurückgeholt. Ich bin nicht mehr dazu gekommen, den Auftrag auszuführen."

„Darauf kommt es nicht an", gab Dr. Englers sanft zurück. „Und überhaupt … Sie wollten doch nie mehr nachgeben. Oder war es Ihr … ich meine, Godelinds eigener Wunsch, diesen Auftrag zu erfüllen?"

Ich schüttelte den Kopf. „Nein, ich musste es tun, um meine Heimat nicht zu verlieren."

„Na, also! Sie werden jetzt daran arbeiten, Forderungen zurückzuweisen."

Ich merkte, wie das Schuldgefühl gleich wieder von mir Besitz ergriff, die Angst vor einem Verlust, die Sorge, nicht zu genügen. „Sie meinen, ich schaffe das? Und was, wenn ich es bereue? Wenn ich mir später Vorwürfe mache?"

„Auch daran werden wir arbeiten. Sie müssen lernen, nicht nur anderen zu verzeihen, sondern vor allem sich selbst. Fürst Segestes steht für den mächtigen Mann, der Sie schlecht behandelt und von dem Sie trotzdem nicht loskommen. Nach der Therapie werden Sie die Kraft haben, Ihre Wünsche gegen seine zu stellen. Wir werden noch eine weitere Sitzung brauchen, damit ich Ihr Unterbewusstsein erreiche und Ihre destruktiven Gedanken behutsam gegen positive austauschen kann. Danach werden Sie es schaffen, sich von dem Mann zu lösen."

Es ist beinahe dunkel, als ich vor den Toren der Teutoburg ankomme. Finster liegt der Burgberg vor mir, auf dem höchsten Punkt seiner Erhebung das große Haus des Fürsten. Zu seinen Füßen drängen sich winzige Behausungen aneinander. Eine Mauer umfriedet die Teutoburg, die an vielen Stellen ausgebessert wurde. Fürst Arminius fühlt sich anscheinend nicht sicher. Er weiß, dass er von Segestes, seinem Schwiegervater, gehasst wird. Auch das Tor ist so hoch und schwer, dass ein Wärter allein es nicht schafft, es zu öffnen und zu schließen. Fürst Segestes sagt, früher wäre es tagsüber geöffnet gewesen. Aber seit Arminius die Nachfolge seines Vaters angetreten hat, ist es damit vorbei.

Eine barsche Stimme antwortet mir, als ich an das Tor poche. „Wer da?"

Ich nenne meinen Namen. „Meine Eltern schicken mich. Ich soll fragen, ob die Fürstin eine Dienstmagd gebrauchen kann."

Eine kleine Klappe fällt herab, ein scharfes Auge mustert mich. „Bist du allein?"

Ich bestätige es mit zitternder Stimme. „Es wird bald dunkel. Bitte, lasst mich herein."

Tatsächlich bewegt sich das Tor kurz darauf mit einem knarrenden Geräusch, das auf dem ganzen Burgberg zu hören sein muss. Ich sehe, dass mehrere der Teutoburg-Bewohner auf mich aufmerksam geworden sind.

Eine ältere Magd stellt den Krug zur Seite, mit dem sie Wasser holen wollte, und kommt auf mich zu. „Du suchst Arbeit?" Sie wartet meine Antwort gar nicht erst ab. „Komm mit. Die Herrin ist im Haus."

Ich folge ihr mit gesenktem Kopf, damit sie glauben kann, dass ich eine folgsame, ergebene Magd bin. Erst als wir vor dem Haus des Fürsten angekommen sind, blicke ich auf.

Das Haus von Fürst Arminius ist etwa zwanzig Meter lang. Das Dach, das aus Stroh, Schilf und Rasensoden besteht, ruht auf schweren Pfosten. Sie werden verbunden durch Wände, die aus einem mit Lehm abgedichteten Flechtwerk bestehen. Die Magd weist auf eine Tür, die in den Wohnraum mit der Feuerstelle aus Feldsteinen und Lehmplatten führt. Auf der anderen Seite des Hauses führt eine ähnliche Tür in den hinteren Teil des Hauses, den Stallbereich.

Fürstin Thusnelda sitzt neben dem Feuer. Eine kleine Flamme züngelt, der Rauch zieht durch eine Firstöffnung ins Freie. Der Boden, der aus gestampftem Lehm besteht, ist so sauber, als wäre er gerade erst gefegt worden. An den Wänden befinden sich Podeste, die tagsüber als Sitzplätze dienen und abends mit Fellen belegt und so zu Schlafbänken werden. Fürst Segestes hat mir erzählt, dass Arminius und Thusnelda einen eigenen Schlafraum haben. Aber das werde ich erst glauben, wenn ich es mit eigenen Augen gesehen habe. Wenn es stimmt, dass Arminius sich einen solchen Luxus erlaubt, dann wird mein Auftrag leicht zu erfüllen sein.

Die Fürstin sieht mich freundlich an, die Angst, die mich bis zu diesem Augenblick angefüllt hat, verlässt mich allmählich. Mir fällt auf, dass sie die gleiche Augenfarbe hat wie ihr Vater. Vielleicht wird auch mein Kind Augen von diesem matten Grau haben, womöglich aber auch braune Augen, so wie Ludolf.

„Wir können Hilfe gebrauchen", sagt Thusnelda. „Wo hast du bisher gearbeitet?"

Ich erzähle ihr die Geschichte, die Fürst Segestes mir eingeschärft hat. Von der römischen Familie, die mit Varus nach Germanien gekommen war. „Nun aber wollen sie mit dem römischen Statthalter zurückziehen. Wenn Varus seine Legionen ins Winterlager führt, wollen sie mitgehen, um später, wenn der Winter vorbei ist, nach Rom zurückzukehren."

Thusnelda nickt. „Und du willst nicht mit nach Rom?"

Diese Frage habe ich erwartet. „Was soll ich dort? Hier ist meine Heimat." Erleichtert stelle ich fest, dass ich die richtige Antwort gegeben habe. Thusnelda lächelt zufrieden, als wäre es nötig, eine Gegnerin Roms zu sein, um auf der Teutoburg seinen Lebensunterhalt verdienen zu dürfen. Und als ich fortfahre, wird mir schnell klar, dass ich auch diesmal das Richtige sage: „Kaiser Tiberius nennt die Cherusker zwar Freunde und Bundesgenossen der Römer, aber ich weiß, dass Fürst Arminius kein Freund der Römer ist. Wenn Varus auch etwas anderes glaubt."

Plötzlich merke ich, dass ich es mit meinen Reden nicht übertreiben darf. Thusneldas Blick wird kritisch. „Du bist eine Frau! Woher weißt du das alles?"

Aber Godelind ist klug. Ich spüre ihre schnellen Gedanken in mir, ich weiß genau, dass ich zu schlau bin, um mich übertölpeln zu lassen. „Mein Vater hat es mir erzählt. Er war ein kluger Mann und hat mich an seiner Klugheit teilhaben lassen."

„Das ist ungewöhnlich", gibt Thusnelda zurück, und ich weiß, dass sie an ihren eigenen Vater denkt, der von ihr nichts als Gehorsam forderte und bitter enttäuscht wurde. Fürst Segestes wird seiner Tochter nie verzeihen, dass sie Arminius auf die Teutoburg folgte, obwohl sie mit einem Fürsten verlobt war, den ihr Vater für sie ausgesucht hatte.

Segestes' Tochter wischt sich über die Stirn, als wollte sie die Gedanken und die Erinnerungen an ihren Vater verscheuchen. „Walda wird dir sagen, wie deine Arbeit aussieht." Sie winkt der Magd, die mich hergeführt hat und noch immer wartend in der Tür steht. „Zeig der neuen Magd auch, wo sie schlafen wird."

Walda führt mich in den hinteren Teil des Hauses, den Stall. Zwölf Rinder stehen dort, in jeder Box zwei, mehrere Schafe gibt es, einige Schweine und viel Federvieh. Es ist warm im Stall. Das ist der Grund, warum es zwischen dem Wohn- und Schlafbereich keine Trennwände gibt. Die Wärme des Viehs dringt bis in den Wohnbereich. Natürlich liegt der Stallteil etwas tiefer, damit die Jauche nicht zur Feuerstelle fließen kann, der Stall des fürstlichen Hauses ist wirklich vorbildlich. Die Jauche-Rinnen in der Mitte und an den Seiten des Stalls halten ihn sauber.

Walda weist auf eine Stelle in der Nähe der Tür. „Da kannst du dir ein bisschen Stroh hinlegen. Dort ist ab jetzt dein Schlafplatz."

Ich bin sehr zufrieden. Die Bank, auf die mich Fürst Seges - tes oft gezogen hat, war zwar bequemer, weil es dort mehrere weiche Felle gab, aber wenn er einschlafen wollte, musste ich mich auf den Boden legen, der kalt und hart war. Nur selten hat er mir eins von seinen Fellen gegeben, damit ich es bequemer hatte. Lediglich in der Nacht, bevor er mich in die Teutoburg geschickt hat, durfte ich eine ganze Nacht auf der Bank schlafen und mich sogar mit einem Fell zudecken.

Walda zeigt mir, wo die Krüge stehen und weist mich an, Wasser vom Brunnen zu holen. „Den letzten trägst du in das Schlafgemach unserer Herrschaft. Die Fürstin trinkt vorm Schlafengehen gern einen Schluck frischen Wassers. Der Fürst bevorzugt als Schlaftrunk Met mit Honig."

Ich nicke und gebe mir Mühe, mir meine Freude nicht anmerken zu lassen. Wie es scheint, werde ich heute noch die Gelegenheit haben, Fürst Segestes' Auftrag auszuführen. Vorsichtig taste ich nach dem kostbaren Schatz in dem Stoffbeutel unter meinem Rock. Arminius' letzte Stunden sind angebrochen. Wenn der römische Statthalter meinem Herrn nicht glauben will, dann muss eben auf diesem Wege dafür gesorgt werden, dass Arminius sein Ziel nicht erreicht.

Segestes war außer sich vor Wut, als er von dem letzten Gelage bei Varus zurückkam. In Arminius' Gegenwart hatte er Varus gewarnt. Der Fürst der Cherusker sei ein Verschwörer, seine Freundschaft nur gespielt und Varus und seine Legionen seien in großer Gefahr, wenn sie wie geplant ins Winterlager aufbrächen. Dass Arminius die Rebellion eines aufständischen Stammes gemeldet hatte, nannte Fürst Segestes eine Kriegslist, auf die Varus nicht hereinfallen dürfe. Verbittert hat mein Herr und Gebieter mir alles erzählt, obwohl ich nur eine Frau und sogar nur eine Dienstmagd bin. Aber er musste sich seinen Zorn einfach von der Seele reden. „Gelacht hat er! Ich solle mich endlich damit abfinden, dass meine Tochter mit Fürst Arminius verheiratet ist. Ich soll meinem Schwiegersohn die Hand zur Versöhnung reichen und nicht versuchen, ihn aus Rache zu verleumden." Segestes griff nach einem Bärenschinken und warf ihn wütend zu Boden. „Er hält Arminius immer noch für einen Freund und vertraut ihm! Du wirst es sehen, Godelind! Varus wird sich von der großen Heerstraße weglocken lassen, um die Aufstände niederzuschlagen, bevor er weiterzieht. Und Arminius wird seine Vorteile nutzen. Die Römer kennen sich nicht aus in den Wäldern und Sümpfen. Wenn Arminius und seine Krieger auch in der Minderheit sind, ihre guten Ortskenntnisse können für die Römer verheerend sein." Und verzweifelt fügte er an: „Wenn Varus mir doch glauben würde!"

An mir soll es nun sein, Arminius' Plan zu vereiteln, der Segestes nach einem Thing zu Ohren kam und von dem Varus nichts wissen will. Vielleicht habe ich Glück, und der Met steht schon bereit, wenn ich der Fürstin das Wasser bringe. Ein Griff in den Stoffbeutel unter meinem Rock und Fürst Arminius wird die Nacht nicht überleben. Dann muss ich nur noch dafür sorgen, dass ich selbst nicht in Verdacht gerate, und kann zur Eresburg zurückkehren.

Ich beeile mich nicht mit dem Wasserholen, sondern nutze jeden Weg zum Brunnen, um mich umzusehen und mich mit der Örtlichkeit vertraut zu machen. Als ich den breitschultrigen blonden Hünen sehe, weiß ich sofort, dass ich Arminius vor mir habe. Obwohl er genauso gekleidet ist wie alle anderen Männer der Teutoburg und sein Umhang nicht prächtiger ist als die der anderen. Aber die kostbare Fibel, mit der er auf der Schulter befestigt ist, fällt mir sofort auf. Und dass er seine Haare offen trägt, ist ein zusätzlicher Beweis: Der Mann, der gemächlich den Stall seines Hauses betritt, ist der Fürst der Cherusker.

Aus dem Stall dringen Stimmen, aber sie verstummen, nachdem der Fürst eingetreten ist. Dies ist eine gute Gelegenheit! Jetzt sollte ich in das winzige Schlafgemach gehen, das dem Fürsten und seiner Gemahlin ganz allein gehört. Jeder darf sehen, dass ich es betrete, schließlich hat Walda mich beauftragt, der Fürstin ihr Wasser hinzustellen. Dass der Honigmet des Fürsten vergiftet sein wird, wenn ich den Raum wieder verlasse, wird niemand ahnen.

Arminius hat die Tür benutzt, die direkt in den Stall führt. Ich gehe ans andere Ende des Hauses und betrete es durch den Wohnbereich. Auch dort ist die Stimme des Fürsten zu hören, während alle anderen schweigen. Niemand befindet sich an der Feuerstelle, das Feuer ist herabgebrannt, nur noch eine schwache Glut. Ich gehe auf die Tür zu, die ins Schlafgemach des Fürstenpaares führt, aber eine Stimme hält mich zurück. Nein, nicht Arminius' Stimme! Eine andere, die ihm antwortet. Ich kenne diese Stimme. Niemals würde ich ihren Klang vergessen!

Vorsichtig, damit mich niemand sieht, taste ich mich an die Holzpflöcke heran, hinter denen das erste Rind steht. Ich gehe in die Knie und suche mir einen Spalt zwischen zwei Pflöcken, durch den ich sehen und genug überblicken kann, um zu erkennen, welche Männer sich um Arminius scharen. Fünf große, kräftige Kerle sind es, die näher zusammenrücken und ihren Herrn erwartungsvoll ansehen. Arminius flüstert nun, seine Worte dringen nicht mehr zu mir. Ob er die Männer in seinen Plan einweiht? Es interessiert mich nicht. Ein Gesicht zieht mich an, ein Gesicht, das ich gut, sehr gut kenne, fast so gut wie mein eigenes. Ludolf! Deswegen also ist er heimlich aus der Eresburg verschwunden, ohne dass jemand wusste, wohin er gehen wollte. Weil er sich Arminius anschließen wollte! Der Kampf gegen die Römer war ihm wichtiger als ich?

Das Gift unter meiner Schürze brennt plötzlich auf meinem Leib, es schmerzt mich, als dürfte ich keinen Augenblick länger warten, es zu benutzen. Schritt für Schritt weiche ich zurück bis zur Tür der Schlafkammer. So, dass ich weiterhin den winzigen Spalt im Auge behalten kann, hinter dem Ludolfs Gesicht steht.

Dann bringe ich das frische Wasser für die Fürstin ins Schlafgemach, betrachte lange den Honigmet, der schon für den Fürsten bereitsteht … und verlasse den Raum wieder, ohne die Gelegenheit genutzt zu haben.

Ludolf fährt herum, als ich ihn von hinten anspreche. Es ist finster in der Nähe der Burgmauer, der Mond hinter einer Wolke verborgen, die Fackeln, die in der Nähe des Eingangstores brennen, schicken ihr Licht nicht weit genug hinauf, damit er mich gleich erkennen kann. Aber meine Stimme unterscheidet er von allen anderen, das sehe ich sofort. Ich kann seine Züge sehen, ich habe lange genug in der Dunkelheit auf ihn gewartet, habe mich an die Finsternis gewöhnt, kann Schwarzes von Grauem unterscheiden. Und ich sehe auch sein Erschrecken.

„Godelind! Du?"

Ich trete auf ihn zu. „Ich hatte dich nicht hier erwartet."

„Was machst du hier? Warum bist du nicht mehr auf der Eresburg? Hat Fürst Segestes dich weggeschickt?"

Ich versuche es aufs Geratewohl. „Ich bin schwanger."

Die Überraschung fällt aus seinem Gesicht, die Neugier auch, die Verlegenheit ebenfalls. Bestürzung macht sich breit, seine Mundwinkel zucken, sein Blick versucht die Betroffenheit aufzuzehren, die er mir auf keinen Fall zeigen will. „Etwa von mir?"

Ludolf ahnt nichts von den Nächten vor Fürst Segestes' Lager, von seinen Forderungen, seinen Verführungskünsten, seiner sanften Erpressung, den kleinen Drohungen, von denen jede Magd der Eresburg weiß, dass sie zu scharfen Maßnahmen führen können.

„Von wem sonst?"

Er zuckt mit den Schultern, als wäre ich eine von den liederlichen Frauen, die jeden Mann auf ihr Lager lassen.

Aus all den Gefühlen, die mich beherrscht haben, seit ich hier auf ihn warte, tritt allmählich Wut heraus. „Du bist gegangen ohne ein Wort."

Ludolfs Mundwinkel senken sich, sein Lächeln ist hässlich.

„Es gibt Wichtigeres als ein Weib und ein Kind."

Damit wendet er sich ab und geht.

Es ist, als hätte er mir ins Gesicht geschlagen. Nicht wichtig! Ich habe ihn geliebt, habe ihn gesucht, als er so plötzlich verschwunden war, hatte so sehr gehofft, er würde mich von der Herrschaft Fürst Segestes' befreien! Und er sagt, ich bin nicht wichtig? Und das Kind, das von ihm sein könnte, auch nicht?

Ich will nicht an Fürst Segestes denken, nicht einmal an die Eresburg, die meine Heimat gewesen ist. Noch bevor Ludolf sich zum Schlafen niederlegt, weiß ich, wo sein Becher steht, aus dem er Wasser aus dem Brunnen geschöpft hat. Und als der Morgen graut, ist es so weit. Ich bin die ganze Nacht wach geblieben, um den Moment nicht zu verpassen, in dem sich nichts rührt im Haus. Gar nichts! Absolute Ruhe! Niemand, der sich im Schlaf wälzt und in den nächsten Minuten von einem bösen Traum geweckt werden könnte. Keiner der Männer, die vom Harndrang gequält werden und jeden Moment aufstehen und nach draußen gehen könnten, um sich zu erleichtern. Nein, die Stille, die über der Teutoburg steht, ist so bleiern, als könnte selbst der heranziehende Morgen sie nicht leichter machen. Ich weiß, dass dies der richtige Augenblick ist. Als wäre Godelind eine andere, sehe ich ihr zu, wie sie das Gift unter der Schürze hervorholt und es in den Becher schüttet, den Ludolf direkt nach dem Aufwachen leeren wird. Fürst Segestes hat gesagt, ich könnte Varus' Legionen retten, wenn ich alles richtig mache, dürfte dafür sorgen, dass die Germanen Bundesbrüder Roms bleiben, dass römische Kultur und römischer Wohlstand auch in Germanien Einzug halten. Aber nun habe ich doch nichts anderes getan, als meine Rache zu stillen …

Als ich erwachte, wusste ich, dass ich geheilt war. Godelind hatte den Lauf der Geschichte nicht verändert. Sie hätte die Vernichtung der römischen Legionen verhindern können, statt nur an sich selbst und das unbedeutende brennende Gefühl in ihrem Innern zu denken. Aber ich … ich wusste nun, was zu tun war. Ich wusste, worauf es ankam. Godelind hatte es mir gezeigt.

Dr. Englers sah mich erstaunt an, als ich mich aufrichtete. „Wie war die Rückführung?"

„Ich war auch diesmal Godelind", erklärte ich ihm. „Ich hatte den Auftrag, Arminius zu vergiften, aber …" Warum sollte ich ihm von Ludolf erzählen? Das war jetzt nicht mehr wichtig. „Silvio!" Auf diesen Namen kam es an. „Il mio presidente …"

Ich verabschiedete mich von Dr. Englers und bat ihn, mir die Rechnung zu schicken. „Die Therapie ist zu Ende."

Als ich vors Haus trat, fühlte ich mich erleichtert. Was Godelind versäumt hatte, würde ich nachholen. Den Lauf der Geschichte verändern! Mich nicht mehr demütigen und hinhalten lassen! Mich nicht mehr freiwillig unterwerfen! Nicht mehr darüber nachdenken, wie ich es Silvio recht machen kann! Nicht mehr brav stillhalten, wenn die Presse hinter mir her ist. Nicht mehr vor Gericht für ihn eintreten, damit er entlastet wird. Und nie mehr die Frage hören, warum dieser Kerl immer noch frei rumläuft, warum er immer noch auf seinem Posten sitzt, warum man ihn immer noch machen lässt, was er will.

Silvio hat mir ein kleines Haus geschenkt, am Rande von Rom, mit einem kleinen Garten. Darin wächst der Blaue Eisenhut. Zwei Gramm schon können einen Erwachsenen töten. Diesmal werde ich den Lauf der Geschichte ändern! Mich befreien und auch das Volk! Das italienische Volk! Schluss mit „il mio presidente"! Berlusconi wird nie wieder eine Frau schlecht behandeln.

Frank Göhre

## Böse Bescherung

„Ich habe sie sofort wiedererkannt", sagte der Mann neben mir. „Mike hat mich die ganzen Jahre über angelogen." Er zündete sich eine weitere Zigarette an, die zweite innerhalb weniger Minuten.

Wir saßen an der Bar auf dem Oberdeck der MS Caribe und hatten einen letzten Blick auf die Insel. Vor uns versank die Sonne im Meer. Rot glühend, wie aus dem Reiseprospekt. Bis zum zweiten Dinner war noch Zeit.

Ich orderte meinen allabendlichen Martini, einen Wodka-Martini ohne Olive. Die Barkeeperin zog meine Karte durch und buchte ihn ein. An einem der vorherigen Abende hatte sie mir erzählt, dass sie in Miami zu Hause war. Geboren und aufgewachsen aber war sie auf Kuba. Sie hatte wunderschöne Augen und halblanges, glatt fallendes Haar. Tiefschwarzes Haar.

Mein Sitznachbar räusperte sich. „Wir sollten uns endlich richtig miteinander bekannt machen. Ich nehme an, meinen Namen kennen Sie bereits – Udo, Udo Ohlich." Er reichte mir die Hand. „Sind Sie auch aus Gütersloh?"

„Nicht direkt", sagte ich. Ich zögerte kurz, seine Hand zu schütteln, tat es dann aber doch. „Mickinn – nur Mickinn. Ich bin die meiste Zeit über unterwegs."

Ohlich nickte, als wisse er Bescheid.

„Hat er Sie engagiert?"

„Seine Frau. Er weiß nichts davon."

„Bettina. Sie glaubt ihm also auch nicht."

„Sie will sich scheiden lassen."

Ohlich schien nicht sonderlich überrascht. Er sog lediglich an seiner Zigarette und inhalierte tief. Ich nippte an meinem Martini.

„Das wird ihn einiges kosten", sagte er dann. „Sie war schon immer knallhart."

Dazu sagte ich nichts. Auf mich hatte Bettina einen anderen Eindruck gemacht. Sie zahlte diese Reise. Plus Spesen und einem stattlichen Taschengeld. Aber gut, ich war auch nicht mit ihr verheiratet und sie brauchte mich. Einen Profi. Ihr Einsatz hatte sich gelohnt.

Ohlich nickte noch einmal nachdrücklich.

„Sie schenken sich beide nichts. Wie ist sie auf Sie gekommen?"

„Ich bin ihr empfohlen worden", sagte ich.

„Darf ich fragen, was sie Ihnen erzählt hat?"

„Sie wissen, um was es geht."

„Ich weiß nicht, was es Bettina groß nutzen soll", meinte er. „Dass Karin noch lebt, bringt ihr letztlich nichts."

Ich zuckte die Achseln. Er wollte mich aushorchen. Das stand fest. Auf Jamaika hatten sich unsere Wege mehrere Male gekreuzt. Ich hatte mir Leute vorgeknöpft, zu denen er dann ebenfalls gegangen war. Und umgekehrt. Weder er noch ich hatten sich bedeckt gehalten. Zwei Männer, die in glühender Hitze von Strandhütte zu Strandhütte stapften, sich auf den Märkten umhörten und bei Limonade, Bier und Ganja immer und immer wieder dieselbe Frage stellten: eine Weiße, eine Europäerin. Karin, eine Frau Anfang vierzig. Mittelgroß, schlank und dunkelblond. Kannte sie jemand? Mich hatten seine Nachforschungen nicht weiter beunruhigt.

Er griff schon wieder nach einer Zigarette. Ich drehte mein Martiniglas und suchte den Blick der Keeperin. Teufel auch! Sie war mehr als eine Sünde wert. Aber ich hatte nur noch diesen einen Abend an Bord. Dann liefen wir in Miami ein. Und ich musste zum Airport – zurück nach Germany. Nach Gütersloh.

Ohlich lachte ein freudloses Lachen.

„Sie haben von Karin nicht alles erfahren", stellte er fest.

„Mein Job war herauszufinden, ob es sie noch gibt."

„Das reicht Bettina? Für was?"

„Fragen Sie sie selbst. Meine Arbeit ist getan."

Er musterte mich. Ich hielt seinem Blick stand, lächelte und wartete ab.

„Gut", sagte Ohlich schließlich. „Ich erzähle Ihnen die ganze Geschichte – unter einer Bedingung."

„Und die wäre?"

„Mit Mike rechne ich ab."

„Heißt?"

„Bettina soll mir nicht zuvorkommen. Ich bin pünktlich zu seinem Geburtstag zurück. Sie sind es vermutlich auch. Er feiert an dem Samstag seinen Vierzigsten. Ich will ihn damit überraschen. Eine Art Bescherung." Er lachte wieder sein Lachen. „Ich habe zu viel verloren, um mir auch das noch nehmen zu lassen."

Ich zögerte.

„Für Bettina bleibt genug übrig", setzte er nach. „In jeder Hinsicht."

Genau das war mein Auftrag gewesen. Bettina hatte wissen wollen, ob noch von anderer Seite berechtigte Forderungen an Michael gestellt werden konnten. Das hatte ich geklärt. Karin verzichtete auf ihren Erbanteil. Sie war nie daran interessiert gewesen. In meiner Brusttasche steckte ein entsprechend formuliertes und von ihr unterzeichnetes Papier. Ohlichs Abrechnung also musste auf etwas anderes zielen.

Ich nickte nun zustimmend.

„Schießen Sie los", sagte ich.

Ohlich drückte die Zigarette aus und bestellte mir einen zweiten Martini. Er blieb beim Bier.

Er war ein hagerer Typ mit hoher Stirn und schütterem Haar. Er wartete das Servieren noch ab, zündete sich aber schon wieder eine seiner Filterlosen an.

„Sein Geburtstag", begann er dann. „Mit seinen Geburtstagen hat er's. Scheiße, ja. Den ersten ganz großen wollte er mit sieben feiern. Da ist unser Mike auf dem Schulhof rumgehüpft und hat praktisch jeden eingeladen. Mädchen, Jungs, die ganze Klasse. Alle sollten zu ihm nach Hause kommen, in die riesige

Häfner-Villa. Seine Familie war schon damals eine der einfluss-
reichsten in ganz Ostwestfalen, und das Unternehmen führend
auf dem Markt: ‚... denn es ist seit Jahren so, Häfner macht die
Hausfrau froh!'" Er schnaubte abfällig. „Aber wer bei Häfner
arbeitete, hatte nichts zu lachen. Bei Häfner gab's nur harte
Maloche, ausbeuterisch bis aufs Blut und – logisch – die Stim -
mung war entsprechend mies. Nein, Häfner war alles andere als
beliebt. Er wurde regelrecht gehasst – er und seine ganze Misch -
poke. Und da turnt der kleine Mike unbekümmert rum und
lädt sämtliche Kids zu sich nach Hause ein. Großartig!" Er lachte erneut. „Super Idee, was?"

„Ziemlich bescheuert", sagte ich. „Selbst für einen Sieben-
jährigen."

„Sie können sich vorstellen, was passierte."

„Ich ahne es."

„Ich war der Einzige, der Punkt vier bei ihm auf der Matte
stand. Wir waren auch noch um fünf allein, um sechs und
schließlich bis weiß Gott wann. Mit riesigen Tortentabletts vor
uns, Luftballons an der Decke und all dem anderen Firlefanz.
Niemand kam. Mama Häfner hatte für abends Berge von Kartoffelsalat bereitstehen, selbst gemachten Kartoffelsalat, versteht
sich, und Unmengen Würste im Topf. Das blieb alles für uns,
für Mike und für mich – und für Karin, seine Schwester. Karin,
ja. Fünf war sie da und für mich nicht sonderlich interessant.
Eine Stille, hieß es immer. Sie ging kaum raus, hockte lieber in
ihrem Zimmer und spielte mit ihren Puppen oder sonst was.
Der alte Häfner ließ mal verlauten, sie sei völlig aus der Art
geschlagen, keine echte Häfner jedenfalls. Sprich, sie würde nie
und nimmer zur Despotin werden und über Leichen gehen.
Für ihn blieb sie so ein verhuschtes Wesen, im Grunde genommen völlig unnütz. – Ja, verdammt, er war zeitlebens ein Arsch -
loch, reaktionär bis auf die Knochen, und Mike – na ja, Sie
kennen ihn ja offenbar nicht persönlich, aber ich sag Ihnen,
Mike hat 'ne Menge davon mitbekommen."

Er nickte bekräftigend und setzte die Bierflasche an.

„Wann ging es bei Ihnen mit ihr los?", fragte ich.

Ich wollte mir nun doch nicht den ganzen Sermon anhören. Kindergeburtstage, Enttäuschungen, Frust – Scheiße, nein. Es ist nicht Sinn der Jugend, glücklich zu sein, hatte ich erst vor kurzem gelesen. Bettina hatte mir das Buch mit auf die Reise gegeben, warum auch immer. Es handelte von Männern, die dem Tod nahe waren und ein Resümee zogen. Der Satz über die Jugend war einem aidskranken Bodybuilder zugeschrieben worden.

Die kubanische Barkeeperin war am anderen Ende der Bar tätig. Ich gönnte mir einen Blick auf ihren Hintern. Sie drehte sich zu uns um und hob fragend die Augenbrauen. Chips, signalisierte ich ihr.

„Werden Sie nicht ungeduldig", sagte Ohlich. Er wischte sich über den Mund. „Karin, okay. An Karin habe ich viele Jahre keinen Gedanken verschwendet. Ich hätte es tun sollen, ja. Das lässt sich im Nachhinein immer leicht sagen. Ich hätte mich fragen können, warum man sie nie groß zu sehen bekam, warum Mike nie was von seiner Schwester erzählte, sie total von allem abschirmte. Ich war in der Penne sein Banknachbar, wir waren Freunde. Wir gingen zusammen zur Schule und wir haben gemeinsam unsere ersten Zigaretten geschmökt." Er klopfte auf seine Packung. „Mike hat danach keine einzige mehr angerührt. Ich hab seitdem nicht mehr von dem Kraut lassen können. Vielleicht ist das die Erklärung."

„Für was?"

„Vergessen Sie's. Ein dummer Gedanke. Sie wollen wissen, wann ich mich in Karin verliebt habe? Ja, wie passiert so was? Aus heiterem Himmel? Kann sein. Ich weiß nur, dass sie mich in dieser Nacht völlig überraschend umarmt und geküsst hat. Das war an Mikes achtzehntem Geburtstag. Er hat ihn nicht gefeiert, nein. Damit war es seit jenem Fiasko vorbei. Er hat nie wieder jemanden eingeladen. Er hat später lediglich mal einen ausgegeben. In einer unserer Kneipen, am Tresen. – An seinem Achtzehnten war es auch so. In der ‚Bergklause'. Ich glaube, wir waren zu viert. Alle kurz vor dem Abi. Aber Mike war der Einzige, der schon motorisiert war. Papas Wagen, versteht sich, auf den Führerschein kam's nicht an. Jedenfalls nicht, solange der Alte in der Stadt noch was zu sagen hatte. – Mike soff an dem Abend wie ein Loch. Bier, Schnäpse, die ganze Palette. Er war schließlich breit wie nichts und lallte nur noch rum. Dass er der Größte war und weiß Gott wie viele Mädchen schon gebumst hatte, auch jede Menge Mütter und überhaupt. Wenn man ihn ernst genommen hätte, gab's in der ganzen Stadt kaum eine Frau, mit der er nicht im Bett gewesen war. Ich glaubte ihm kein Wort."

„Er hat es aber ziemlich wüst getrieben", sagte ich.

„Will Bettina das von Karin wissen? Ob ihm aus der Zeit noch was anhängt?"

„Karin", mahnte ich ihn. „Nur Karin. Die angeblich auf Jamaika zu Tode gekommene Schwester."

„Ja. Ja-ja. Ja, das ist seine große Lüge." Er nahm noch einen ordentlichen Schluck. „Ich hatte zu der Zeit noch mit keinem Mädchen was Ernsthaftes. Aber Karin, Karin war es dann.

Sie hatte mir geholfen, den stinkbesoffenen Arsch ins Bett zu verfrachten, und als ich mich von ihr verabschieden wollte, kam's zu dieser impulsiven Umarmung. Ich spürte sie. Ich spürte ihren Körper, ihre Lippen. Wir – wir küssten uns nicht nur einmal. Wir fielen schließlich wie verrückt übereinander her und – " Er stockte schon wieder.

„Es ging zur Sache", half ich ihm.

„Ja", sagte er. „Zum ersten und auch zum letzten Mal."

„Hat sie es gleich danach bereut?"

Ohlich schüttelte heftig den Kopf. Er ließ sich einen Moment Zeit.

„Nein", sagte er dann. „Nein, das nicht. Aber das weiß ich erst seit diesen Tagen. Nach über zwanzig Jahren. Der alte Häfner starb in der Nacht drauf."

Ich hob die Augenbrauen.

„Das überschattete natürlich schlagartig alles. Und ließ

auch Fragen laut werden. Der Alte war immerhin noch verdammt gut beieinander gewesen, gerade mal Ende fünfzig. Offiziell hieß es, er sei an einem Sekundenherzinfarkt krepiert. In Wahrheit aber, in Wahrheit, hat er sich das Genick gebrochen. Jetzt sind Sie dran."

„Ein Unfall?"

„Könnte man sagen – ja. Ja, gutwillig gesehen war es ein Unfall. Das Ende einer heftigen Auseinandersetzung zwischen Vater und Sohn. Angeblich über Mikes exzessive Geburtstagsnacht. Der Alte hat auf Mike eingeprügelt, und Mike will sich nur gewehrt haben. Der alte Häfner ist rücklings die Treppe runtergestürzt."

„Verstehe", sagte ich. „Und das wurde unter den Teppich gekehrt."

„Die alte Dame hatte es mitbekommen, Mikes Mutter. Und Karin natürlich auch. Aber nach außen hin war und blieb es Herzversagen."

Sein Lachen war jetzt böse. Unaufgefordert nahm ich mir eine seiner Zigaretten. Die Barkeeperin gab mir Feuer. Unsere Hände berührten sich leicht. Sie fragte, ob wir noch einen Wunsch hätten. Das Dinner würde gleich eingeläutet.

„Wir verzichten", sagte ich. Ohlich nickte nur. Er blickte zur inzwischen schon weit entfernt liegenden Insel zurück.

„Für Mike gab's keine allzu lange Trauerzeit", fuhr er fort. „Zwei, zweieinhalb Monate später, gleich nach dem Abi, stieg er mit Karin in den Flieger. Auf nach Jamaika. Geplant hatte er fünf Wochen. In der vierten kam er schon wieder zurück. Allein, ohne Karin. Seine Version kennen Sie ja sicher."

„Sie haben Karin nie mehr gesprochen, sie nach dieser einen Nacht nie mehr gesehen?"

„Erst wieder auf der Beerdigung. Aber da –" Er machte eine unwillige Geste. „Keine Chance", fuhr er fort. „Mike und Mama hatten sie in der Mitte, schirmten sie völlig ab. Ich konnte ihr nur ganz kurz die Hand drücken und sie – sie blickte unentwegt zu Boden. Sie sah mich nicht einmal an. –

Klar, ich habe versucht, sie anzurufen. Ich wollte sie sehen, mit ihr reden. Ich wollte sie in den Arm nehmen, ich wollte wieder – ich war schier verrückt nach ihr. Aber nichts. Ich wurde abgeblockt, weggeschickt, ich bekam sie dann einfach nicht mehr zu Gesicht. Merkwürdig, was? Unerklärlich. Es war, als sei nichts gewesen. Als hätte ich das mit ihr nur geträumt. Wissen Sie, wie das ist, wenn sich so etwas bei einem festsetzt? Wenn man es nicht mehr aus dem Kopf kriegt?"

„Wahn", sagte ich. „Liebeswahn." Er kniff die Augen zusammen und blitzte mich an.

„Scheiße!", sagte er. „Sie haben nie richtig geliebt."

Ich zuckte die Achseln. Bislang hatte ich nicht viel gegen ihn sagen können. Doch jetzt entpuppte er sich als ziemlich schräger Vogel. Liebe, wahrhaftige Liebe, rein und edel womöglich noch. Das war nichts weiter als pubertäres Gesülze.

„Ohlich", seufzte ich. „Sie hatten einmal einen Stich bei ihr. Einmal, mehr nicht. Was Sie sich dann erträumt haben, ist absurd."

„Nennen Sie es, wie Sie wollen. Es ist ohnehin vorbei. Karin hat ihr Glück bei diesen Rastas gefunden. Und ich – mir lag allein daran, es zu wissen."

„Was vor über zwanzig Jahren geschehen ist? Okay. Das ist doch der eigentliche Punkt. Obwohl ich glaube, wir sind da auf dem gleichen Stand. Karin hat sich damals von Mike abgesetzt und ist schlicht und einfach auf Jamaika geblieben. Sonne, Sand und gutes Dope."

„Nein", sagte er. „Nicht einfach so. Nicht aus Spaß." Er schüttelte heftig den Kopf. „Mike hat sie davongejagt. Er ist ein Mörder."

„Unsinn!", entfuhr es mir.

„Er hat sie nach seiner vorzeitigen Rückkehr für tot erklären lassen."

„Das war eine beschissene Lüge, aber kein Mord!"

„Das ist, was Sie wissen. Nicht die ganze Wahrheit."

„Mike ging es um das Erbe", sagte ich jetzt doch. „Um die

Fabrik. Er wollte sich das gesamte Vermögen unter den Nagel reißen, und das hat er mit dieser Verschollenen-Nummer ja auch geschafft."

Ich war laut geworden. Meine Zigarette war heruntergebrannt. Ich drückte sie aus und kippte den Rest meines Drinks. Mike, ein Mörder! Nein. Bettina hatte mir ausführlich beschrieben, wie und was er war. Er betrog sie nach Strich und Faden, hatte seit Jahren ständig irgendwelche Affären und verhielt sich gegenüber den jeweiligen Frauen offenbar ebenso schweinisch wie bei ihr. Er war ein Kotzbrocken, ein in allem durch und durch skrupelloser Typ. Aber ein Mörder? Nein!

Ich winkte die Kubanerin heran und orderte noch einen Martini. Sie mixte mir einen wesentlich stärkeren als zuvor. Dankbar lächelnd nahm ich das Glas entgegen.

„Ich habe Ihnen die wahre Geschichte versprochen", sagte Ohlich. „Und bei der ist das Erbe nicht das Ausschlaggebende. Nein, mit dem Ziel ist Mike nicht mit Karin nach Jamaika aufgebrochen. Er wollte sich was gönnen, wollte baden, wollte kiffen ohne Ende, Reggae, Reggae Roots – Spaß haben. Den hat er auch gehabt, keine Frage. Obwohl er Karin sozusagen im Schlepptau hatte. Sie hat zu nichts groß was gesagt, zu keinem seiner Trips. Nur eines Abends, in der vierten Woche, wollte sie dann doch mal mit ihm reden. Ernsthaft reden. Über sich. Über ihre Zukunft. Und dabei knallte es und er drehte voll durch."

„Wegen was denn nun?" Ich war allmählich genervt.

Ohlich stieß seine leere Bierflasche ein Stück von sich weg.

„Wegen was? Wegen was?", äffte er mich nach. „Sie wollte hören, wie es mit ihr weitergehen sollte. Sie war schwanger, verdammt noch mal!"

„Schwanger? Von Ihnen?"

„Von mir, ja!" Er schnaubte bitter. „Wieder zu Hause hat er mir das gleich als Erstes hingerieben. Du hast Karin ein Kind angehängt. Sie hat's mir auf unserer Reise gestanden. Sie war völlig verzweifelt. Sie wusste nicht mehr ein noch aus und ist

– sie ist mitten in der Nacht weggelaufen. Runter zum Meer. Sie hat sich in die Fluten gestürzt."

„Sieh an", sagte ich. „So hat er's also gedreht."

„Ja, so hat er's mir zugeschoben. Ihr ganzes Leid, ihre Verzweiflung, alles. Ich war schuld. Ich hatte sie so weit gebracht, dass sie sich das Leben nahm. Und ich Idiot hab's geglaubt. Scheiße, ja. Die ganzen Jahre hab' ich darunter gelitten. Karin. Ich hatte Karin auf dem Gewissen, mein Gott!"

„Sie hat sich nicht umgebracht."

„Nein, aber bis mir das dämmerte …" Er fasste meinen Arm und drückte ihn. „Leben Sie mal damit. Mike hat immer und immer wieder darauf rumgehackt. Er hat es sich in übelster Form zunutze gemacht. Nach meinem Studium hat er mich gleich bei sich eingestellt. Als Technischer Leiter. Großzügig, was? Ja, aber eigentlich nur, um mich unter Kontrolle zu halten. Um mich bei jeder Gelegenheit an Karin zu erinnern. Wenn ich auch nur wegen irgendwas aufmuckte, hieß es gleich: Nun blas dich nicht auf, du bist mir was schuldig. Erst recht bei seinen ganzen Weibergeschichten. Da hatte ich nicht nur das Maul zu halten, ich musste ihn auch decken, für ihn lügen. Aber das zahl ich ihm jetzt heim."

„Wann hat's denn bei Ihnen geklickt?"

„Unsere amerikanischen Partner kamen mit einem Vorschlag", sagte er jetzt ruhiger. „Sie wollten die Produktion bestimmter Teile nach Jamaika verlegen. Aus Kostengründen. Lohnkosten. Für so etwas war Mike sonst immer zu haben. Aber Jamaika, nein. Nie und nimmer. Weil ich nämlich dafür zuständig gewesen wäre. Und das wollte er unter keinen Umständen. Da habe ich mich gefragt, warum? Warum soll ich nicht für zwei, drei Monate nach Jamaika gehen? Was steckt dahinter? Verstehen Sie? Ich wurde schlicht und einfach misstrauisch. In Asien, in China, überall in der Welt haben wir Betriebe oder sind beteiligt, nur bei Jamaika sagt Mike ‚Nein'."

„Das heißt, er weiß nichts von dieser Reise."

„Er glaubt, ich vergnüge mich in Thailand."

„Okay", sagte ich. „Sie haben Karin aufgespürt. Sie haben gesehen, wie sie lebt. Sie haben mit ihr geredet. Hat sie damals Ihr Kind verloren? Oder hat sie es abgetrieben? Beschuldigen Sie ihn deshalb des Mordes?"

Ohlich stand von seinem Barhocker auf. Es wurde allmählich dunkel. Ich schob der Kubanerin einen Zehn-Dollar-Tip hin.

„Kommen Sie", sagte ich zu Ohlich. „Was hat Mike getan?"

„Er war's." Ohlich sprach in die Dämmerung hinein. „Von seinem siebten Geburtstag an. Er hat ständig an ihr rumgefummelt. Kinderspiele, Doktorspiele. Das Pimmelchen zeigen, in ihrer Muschi stochern. Und mehr, immer mehr. Als sie älter wurden, hat er's dann richtig mit ihr getrieben. Praktisch jede Nacht. Und Karin – sie hat sich nie getraut, etwas zu sagen. Sie hatte Angst, dass er behaupten würde, es sei von ihr ausgegangen. Dass sie es wollte. Dieses Schwein!" Er redete sich in Rage. „Ja, als der alte Häfner ihn dann schließlich mit ihr im Bett erwischte, hat er es genau so rausgerotzt. Dass Karin es braucht, es immer und immer wieder haben muss, ihr so eine schnelle Nummer mit mir nie und nimmer reicht. Und von wegen Liebe! Sie sei so verdammt geil und ließe es sich bei jeder Gelegenheit von ihm besorgen – Scheiße, Scheiße, Scheiße! Widerwärtige Scheiße! Er hat's dem Alten demonstriert, hat Karin erst noch weiter gefickt. Bis – ja, bis der dann auf ihn losgegangen ist! Da war nichts mit sich wehren. Nein, Mike hat nur darauf gewartet, um den Alten so richtig fertigmachen zu können! Er hat ihn zusammengeschlagen, hat ihn die Treppe hinuntergeworfen! Das war kein Unglücksfall! Das war Mord! Und Karin – Karin war von ihm schwanger geworden. Von ihm! Nicht von mir! Das ist die Wahrheit! Mike ist ... er ist ein einziges Stück Dreck! Ein Haufen Scheiße! Durch und durch versaut und verlogen! Ein übles Schwein!" Er schlug heftig auf die Brüstung. „Damit beschenk ich ihn an seinem Vierzigsten! Ja! Mit der Tatsache, dass er es über Jahre mit seiner Schwester getrieben, sie missbraucht hat. Er hat sie geschwängert und auf Jamaika, da – da wollte er sie umbringen. Ja, das wollte er und wenn sie ihm nicht entkommen wäre, hätte er es auch getan."

Ohlich straffte sich und ich spürte instinktiv, dass er es nicht dabei belassen würde, Mike lediglich mit dieser Schuld zu konfrontieren. Er würde sich weitaus konsequenter rächen. Er würde Mike vernichten, endgültig mit ihm abrechnen. Ich atmete tief durch und ließ mir einen Moment Zeit.

„Das wird eine böse Bescherung", sagte ich dann. „Hat Karin das Kind geboren?"

„Nein, ich sage doch, er wollte sie umbringen. Glauben Sie, er hat nur damit gedroht? Er hat sie geprügelt, er hat sie getreten …"

„Schon gut. Ich verstehe." Ich senkte meine Stimme. „Ich verstehe auch Sie."

„Das hoffe ich. Halten Sie das nur ja bei Bettina zurück. Ich habe Ihr Wort, und Sie haben meins." Er sah mich eindringlich an. „Sie muss sich nicht scheiden lassen. Sie bekommt sein gesamtes Vermögen."

„Ja", sagte ich. „Darauf läuft es wohl hinaus. Aber nehmen Sie sich bei dem, was Sie vorhaben, in Acht." Ich meinte es ernst, sehr ernst. Mehr konnte und wollte ich nicht sagen. Ich ließ mir noch eine Zigarette geben. „Ich brauch jetzt ein bisschen Bewegung."

Ohne ihm verabschiedend die Hand zu reichen, ging ich zum Heck und nahm die Treppe zum Sonnendeck.

Ich streckte mich auf einer der Liegen aus und dachte an meine gestrige Begegnung mit Karin hoch oben in den Bergen. Eine ihrer Fragen konnte ich jetzt besser verstehen: Sieht Michaels Frau mir ähnlich?

Das hatte ich bestätigt und sie hatte daraufhin einen tiefen Zug aus ihrem Joint genommen, den Rauch ausgestoßen und ihm mit feucht schimmernden Augen nachgeblickt. Was wird in diesen Sekunden alles in ihr aufgestiegen sein?

Es gibt Verletzungen, die nie verheilen, auch nicht unter

karibischer Sonne in einem abgelegenen Dorf. Nicht in zwanzig Jahren, nie. Selbst dann nicht, wenn sie eines Tages hören sollte, dass ihr Bruder an seinem vierzigsten Geburtstag unter mysteriösen Umständen ums Leben gekommen war. Und das würde er. Ich jedenfalls würde es nicht verhindern.

Warum auch? Das war nicht mein Job.

Susanne Mischke

**Das Blutloch von Drüggelte**

Ich habe es nicht mit dem Übersinnlichen. Mein Geschäft ist die Realität: Gas, Wasser, Scheiße. Das ist nicht mein Lebenstraum, aber jemand muss es ja machen.

Wir machen es schon in der dritten Generation. Klempnerei *Völlmecke & Sohn* hieß der Betrieb unter meinem Großvater, danach nur noch *Völlmecke*, weil *Völlmecke & Tochter* „nicht klingt", wie mein Vater seinerzeit bemerkte, ehe er sich am Kamener Kreuz mit seiner Harley unter einen holländischen Laster legte. Die Harley war sein Lebenstraum gewesen.

In meinem Leben ist kein Platz für Träume und erst recht keiner für Gespenster. Dachte ich. Bis zu dieser seltsamen Sache in der Drüggelter Kapelle.

Die Drüggelter Höfe befinden sich auf der Strecke von Soest zum Möhnesee, kurz vor dem See und der Ortschaft Delecke. Mona und ich hatten den Sommer über auf dem Gelände zu tun: ein neues Bad im Gutshof, eine neue Heizung in der „alten Backstube", ein netter, fetter Auftrag.

Mona hatte es besonders die Drüggelter Kapelle angetan. „Das ist ein Kraftort", behauptete sie. „Dort müssen Sie sich mal ruhig hinsetzen und meditieren, Chefin." Mona siezt und cheft mich hartnäckig. „Aber Sie müssen unter der Woche reingehen, wenn es ruhig ist. Nur wenn man allein ist, spürt man die Magie des Ortes." Sie bemerkte meinen skeptischen Blick. „Das ist nachgewiesen."

„Nachgewiesene Magie?", zweifelte ich. „Ein Widerspruch in sich."

Sie schüttelte so heftig mit dem Kopf, dass das Silber an ihren Ohrmuscheln rasselte. „Ist es nicht. Radiologen haben in der Kapelle energetische Strahlenbahnen und Energiezentren nachgewiesen. Sie entstehen durch die besondere Anordnung der Säulen und weil die Kapelle auf vier sich kreuzenden

Wasseradern steht. Alte Kirchen stehen nämlich gerne auf sich kreuzenden Wasseradern", klärte sie mich auf. „Aber gleich vier davon, so was gibt es sonst in keiner Kirche."

„Wenn ich mal Zeit habe, werde ich mich reinsetzen und berichte dir dann von meinen spirituellen Erfahrungen", versprach ich.

Aber wann würde ich schon Zeit haben? Ich bin Unternehmerin und habe anderes zu tun, als auf Wasseradern zu meditieren.

Ich hatte an diesem Tag spät Feierabend gemacht, und auf dem Weg zu meinem Wagen machte ich dann doch einen Abstecher zur Kapelle. Im Abendlicht leuchteten die weißen Wände vor dem grünen Dämmer der Kastanienbäume. Zwischen den gemütlich-eckigen Fachwerkgebäuden des Guts wirkte der runde Bau wie ein Fremdkörper.

Dabei ist die Kapelle eigentlich nicht rund, sondern ein Zwölfeck. Sie hat ein Dach aus Schiefer mit einem achteckigen Türmchen in der Mitte, und auf der Ostseite eine Ausbuchtung – eine Apsis – für den Chor.

Ich folgte dem gekiesten Weg um die Kapelle herum, als mir das Loch in der Wand auffiel. Es befand sich an der Ostseite, ungefähr auf Kniehöhe, und hatte, grob geschätzt, den Durchmesser eines Tennisballs. Ich stellte meinen Werkzeugkoffer hin und sah es mir genauer an. Es war nicht nur ein rundes Loch in der Wand, sondern eine kurze Röhre mit einem Gefälle. Also ein Abfluss. Das weckte sofort meine berufliche Neugierde. Ich stand auf und rüttelte an der Tür. Abgeschlossen. Dann eben nicht. Ich hatte ohnehin keine Zeit, denn ich musste mich noch um die defekte Gastherme von Monas Großmutter kümmern. An eine Gastherme lasse ich keinen Azubi, auch nicht Mona, obwohl sie sich recht geschickt anstellt.

Mona wollte unbedingt Installateurin werden, fand aber keine Lehrstelle, trotz ihres guten Zeugnisses und obwohl sie sich von Paderborn bis Unna beworben hat. Dies klagte mir eines Tages ihre Großmutter, Frau Eusterbeck, die in meiner

Nachbarschaft wohnt. Ich hatte anfangs Zweifel, ob eine weitere Frau dem Betrieb guttun würde, aber ich habe Monas Anstellung noch nie bereut. Klar, manchmal gucken die Leute schon etwas konsterniert, wenn wir beide in unseren knallroten Latzhosen aus dem knallroten Lieferwagen steigen. Auf dem Wagen und auf unseren Hosenlätzen steht in weißer Schrift: *Toni Völlmecke – Heizung – Sanitär – Installation.* Toni, das bin ich. Eigentlich lautet mein Name Antonia, und noch eigentlicher hätte ich ein Anton werden sollen.

„Oh, ich dachte, es kommt ein Mann", bekomme ich oft im Tonfall mühsam beherrschten Entsetzens zu hören, besonders von Frauen. Es scheint Überwindung zu kosten, mit einer Frau über ein verstopftes Klo zu sprechen. Hinterher heißt es dann zufrieden: „Frauen arbeiten ja so viel sauberer und haben viel mehr Sinn für Ästhetik. Und sie fluchen nicht."

Frau Eusterbrock erwartete mich schon. Sie war das, was man eine wirkliche Dame nennt. Ihr Gesicht war stets perfekt geschminkt und jede Strähne ihres weißen Haars war mit Spray an ihrem vorgesehenen Platz fixiert. Ich habe sie noch nie nachlässig gekleidet gesehen. Jeden Sonntag besuchte sie die katholische Kirche und war im Frauenverein aktiv. Ich bekam bei ihr stets grünen Tee mit selbst gebackenen Mandelkeksen serviert. So auch heute, während ich der alten Dame erklärte, dass an ihrer Therme ein Modul ausgewechselt werden müsse, welches ich aber erst bestellen musste.

„Wird es sehr teuer werden?"

„Es geht", antwortete ich vage. Sie war nicht arm, aber sparsam. Sie war die Tochter eines Apothekers, und ihr Mann hatte eine leitende Position bei der *Westfälischen Union* gehabt. Er war seit zehn Jahren tot.

„Acht Jahre musste ich nach dem Krieg auf ihn warten", erzählte sie mir – nicht zum ersten Mal. „So lange war ich verlobt. Als mein Hellmuth heimkehrte, anno dreiundfünfzig, da war ich schon dreißig. Also ein spätes Mädchen. Ich habe diesen Mann, der da plötzlich vor der Tür stand, fast gar nicht gekannt. Aber wir waren ja verlobt. So was galt damals noch. Und die wenigen Briefe, die mich erreicht hatten, die haben sehr schön geklungen."

Ich lächelte höflich und trank von meinem Tee, während ich die silbergerahmten Fotos auf der Anrichte betrachtete: sepiafarbene Aufnahmen von Frauen mit strengen Frisuren und Männern in Uniformen oder Anzügen. Das Fotografiertwerden war damals noch eine hochoffizielle Sache. Nur ein junger Mann mit einem Akkordeon auf den Knien wirkte einigermaßen locker.

„Und wie sieht es bei Ihnen aus?", fragte sie unverblümt. Ich hatte keine Lust, ihr von meinem armseligen Privatleben zu berichten.

„Die Geschäfte gehen recht gut, doch, doch. Zurzeit arbeiten Ihre Enkelin und ich auf den Drüggelter Höfen."

Täuschte ich mich, oder war sie bei der Erwähnung der Drüggelter Höfe eben zusammengezuckt?

„Ein schönes Fleckchen Erde", schwafelte ich weiter, und beobachtete sie dabei. „Heute wollte ich in die Kapelle, da war ich zuletzt als Kind, mit der Schulklasse, aber sie war abgeschlossen."

Ihre Tasse knallte auf die Untertasse. „Gehen Sie da besser nicht hinein."

„Wieso nicht?"

Den Blick stur an mir vorbei auf ihre Ahnengalerie gerichtet sagte sie: „Das ist ein böser Ort."

Mehr war nicht aus ihr herauszuholen. Ihre dünnen Lippen blieben verschlossen wie die Bügel ihrer Handtasche.

Monas Kraftfeldgeschichten hatten mein Interesse an der Drüggelter Kapelle längst nicht in dem Maße wecken können wie die Warnung ihrer Großmutter. Gleich am nächsten Morgen versuchte ich es wieder, doch die schwere Holztür war erneut oder noch immer abgeschlossen. Aber als ich um zehn Uhr Frühstückspause machte, war sie offen. Es war ein regnerischer Tag, durch die kleinen Bogenfenster fiel graues Licht. Im ersten Moment erkannte ich nur Säulen, überall Säulen, zwei Kreise, einen äußeren mit zwölf und einen inneren mit vier Säulen, zwei davon dicker und mit grauem Stein verkleidet. Erst nachdem sich meine Augen an das Halbdunkel gewöhnt hatten, nahm ich mehr wahr: die weiß getünchte Gewölbedecke, den Boden aus Terrakotta, die Säulenkapitelle, verziert mit Sonnen, Gesichtern, Widderköpfen, Pflanzen, Lebensbäumen und allerhand rätselhaften Runenzeichen. Nicht ein einziges christliches Symbol war dabei, und ich erinnerte mich, dass die Kapelle im Volksmund auch die „Heidenkapelle" genannt wurde. Bewegliche Holzbänke standen an die Wand gerückt, ordentlich gestapelte Klappstühle neben dem Eingang. Freudig erkannte ich die massige, mit Stahlbändern gefasste Eichenholztruhe aus dem zwölften Jahrhundert wieder. Als Kinder hatten wir den schweren Deckel hochgestemmt, in der festen Überzeugung, darin ein vermodertes Skelett oder einen Schatz zu finden. Die Truhe war leer gewesen, und wir enttäuscht.

Heute zog es mich zum Altar, einem schlichten, gemauerten Rechteck mit einer bündig abschließenden Granitplatte darauf, in deren Ecken je ein Krukenkreuz geritzt war. Auf der Platte thronte ein stark stilisierter Jesus am Kreuz, dessen Mitgekreuzigte man zu phallusartigen Gebilden reduziert hatte. Wenn schon das Christentum unbedingt vertreten sein muss, dachte ich, hätte man das auf geschmackvollere Weise angehen können.

Rechts neben dem Altar fand ich, wonach ich gesucht hatte. Am Fuß der kleinen Fensternische befand sich auf einem Absatz ein grauer Stein von der Größe eines Schuhkartons. In seine Oberfläche war ein zweifingertiefes, rechteckiges Becken geschlagen worden, dessen Boden sich zu einer Rinne neigte, die in jenen Abfluss mündete, den man von außen sah.

Wozu hatte dieses Becken gedient? Sicher nicht, um Blumenwasser zu entsorgen, orakelte ich. Wahrscheinlich hatten es die Heiden nach ihren Blutorgien nicht so mit dem Sauber -

machen, weshalb sie den Lebenssaft ihrer armen Opfer durch das Loch nach draußen hatten fließen lassen.

Ich setzte mich auf eine der Bänke am Rand und richtete meinen Blick auf das kreisrunde, bleiverglaste Fenster hinter dem Altar. Wie meditiert man eigentlich korrekt, überlegte ich. Indem man an gar nichts denkt. Kann der Mensch an gar nichts denken? Der Mensch vielleicht, ich nicht. Dazu brauchte es Übung, die mir fehlte. Also dachte ich an den schnuckeligen Barkeeper vom *Geronimo*, an unbezahlte Rechnungen und dass ich nicht vergessen durfte, das Modul für die Gastherme von Frau Eusterbrock zu bestellen.

Draußen musste die Sonne herausgekommen sein, denn auf einmal wurde der Lichtkreis des Fensters unerträglich hell. Geblendet wandte ich den Blick ab.

Auf der kleinen Bank, die vor dem Altar stand, saß ein Mann. Ich wusste genau, dass ich vorhin die Tür hinter mir geschlossen hatte, dennoch hatte ich den Mann nicht hereinkommen sehen. Er wandte mir den Rücken zu und saß einfach nur da, völlig unbeweglich. Er trug einen schwarzen Anzug und ein weißes Hemd. Der Schnitt des Anzugs hatte etwas Antiquiertes. Sein Haar war im Nacken kurz rasiert, das braune Deckhaar war länger. Ich hüstelte. Nun kam Bewegung in seine Gestalt, ganz langsam wandte er sich um. Er war jung, höchstens dreißig, das Gesicht glatt rasiert mit fein modellierten Wangenknochen. Ein paar Haarsträhnen fielen ihm in die hohe Stirn. Seine grauen Augen hatten einen melancholischen Ausdruck, den Mund umspielte ein kleines, trauriges Lächeln. Er sah aus wie eine Figur aus einem uralten Schwarz-Weiß-Film. Genau, das war es, das Seltsame an ihm: Es schien nichts Farbiges an ihm zu sein. Sogar die Haut seiner Wangen war grau. Das mochte an den Lichtverhältnissen hier drin liegen, sagte ich mir, aber dennoch streifte mich ein eiskalter Hauch. Ich sah zur Tür, ob es vielleicht von dort zog. Aber die Tür war zu, und mir wurde unheimlich zumute. Wie er da saß und durch mich hindurch starrte …

Ein Geräusch lenkte mich ab. Jemand öffnete die Tür, ein Streifen Licht fiel auf den Fußboden.

„Verzeihung, Chefin, aber der Fliesenleger will wissen, wo die Anschlüsse hinkommen. Ich habe ihm gesagt, er soll warten, aber Sie sind jetzt schon über eine Stunde da drin ..."

Eine Stunde? Was erzählte Mona denn da für einen Unsinn?

„Ich komme gleich", sagte ich und sah auf die Uhr. Viertel nach elf. Mit der Uhr musste was nicht stimmen. Als ich mich wieder dem Altar zuwandte, war der Mann fort. Ich stand auf. Versteckte er sich hinter einer der beiden dicken Säulen in der Mitte? Oder hinter dem Altar? Mehr Möglichkeiten gab es nicht. Aber der Mann war nirgends. Ich befühlte das flache Kissen der Altarbank, auf dem er gesessen haben musste. Es war kalt.

„Chefin?" Mona stand immer noch im Eingang. „Suchen Sie was?"

„Hast du eben einen Mann hier rausgehen sehen?"

„Nein, hier war niemand. Wieso? Stimmt was nicht?"

„Doch, doch, alles klar", sagte ich und dachte: Ich hätte den letzten Tequila im *Geronimo* nicht mehr trinken sollen.


An den folgenden Tagen ging ich noch einige Male in die Kapelle, aber den Mann sah ich nicht mehr. Ich betrachtete das Ganze inzwischen als ein Trugbild in Folge exzessiven Alkoholgenusses und achtete seitdem etwas sorgfältiger auf meine Trinkgewohnheiten.

Nebenbei recherchierte ich ein wenig über die Kapelle. Sie war im Jahr 720 als heidnischer Zwölfecktempel erbaut worden. Um 790 erfolgte ein Umbau zur christlichen „Eigenkirche", was immer das bedeutete, und der Anbau der Chornische. Über die Blutrinne, wie ich das Loch in Gedanken nannte, war jedoch nirgends auch nur ein Wort zu lesen.

Zwei Wochen später saß ich wieder an Frau Eusterbrocks Teetisch. Diesmal war Mona dabei, wir hatten die Gastherme auf Vordermann gebracht. Monas Großmutter schwelgte in Erinnerungen, während wir Tee tranken und Mandelkekse knabberten und mein Blick ein wenig gelangweilt über die Ahnengalerie auf der Anrichte glitt. Und dann sah ich ihn: den Mann aus der Kapelle. Derselbe Anzug, der Haarschnitt, das Gesicht … Er war es, kein Zweifel. Der Mann aus der Kapelle war der Mann auf dem Foto, der mit dem Akkordeon. Mir meiner Unhöflichkeit bewusst stand ich auf und nahm das Bild von der Anrichte.

„Frau Eusterbrock, darf ich Sie fragen, wer das ist?"

Die alte Dame zuckte vor dem Foto zurück wie ein Vampir, dem man ein Kruzifix entgegenstreckt. Mona dagegen machte einen langen Hals. „Gib mal her", sagte sie und ich reichte ihr das Foto.

„Das war ein Bekannter. Ein Freund meines Mannes. Er ist … gestorben. Schon lange. Warum fragen Sie?" Ihre admiralsblauen Augen fixierten mich voller Argwohn. Gleichzeitig nahm sie Mona den Fotorahmen aus der Hand und legte ihn mit einer heftigen Bewegung und mit der Bildseite nach unten hinter sich auf die Anrichte.

„Wann wurde das Foto gemacht?", fragte Mona und entband mich von einer Antwort.

„Das ist Ewigkeiten her, ich erinnere mich nicht mehr." Frau Eusterbock wischte das Thema mit einer unwilligen Handbewegung vom Tisch und stieß dabei ihre Teetasse um. Wieselflink sprang die alte Dame auf und eilte in die Küche, um einen Lappen zu holen. Wortlos beseitigte sie die Teepfütze und polierte den Tisch mit einem weißen Geschirrtuch aus Leinen. Mit blutrotem Garn und in altertümlicher Schrift war darauf die Durchhalteparole eingestickt: *Ohne Fleiß kein Preis*.

Mona und ich gingen so, wie wir waren, in unseren roten Arbeitshosen, ins *Geronimo*. Das Lokal in Delecke ist für amerikanisch-mexikanische Küche und Riesenportionen bekannt, besonders bei Bikern. Wir wählten einen Tisch mit Blick auf den Möhnesee und schauten den Segelbooten zu, die in der letzten Abendsonne übers Wasser glitten.

„Bestimmt war er ihr Liebhaber", sagte Mona, nachdem wir einen Berg *Chicken wings* verdrückt hatten.

„Ich hätte nicht so neugierig sein sollen", bedauerte ich.

„Was ist schon Schlimmes dabei?", meinte Mona. „Wo ihr Verlobter doch jahrelang fort war. Er hätte ja längst tot sein können. Aber sagen Sie mal, Chefin, wieso haben Sie ausgerechnet nach diesem Foto gefragt?"

Ich konnte Mona unmöglich die Wahrheit sagen, ohne Gefahr zu laufen, an Respekt einzubüßen, also antwortete ich: „Weil er mir gefallen hat."

„Ja, er sieht schon gut aus", sagte Mona und zog feixend das Bild aus der Brusttasche ihrer Latzhose. „So melancholisch. Als würde ihn ein schweres Schicksal umtreiben."

„Du hast es geklaut!"

„So kann man das nicht sagen. Es handelt sich immerhin um Familienbesitz."

„Du bringst es zurück! Am Ende werde sonst noch ich verdächtigt."

„Aber vorher werde ich es meiner Mutter zeigen. Vielleicht weiß die was über ihn. Oder ihre Schwester, Tante Hilda."

Wir bestellten uns zum Nachtisch einen Mojito und brüteten noch eine Weile über dem Bild des traurigen Akkordeonspielers. Langsam schien die Sache für mich klar zu werden: Ich musste das Bild schon bei meinem Besuch vor zwei Wochen gesehen haben. Unbewusst, wie die Freudianer sagen würden. In der Kapelle war ich dann kurz eingenickt, hatte von dem Mann auf dem Bild geträumt und war aufgewacht, als Mona hereingekommen war. So und nicht anders musste es gewesen sein. Tagträume konnten viel intensiver sein als normale, das hatte ich mal irgendwo gelesen.

„Wie er wohl gestorben ist?", sinnierte Mona.

„Schwindsucht", tippte ich. „Er ist ja auch blass wie ein Gespenst."

Als ich Tage später an der Kapelle vorbei kam, warf ich im Vorübergehen einen Blick auf das Loch in der Wand. Ich stutzte. Der feine Kies, der den Weg bedeckte, war unterhalb des Lochs dunkelrot. Ich beugte mich hinunter. Das war Blut. Es roch wie Blut, es glänzte feucht, und an der Wand zwischen dem Loch und dem Erdboden verlief ebenfalls eine schmale Blutspur. Ich rannte zum Eingang und betrat die Kapelle. Ich war auf alles Mögliche gefasst. Aber ich sah – nichts. Das kleine Steinbecken war sauber und trocken und ohne eine Spur von Blut. Tief verwirrt ging ich wieder hinaus. Der Fleck war verschwunden. Die Kieselsteine waren sauber und trocken, als hätte die Blutlache, die eben noch die Größe einer neunziger Duschwanne gehabt hatte, nie existiert. Ich werde wahnsinnig, dachte ich. Zu viel Arbeit, zu viel Alkohol – so fängt es also an.

Am Abend dieses Tages suchte mich mein Azubi in meiner Stammkneipe auf: „Chefin, ich habe endlich was über den Mann rausgekriegt", platzte Mona heraus, kaum dass sie sich neben mich an den Tresen gesetzt hatte. „Er hieß Viktor Kolditz und war der Sohn eines Bauunternehmers aus Völlinghausen. Der kleine Ort am östlichen Zipfel des Möhnesees. Tante Hilde erinnert sich ganz dunkel an ihn. Als sie noch klein war, vier oder fünf, war er häufiger zu Besuch bei ihnen. Und, Achtung, jetzt kommt der Knüller!", verkündete Mona. „Er hat sich umgebracht, 1958, mit neunundzwanzig Jahren. Er hat sich die Pulsadern aufgeschnitten."

Mona legte eine dramaturgische Pause ein, die ich nutzte, um zu ergänzen: „In der Drüggelter Kapelle."

Mona vergaß, den Mund zu schließen. „Woher wissen Sie das, Chefin?"

„Intuition."

Sie fuhr aufgeregt fort. „Und es gab tatsächlich Gerüchte, dass meine Großmutter was mit ihm gehabt haben soll. Bestimmt hat er sich aus Liebeskummer umgebracht."

„Wieso in der Kapelle?", rätselte ich.

„Ich wette, sie haben sich dort immer getroffen." Mona seufzte. „Ach, sie hätte lieber diesen Viktor heiraten sollen."

„Wie kommst du darauf?", fragte ich. „Du kennst den Mann doch gar nicht."

„Aber ich kannte meinen Großvater, auch wenn ich erst neun war, als er starb. Er war ein Arschloch."

„Mona!"

„'tschuldigung, Chefin. Aber er war echt eines. Ein eitles, selbstgerechtes Arschloch. Humorlos, jähzornig und geizig. Nur nicht mit sich selbst. Immer die feinsten Hemden, maßgeschneiderte Anzüge, edle Parfums. Aber für Frau und Töchter nie einen Pfennig übrig. Nur Moralpredigten. Tante Hilda und meine Mutter durften als Kinder fast gar nichts, außer in die Kirche rennen. Er hat meine Mutter noch mit neunzehn verprügelt, weil sie abends eine Stunde zu spät nach Hause gekommen ist. Dabei war sie nur bei einer Freundin gewesen."

Ich überlegte, ob ich Mona in mein Geheimnis einweihen sollte, und riskierte es. Mona hörte mir zu, wobei ihre Augen immer größer wurden.

„Sie meinen, er ist Ihnen als Geist erschienen, Chefin?"

„Pscht! Nicht so laut!"

Mein schnuckeliger Barkeeper kam herbei und fragte Mona nach ihren Wünschen. Sie bestellte eine Cola und sagte zu mir: „Mein Gott, Chefin, das ist ja furchtbar!"

Das konnte ich nur bestätigen. „Allerdings. Deine Chefin hat einen an der Klatsche, das ist nicht zu leugnen."

„Quatsch. Sie verstehen nicht, Chefin. Er wurde umgebracht."

„Wie kommst du denn jetzt darauf?", fragte ich.

„Das ist doch sonnenklar!"

„Ach ja?"

„Passen Sie auf, Chefin. Viktor Kolditz war katholisch. Die Katholische Kirche verweigerte Selbstmördern bis Anfang der siebziger Jahre ein christliches Begräbnis. Sie wurden meistens an einer abgelegenen Stelle des Friedhofs ohne Grabrede, ohne

Segen, oft auch ohne Kreuz begraben. Und wenn Viktor Kolditz nun in der Kapelle herumspukt, dann kann das doch nur eines bedeuten: Seine Seele kommt nicht zur Ruhe, bis die wahren Umstände seines Todes geklärt sind."

„Mona, du solltest weniger Gruselfilme anschauen."

Sie beachtete meinen Einwurf nicht. „Und ich kann mir auch schon denken, wer sein Mörder war", erklärte sie.

„Dein Großvater?"

„Wer sonst?", rief sie so leidenschaftlich, dass sich ein paar Gäste nach uns umdrehten. Sie trank von ihrer Cola und fuhr leiser fort: „Um den Verdacht von sich zu lenken und den Nebenbuhler noch zusätzlich zu demütigen, hat er ihn als Selbstmörder hingestellt."

„Mona, bitte. Jetzt reicht es."

Aber Mona war nicht aufzuhalten. „Ich werde meiner Oma mal auf den Zahn fühlen. Sie muss die Wahrheit sagen und Viktor Kolditz zu einem christlichen Begräbnis verhelfen."

Ich bestellte mir noch einen Mojito und schüttelte den Kopf. „Selbst wenn an diesem Hirngespinst was dran sein sollte … Nur, weil ich ein Gespenst gesehen habe, wird sie sich nicht nach fast fünfzig Jahren als Gattin eines Mörders outen. Außerdem geht uns das nichts an, damit muss sie alleine fertig werden."

„Sie braucht es ja nicht an die große Glocke zu hängen", sagte Mona unbeirrt. „Sie muss es nur dem Pfarrer sagen, damit der das Grab segnet, oder was ein Pfarrer in solchen Fällen halt so macht."

„Und wenn sie überhaupt nichts von dem Mord weiß?"

„Zumindest ahnt sie was", widersprach Mona. „Sonst hätte sie sich nicht so komisch benommen. Vielleicht müssen wir ihr ein bisschen drohen, damit sie redet. Mit Polizei und Exhumierung und so."

„Was?", rief ich entsetzt.

„Exhumierung wäre überhaupt das Beste", steigerte sich Mona in die Sache hinein. „Dann könnte man gleich einen

DNA-Test machen. Meine Mutter ist im März neunundfünfzig geboren. Vielleicht ist in Wirklichkeit dieser Viktor mein Großvater."

Aha, dachte ich, daher weht der Wind. Mona wünschte sich in erster Linie einen anderen Großvater. Ich musste das Mädchen irgendwie bremsen. Sie würde ihrer Großmutter sonst in ihrem Übereifer zu sehr zusetzen. Ich machte ihr einen Vorschlag: „Lass erst mich allein mit ihr sprechen."

„Aber Chefin, sie ist *meine* Großmutter!"

„Aber ich habe den Geist von Viktor Kolditz gesehen."

Unter dem Vorwand, die Therme noch einmal durchmessen zu müssen, ging ich am nächsten Abend zu Frau Eusterbrock. Es gelang mir, das Foto wieder auf die Anrichte zu schmuggeln. Ob sie sein Fehlen überhaupt bemerkt hatte? Ihre Hand zitterte, als sie den Tee eingoss und mir den Teller mit den Keksen reichte. Ich erkundigte mich vorsichtig nach Viktors Grabstätte. Dass ich inzwischen seinen Namen kannte, registrierte sie, ohne eine Miene zu verziehen.

„Auf dem Friedhof in Körbecke", antwortete sie einsilbig.

„Er soll angeblich Selbstmord begangen haben …", tastete ich mich voran, aber da fuhr sie mich an: „Was wollen Sie? Warum stellen Sie mir laufend Fragen über diesen Menschen?"

Auf einmal schämte ich mich. Es war ekelhaft, was ich tat. Wer gab mir das Recht, in ihrer Vergangenheit zu wühlen, alte Wunden aufzureißen? Selbst wenn sie sich schuldig gemacht hatte – sie hatte sicherlich genug gebüßt durch die Ehe mit einem Tyrannen.

Ich murmelte eine Entschuldigung und wollte aufstehen, aber sie bat mich, sitzen zu bleiben. Ihr Einlenken kam überraschend. Während ich stumm dasaß und Kekse aß und Tee trank, begann sie zu erzählen. Von der anfänglichen zarten Romanze – „… er konnte Akkordeon spielen zum Herzerweichen …" – bis zur helllodernden Affäre. „Lügen über Lügen. Aber wenn die Triebe erst mal geweckt worden sind … Es war so …" Sie ließ den Satz unvollendet, verzog nur ihren Mund, wahrscheinlich vor Selbstekel.

Das Ende nahte, als ihr Mann sie an ihrem heimlichen Treffpunkt, der Drüggelter Kapelle, überraschte. Wenige Tage später dann Viktors Selbstmord … „An den ich nie so recht geglaubt habe, aber was sollte ich tun? Wir hatten eine Tochter und ein zweites Kind war unterwegs. Also schwieg ich."

„Was glauben Sie, wie hat Ihr Mann ihn umgebracht?"

„Vergiftet. Alles andere wäre ja aufgefallen." Frau Euster-brock lächelte plötzlich. „Noch einen Mandelkeks, Fräulein Völlmecke?"

Das Fräulein lehnte dankend ab. Das Fräulein hatte plötzlich ein unbändiges Verlangen nach frischer Luft und einen höllischen Durst. Ich wankte mit letzter Kraft nach Hause. Mir war überhaupt nicht gut. Vor meiner Tür lauerte mir Mona auf.

„Chefin, Sie sind ja ganz grün!" Ich kam zu keiner Antwort, sondern stürzte ins Haus, aufs Klo. Dort würgte ich Tee und Mandelkekse aus mir heraus.

„Wie wirkt eigentlich Blausäure?", fragte ich Mona.

Im Krankenhaus Soest pumpte man mir den Magen aus und zapfte mir Blut ab. Dann lag ich in einem Bett hinter einer Plastikstellwand, aus einer Flasche tropfte eine klare Flüssigkeit in meine Venen, und ich hatte viel Zeit zum Nachdenken.

Irgendetwas störte mich an Frau Eusterbrocks Geschichte. War es das alte Vorurteil, welches Giftmorde eher den Frauen zusprach? Nein, das war es nicht. Ich rief mir Monas Schilderung über ihren Großvater ins Gedächtnis: *Ein eitles, selbstgerechtes Arschloch. Humorlos, jähzornig …* War so ein Mann ein Kandidat für einen Giftmord? Und warum hatte Frau Eusterbrock die Kapelle als „bösen Ort" bezeichnet, wenn er doch die Stätte ihrer romantischen Stelldicheins gewesen war? Wegen dieses Selbstmordes, an den sie nicht glaubte? Das alles passte hinten und vorne nicht zusammen. Noch ein Satz von

Mona über ihren Großvater fiel mir ein: *Er hat meine Mutter noch mit neunzehn verprügelt, weil sie abends eine Stunde zu spät nach Hause gekommen ist. Dabei war sie nur bei einer Freundin gewesen.*

Eine Schwester trat an mein Bett.

„Kein Grund zur Sorge", gab sie bekannt. „Es wurde kein Gift gefunden, weder im Mageninhalt noch im Blut."

Ich dankte ihr und schalt mich eine hysterische Zicke.

Mona, die treue Seele, hatte im Flur gewartet und fuhr mich nach Hause. Sie war rücksichtsvoll und stellte keine Fragen. Ich fühlte mich wie ein ausgewrungener Putzlappen und legte mich sofort ins Bett. Dort spann ich den Gedanken weiter, der mir im Krankenhaus gekommen war. Und plötzlich hoben sich die Schleier. Die Sache war auf einmal logisch und klar.

Am nächsten Morgen ging ich statt zur Arbeit zum Friedhof. Das Grab von Viktor Kolditz lag am Rand. Es bestand nur aus einem Stein im dürren Gras, der seinen Namen trug sowie die Information: *geboren am 15.4.1929, verstorben am 18.9.1958.* Dazu noch der Spruch: *Herr, sei seiner Seele gnädig.* Immerhin, dachte ich, als mich ein Geräusch hinter mir herumfahren ließ.

„Ich dachte mir schon, dass ich Sie hier finde", sagte Frau Eusterbrock. Sie trug, der Situation angemessen, ein schwarzes Kleid.

„Es war heute", antwortete ich. „Sein Todestag. Heute vor dreiundfünfzig Jahren."

Sie nickte nur.

Ich wollte ihr vorhalten, dass sie mich gestern angelogen hatte, aber ich machte mich wieder einmal schlecht in der Rolle der Inquisitorin und brachte kein Wort heraus.

Es dauerte eine Weile, dann begann sie, den Blick auf den Grabstein gerichtet, zu sprechen: „Heutzutage ist so was keine Schande mehr. Es gibt sogar lustige Fernsehsendungen darüber, und manche sind sogar noch stolz darauf und erzählen es jedem und kleiden sich wie … na ja, Sie wissen schon. Aber damals war das ganz anders. Bei den Nazis kam man dafür ins Zuchthaus. 175er nannte man diese … Männer. Nach dem Unzucht-Paragraphen. Wussten Sie, dass man ihn zwar '69 entschärft, aber erst 1994 völlig aus dem Strafgesetzbuch gestrichen hat?"

„Nein."

„Mein Mann wollte nicht so einer sein. Er hat es mit Gewalt unterdrückt. Bis er Viktor kennen lernte. Das war im Jahr '55, zwei Jahre nach unserer Hochzeit, Hilda lernte gerade laufen. Am Anfang dachte ich, es sei eine ganz normale Männerfreundschaft. Ich mochte Viktor, er war so leichtlebig, so charmant. Ich hatte mich sogar ein klein wenig in ihn verliebt. Es ging so weit, dass wir uns einmal küssten, bei einer Ruderpartie auf dem See. Mehr war nicht, weil ich es ablehnte, Ehebruch zu begehen. Ich dumme Gans!" Sie lachte bitter. „Eines Tages, Viktor verkehrte schon über zwei Jahre in unserem Haus, da überraschte ich sie in unserem Ehebett." Sie schluckte und atmete schwer. „Es war so schmutzig. So pervers. Ich bin Hals über Kopf mit Hilda weggerannt, zu meinen Eltern, und zwei Tage nicht nach Hause gekommen. Aber schließlich musste ich mich der Situation doch stellen. Was hätte ich meinen Eltern denn sagen sollen? Eine Scheidung kam nicht in Frage. Erstens bin ich katholisch, außerdem wäre dann dieser ganze Dreck an die Öffentlichkeit gelangt. Alle hätten erfahren, dass ich die Frau eines Schwulen bin. Mein Mann schwor mir unter Tränen, es würde nie wieder vorkommen. Eine Weile ging es gut, fast ein Jahr lang. Aber dann … Ich war nicht mehr so naiv, ich bemerkte die Anzeichen diesmal schneller. Und noch etwas merkte ich: Ich war zum zweiten Mal schwanger." Sie hielt inne.

Auch mir hatte es die Sprache verschlagen.

Als sie weiterredete, war ihre Stimme wieder fester. „Ich bat Viktor zu einer Aussprache in unser Haus. Er trank gerne Absinth, stark und bitter. Ich hatte ein Schlafmittel darunter gemischt. Ich wollte ihn von der Delecker Brücke in den

Möhnesee werfen, damit es aussah, als sei er ertrunken. Als ich ihn gerade zu unserem VW Käfer schleifte, kam mein Mann nach Hause. Er verstand sofort, was geschehen war. Ich glaube, er war erleichtert, dass ihm jemand die Entscheidung abgenommen hatte. Wir brachten ihn zusammen zur Kapelle. Das war Hellmuths Idee. Dort hatten sie sich ab und zu getroffen. Damals war die Kapelle auch nachts offen. Er legte ihn neben den Altar und ich schnitt ihm mit dem Taschenmesser meines Mannes die Adern auf. Er war bewusstlos, sein Blut floss aus ihm heraus, einfach so, wie ein Bach, es floss und floss durch diese Rinne nach draußen. Durch das viele Blut auf dem Weg entdeckte man ihn gleich am nächsten Morgen."

„Die Blutrinne", flüsterte ich.

„Danach hat sich mein Mann nie mehr was zuschulden kommen lassen – in dieser bestimmten Richtung", sagte sie mit scheinbarer Zufriedenheit, aber dann fügte sie leise hinzu: „Es war die Hölle, danach, all die Jahre …"

„Und jetzt?", fragte ich ratlos.

„Ich habe alles aufgeschrieben. Ich werde nicht mehr sehr lange leben. Die Leber ist hinüber. Der Alkohol hat mir all die Jahre geholfen, es zu ertragen."

Ich sah sie verwundert an. Heute trug sie kein Make-up und ich bemerkte erstmals das Netz aus roten Äderchen, das sich über ihre welken Wangen spannte.

„Wenn es vorbei ist mit mir, können Sie den Brief dem Pfarrer geben und ihn um seinen Segen bitten. So lange muss er sich noch gedulden. Die Toten haben viel Zeit." Bei diesen Worten schlug sie ein Kreuz über ihrer Brust. Dann wandte sie sich um und ging davon.


Ich fuhr zur Kapelle. Drinnen hielt ich mich an einer der dicken Säulen fest, weil ich plötzlich spürte, wie mir schwindelig wurde. Ich musste an den Blutflecken denken, den von neulich und den in Frau Eusterbrocks Schilderung, und an meinen Vater, und wie er wohl ausgesehen hatte, als sie ihn unter dem Laster herausgezogen hatten. War sein Blut auf die Fahrbahn geflossen, hatten sie Sägemehl oder rotes Pulver draufgestreut, wie sie es mit Öllachen machten? Nach einer Weile ließ ich die Säule los. Ich stand in der Mitte der Kapelle. Dem Kraftzentrum, wie Mona es genannt hätte, und obwohl ich weinte, spürte ich, wie es mir von einer Sekunde zur anderen besser ging.

Plötzliches hörte ich es. Jemand spielte Akkordeon. Eine nie gehörte, schwermütige Melodie, deren Töne von überallher zu kommen schienen. Ich schloss die Augen, ein warmes Gefühl hüllte mich ein, und ich öffnete die Augen erst wieder, als die Musik aufhörte. Von der Altarbank lächelte mir Viktor Kolditz zu, ehe sein Bild langsam verblasste und sich in Nichts auflöste, so, wie es sich für einen Geist gehörte.

Wolfgang Körner

## Mörderischer Montag

Sie war vor ihm erwacht und nahm, schlaftrunken noch, halb unbewusst Geräusche wahr, die dumpf, gedämpft durch die Rollläden vor den Fenstern, in den Raum eindrangen. Er lag neben ihr, sie ahnte seine ruhigen Atemzüge mehr, als sie das leise Einströmen der Luft in seine Lungen und das leise zischende Ausatmen hören konnte. Sie roch den Dunst kalt gewordener Zigarillos, der von ihm ausging, und als er sich, schlafend noch, bewegte, als er seinen Körper näher an sie heranschob, fröstelte sie und zog die Bettdecke an sich, drückte sie auf der ihm zugewandten Seite zwischen die Matratze und ihren Körper, als fürchte sie, sein Atem könnte sie entblößen und seine weiße, alte und faltige Haut könnte ihren Körper berühren.

Draußen wurde es lauter. Ein dumpfes Brummen, das sie zuerst nicht einzuordnen wusste in die ihr bekannten Geräusche des frühen Morgens, das dann aber Erinnerungen auslöste an einen Dokumentarfilm, den sie Tage zuvor im Fernsehen gesehen hatte.

Männer waren da gewesen in schwarzen Uniformen, und das Geräusch war zu hören gewesen, und dann war der Lastkraftwagen mit dem Zeichen des Roten Kreuzes ins Bild gekommen, und die Uniformierten hatten Menschen mit Gewehrkolbenschlägen in den Lastwagen getrieben. Menschen in das Fahrzeug gepresst, zusammengedrückt wie Zigaretten in einer runden Blechdose und wie diese dazu bestimmt, alsbald zu Rauch und Asche zu werden.

Vorher freilich: Die Hecktüren des Lastwagens hatten sich geschlossen, hatten die Karosserie abgedichtet. Das Fahrzeug hatte sich langsam in Bewegung gesetzt. Das dumpf brummende Dieseln des Motors war lauter geworden. Die Menschen im Fahrzeug schrien und trommelten mit den Fäusten an die Blechwände der Karosserie, als sie begriffen, dass Auspuffgase in den Laderaum geleitet wurden, an denen sie zu ersticken begannen, als sie in ihre Lungen einströmten.

Einströmen: Brigitte lag regungslos, sah sich am Frühstückstisch. Sah ihn, der neben ihr lag, am Frühstückstisch. Sein altes, faltiges Gesicht. Seine von Zigarillos in vierzig Jahren gebräunten Finger, die zitternd ein Messer hielten und ein Frühstücksei köpften. Finger, die einen Löffel hielten, mit dem er sich dem Ei näherte, dann ungeschickt in das Eigelb eindrang; sie presste ihre Schenkel zusammen und hätte am liebsten laut geschrien. Dann aber lachte sie. Sie sah ihn vom Frühstückstisch aufstehen, den Mantel anziehen und nach seinem Aktenkoffer greifen. Durch das Fenster im Wohnzimmer sah sie ihn, mit kleinen müden Schritten zur Garage gehend, einen alten Mann, fünfundsechzig Jahre fast, der den Schlüssel in der Manteltasche sucht und die Garagentür aufschließt.

Sie schloss die Augen, um deutlicher zu sehen. Er schließt die Tür auf, geht in die Garage. Dort bemerkt er, dass der Motor läuft. Er nimmt an, dass er am Vorabend vergessen hat, den Zündschlüssel abzuziehen, schüttelt den Kopf, hält die Luft an und geht zum Wagen, setzt sich auf den Fahrersitz und greift nach dem Zündschlüssel. Will den Motor abstellen, aber da ist kein Zündschlüssel, weil sie den Motor zwei Stunden zuvor kurzgeschlossen hat. Er begreift, reißt sich hoch, verlässt den Wagen. Erste Anzeichen einer Rauchvergiftung. Ein dumpfes Gefühl im Kopf. Er will raus aus der Garage, doch deren Tür ist verschlossen. Er hämmert gegen das Blech, schreit.

Draußen auf der Straße haben zwei junge Arbeiter mit entblößten Oberkörpern Presslufthämmer auf die Fahrbahndecke gesetzt und schalten sie wie auf Befehl gleichzeitig ein. Brigitte sieht sich oben hinter dem Fenster. Wartend. Von Zeit zu Zeit einen Blick auf ihre Armbanduhr werfend.

Nach zwei Stunden ein Anruf aus der Firma. Ihr Mann sei nicht zur Abteilungsleiterbesprechung erschienen, ob ihm irgendetwas zugestoßen sei.

Nein, sagt sie, sie habe keine Ahnung. Sie sieht sich den Hörer auflegen, langsam die Treppen hinuntergehen. Schließt unten die Garage auf, hält die Luft an, steigt über ihn hinweg, bringt die Zündkabel in Ordnung. Beugt sich dann über ihn und sucht die Wagenschlüssel in seinen Manteltaschen. Findet sie in der linken Tasche. Steckt einen Schlüssel ins Zündschloss und lässt den Wagen an, der Anlasser dreht durch, der Motor springt nicht an. Sie erschrickt, lacht dann erleichtert, als sie begreift, dass kein Benzin mehr im Tank ist.

Dann beeilt sie sich, weil ihr schwindlig zu werden droht: Schreiend verlässt sie die Garage und bricht draußen auf dem Pflaster zusammen, sieht durch einen schmalen Spalt unter ihren gesenkten Augenlidern, dass sie gehört worden ist. Dass Arbeiter Presslufthämmer zur Seite legen, hilfsbereit über den Bürgersteig rennen, sich über sie beugen und sie vom Pflaster heben.

Langsam schob sie die Hand unter die Bettdecke, sah gebräunte Oberkörper, fühlte kräftige Hände und spürte ihre eigene Hand. Unten im Hausflur hörte sie Männerstimmen, dann lautes Quietschen. Mülltonnen schepperten, als Arbeiter sie durch den Hausflur rollten, schepperten, bis die Arbeiter den Müllwagen erreichten, der unten vor dem Haus mit laufendem Motor stand.

Neben sich nahm sie eine Bewegung wahr. Sie zog ihre Hand schnell zurück, öffnete die Augen und sah ihren Mann neben sich im Bett sitzen.

Er hustete, griff nach dem Taschentuch auf dem Nachttisch, hustete erneut und spuckte in das Tuch. Sie wusste nicht weshalb, aber sie musste lachen.

Er sah irritiert zu ihr herüber. „Ist etwas?"

„Nein!"

„Warum lachst du denn?"

Sie zuckte mit den Schultern. „Ich musste eben lachen! Ist das verboten?" Dann, nach einer kurzen Pause, fragte sie unvermittelt, ob er ihr sagen könne, wie man ein Auto kurzschließt. Er blickte sie erstaunt an. „Weshalb interessiert dich das?"

„Es interessiert mich halt! – Aber du weißt eben gar nichts!"

„Natürlich weiß ich das", sagte er, „aber jetzt ist keine Zeit für solche Sachen. Erinnere mich heut' Abend daran, dann erkläre ich es dir in aller Ruhe. Aber du verstehst so was ja doch nicht!"

Als er aufgestanden war und sie ihn im Badezimmer hörte, sprang sie aus dem Bett und zog sich, immer die Badezimmertür im Auge, blitzschnell an.

Einen weißen Baumwollschlüpfer (wenn ich einen anderen Mann hätte, trüge ich andere Wäsche), die Strumpfhose (ich brauche eine neue, dann gibt's wieder Streit mit ihm), einen grünen Wollrock (der muss bald in die Reinigung) und endlich einen braunen Pullover, zu dem ihr nichts einfiel.

Sie ging zur Frisiertoilette, einem altmodischen, unförmigen Möbelstück mit drei Spiegeln, setzte sich auf einen Hocker und strich ihr langes schwarzes Haar zurück. Dabei sah sie ihr Gesicht, verzog die Lippen zu einer Art Lächeln, überlegte, ob sie noch gut aussehe.

Eigentlich, entschied sie, sehe ich für meine dreißig Jahre noch sehr akzeptabel aus. Ich könnte leicht einen anderen Mann finden. Aber mit drei Kindern, wer nimmt schon eine Frau mit drei Kindern?

Sie ergriff den Kamm, riss ihn durch ihr langes Haar, dass es schmerzte, tastete mit der anderen Hand nach drei Haarklammern und steckte sie zwischen ihre Lippen. Während sie sich kämmte, den Schmerz in den Haarwurzeln genoss, dachte sie flüchtig an ihren Mann.

Er hat sich das gut überlegt, dachte sie. Eine Zwanzigjährige heiraten und für drei Kinder sorgen, dann kann sie kaum noch weglaufen. Mein Gott, wie dumm muss ich gewesen sein!

Sie legte den Kamm auf die Frisiertoilette zurück, steckte das Haar mit den Haarklammern fest. Wie jeden Morgen ging sie zuerst ins Kinderzimmer. Elke schlief noch fest. Peters Bettdecke lag neben dem Bett auf dem Fußboden, sie bückte sich, deckte das Kind zu. Dieter lag mit offenen Augen und hatte seinen Daumen zwischen die Lippen geschoben. Mit einem harten Griff umklammerte sie seinen Arm, riss ihm die Hand mit dem Daumen aus dem Mund. „Ich habe dir schon so oft gesagt, ein Junge, der schon zur Schule geht, lutscht nicht mehr am Daumen!"

„Ich muss heut' ja gar nicht in die Schule", nörgelte der Junge. Sie antwortete nicht, drehte sich an der Tür nur noch einmal um. Als das Kind ihren Blick sah, nahm es die Hand vom Gesicht und fing leise an zu weinen. Sie wollte zum Kinderbett gehen, ihren Jungen auf den Arm nehmen, ihn trösten, aber eine ihr unerklärliche Abneigung, die sie besonders dem Ältesten gegenüber empfand, hielt sie davon zurück.

Sie fressen mich nach und nach auf, dachte sie, alle drei fressen mich nach und nach auf. Sie erschrak jedes Mal, wenn sie bemerkte, dass sie ihre Kinder hasste. Sie versuchte dann, sich bewusst zu machen, dass die Kinder an allem keine Schuld hatten, war dann auch, sie bildete es sich wenigstens ein, ein paar Tage lang das, was ihre Mutter eine gute Mutter zu nennen pflegte, aber sie hatte sich nie lange zu dieser Mütterlichkeit zu zwingen vermocht.

Ich bin eine unglückliche Frau, dachte sie, während sie durch den Korridor in die Küche ging, und in der Küche wurde ihr Selbstmitleid von Wut verdrängt, als sie die Spielsachen sah, die überall unordentlich herumlagen. Sie bückte sich, hob die Bauklötze auf, die über den Fußboden verstreut waren, einen Bauklotz nach dem anderen, ein Bücken nach dem anderen. Auf dem Küchentisch ein in Fetzen zerrissenes Bilderbuch, sie klaubte die Papierschnipsel zusammen, warf sie in den Mülleimer. Sie stellte den Wasserkessel auf den Herd, stellte den Brotkorb und zwei Tassen auf den Tisch. Nebenan im Badezimmer summte der Elektrorasierer, dann hörte sie das Badewasser in die Wanne strömen. Mein Mann ist ein hygienischer Mann, dachte sie, er badet jeden Tag und benutzt dazu Badedas, das seine Haut anziehend und geschmeidig macht. Benutzen auch Sie das hervorragende Badedas, wollte sie in das Badezimmer rufen, aber da überfielen sie die Bilder mit der gewohnten Intensität, sie musste sich setzen, um sich ihnen ganz zu öffnen, sich von ihnen überfluten zu lassen.

Überfluten: Sie sitzt am Frühstückstisch, hört nebenan im Badezimmer das Wasser in die Wanne laufen. Er steigt in die Wanne, hustet. Sie hört seine Stimme. Brigitte, könntest du mir bitte ein Handtuch bringen? Die Zeitung heraufholen? Mir den Rücken abseifen? Brigitte sitzt ohne jede Bewegung am Frühstückstisch, sieht sich dann aufstehen und leise, auf Zehenspitzen, zur Badezimmertür gehen. Eine Weile sieht sie sich dort stehen, er bemerkt ihre Nähe nicht. Benimmt sich, wie er sich immer benimmt, wenn er sich unbeobachtet glaubt. Hustet und spuckt ins Badewasser. Lässt die Hand ins Wasser gleiten und wäscht sein Gesicht. Feuchtet die wenigen weißen Haare an, die auf seinem Kopf verblieben sind, und streicht sie dann glatt, damit sie nach mehr aussehen. Seift sich die Brust ab und legt sich dann nach hinten, lässt die Seifenschale auf dem Wasser schwimmen. Geräuschlos, wie sie zur Badezimmertür schlich, schleicht sie jetzt ins Schlafzimmer. Öffnet dort die Frisiertoilette. Nimmt ihren elektrischen Haartrockner aus der Schublade. Sucht die Verlängerungsschnur des Staubsaugers und verbindet sie mit dem Haartrockner. Steckt den Stecker in die Steckdose neben der Frisiertoilette. Kippt einen Kippschalter am Griff des Haartrockners. Leise summt der Haartrockner, und die Heizspirale in seinem Inneren, stromdurchflossen, leuchtet dunkelrot auf.

Mit dem summenden Haartrockner in der Hand sieht sie sich zur Badezimmertür gehen. Sieht sein erstauntes Gesicht. Hört seine Stimme. „Was willst du denn damit, du hast dir die Haare doch gar nicht gewaschen!" Dann, als sie fast bei ihm ist, seine Augen. Seine gelben Zähne, als er den Mund öffnet, um zu schreien. Seine Hände, die sich um den Badewannenrand klammern, während der Haartrockner zischend zwischen seinen Beinen auf den Boden der Wanne sinkt.

Danach: unzählige Male ausprobiert! Sie geht ins Schlafzimmer, zieht den Stecker aus der Steckdose, geht zurück ins Badezimmer und rollt dabei das Verlängerungskabel zusammen. Nimmt den Fön aus der Badewanne, trocknet ihn sorgfältig ab und verstaut ihn wieder in der Frisiertoilette. Sie bringt das Verlängerungskabel zurück zum Staubsauger. Geht zum Sicherungskasten und ersetzt eine durchgeschlagene Sicherung. Geht dann ins Badezimmer und nimmt seinen Rasierapparat, stöpselt den Stecker des Kabels in die Steckdose neben dem Spiegel. Versenkt den Elektrorasierer in der Badewanne.

Diesmal hört sie, wie die Sicherung durchschlägt. Laut schreiend läuft sie zur Wohnung der Nachbarin, läutet Sturm. Stammelt etwas, als die Nachbarin öffnet, und sinkt dann auf den Fußabtreter vor der Tür.

„Könntest du mir bitte die Zeitung von unten holen? Ich bin gleich so weit", riss seine Stimme sie aus ihren Gedanken.

Ohne zu antworten, stand sie auf und ging an der Badezimmertür vorbei. Langsam, sich am Geländer festhaltend, stieg sie die Treppen hinunter zur Haustür, sie brauchte die Stufen nicht mehr zu zählen. Sechsunddreißig. Die Zeitung lag wie jeden Morgen neben dem Fußabtreter, sie bückte sich, hob sie auf und stieg dann Stufe nach Stufe die Treppen hinauf.

In der Küche rauchte ihr Mann den ersten Zigarillo. Sie legte die Zeitung auf den Tisch, nahm den Kaffeekessel vom Herd und stellte ihn auf den Tisch, holte die Butter aus dem Kühlschrank und stellte sie daneben.

Er blickte sie verärgert an. „Keine Wurst?"

Sie schüttelte den Kopf. Das Geld habe nicht gereicht, sie habe der Kleinen ein Paar Söckchen kaufen müssen, da sei kein Geld mehr für Wurst da gewesen. Wenn er ihr nicht jeden Tag nur fünfzehn Euro auf den Tisch zählen würde, wenn er ihr wenigstens das Kostgeld für den ganzen Monat aushändigen würde, wenn er möglicherweise einsehen würde, dass man mit fünfzehn Euro eine Familie nicht ernähren kann, dann sähe alles anders aus.

„Ich weiß", sagte er. „Dann könntest du heimlich ein eigenes Konto anlegen und gehen, wenn du genug zusammengekratzt hast!"

Sie wollte antworten, wollte sagen, dass Lebensmittel viel teurer wären, seit man den Euro eingeführt hatte. Dass er genug verdiene, schließlich sei er ja wer. Aber sie wusste, es hatte keinen Sinn, etwas zu sagen. Sie hatte es oft genug versucht, und er war ihr jedes Mal über den Mund gefahren, hatte ihr erklärt, dass ja für alles gesorgt sei, weil er für alles aufkomme. Wenn sie etwas benötige, solle sie ihm ruhig sagen, was er kaufen solle, er würde es am selben Tag abends mitbringen. Sie hatte nie darauf geantwortet.

„Wenn morgen keine Wurst auf dem Tisch steht, werde ich auch noch die Lebensmittel einkaufen müssen", sagte er, während er eine Scheibe Brot mit Butter bestrich. „Entschuldige bitte", antwortete sie und stand auf. „Ich muss ins Kinderzimmer."

Inzwischen waren auch Peter und Elke wach geworden. Die drei Kinder spielten miteinander. Dieter lag auf dem Fußboden, Peter und Elke liefen abwechselnd lachend über seinen Körper, trampelten auf seinem Bauch herum, während er keine Miene verzog. Brigitte schrie. Peter setzte sich auf den Rand seines Bettes. Elke fing an zu weinen.

„Was ist denn mit euch los?", sagte Brigitte und hob Dieter vom Fußboden auf. „Nichts", sagte Dieter. „Ich bin unverwundbar!"

„Rede keinen Unsinn!" Sie ließ das Kind los, ging ins Badezimmer. Als sie die Badezimmertür hinter sich abgeschlossen hatte, begannen die Kinder wieder zu spielen. Sie setzte sich auf den Toilettendeckel und legte den Kopf auf den Rand des Waschbeckens und presste die Stirn gegen das kalte Steingut. Das wird mir gut tun, dachte sie, dann hört sie die Stimme ihrer Kollegin. Wie damals im Schreibmaschinensaal des Edelstahlwerkes. Brigitte sei verrückt, sagt die Kollegin, ernsthaft daran zu denken, den Gerres zu heiraten. Er sei ja ganz nett, aber ihn heiraten. Wahnsinn sei schon der Gedanke daran. Einen alten Mann. Mehr als dreißig Jahre Altersunterschied. Gut, man könne vielleicht einmal mit ihm ausgehen, aber an mehr sei doch nicht zu denken. Die Stimme ihrer Mutter. Das komme nicht in Frage, schon ihn mit nach Hause zu bringen, sei eine Geschmacklosigkeit. Der Mann könne schließlich ihr Vater sein, was sie sich denn dabei denke, ihn heiraten zu wollen. Na und, sagt Brigitte, ich habe nie einen Vater gehabt! Spätestens nach einem halben Jahr würde Brigitte alles bereuen, sagt ihre Mutter. Brigitte widerspricht. Nein, es habe zwei Jahre gedauert.

Und wenn, sagt ihre Mutter, dann hätten die beiden anderen Kinder nicht zu sein brauchen. Brigitte sagt, ihre Mutter könne sich das nicht vorstellen, wenn man mit einem Mann zusammenlebe, da könne es halt passieren. Es habe sich eben so ergeben. Es sei schließlich nichts daran zu ändern gewesen. Lass dich doch scheiden, sagt ihre Mutter, und Brigitte schüttelt den Kopf. Scheidung, das sei einfach gesagt. Aber was solle dann aus den Kindern werden? Und sie kenne schließlich ihren Mann. Der würde eher zu arbeiten aufhören oder im Ausland verschwinden, als für die Kinder und sie Unterhalt zu zahlen. Dann musst du dir eben eine Arbeit suchen, sagt die Kollegin aus dem Schreibsaal, oder schlimmstenfalls zum Sozialamt gehen, du verhungerst schon nicht.

Brigitte schüttelte den Kopf und spürte das kalte Steingut des Waschbeckens. Alles stehen und liegen lassen, hört sie sich antworten, das sei leicht gesagt. Was dann aus den Kindern werden solle. Und was aus ihr werden solle. Er gebe ihr das Haushaltsgeld abgezählt. Wenn sie wegliefe, müsse sie, wenn es dunkel geworden sei, auf einer Parkbank schlafen. Ihre Mutter, sagt die Kollegin, sie habe doch noch ihre Mutter. Nein, sagt Brigitte, ihre Mutter sei inzwischen tot. Zum Sozialamt gehen, denkt Brigitte, die geben mir keinen Pfennig. Ich habe doch einen Mann, der für mich und die Kinder sorgt.

„Mutti, Mutti, ich hab' Hunger!" Dieters Stimme drang durch die Tür, zwang sie, den Kopf vom Waschbeckenrand zu heben, und da hörte sie auch seine Fäuste gegen die Tür trommeln. Sie stand auf, drehte den Kaltwasserhahn am Waschbecken auf, schloss ihn sogleich wieder. Eine sinnlose Handlung, es wurde ihr sofort klar, sie zuckte mit den Schultern. Was war nicht sinnlos?

„Bei euch hat man wirklich keine Minute Ruhe", sagte sie, als sie die Tür aufgeschlossen hatte.

„Ich hab' Hunger!"

„Ich weiß!"

Ohne Dieter zu beachten, ging sie in die Küche, bestrich sechs Scheiben Brot mit Butter und öffnete den Kühlschrank, holte den Aufschnitt aus der hintersten Ecke des Gemüsefachs, belegte die Butterbrote mit Wurst. Sie stellte den Teller mit den Wurstbroten auf den Tisch, drehte sich um, ließ Milch aus einer Flasche in den Milchtopf fließen, stellte den Topf auf den Herd. Als sie sich wieder umgedreht hatte, sah sie Dieter, der eine Stulle in jeder Hand hielt und kaute.

„Du sollst warten, bis wir alle am Tisch sitzen!"

Dieter duckte sich, bevor sie ihre Hand gehoben hatte. Nebenan im Kinderzimmer war es ruhig, eine Ruhe, die sie plötzlich beunruhigte und ins Kinderzimmer eilen ließ, aber da war kein Anlass zur Besorgnis. Peter malte mit ihrem Lippenstift lange rote Striche auf die Tapete. Sie nahm ihm den Lippenstift aus der Hand. Als sie wieder am Frühstückstisch saß und aß, die Kinder dabei nicht aus den Augen ließ, sah sie den Geldschein unter der Tasse liegen, aus der er seinen Kaffee getrunken hatte. Sie steckte das Geld ein, sah auf die Uhr über dem Kühlschrank. Halb zwölf, höchste Zeit, einkaufen zu gehen. Ob sie die Kinder mitnehmen solle, überlegte sie, entschied sich dagegen. Mit den Kindern würde es eine Stunde länger dauern. Sie ging in den Korridor, schloss alle Türen zu

346

den Zimmern ab. Die Tür zur Küche erst, als sie den Mantel angezogen hatte und die Kinder auf dem Teppich im Korridor saßen. „Da könnt ihr wenigstens nicht durchs Fenster", sagte sie, als sie im Treppenhaus stand und die Wohnungstür hinter sich abschloss.

Unten auf der Straße war es warm. Brigitte bemerkte, dass sie die Einkaufstasche vergessen hatte, überlegte, ob sie zurücklaufen sollte, ging aber weiter. Sie ging langsam, sah einer Frau, die ihr entgegenkam, ins Gesicht. Eine junge Frau, kaum älter als sie. Sie sah ihr in die Augen, versuchte, aus den Augen Näheres über sie zu erfahren. Wie sie lebte. Ob sie verheiratet war. Ob sie Kinder hatte. Sie erfuhr aber nur, dass die andere blauen Lidschatten aufgetragen hatte und die Linie ihrer Augenbrauen sorgfältig mit einer Pinzette zu korrigieren wusste. Als die Frau an ihr vorbei war und Brigitte eine Weile weitergegangen war, erreichte sie eine große Baustelle. Auf dem Gelände eines abgerissenen Stahlwerks sollte ein riesiger künstlicher See entstehen. Zwei junge Männer hatten eine Leiter an eine Mauer gelehnt und klebten ein großes Plakat an, das bereits jetzt auf den geplanten Phönixsee hinwies.

Brigitte sah die Männer die Arme bewegen, sah, wie sie die Falten im Plakat glätteten und sich der Stoff der leichten Pullover über den Armen der Männer straffte, wenn sie ihre Hände mit den Bürsten hoben. Brigitte blieb stehen, sah, wie einer der Männer die Leiter herunterstieg, zu einem VW-Bus ging, der ein paar Meter weiter auf dem Bürgersteig stand und in dem sie ihre Plakate aufzubewahren schienen.

Einer der Plakatankleber steigt die Leiter herunter, sieht sie, und sie hat nicht den grünen Wollrock an, sondern den Wild - lederrock, den sie ein paar Tage vorher in einem Schaufenster gesehen hatte. Der Plakatankleber sieht sie, betrachtet sie von oben bis unten, pfeift anerkennend. Mensch, die sieht ja großartig aus, sagt er. Der andere Plakatankleber dreht sich um und fällt fast von der Leiter. Ehrlich, sagt er, nur um ihr Haar könnte sie sich mehr kümmern! Brigitte sagt leise, sie wisse, dass ihr

Haar etwas strähnig sei, das liege daran, dass sie kein Geld für den Friseur bekomme. Lass doch, sagt der andere Plakatankleber, der schon dicht neben ihr steht, so dicht, dass sie den Geruch seiner Haut wahrnehmen kann. Er streckt seine Hand aus, greift nach ihr, eine kräftige Männerhand, deren Wärme sie durch den Stoff der dünnen Bluse spürt, die sie auch in einem Schaufenster hatte liegen sehen. Komm, sagt der Plakatankleber leise, und Brigitte sieht sich erschrocken um. Niemand ist in der Nähe. Na komm schon, sagt der Mann, und Brigitte sagt, das sei unmöglich, sie sei eine verheiratete Frau, und überhaupt, was er sich denn denke. Davon abgesehen, am hellen Tage, sie müsse einkaufen, und er habe doch zu tun. So eine Frau wie dich hab' ich immer gesucht, sagt er. Sie fühlt seine Hand an ihrem Arm. Sieht, dass er sie zum VW-Bus führt und die Hecktür öffnet. Hört seine Stimme, die ihr sagt, dass sie einsteigen könne, sie brauche sich keine Sorgen zu machen, er halte sie fest, bis sie im Wagen sei. Brigitte sieht sich einsteigen, fühlt seine Hand. Sieht ihn einsteigen. Sieht, dass er die Hecktür hinter sich schließt. Das geht doch nicht, hört sie sich leise sagen, und dann merkt sie, dass der Wagen fährt. Sie spürt die Schwingungen der Karosserie, spürt seine Hände, die überall sind. Sie schämt sich, weil sie den weißen Wollschlüpfer anhat, und hofft, dass der wenigstens sauber ist. Dreh dich um, sagt der Plakatankleber, und sie schüttelt den Kopf. Sagt, das könne er ihr nicht zumuten. Fühlt sich dann von seinen Händen an den Schultern angefasst und leicht zur Seite geschoben, riecht den Leim. Ein kräftiger Geruch, den sie mit tiefen Atemzügen in ihre Lungen saugt, wo er sich mit dem Dunst des Schweißes des Plakatanklebers zu einem neuen Geruch zu vermengen scheint.

„Wohl noch nie Plakatankleber gesehen!", hörte sie eine Stimme. Sie drehte langsam den Kopf, sah zur Plakatwand. Die Männer auf der Leiter hatten sich zu ihr umgedreht. Einer zündete sich eine Zigarette an, der andere sah zu ihr herüber und tippte sich dann mit der Hand an die Stirn.

Sie fühlte, dass sie errötete, bückte sich und tat so, als müsste sie einen Schnürsenkel zubinden, richtete sich dann schnell auf und ging weiter. Dabei bemühte sie sich, langsam zu gehen. Sie versuchte, sich zur Ruhe zu zwingen. Sie wusste, dass sie sich eine Blöße geben würde, wenn sie schneller ginge, erreichte wenigstens, dass sie nicht rannte. Außer Atem, rot im Gesicht und unter ihrem Pullover schwitzend, erreichte sie den Supermarkt, wo sie einzukaufen pflegte.

„Was ist denn mit Ihnen?", fragte die Frau hinter der Kasse erstaunt.

„Meine Kinder sind allein zu Haus", sagte Brigitte und versuchte, ruhiger zu atmen. „Sie wissen ja, wie das ist, die können wer weiß was anstellen!"

Brigitte ging an den Regalen entlang. Ein Fertiggericht, dachte sie, würde ihr am wenigsten Mühe machen und wäre am schnellsten auf dem Tisch. Sie blieb vor einem Stapel Konservenbüchsen stehen. Erbsengemüse. Rindfleischsuppe. Frische Bohnen. Sie streckte die Hand nach einer Bohnenkonserve aus, nahm sie aus dem Regal. Deckel und Boden der Konserve waren hochgewölbt, das war deutlich zu erkennen. Langsam drehte sie die Konservendose, starrte auf die grünen Bohnen, die auf dem Etikett abgebildet waren. Sie sah, dass das Verfallsdatum der Konserve längst abgelaufen war, und stellte die Dose nachdenklich ins Regal zurück, griff nach einer Rindfleischsuppe und legte sie in ihren Einkaufskorb. Rindfleischsuppe, Spinat aus der Tiefkühltruhe. Sechs Eier. Fünf Becher Quarkspeise: Die Frau an der Kasse tippte Zahlen und nannte eine Summe.

Als sie aus dem Supermarkt auf die Straße trat, blendete das Sonnenlicht sie. Es dauerte einen Moment, bis sich ihre Augen an die Helligkeit gewöhnt hatten, bis sie die Umgebung in sich aufnehmen konnte. Eine kaum belebte Straße in der Mittagssonne. Hohe Mietshäuser, deren Fenster meist geschlossen im Licht lagen. Fassaden, auf denen der Staub deutlicher zu sehen war als sonst, und die ihr fast nackt erschienen. Sie dachte, dass es auch seine Vorteile haben müsste, kurzsichtig zu sein, und nahm sich vor, eine Sonnenbrille zu kaufen, sobald sie das Geld dafür zusammengespart hätte. Kein Gedanke daran, ihn um das Geld zu bitten und ihm damit Gelegenheit zu geben, sich großzügig zu erweisen.

Als sie nur noch ein paar hundert Meter von der Plakatwand entfernt war, ging sie langsamer, überlegte, bog dann entschlossen in eine Querstraße ein, ging durch eine Parallelstraße zu ihrer Wohnung und bemühte sich, den Zeitverlust, den der Umweg mit sich brachte, wieder wettzumachen, indem sie schneller ging. Im Treppenhaus öffnete sie den Briefkasten, entnahm ihm einige Briefe und steckte sie achtlos in die Tragetasche. Da war niemand, der ihr hätte schreiben können, und wer ihrem Mann schrieb, interessierte sie nicht. Er sprach über den Inhalt seiner Post nur dann, wenn er Angelegenheiten der Haushaltsführung betraf, also sehr selten.

Sie stieg die Treppen hinauf, schlich an der Wohnung der Hausmeisterin vorbei und fürchtete erst dann nicht mehr, die Frau könnte die Wohnungstür aufreißen und sie an die fällige Treppenreinigung erinnern, als sie die Tür zu ihrer Wohnung hinter sich geschlossen hatte. Die Kinder lagen auf dem Teppich im Korridor. Brigitte zog ihren Popelinemantel aus und hängte ihn sorgfältig auf einen Bügel. Sie ging in die Küche, stellte die Tragetasche auf den Kühlschrank, setzte einen Topf auf den Herd, riss die Packung mit dem tiefgekühlten Spinat auf und schüttete ihn in den Topf, stellte den Herd auf kleine Flamme ein. Dann holte sie ein kleines Stück Speck aus dem Kühlschrank, nahm ein Brett aus dem Küchenschrank und schnitt den Speck erst in Streifen, dann die Streifen zu Würfeln. Im Kühlschrank, daran erinnerte sie sich, musste noch ein Apfel sein. Sie suchte den Apfel, halbierte ihn und schnitt die Hälfte in Scheiben, dann jede Scheibe in fünf kleinere Scheiben. Als sie die Speckwürfel und die Apfelscheiben in den Topf schüttete, läutete das Telefon. Es war nur ihr Mann. Er sagte, dass er zum Mittagessen nach Hause kommen wolle, und fragte, wie weit das Essen sei.

„In einer halben Stunde bin ich so weit", sagte sie. Als sie den Hörer auflegte, waren die Kinder im Korridor wach geworden.

„Ich kann euch jetzt nicht anziehen", sagte sie. „Wartet einen Moment. Euer Vater kommt heute zum Mittagessen!"

Sie schloss die Tür zum Kinderzimmer auf, die Kinder drängten sich an ihr vorbei. Durch die schon wieder halb geschlossene Kinderzimmertür konnte Brigitte gerade noch sehen, wie Dieter nach Elkes Puppe griff, Elke zu Dieter rannte, ihm die Puppe aus der Hand riss und ihr ein Puppenkleid anzuziehen begann. Wieder in der Küche, schnitt Brigitte Kartoffeln in Scheiben, kämpfte, während sie die Kartoffeln schnitt, mit Schuldgefühlen. Obwohl geschälte Kartoffeln teurer waren als ungeschälte in der Tüte, hatte sie vor zwei Tagen der Versuchung nicht widerstehen können, die teuren Kartoffeln im Glas zu kaufen.

Kaufen: Brigitte sieht sich wieder im Supermarkt, greift nach einem Glas Kartoffeln. Stellt sie ins Regal zurück und geht weiter, sieht einen Stapel Konservenbüchsen. Brigitte ging zum Kühlschrank, stellte eine Pfanne auf die zweite Flamme und strich eine Messerspitze Butter am Rand der Pfanne ab. Sie streckt die Hand nach einer Bohnenkonserve aus, betrachtet die Konservenbüchse. Deckel und Boden der Konserve sind hochgewölbt, das ist deutlich zu erkennen. Langsam dreht sie die Konservendose, starrt auf die grünen Bohnen, die auf dem Etikett abgebildet sind, und legt die Konserve in ihren Einkaufskorb. Brigitte stocherte mit der Gabel in der Pfanne mit den Bratkartoffeln und rührte mit einem Löffel den Spinat. Sie legt die Lebensmittel aus dem Einkaufskorb auf das Transportband vor der Kasse, und als sie bezahlt, muss sie sich bemühen, ihre Freude über den unerwarteten Fund im Konservenregal zu verbergen. Eine beschädigte Bohnenkonserve, die nicht mehr einwandfrei ist. Sie bezahlt, trägt die Lebensmittel nach Hause und stellt sie auf dem Kühlschrank ab, öffnet dann die Bohnenkonserve und schüttet ihren Inhalt in einen Aluminiumtopf, lässt den Topf in einer Ecke des Küchenschrankes verschwinden. Sie stellte die Flammen unter Topf und Pfanne ganz klein, ging ins Kinderzimmer. Zwei Tage lang lässt sie den Aluminiumtopf im Küchenschrank, dann, am dritten Tag, ist sie schon am frühen Morgen unterwegs zum Supermarkt, kauft eine zweite Dose Bohnengemüse. Sie benimmt sich auffällig, fragt, ob die Bohnen auch einwandfrei seien, bei Bohnen sei so mancherlei möglich. Natürlich, sagt die Kassiererin. Gemüsekonserven müsse man immer abkochen, dann könne nichts passieren. Selbstverständlich, sagt Brigitte, das wisse sie seit der Berufsschule. Zwei weitere Tage wartet Brigitte, dann ruft ihr Mann an. Sagt, er habe keine Lust, im Lokal zu essen, und fragt, wann sie mit dem Essen fertig sein könne. In einer halben Stunde, sagt sie und geht in die Küche, öffnet die zuletzt gekaufte Bohnen - konserve, erhitzt die Bohnen eine Viertelstunde lang, obgleich die Dose völlig einwandfrei ist. Stellt fünf Teller auf den Tisch und bereitet Bohnensalat. Vier Teller mit den Bohnen aus der zuletzt gekauften Konserve. Einen Teller Bohnensalat aus dem Aluminiumtopf im Küchenschrank. Diesen Teller Salat würzt sie sorgfältig. Sie sucht längere Zeit nach einem sauberen Kleid, das sie Elke anzieht. Gerade hat sie den Tisch gedeckt, Blumenkohl und Kartoffeln in zerlassener Butter, Bohnensalat, da klingelt es an der Tür. Sie öffnet, obwohl ihr Mann einen Schlüssel hat, ruft die Kinder zu Tisch. Setzt sich und beobachtet ihren Mann. Wie er sich setzt und nach Messer und Gabel greift. Wie er sich den untersten Knopf der Jacke öffnet und dann mit der Gabel im Blumenkohl stochert, dann die Gabel mit Blumen - kohl zum Mund hebt, kaut. Sie hatte Dieter die Schuhe angezogen und merkte, dass im linken Schuh der Schnürsenkel fehlte. Wo er denn den Schnürsenkel gelassen habe, fragte sie, das Kind lachte und sagte: Aufgegessen! Ihr Mann isst langsam den Blumenkohl und streckt die Hand mit der Gabel nach dem Bohnensalat aus. Brigitte beobachtet ihn. Fürchtet, er könne ausspucken, den Salat schimpfend zurückschieben, aber er spuckt nicht, schiebt nicht zurück.

Er isst, isst Blumenkohl und Bohnensalat, abwechselnd, Gabel nach Gabel. Sie hatte die Kinder angezogen und ging in die Küche. Der Spinat war gar gekocht, die Bratkartoffeln mussten noch ein paar Minuten auf dem Herd bleiben. War etwas in der Post?, fragt ihr Mann. Sie steht auf, holt Briefe aus der Manteltasche. Gerade, als sie den Tisch gedeckt hatte, klingelte es an der Tür. Sie ging langsam zur Tür, öffnete, obwohl ihr Mann einen Schlüssel hatte, rief die Kinder zu Tisch. Er saß, wartete mit mürrischem Gesicht, bis sie den Spinat und die Bratkartoffeln serviert hatte, stocherte mit der Gabel im Spinat herum und sagte, sie könne sich wirklich einmal etwas anderes einfallen lassen, jede Woche Spinat, das sei zu häufig, zumal er Spinat schon als Kind nicht habe essen können.

Sie bringt ihm zwei Briefe, er öffnet sie, liest, steckt sie dann ein, geht zur Tür. Einen Tag später sagt er abends, als er sich gerade ausgezogen hat und neben ihr liegt, er wisse nicht, was mit ihm los sei, ihm sei so übel, er verspüre Schwindel, sie solle den Arzt rufen. Weshalb bei jeder Kleinigkeit den Arzt rufen, sagt sie, er sei gewiss überarbeitet, sie werde ihm eine Schlaftablette holen, ihm fehle nichts als Schlaf. Er ist einverstanden. Sie holt ihm eine Schlaftablette, und er schläft ein. Sie liegt neben ihm, wartet. Mitten in der Nacht wird er wach, klagt über starke Magenschmerzen und sagt, der Kopf tue ihm weh. Atemnot habe er auch. Sie antwortet nicht, tut so, als ob sie schlafe, sieht im schwachen Licht der Laterne vor dem Haus, wie sie sich aufrichtet, aus dem Bett zu steigen versucht, dann stöhnend zurücksinkt. Sie bewegt sich nicht. Hört ihn stöhnen. Fühlt, wie sich seine Hände auf der Bettdecke bewegen. Einen Arzt, murmelt er leise, sie solle einen Arzt holen. Sie hat zum ersten Mal seit Jahren Zeit. Zieht sich am Morgen des nächsten Tages langsam an. Hört ihn im Bett stöhnen, während sie sich vor dem Spiegel der Frisiertoilette kämmt und das Haar mit Haarklammem feststeckt. Zieht sich dann den Mantel an und geht langsam zum Arzt. Wartet zwei Stun -

den in einem überfüllten Wartezimmer. Sagt dann dem Arzt, ihrem Mann sei gestern übel geworden, er könne nicht aufstehen und liege im Bett und stöhne. Was er denn am Vortage gegessen habe, fragt der Arzt, und sie sagt, sie wisse da nicht Bescheid, ihr Mann habe, wie häufig, außer Haus gegessen. Überrascht sieht sie, dass der Arzt aufsteht und ins Wartezimmer geht. Hört ihn dort sagen, dass er zu einem ernstlich erkrankten Patienten müsse. Steigt mit dem Arzt zusammen in dessen Wagen und hört ihn sagen, dass es da eine Krankheit gebe, eine Lebensmittelvergiftung, die in mehr als siebzig Prozent der Fälle zum Tode führe. Botulismus. So, hört sich Brigitte sagen, das sei ja erschreckend, sie habe davon noch nie etwas gehört.

„War etwas in der Post?"

Er beobachtete sie, bemerkte, dass sie zu essen aufgehört hatte und an ihm vorbei ins Leere zu blicken schien. „Ob was in der Post war, habe ich gefragt!"

Sie zuckte zusammen, stand auf und ging langsam in den Korridor, kam dann zurück in die Küche und suchte die Briefe erst auf dem Kühlschrank, fand sie dann in der Tragetasche aus dem Supermarkt. Er riss die Briefumschläge auf, entnahm ihnen die Briefe, las flüchtig und steckte sie in die Jackentasche, holte dann seine Zigarillos aus der anderen Tasche und zündete sich einen an.

„Holst du mir einen Aschenbecher?"

Sie stand auf, ging zum Schrank, nahm einen Aschenbecher aus dem obersten Fach und stellte ihn vor ihm auf den Tisch.

„Übrigens", sagte er und stieß dabei eine Rauchwolke aus, „du bist diese Woche mit der Treppe an der Reihe!"

Lisa Glauche & Matthias Löwe

## Der Leineweber

Es war der letzte Freitag im Mai und die Arminia hatte ein paar Tage zuvor eine der schlechtesten Spielzeiten beendet, an die sich Bröker erinnern konnte. Dabei hatte er schon ein Dutzend Auf- und Abstiege seines Lieblingsclubs miterlebt. Gleichzeitig tobte der Kommunalwahlkampf – wie Bröker unschwer an den Plakaten erkennen konnte, die am Straßenrand Spalier standen. Diese Wahlen waren in Bielefeld seit jeher hart umkämpft. Bröker konnte sich an einen Fall erinnern, in dem nur etwas mehr als hundert Stimmen über das Amt des Oberbürgermeisters entschieden hatten, und die Entscheidung in diesem Jahr schien mindestens ebenso knapp zu werden. Die Opposition hatte einen charismatischen Gegenkandidaten zum etablierten Amtsinhaber aufgestellt. Jung und intelligent, jemanden, der die Herzen der Bielefelder ebenso schnell erobert hatte wie die Meinungsumfragen und der noch dazu auf den Ur-Bielefelder Namen Michael Leineweber hörte. Selbst dass er im März von einem seiner regelmäßigen Angelwochenenden an einem einsamen See mit einem gebrochenen rechten Arm heimgekehrt war, hatte seine Aura von Virilität nicht geschmälert.

„Schade, dass er nicht schwarz ist", hatte Charly, Brökers Lieblingsjournalistin, die er noch aus Studienzeiten kannte, bemerkt. „Man könnte ihn glatt den ‚Obama von Bielefeld' nennen." Bröker hatte geschmunzelt und sich nicht getraut zuzugeben, dass selbst er den neuen Stern an Bielefelds Politikhimmel sympathisch fand.

An diesem Freitag allerdings konkurrierten die Wahlplakate mit einem weiteren Großereignis: Der Leinewebermarkt, der natürlich an Bielefelds frühe Industriegeschichte und nicht an den Oberbürgermeisterkandidaten erinnern sollte, wurde eröffnet. Mit Wohlwollen hatte Bröker bei seinem Rückweg vom Ratscafé den Aufbau der verschiedenen Essensstände beobachtet und natürlich auch die Fahrgeschäfte gesehen, die entlang des Niederwalls entstanden, und so pfiff er fröhlich vor sich hin, als er die Tür seiner kleinen Stadtvilla am Sparrenberg aufschloss.

„Gregor, bist du da?"

Nach dem Tod seiner Mutter hatte Bröker das Hauspersonal entlassen und eine Zeit lang allein das ehemalige Familiendomizil bewohnt. Dann aber hatte er Gregor, einen jungen Computerfreak, aufgenommen, der sich mit seinen Eltern umso besser verstand, desto länger er bei Bröker wohnte.

„Ja, hier oben!", kam die Antwort aus Gregors Zimmer im ersten Stock.

„Hast du Besuch oder darf ich hochkommen?"

Anstelle einer Antwort öffnete sich Gregors Tür und der Junge kam die Treppe herunter.

„Seit ich mich von Annika getrennt habe, lebe ich zölibatär wie ein Kartäusermönch, das weißt du doch!"

„Dann weiß ich vielleicht auch, wie ich dich heute Abend in Versuchung führen kann", grinste Bröker.

„Und wie?"

„Lass uns zum Leinewebermarkt gehen!" Bröker freute sich wie ein Kind.

„Och nee. Sag bloß, du stehst auf Karussellfahren und arme Teddybären abschießen."

„Das nicht, aber vielleicht magst du ja eine Champignonpfanne mit mir essen." Die Stände mit den gebratenen Pilzen in Knoblauchsoße gehörten zu Brökers Lieblingsattraktionen auf dem Fest.

„Du meinst, du kochst heute gar nicht?" Gregor schaute Bröker enttäuscht an. Der schüttelte entschieden den Kopf.

„Was bleibt mir dann anderes übrig, als mitzukommen." Ein Zwinkern zeigte jedoch, dass Gregor der Bielefelder Traditionskirmes weniger widerspenstig gegenüberstand, als er vorgab.

So begab sich das ungleiche Freundespaar zwei Stunden später in die Innenstadt. Bröker hatte zur Feier des Tages ein besonders figurbetontes Arminiatrikot übergeworfen, aus dem sein Bauch hervorstach, als habe er das letzte Saisonspiel durch Verschlucken des Balles beendet. Da nutzte es wenig, dass Gregor sich bewusst unauffällig kleidete, mit Bröker an seiner Seite fiel er auf, als wäre er mit einem grünen Elefanten unterwegs.

Der Lärm des Leinwebermarktes drang zu den beiden, kaum dass sie das Haus verließen und den Sparrenberg hinabstiegen. Auf Höhe des Landgerichts hielt Bröker seine Nase in die Luft.

„Folge mir!", rief er Gregor zu und beschleunigte seine Schritte.

Sein Freund lachte und tat wie ihm geheißen.

Je näher die beiden der Fußgängerzone kamen, desto dichter wurde die Menschentraube. Am Alten Markt schließlich war sie vor einer Bühne, auf der eine Band spielte, die vor zehn Jahren populär gewesen war, so gedrängt, dass kein Durchkommen mehr möglich schien. Doch Bröker quetschte sich an Schaufensterscheiben entlang, bat Leute ein wenig zur Seite zu gehen und glitt so mit einer erstaunlichen Geschwindigkeit durch die Menge – immer dicht gefolgt von Gregor. Schließlich lichtete sich die Menge wieder etwas und Bröker blieb vor einem Stand stehen, der Steaks in Brötchen verkaufte.

„Genau hier wollte ich hin!", strahlte er. „Nimmst du auch eins?"

Gregor nickte, fragte dann aber ungläubig: „Sag nicht, du hast das Fleisch vom Landgericht aus gerochen?!"

Bröker nickte. „Doch, habe ich!" Dabei machte er dem Mann am Grill mit den Fingern ein Zeichen, um zwei Steaks zu bestellen. Gregor sah ihn ungläubig an.

„Nun ja", gab Bröker zu. „Vielleicht hat es auch ein kleines bisschen damit zu tun, dass der Stand seit 1993 immer an derselben Stelle steht. Und das verdientermaßen, er hat die besten Steaks auf dem ganzen Leinewebermarkt!"

Erst als Gregor das Gesicht zu einem Grinsen verzog, traute sich auch Bröker zu lachen. Dann bissen beide herzhaft in ihr Steak, das ihnen der Verkäufer in der Zwischenzeit gereicht hatte.

„Und was machen wir jetzt?", fragte Gregor, als Bröker drei Minuten später den letzten Bissen seines Brötchens in den Mund schob. Obwohl man es ihm kaum zugetraut hätte, hatte der schmächtige Junge sein Fleisch noch eine halbe Minute schneller vertilgt als sein untersetzter Freund.

„Zweihundert Meter weiter, direkt vor der Eisdiele, ist eine Bude, wo man hervorragende Champignons bekommt", antwortete der wie aus der Pistole geschossen.

„Oh nein!", stöhnte Gregor, folgte Bröker aber mangels besserer Alternativen. Als beide wenig später jeder tatsächlich noch eine Schale mit Pilzen verdrückt hatten, stellte sich dieselbe Frage erneut: Was sollten sie nun tun? Während Bröker noch überlegte, ob er lieber einen Weinstand am Ende der Obernstraße oder doch lieber den nächstgelegenen Bierwagen vorschlagen sollte, erahnte Gregor dessen Gedanken schon.

„Nein, Bröker!", protestierte er vorsorglich. „Ich bin mit dir auf dieses Fest gegangen, ich habe dafür gesorgt, dass du nicht außer Form gerätst, aber wir werden jetzt nicht den Rest des Abends damit zubringen, von deinem Lieblingswein zu naschen. Ich weiß, wie das endet!"

„Den gibt es hier vermutlich sowieso nicht", brummte Bröker, um dann vorsichtig vorzuschlagen: „Aber was hältst du denn von einem Bierchen?"

„Nichts da!", entschied der Junge rigoros. „Nun bin ich mal mit einem Vorschlag dran."

„Und der wäre?"

„Ich habe schon gestern gesehen, wie sie vor dem Rathaus ein Top-Spin aufgebaut haben …"

„Was ist ein Top-Spin?" Bröker schaute misstrauisch.

„Eine Schiffsschaukel kennst du?"

Unwillentlich nickte Bröker.

„Dann würde ich sagen, ein Top-Spin ist eine Schiffs-schaukel in modern. Man kann sich mit ihr sogar überschlagen."

„Und wieso sollte ich das wollen? Ich habe das gute Fleisch gerade mit viel Mühe gejagt und gegessen. Dein Vorschlag klingt, als sollte ich es bald wieder von mir geben."

„Ach komm, ich denke, ein wenig Bewegung würde dir ganz guttun."

„Die habe ich auch, wenn ich ein Bierglas hebe. Und überhaupt bestimme ich ganz gerne selbst, welches Körperteil ich im Falle eines Falles bewege, und der Magen gehört in den seltensten Fällen dazu!"

Erst als die Ersten begannen, ihrem Dialog zuzuhören, und jemand mit schon leicht verschwommener Stimme rief: „Ist das nicht Mr. Marple von der Sparrenburg?", ein Spitzname, den Bröker sich bei seinem ersten Fall zugezogen hatte und mit dem er ebenso seine Probleme hatte wie mit seiner plötzlichen Popularität, einigten sie sich auf einen Kompromiss: Sie würden eine Runde mit dem Riesenrad drehen, das man im Skulpturengarten nahe der Kunsthalle aufgebaut hatte.

„Hier bist du wenigstens auch nicht der größte Promi", grinste Gregor, als sie das Fahrgeschäft erreicht hatten, und zeigte auf einen Mann, der gerade umringt von einigen Menschen, von denen zwei aussahen wie Bodyguards, auf das Kassenhäuschen zusteuerte.

„Das ist ja Leineweber!", entfuhr es Bröker.

„Ja, was hast du denn gedacht? Der wird doch meinen, das Fest wird zu seinen Ehren gegeben!"

Tatsächlich hätte man dem Politiker das kaum verdenken können, denn seine Parteifreunde und Anhänger, darunter sogar einige Jugendliche, umgaben ihn wie einen Rockstar.

„Schau, der will auch Riesenrad fahren!", rief Gregor. „Gib mir mal einen Zehner, dann besorge ich uns zwei Fahrchips, vielleicht sind wir dann mit ihm in derselben Runde!"

Das Vorhaben des Jungen gelang und als ein junges Mädchen die Gondeln für die nächste Fahrt öffnete, standen Bröker und Gregor nur etwa dreißig Plätze hinter Leineweber und seiner Entourage in der Schlange. Der Politiker zwängte sich mit seinen beiden Bodyguards in eine Gondel, zeigte aber auf den vierten Platz.

„Wer will denn noch mit uns fahren?", fragte er gut gelaunt in die Menge seiner Anhänger und warf einen überzähligen Fahrchip in die Luft.

Eine Blondine, die kaum älter war als Gregor, fing ihn und stieg kichernd zu den drei Männern in die Gondel. Bröker enttäuschte dieses populistische Getue Leinewebers ein wenig, doch dann beschloss er, sich den Abend davon nicht vermiesen zu lassen. Als er mit Gregor in seine eigene Gondel kletterte, war der Politiker, der mittlerweile gut zwanzig Meter über den beiden schwebte, viel weniger ein Thema als das Mädchen, das die Fahrchips einsammelte und dabei Gregor eindeutig zugezwinkert hatte. Jedenfalls hätte Bröker das beschwören können.

„Leben wir nicht in einer wunderschönen Stadt", sagte Bröker, als die beiden langsam in der Dämmerung über Bielefeld aufstiegen. Ausnahmsweise regnete es einmal nicht. Der Turm der Altstädter Nicolaikirche wurde schon von Kunstlicht angestrahlt, während über der Stadt noch die Sparrenburg in den letzten Strahlen der untergehenden Sonne leuchtete.

„Ja, jetzt noch eine Portion Wurstebrei und du hättest deinen ostwestfälischen Frieden geschlossen, was?", lästerte Gregor.

„Erinner mich bloß nicht daran!", stöhnte Bröker, der mit dieser Spezialität während seines ersten Falles in einer Gaststätte außerhalb Bielefelds sein Vergnügen gehabt hatte. Aber es stimmte: Bröker war zufrieden, diese Art von Fahrgeschäft schien wie für seinen gemächlichen Charakter gemacht.

„Sollen wir gleich noch eine Runde fahren?", fragte er Gregor, als es zum dritten Mal aufwärts ging. Bevor dieser jedoch antworten konnte, ertönte von der gegenüberliegenden Seite des Riesenrads ein spitzer Schrei. Bröker starrte hinüber. War das etwa Leinewebers Gondel gewesen? Noch ein Schrei. Tatsächlich. In dem Fahrkorb des Politikers war die junge Blondine aufgesprungen und schrie den Prominenten so laut an, dass es über den ganzen Platz schallte: „Lassen Sie mich los. Sie denken wohl, Sie können sich alles erlauben. Das ist ja widerlich!"

Bröker traute seinen Augen nicht. Doch da erklang schon wieder die Stimme des Mädchens: „Ich will hier raus, halte das verdammte Ding an. Der Leineweber wird zudringlich!"

Von unten hörte Bröker ein Raunen. Gleichzeitig schien es ihm, als beschleunige das Riesenrad, bevor es stehenblieb, als die Gondel mit dem Politiker wieder den Erdboden erreicht hatte. Das Mädchen sprang heraus. „Er hat versucht, mich zu begrabschen!", rief sie noch einmal ganz außer sich, bahnte sich einen Weg durch die Menge und verschwand. Dann stieg auch Leineweber aus.

Gleich wird er behaupten, dass er nichts getan hat, dachte Bröker und starrte gebannt nach unten. Doch soweit er das aus zwanzig Metern Höhe beurteilen konnte, sah der ansonsten so selbstbewusste Bürgermeisterkandidat seltsam bedrückt aus. Auch hielt er nicht die von Bröker erwartete Ansprache an seine Anhängerschaft, was aber auch daran liegen konnte, dass Bröker direkt neben Leineweber einen ihm gut bekannten Rotschopf entdeckte.

„Schau, da ist Charly!", wies er Gregor auf die Journalistin hin, die wie so oft mit dem richtigen Riecher den Politiker schon in ein Interview verwickelt hatte. „Hoffentlich lassen die uns hier bald runter, ich will wissen, was Leineweber zu sagen hat!"

„Du witterst wohl wieder einen Fall, was? Mr. Marple liegt auf der Lauer", lästerte Gregor.

„Ich könnte ja auch schreien, dass du mich angrabschst, dann sind wir schneller unten."

Da Gregor Bröker bat, darauf zu verzichten, hatte Charly gerade ihr Interview beendet, als die beiden endlich wieder am Boden waren.

„Was hat er gesagt?", bedrängte Bröker die Journalistin, ohne sich mit einem Gruß aufzuhalten.

„B.!", lachte diese, von Brökers plötzlichem Auftritt überrascht. „Hast du das gerade mitbekommen? Unser Bürgermeisterkandidat scheint eine subtile Art zu haben, sich jungen Frauen anzunähern."

„Ja, Gregor und ich waren auf der gleichen Riesenradfahrt. Was hat er dir denn gesagt?"

„Ja, das war seltsam. Wenn ich es zusammenfassen sollte, hat er zugegeben, das Mädchen bedrängt zu haben. Er sagte etwas von einem ,bedauerlichen Missverständnis'. Das ist natürlich eine sehr fadenscheinige Entschuldigung, wenn ihr mich fragt."

Bröker runzelte so stark die Stirn, dass sich zwischen seinen Augen eine kleine Falte bildete. „Und du wirst morgen darüber schreiben?"

„Natürlich, das ist doch die Nachricht vom Leineweber auf dem Leineweber!"

„Hm …"

„Bröker, wenn du dir weiter so die Stirn zerfurchst, muss ich mir Gedanken machen, wie ich an eine Botoxspritze für dich komme", schaltete sich nun auch Gregor ein. „Was ist denn nur los?"

„Ich habe da so ein seltsames Gefühl", bekannte Bröker. „Da stimmt doch irgendetwas nicht. Ich meine, wieso macht Leineweber das? Hat er es wirklich nötig, so kurz vor der Wahl in aller Öffentlichkeit ein junges Mädchen zu betatschen? Und wieso streitet er nicht alles ab, wenn sie dann wegläuft, sondern gibt das Ganze zu, noch dazu gegenüber einer Journalistin. Sympathisch, aber dumm, würde ich sagen. Und dumm ist mir dieser Leineweber bislang noch nicht vorgekommen."

„Aber was soll dahinter stecken?", hakte Charly nach.

„Ich weiß es nicht, aber ich würde gerne mit ihm sprechen. Wohin ist er gegangen?"

„Da entlang!" Charly deutete in die Obernstraße, in der es vor Menschen wimmelte.

„Na dann, hinterher!", ließ Bröker einen ungewöhnlichen Tatendrang erkennen und stürzte sich ins Getümmel. Viel konnte er jedoch nicht erkennen, was nicht nur an der Vielzahl der Menschen lag, sondern auch daran, dass ihm alle, denen er folgte, den Rücken zuwandten, und nur die Entgegenkommenden ihm natürlicherweise ihr Gesicht zeigten.

„Das hat doch keinen Sinn!", rief ihm Gregor zu, der ihm mit Charly in zwei Metern Abstand folgte. Doch auch wenn Bröker selbst die Chance, Leineweber zu entdecken, nicht besonders hoch einschätzte, wollte er nicht so schnell aufgeben. Wütend versuchte er, die Massen vor sich auseinander zu drängen, und erst als ihm von einem nahe gelegenen Stand der Geruch gebratener Würstchen in die Nase stieg, hielt er inne. Vielleicht war es wirklich sinnlos. Ein wenig verzweifelt schaute sich Bröker nach der Würstchenbude um. Doch da, kaum zwanzig Meter vor ihm, schien ihm die Menschentraube noch etwas dichter zu sein als auf dem Rest der Obernstraße. Sollte Leineweber etwa darin stecken? In diesem Moment drehte sich die zentrale Figur der Ansammlung um und Bröker meinte, den Politiker zu erkennen.

„Leineweber!", rief er laut. Dann noch einmal lauter: „Herr Leineweber!"

Selbst bei dem Lärm des Volksfestes musste der Bürgermeisterkandidat seinen letzten Ruf gehört haben, dennoch strebte dieser mit aller Macht auf den Alten Markt zu. Sofort nahm Bröker wieder die Verfolgung auf. Knapp dahinter blieben Gregor und Charly ihm auf den Fersen. In diesem Moment ging auch noch das Konzert von vorhin zu Ende und eine wahre Menschenflut strömte ihnen entgegen. Bröker schob und schwitzte. Gleichzeitig musste er lachen. Das war vermutlich die langsamste Verfolgungsjagd der Welt. Als er die Neustädter Straße erreichte, kam ihm eine Idee. So schnell er konnte, strebte er in die deutlich weniger belebte Seitenstraße. Hinter sich hörte er, wie Gregor und Charly aufschlossen. Zwanzig Meter später hatten sie die Welle, die nächste Querstraße, erreicht. Dort bogen sie nach links ab, liefen hundert Meter parallel zur Obernstraße und bogen dann erneut nach links. Über eine schmale Gasse gelangten sie wieder zum dicht bevölkerten Alten Markt. Nun mussten sie nur noch Leineweber entdecken. Und sie hatten Glück. Keine drei Meter entfernt näherte sich der Politiker mit seinen Bodyguards. Schon wieder hatte er eine kleine Schar von Anhängern um sich gesammelt. Bestimmt hatten diese noch nichts von der Episode im Riesenrad gehört.

„Herr Leineweber!", rief Bröker wieder und trat so dicht an den Politiker heran, dass die Bodyguards ihm den Weg versperrten. Der Bürgermeisterkandidat aber wandte sich ihm mit einem strahlenden Lächeln zu. Dann sah er Charlys Rotschopf im Hintergrund und sein Blick verfinsterte sich.

„Sie wollen etwas zu dem bedauerlichen Zwischenfall von eben wissen?", fragte er. „Ich habe doch Ihrer Kollegin schon gesagt, dass ich wohl die Zeichen der jungen Frau falsch gedeutet habe."

Bröker schaute Leineweber an.

„Nein, nein", sagte er einer Eingebung folgend, „mein Sohn wollte Sie nur um ein Autogramm bitten."

Inzwischen waren Bröker und Leineweber von einer Gruppe Menschen umringt.

„Das ist ja der Bürgermeister!", hörte Bröker.

„Nee, der will es nur werden …"

„Und der andere, ist das nicht Mr. Marple?"

„Ja genau, du hast Recht!"

Bröker winkte Gregor zu sich heran, zog Stift und Block aus seiner Tasche und flüsterte: „Lass dir mal ein Autogramm von Leineweber geben!"

„Bröker, das ist peinlich!", zischte der zurück.

„Bitte, tu mir den Gefallen!"

Wortlos schob Gregor dem Politiker Block und Stift zu. Der signierte mit einem Lächeln, als quittiere er soeben den Empfang der Urkunde für den Friedensnobelpreis und reichte den Block zurück.

„Ist sicher gut für all Ihre Anhänger, dass Ihr Arm wieder in Ordnung ist", bedankte sich Bröker jovial. „Das muss sehr hinderlich gewesen sein, als er gebrochen war."

„Ja, das ist wahr", zeigte Leineweber wieder sein Politikerlächeln. „All die traurigen Gesichter, als ich nicht signieren konnte."

Wieder schaute Bröker den Bürgermeisterkandidaten an, diesmal allerdings schärfer.

„Sie sind nicht Leineweber", sagte er dann. „Leineweber ist Linkshänder."

An das, was dann geschah, erinnerte sich Bröker nur schemenhaft. Der angebliche Politiker hatte versucht ihn umzuschubsen und zu fliehen, doch diejenigen, die kurz zuvor noch seine Anhänger gewesen waren, hatten ihn daran gehindert. Irgendjemand hatte die Polizei gerufen, doch nicht Mütze, Brökers Polizistenfreund von der Arminia war gekommen, sondern Harry und Derrick, zwei Kolleginnen von Mütze, die er aus seinem früheren Fall kannte und die gerade auf dem Fest Streife schoben. Unter ihrer Befragung hatte der angebliche Leineweber gestanden, dass ihn Lohmann, Leinewebers Gegenspieler, aufgrund seiner Ähnlichkeit engagiert hatte. Durch seine Zudringlichkeit sollte der vorgebliche Leineweber dafür sorgen, dass die Chancen seines Doppelgängers bei der anstehenden Wahl auf den Nullpunkt sanken. Der echte Leineweber entspannte unterdessen wieder einmal beim Angeln und hätte erst am Montag von allem erfahren, denkbar spät, um den Skandal noch niederzuschlagen, und natürlich war auch die junge Blondine in den Plan eingeweiht gewesen.

Aber all das konnte Bröker zum Glück am nächsten Tag in den beiden Lokalzeitungen lesen, die er jeden Tag zum Frühstück las, dem Westfalen-Blatt und der Neuen Westfälischen. Charly hatte es sich nicht nehmen lassen, ihren Artikel mit „Mr. Marples zweiter Fall" zu überschreiben, wie Gregor bemerkte, als er Bröker die Zeitung grinsend auf den Frühstückstisch legte.

„Sag mal", fragte Gregor, während beide sich aus der Rühreipfanne bedienten, „woher wusstest du eigentlich, dass Leineweber Linkshänder ist?"

„Berufsgeheimnis", schmunzelte Bröker und Gregor hätte schwören können, dass er dabei ein wenig rot wurde.

„Na los, sag schon, sonst pick ich mir alle Schinkenstücke aus der Pfanne!"

„Wenn du in dem Block, den ich dir für das Autogramm gegeben habe, drei Seiten vorher schaust, siehst du, dass ich mir auch schon mal ein Autogramm von ihm geholt habe", flüsterte Mr. Marple und schenkte sich schnell etwas Kaffee nach.

Jobst Schlennstedt

## Der Blitzer

Holger Bentrup öffnete den Umschlag, den er gerade aus dem Briefkasten gefingert hatte, und wusste sofort, worum es sich handelte. Er erinnerte sich genau an die Situation vor ein paar Wochen. Er hatte wütend auf das Lenkrad seines alten Opel Astra geschlagen. Der rote Blitz hatte noch Sekunden später vor seinem inneren Auge gezuckt, obwohl er den altgedienten Starenkasten an der Bismarckstraße schon längst hinter sich gelassen hatte.

Hunderte Male war er den Berg hinunter in Herfords Stadtkern gefahren, und jedes einzelne Mal hatte er rechtzeitig abgebremst. Egal ob privat oder beruflich, dieser Blitzer hatte ihn noch nie überlisten können. Doch in diesem Augenblick war er einen Moment zu lange mit seinem CD-Wechsler beschäftigt gewesen.

Bentrup faltete das Schreiben der Bußgeldstelle der Stadt Herford auseinander und begann zu lesen.

*Sehr geehrter Herr Bentrup,*
*dem Führer des PKW HF-HB 76 wird vorgeworfen, am 8. Februar 2011 um 17.27 Uhr in der Stadt Herford, Bismarck-straße Rtg. Zentrum, folgende Ordnungswidrigkeit gem. § 24 Straßenverkehrsgesetz (StVG) in Verbindung mit § 49 Straßen-verkehrsordnung (StVO) begangen zu haben:*
*Sie überschritten die zulässige Höchstgeschwindigkeit inner-halb geschlossener Ortschaften um 52 km/h; Festgestellte Ge-schwindigkeit (abzgl. Toleranz): 102 km/h.*

Hundertzwei km/h, die Fehlertoleranz des Messgerätes bereits inbegriffen. Verdammt! Bentrup schüttelte irritiert den Kopf. Nie im Leben war er so schnell gefahren. Vielleicht fünfund-sechzig oder siebzig, aber doch keine hundertzwei.

Er wusste, was das bedeutete. Schließlich kannte er den Bußgeldkatalog besser als jeder andere. Mehrere hundert Euro Verwarngeld, vier Punkte in Flensburg, zwei Monate Lappen weg. Letzteres war egal. Seinen Lappen würde er unter diesen Umständen wohl für immer abgeben müssen, dafür war sein Punktekonto schon viel zu hoch.

Bentrup schloss die Augen und dachte nach. Er musste einen Weg finden, diesem Dilemma zu entkommen. Irgendeine Story erfinden oder die Polizei davon überzeugen, dass sie einen Fehler gemacht hatte. Viel Hoffnung hatte er jedoch nicht. Denn was ihn am unglaubwürdigsten machte, war sein Vorstrafenregister in Flensburg.

Bentrups Blick wanderte weiter über den Brief. Über das abfotografierte Kennzeichen seines BMW. Und über das Foto von ihm, das so unscharf war, dass er sich selbst kaum erkennen konnte. Er kniff die Augen zusammen und versuchte Einzelheiten auszumachen.

*Das war doch nicht er,* fuhr es ihm mit einem Mal durch den Kopf. Der Typ auf dem Foto hatte Ähnlichkeit mit ihm, keine Frage. Aber die Haare waren etwas zu kurz, das Gesicht zu rund.

Bentrups Gedanken ratterten. Wenn er nicht derjenige auf dem Foto war, wer war es dann? Irgendwo in den Mühlen der Bürokratie hatte es offenbar eine Verwechslung gegeben. Foto und Geschwindigkeitsmessung passten nicht zu Kennzeichen und Halter des Fahrzeugs, so viel war klar. Nur würde ihm die Polizei nicht glauben, denn dafür war die Ähnlichkeit mit dem unbekannten Mann auf dem Foto einfach zu groß.

Er dachte jetzt noch angestrengter nach und massierte seine Schläfen. Spielte alle Optionen durch und verwarf das meiste sofort wieder. Letzten Endes gab es nur eine Möglichkeit, um das Gegenteil zu beweisen: Er musste denjenigen finden, der die Bismarckstraße mit über hundert Sachen hinuntergerast war.

Aufmerksam betrachtete er das Foto. Für einen kurzen Augenblick kam ihm sein Bruder in den Sinn. Eine vage Ähnlichkeit war nicht zu verleugnen. Vielleicht waren sie beide geblitzt worden, und jemand auf dem Amt hatte ihre Namen durcheinander gebracht. Er griff nach seinem Handy und wählte die Nummer seines Bruders. Noch bevor ein Freizeichen erklang, fiel es Bentrup wie Schuppen von den Augen, dass Jens auf Dienstreise im Ausland war. Jens, dieser geschniegelte Schleimer, dem jedes Mittel recht gewesen war, um Karriere zu machen. Er war ein erfolgreicher Manager, besaß Geld, Häuser und eine Frau, um die ihn jeder Mann beneidete. Jens hatte das geschafft, was ihm selbst nicht vergönnt gewesen war. Er mochte ihn nicht, und er war sicher, dass die Abneigung auf Gegenseitigkeit beruhte.

Bentrup fixierte weiterhin das Foto. Etwas in ihm ließ ihn plötzlich glauben, den Mann schon einmal gesehen zu haben. Er versuchte sich zu erinnern, doch der lose Gedanke verschwand so schnell, wie er gekommen war. Behutsam faltete er den Brief zusammen, so dass nur noch das Foto des Mannes zu erkennen war. Dann verstaute er ihn in seiner Manteltasche und trank hastig ein Glas Wasser. Ihm war eine Idee gekommen. Er kannte jemanden, der ihm vielleicht helfen konnte.

Auf den Gängen des tristen Bürokomplexes ging es ruhig zu. Ruhiger als üblich zu dieser Jahreszeit, wenn sich die Detektivkanzlei von Christian Zieler in den Vorweihnachtstagen vor Aufträgen nicht mehr retten konnte.

Eilig betrat Bentrup das Büro von Zieler. Sie kannten sich seit Grundschulzeiten, waren jedoch niemals enge Freunde geworden. Trotzdem liefen sie sich ständig über den Weg, meistens in den einschlägigen Kneipen Herfords.

„Zille, du musst mir einen Gefallen tun."

„Holger? Lange nichts von dir gehört. Wie läuft's?"

„Geht so", antwortete Bentrup kurz angebunden.

„Man sieht's. Also, was soll ich für dich tun?"

Wortlos legte Bentrup seinem Gegenüber den zusammen-gefalteten Brief auf den Schreibtisch und zeigte auf das Foto des unbekannten Mannes.

„Erklärst du mir auch noch, was das soll?", fragte Zieler nach einer halben Minute des Schweigens.

„Kennst du ihn nicht?"

„Sollte ich?"

„Hätte ja sein können. Ich muss dringend in Erfahrung bringen, um wen es sich handelt."

„Darf ich fragen, weshalb?"

„Kannst du mir nicht einfach sagen, ob du weißt, wer das ist", reagierte Bentrup genervt von Zilles Fragen. „Ich habe da so eine Vermutung."

„Ist ja gut", antwortete Zille beschwichtigend. „Bei dem Mann handelt es sich zweifellos um Michael Matuschewski."

„Du meinst …?"

„Matuschewski", wiederholte Zille. „Der Matuschewski."

Bentrup nickte. Er erinnerte sich. Matuschewski war ein mehrfach verurteilter Krimineller, der in regelmäßigen Ab-ständen wegen kleinerer und größerer Delikte einsaß.

„Sitzt er aktuell?", fragte er leise.

„Nein."

„Gut." Bentrup war erleichtert.

„Verrätst du mir jetzt endlich, was diese Fragerei soll", ent-gegnete Zille. „Glaubst du, ich erkenne nicht, um welche Art von Foto es sich handelt? Woher hast du das?"

„Kann ich dir nicht sagen. Ich brauche aber dringend Matuschewskis Adresse."

„Was willst du denn von dem?"

„Ich muss etwas mit ihm klären", antwortete Bentrup aus-weichend.

„Was hat er denn jetzt schon wieder verbrochen?"

„Das wird sich zeigen. Gibst du mir jetzt die Adresse?"

„Berliner Straße", knurrte Zille. „In einem der Blöcke, die Hausnummer kenne ich nicht."

„Danke."

„Jetzt spuck schon aus, was du bei ihm willst!"

„Ein andermal. Ich muss jetzt los." Bentrup sprang auf und hastete aus dem Büro.

„Oder hast du selbst etwa wieder Mist gebaut?", rief ihm Zille hinterher, doch Bentrup hörte die Worte des Privatdetektivs nicht mehr.


Schon mehr als dreißig Minuten schlich Bentrup jetzt von einem Hauseingang zum nächsten, ohne dass er Matuschewskis Namen auf einem der Klingelschilder entdeckt hatte. Was, wenn Matuschewski doch nicht hier wohnte? Oder er bei jemandem zur Untermiete lebte und sein Name nicht auf dem Klingelschild geschrieben stand?

Angespannt atmete er aus. Sollte er Matuschewski wirklich einen Besuch abstatten? Was sollte er ihn überhaupt fragen? Ob er auch so einen Brief von den Behörden bekommen habe und sich vielleicht auch frage, ob es zu einer Verwechslung gekommen war? Und dann? Wie sollte er den Mann davon überzeugen, sich der Bußgeldstelle oder der Polizei zu stellen, um die Wahrheit zu sagen. Dass er es gewesen war, der mit hundertzwei km/h geblitzt worden war. Wenn Matuschewski klug genug war, würde er alles abstreiten und sein Bußgeld, das wahrscheinlich nicht mehr als fünfzig Euro betrug, einfach zahlen.

Noch ein Haus, dann hatte er alle durch. Wieder scannte Bentrup das Klingelschild, auf dem mehr als fünfundzwanzig Namen standen. Etwa wieder ohne Erfolg? Er wollte bereits umdrehen, als er Matuschewskis Namen endlich entdeckte. Im nächsten Augenblick öffnete sich die Haustür und ein Mädchen mit großen Kopfhörern auf den Ohren trat heraus. Kurz entschlossen schlüpfte Bentrup ins Treppenhaus, wo ihm beißender Gestank nach verbrannten Bratkartoffeln und Urin in die Nase drang.

Matuschewski wohnte im vierten Stock. Bentrup überlegte nicht lange und nahm den Fahrstuhl, in dem es jedoch nicht viel besser roch. Der Flur auf der vierten Etage war lang gestreckt und von deprimierender Tristesse bestimmt. Der aufgeriebene Teppich und die Pressspantüren, von denen der Lack absplitterte, zeugten von der Baufälligkeit des Hochhauses.

Für einen kurzen Moment kamen in Bentrup wieder die Zweifel auf, was er Matuschewski überhaupt fragen sollte, doch schließlich schob er sie beiseite und klingelte.

Ehe er seinen Finger von der Klingel genommen hatte, öffnete sich die Tür und Michael Matuschewski blickte ihn aus trüben Augen an. Es war offensichtlich, dass er nicht vollständig Herr seiner Sinne war. Entweder hatte er getrunken, Drogen konsumiert oder aber er war psychisch vollkommen am Ende. Zumindest strahlte er etwas Angsteinflößendes aus.

Bentrup war überrascht, wie ähnlich ihm Matuschewski trotz seines körperlich schlechten Zustands tatsächlich sah. Kein Wunder, dass er anfangs selbst nicht das falsche Foto in seinem Bußgeldbescheid bemerkt hatte.

„Kennen wir uns?", fragte Matuschewski.

„Nein", antwortete Bentrup unentschlossen. „Haben Sie trotzdem einen Moment Zeit für mich?"

„Worum geht's?", knurrte Matuschewski.

„Um …" Bentrup stockte. „Es geht um das hier." Er griff in seine Jackentasche, holte den Brief hervor und hielt ihn Matuschewski unter die Nase. „Darf ich vielleicht hereinkommen? Dann können wir in Ruhe darüber sprechen."

„Moment! Was soll das werden? Was wollen Sie von mir?"

„Sie haben doch auch so einen Brief bekommen, oder etwa nicht?"

„Und?"

„Der Behörde muss da ein kleiner Fehler unterlaufen sein", antwortete Bentrup. „Sehen Sie, hier sind Sie abgebildet. Es muss sich um eine Verwechslung handeln."

Matuschewski nahm den Brief an sich und las. Es dauerte einige Sekunden, ehe er eine Reaktion zeigte. Dann brach er in schallendes Lachen aus.

„Weshalb lachen Sie?"

„Weil ich jetzt verstehe, weshalb Sie hier sind."

„Dann sehen Sie also ein, dass der Fehler aufgeklärt werden muss?"

„Nein, warum sollte ich?" Matuschewski lachte noch immer. Ein unheimliches Lachen, beinahe bedrohlich. Seine Augen blitzten und ließen ihn noch angsteinflößender wirken. „Und jetzt verschwinden Sie hier, aber zackig!" Matuschewski warf die Tür zu.

Bentrup gelang es gerade noch rechtzeitig, den Fuß in den Türspalt zu stellen. Mit aller Kraft stemmte er gleichzeitig seine Schulter gegen die Tür.

„Wegen Ihnen werde ich bestimmt nicht meinen Führerschein verlieren", schnaufte er angestrengt. „Sie werden jetzt zugeben, dass Sie das hier auf dem Foto sind."

„Natürlich bin ich das", hörte er Matuschewski rufen. „Ich werde aber einen Teufel tun, das den Bullen zu verraten."

Bentrup spürte Wut in sich aufsteigen. Was bildete sich dieser Typ bloß ein? Hastig versuchte er sich durch den Spalt zu quetschen, um ins Innere der Wohnung zu gelangen. Ohne Erfolg. Matuschewski presste sich auf der anderen Seite mit seinem ganzen Gewicht dagegen.

„Wie schnell bin ich tatsächlich gefahren?", versuchte er Matuschewski abzulenken. „Was steht in dem Schreiben, das Sie bekommen haben?"

„Das interessiert Sie wohl, was?"

„Unter siebzig, habe ich Recht?"

„Vierundsechzig, wenn Sie es genau wissen wollen."

Bentrups Zorn auf Matuschewski wuchs von Sekunde zu Sekunde und entfachte ungewohnte Kräfte in ihm. Er machte einen Seitfallschritt, zog seinen Fuß aus dem Türspalt und schwang sich mit voller Wucht gegen die Holztür. Matuschewskis Widerstand gab augenblicklich nach. Ein lautes Poltern war zu hören. Dann ein schweres Zerbersten von Glas. Und ein schmerzerfüllter Schrei, der abrupt verstummte.

Bentrup öffnete die Tür und stolperte in die Wohnung. Sein Blick fiel zu Boden, wo Matuschewski regungslos dalag. Überall waren Scherben. Offenbar war Matuschewski rücklings in eine gläserne Vitrine gefallen.

Bentrup beugte sich hinunter und fasste Matuschewski an die Halsschlagader. Nur noch ein schwaches Pulsieren war zu spüren. Er erschrak, als sich plötzlich seine Hand feucht anfühlte. Erst jetzt sah er die Wunde an Matuschewskis Hinterkopf, aus der große Mengen Blut austraten. Überall, in Kopf und Hals, hatten sich Splitter der Vitrine in die Haut gebohrt.

Verdammt!, fluchte Bentrup. Panisch blickte er sich um. Er rannte raus auf den Flur, die Tür fiel ins Schloss. Im Stockwerk unter ihm öffneten sich Türen, besorgte Stimmen, die sich über den plötzlichen Krach wunderten, drangen in sein Ohr.

Kurz entschlossen sprang er zurück in den Fahrstuhl und fuhr nach unten. Bloß weg von hier. Doch das schlechte Gewissen, soeben womöglich einen Menschen umgebracht zu haben, verfolgte ihn schneller, als ihm lieb war.

Die Beamten der Polizei klingelten am nächsten Morgen schon um kurz nach acht an seiner Tür. Obwohl er unsicher gewesen war, was er brauchte, wenn sie ihn auf die Polizeiinspektion mitnahmen, hatte Bentrup bereits einen Koffer mit Klamotten und dem Allernötigsten gepackt. Ob sie ihn wohl sofort in Untersuchungshaft steckten oder vielleicht doch auf Kaution freiließen?

„Holger Bentrup?", fragte einer der Polizisten, nachdem er die Haustür geöffnet hatte.

Bentrup nickte. „Ich bin bereit", sagte er leise. „Ich gebe alles zu."

„Das ehrt Sie", sagte der Polizist mit einem milden Lächeln auf den Lippen. „Ist allerdings unnötig geworden."

Bentrup blickte den Beamten verwundert an. Was hatte dessen Kommentar zu bedeuten? War Matuschewski etwa gar nicht tot? Oder hatten sie einen anderen Schuldigen ausgemacht?

„Die Sache mit Ihrem Bußgeldbescheid hat sich erledigt", fuhr der Polizist fort. „Es lag ganz offenbar eine Verwechslung vor. Wir sind gestern zufällig darauf gestoßen."

„Heißt das …?" Bentrup schöpfte plötzlich neuen Mut. Die Polizisten waren gar nicht wegen Matuschewski hier, sondern wegen seines Bußgeldbescheids.

„Ja", sagte der Polizist nickend. „Der Mann, der tatsächlich mit über hundert Sachen auf der Bismarckstraße geblitzt wurde, ist gestern bei einem tragischen Unfall ums Leben gekommen."

„Unfall?", vergewisserte sich Bentrup.

„Er ist unglücklich gestürzt."

„Das klingt tragisch." Innerlich atmete Bentrup auf, aber noch musste er sich einige Momente zusammenreißen. Mit entschuldigender Miene nickte er den Polizisten zu und bedankte sich.

Als die beiden Beamten den Hauseingang schon fast verlassen hatten, drehte sich einer der beiden noch einmal um. Langsam, aber zielstrebig fasste er in seine Jackentasche, kramte einen Brief hervor und hielt ihn Bentrup hin.

„Kann es sein, dass Sie den hier vergessen haben, als Sie gestern Michael Matuschewski einen Besuch abgestattet haben?"

Bentrup blickte mit versteinerter Miene auf den Bußgeld - bescheid. Im nächsten Moment klickten an seinen Handgelenken die Schellen zu.

Marcus Winter

**Vor dem Erben kommt das Sterben**

Er warf noch einmal einen kurzen Blick in den Kofferraum seines alten VW Passat. Maurerutensilien nebst Wasserwaage, Akku-Schrauber, diverse Sägen, Zangen, Schraubendreher, die Kettensäge, der große Fliesenschneider ... eigentlich konnte er nichts vergessen haben. Er hatte keine Lust, später wegen eines einzigen fehlenden Werkzeugs die einhundert Kilometer noch einmal zurückfahren zu müssen. Er warf die Heckklappe zu, setzte sich hinter das Steuer und war erleichtert, als der Motor schon beim ersten Mal ansprang. Bereits nach wenigen Minuten überquerte er den Teutoburger Wald und bog auf die B 68 ein, die ihn direkt bis zur Autobahn brachte. Er hatte in den letzten Jahren alle möglichen Strecken ausprobiert und sich letztendlich entschieden, über die A33 bis Paderborn und dann über Bad Driburg und Brakel nach Höxter zu fahren. Das war zwar etwas weiter als über Lemgo und Blomberg, aber es ging einfach schneller.

Norbert Brinkmann schaltete das Autoradio ein und grübelte zum wiederholten Mal über die E-Mail seines Onkels nach. Der alte Joseph hatte ihm, wie schon mehrmals in den letzten Jahren, nur einige kurze Zeilen gesandt: *Ich habe Arbeit für dich. Du kannst bei mir wohnen. Ab Montag, etwa eine Wo- che.* Ohne Zweifel ging es wieder um Reparaturen an seiner großen Villa am Stadtrand von Höxter. Beim letzten Mal, vor etwa einem halben Jahr, war es ein neuer Tresor gewesen, den Onkel Joseph sich zugelegt hatte. Den sollte wohl lieber sein Neffe Norbert aus Bielefeld unter der Kellertreppe einmauern, und nicht ein örtlicher Handwerker. Er wollte ja niemanden darauf stoßen, dass er reich war. Wirklich richtig reich.

Obwohl das ein völlig untauglicher Versuch gewesen war, denn in Onkel Josephs Nachbarschaft am Ufer der Weser wohnten ohnehin überwiegend Leute mit Geld. Aber Onkel

Joseph war eben misstrauisch und ging lieber auf Nummer sicher. Ein weiterer Grund war sicher auch, dass sein Neffe Norbert für ihn viel billiger war als ein Höxteraner Maurermeister. Dieser alte Geizhals.

Joseph Brinkmann bestellte seinen Neffen immer nur zu sich, wenn er mal die schnelle und diskrete Hilfe eines zuverlässigen Handwerkers brauchte. Vor drei Jahren hatte er Norbert mal Flugtickets nach Mallorca in die Hand gedrückt. Er hatte seinerzeit im Oktober in der Finca eine hochmoderne Alarmanlage installiert. Auch hier traute Onkel Joseph wohl den ortsansässigen Firmen nicht und hatte Angst, dass sich ein spanischer Techniker den Code der Anlage merken und die Villa leer räumen würde, während er nicht da war.

Sicher, Onkel Joseph nutzte ihn aus. Das war Norbert von Anfang an klar gewesen. Aber er war schon vor Jahren mit seiner kleinen Baufirma Pleite gegangen und hielt sich seitdem mit einem Hausmeister-Service mehr schlecht als recht über Wasser. Er wurde dieses Jahr neunundvierzig, was hatte er da noch für Aussichten? Wenn man mal davon absah, dass er eventuell mal stellvertretender Löschabteilungsführer der Freiwilligen Feuerwehr von Niederdornberg-Deppendorf werden konnte. Also sprang er sofort los, wenn Onkel Joseph auch nur mit den Fingern schnippte.

Als Joseph Brinkmann vor fast vierzig Jahren aus Bielefeld verschwunden war, hatten sich im kleinen Vorort Deppendorf noch alle das Maul zerrissen. Er war schon von jeher das schwarze Schaf der Familie gewesen, wegen kleinerer Gaunereien vorbestraft, ohne Schulabschluss, ohne Berufsausbildung und vor allem: ohne jede Perspektive.

*Bleibt ihr nur hier, ihr Deppen. Ich werde nie wieder einen Fuß in dieses Kaff setzen* waren damals seine letzten Worte an seinen Bruder – Norberts Vater – gewesen. Jahrelang hatte man nichts mehr von ihm gehört, was er in der Zeit danach dann alles gemacht hatte, wusste niemand so genau. Zuhälter und Bordellbesitzer in Frankfurt war eines der Gerüchte gewesen, das nach

Jahren kursierte. Profi-Pokerspieler in Las Vegas, berichteten einige später hinter vorgehaltener Hand. Pornofilm-Produzent in Hamburg, tuschelten andere beim Bäcker. Was davon stimmte, hatte man nie erfahren. Vielleicht gar nichts, vielleicht aber auch alles.

Er hatte sich erst vor vier oder fünf Jahren wieder bei Norbert gemeldet. Da hatte er sich schon, als offenbar äußerst vermögender Mann, im idyllischen Oberen Wesertal zur Ruhe gesetzt. Im Alter hatte es ihn offenbar nach Ostwestfalen zurückgezogen, aber er war nach seinem damaligen Abgang wohl doch zu stolz gewesen, wieder direkt in seine Heimatstadt zu ziehen. Norberts Eltern waren inzwischen verstorben, aber da er noch immer in seinem Elternhaus in Deppendorf wohnte, war es ein Leichtes für seinen Onkel gewesen, Kontakt zu ihm aufzunehmen. Seitdem war Norbert fünfmal in dem historischen Städtchen an der Weser und zweimal auf Malle gewesen, um irgendwelche Handlangerdienste für ihn zu verrichten. So würde es auch dieses Mal sein.

Die Bezahlung für seine neuerlichen Dienste würde sicher wieder eher mäßig sein. Aber Norbert motivierte sich auf andere Art. Onkel Joseph war schließlich ein reicher Mann, wodurch auch immer. Er war jetzt weit über siebzig. Und Norbert war fast dreißig Jahre jünger, war sein einziger Verwandter und daher sein Alleinerbe.

Es war also nur eine Frage der Zeit, und dann würde Norbert Brinkmann ein völlig neues, ein komplett sorgenfreies Leben führen. Es konnte sich ja nur noch um ein paar Jährchen handeln.

Den Rest der Fahrt gab er sich hemmungslos diversen Tagträumen hin. Er sah sich in der Villa residieren, fuhr in dem dunkelblauen Bentley-Cabrio durch Höxter, lag auf Malle am Pool, einen eisgekühlten Cocktail in der Hand, eine nackte Schönheit zog ihre Bahnen durch das Wasser. Sollte es endlich so weit sein? Sollten seine jahrelangen Träumereien jetzt womöglich tatsächlich Realität werden?

Norbert Brinkmann hatte gerade die mondäne Eingangshalle der Villa betreten, da zerplatzten seine Phantasien wie Seifenblasen. Zum einen sah Onkel Joseph blendend aus wie immer. Schlank, sonnengebräunt, mit vollem, graumeliertem Haar, er wirkte wie ein Gentleman von Mitte sechzig. Zum anderen hatte er seinen Arm um eine Frau gelegt, einer deutlich jüngeren Frau, die sich eng an ihn schmiegte. Er stellte sie Norbert unvermittelt als seine Ehefrau Melanie vor, die er vor zwei Wochen geheiratet hatte.

„Ehe… frau?", krächzte Norbert heiser.

„Ja sicher", lächelte Onkel Joseph. „Melanie ist meine große Liebe. Eine tolle Frau, die mir meinen Lebensabend verschönern wird."

„Ja, äh, sehr schön …" Norbert betrachtete die Blondierte an Josephs Seite. Ende dreißig, zu große Brüste, zu stark geschminkt, zu kurzer Rock, zu … Die war einfach zu jung, die könnte doch glatt seine Tochter sein.

„Hallo, herzlich willkommen in unserem Heim", sagte sie jetzt, während sie ihm mit einem strahlenden Lächeln die Hand reichte.

„Ja, danke." Norbert musste sich zwingen, sich seine wahren Gedanken nicht anmerken zu lassen. Dieser geile alte Knacker. Der schien seinen Verstand ja ausschließlich in der Hose zu haben.

Beim Abendessen tauschten sie nur die üblichen Nettigkeiten aus, Smalltalk ohne Tiefgang. Es gab gebratene Tauben auf Blutorangensauce, zu Norberts Erstaunen schmeckte es vorzüglich. Was er aber natürlich nicht zugab. Das fehlte noch, dass er diese Person loben würde. Es war aber eigentlich auch kein Wunder, dass die goldbraun glänzenden Tauben so ausgezeichnet mundeten, denn Onkel Joseph hatte Melanie vor vier Monaten als Haushälterin eingestellt. Da konnte man schließlich erwarten, dass sie kochen konnte. Vor vier Monaten! So schnell hatte sie dem alten Kerl den Kopf verdreht.

Sie plapperte unaufhörlich, erklärte *ihrem Joe* ausführlich, wie sie den Geflügelfond mit Orangen und etwas Ingwer verfeinert und die Tauben mit Pfeffer und echtem Himalaya-Salz gewürzt hatte. Norbert tat nicht nur desinteressiert – er war es auch. Onkel Joseph aber hing förmlich an ihren Lippen, glotzte verliebt und nannte sie in jedem dritten Satz *Mein Täubchen*, ohne die darin liegende Ironie zu bemerken. Norbert bemühte sich, seine aufkeimende Wut zu verbergen.

Joseph und Melanie wollten in zwei Tagen in die Flitterwochen starten. „Nichts Großes. Nur eine Woche auf der Queen Mary II", lächelte Melanie. Der richtige Urlaub, eine mehrwöchige Weltreise, sollte erst im Spätsommer folgen. Während der sieben Tage sollte Norbert im Haus bleiben und diverse Reparaturen durchführen.

„Nur wenn du Zeit hast, natürlich. Mir wäre es lieber, wenn jemand im Haus ist, während wir unterwegs sind." Melanie gönnte ihm wimpernklimpernd einen Blick in ihr Dekolleté.

„Ja, und du musst so keinerlei Rücksicht auf uns nehmen, wegen Lärm und Staub und so", ergänzte Onkel Joseph. „Du kannst morgens anfangen, wann du willst, und dir die Zeit frei einteilen."

Norbert überlegte nur kurz. In Bielefeld wartete niemand auf ihn. Der Ein-Mann-Hausmeisterservice lief ohnehin mal wieder sehr schlecht.

„Warum nicht?", sagte er daher. „Ich könnte das einrichten."

Norbert Brinkmann zog sich früh ins Gästezimmer zurück und wälzte sich unruhig im Bett. Gegen Mitternacht stand er auf und ging hinunter in die Küche. Von seinen früheren Aufenthalten kannte er sich in der Villa gut aus. Er nahm eine Flasche Detmolder aus der Kühlschranktür, suchte ein schönes Bierglas vom Sideboard und nahm beides mit nach oben. Unterwegs blieb er stehen und lauschte. Er ging den Geräuschen nach und stand schließlich vor Josephs Schlafzimmertür. Heftiges Stöhnen war zu hören. Rhythmisch und immer lauter werdend.

Zuletzt beinahe ein Kreischen. Das war eindeutig diese blondierte Köchin. Die zog hier bei Onkel Joseph eine Riesenschau ab. Er sollte sich bestimmt als toller Hecht fühlen, damit er bloß nicht auf den Gedanken kam, dass die Frau ihn nur wegen des Geldes geheiratet hatte. Was für ein Narr!

Nachdem er sich später noch eine zweite und dritte Flasche Detmolder geholt hatte, fiel Norbert in einen unruhigen Schlaf.

Am nächsten Tag führte Onkel Joseph ihn durch das Haus und den großen Garten und zeigte ihm die Dinge, die Norbert in der folgenden Woche erledigen sollte.

Auf dem Grund des Schwimmbeckens hatten sich ein paar Fliesen gelöst, die Schiebetür zum Wintergarten klemmte seit ein paar Wochen ein bisschen, eine alte Buche war vertrocknet und musste gefällt werden, der Wasserhahn im Gäste-WC tropfte …

Norbert notierte sich alles mit einem Bleistift auf einem kleinen Block. Er hatte Mühe, sich zu konzentrieren. Was machte das alles noch für einen Sinn? Er würde hier mal wieder alles für wenig Geld in Ordnung bringen, zurück nach Deppendorf fahren, und Melanie würde sich all das in ein paar Jahren unter den Nagel reißen. Unter ihre überlangen, lackierten Nägel.

Die Woche verging für Norbert relativ schnell. Die Arbeiten am Haus waren nur Kleinigkeiten, und er machte so was ja auch eigentlich ganz gern. Er hatte auch noch genügend Freizeit, um mehrmals einige Stunden ausgiebig in der historischen Altstadt von Höxter spazieren zu gehen. Norbert hatte als gelernter Zimmermann früher jeden Aufenthalt in Höxter schon wegen der gut erhaltenen mittelalterlichen Stadtstruktur mit den vielen restaurierten Fachwerkhäusern genossen. Er konnte sich üblicherweise gar nicht satt sehen an den vielen einzigartigen Beispielen mittelalterlicher Handwerkskunst im

Stil der Weserrenaissance. Dieses Mal jedoch schweiften seine Gedanken selbst beim Schlendern entlang der Dechanei oder des Hauses Horstkotte immer wieder ab zu dem einen Thema: erben. Vielleicht hatte Onkel Joseph ihn ja trotz der Heirat in seinem Testament zumindest zum Teil berücksichtigt. Wenigstens eine stattliche Summe Bargeld aus seinem Tresor. Oder den Bentley. Gerne auch die Finca auf Mallorca oder einige der Krügerrand-Goldmünzen.

Den Tresor zu öffnen war kein Problem gewesen. Für den Einbau im letzten Jahr hatte Onkel Joseph ihm natürlich den Schlüssel aushändigen müssen. Nach dem Einbetonieren musste die Tür des Geldschranks drei Tage aufstehen, damit sich innen kein Kondenswasser bildete. Norbert war ja schließlich vom Fach, er hasste Pfusch am Bau. Dabei hatte er sich selbstverständlich einen Abdruck des Schlüssels gemacht. Sicherheitshalber. Von dem Abdruck hatte er zu Hause dann einen Nachschlüssel angefertigt. Wer einen Hausmeister-Service betreibt, der muss so was natürlich können.

Dieses Mal schaute er sich in aller Ruhe im ganzen Haus um. Aber ein Testament fand er nirgends, auch nicht im Tresor. Vermutlich hatte Joseph es bei einem Notar hinterlegt.

Bei dem Blick in den Geldschrank gingen ihm die Augen über. Stapelweise Bargeld. Bündel von Euro-Scheinen, Dollar-Noten und Schweizer Franken. Grob geschätzt waren es Geldscheine im Wert von weit über zwei Millionen Euro. Und einhundert Krügerrand-Münzen, Unterlagen über zwei Aktien-Depots, ein Konto in Liechtenstein …

Bei seinem Rundgang im Haus fand er im Dachgeschoss noch einen Raum, den es mit dieser Ausstattung früher nicht gegeben hatte. Ein reines Liebesnest, mit dunkelroten Tapeten, Wasserbett, einem Schrank voller Fesselungs-Zubehör, Peitschen, Latex-Klamotten, einer Vibratoren-Sammlung und anderer Dinge, deren Verwendungszweck Norbert sich im Detail gar nicht vorstellen konnte – und wollte.

Bei der Durchsuchung der kleinen Bibliothek fand er im

Schreibtisch in einer großen Schublade noch eine Vielzahl von Medikamenten. Natürlich schachtelweise Potenzmittel wie *Viagra* und *Cialis*, ein dutzend Röhrchen mit Vitaminpräparaten, Cholesterin-Senker, ein Asthma-Spray und eine Packung mit der Aufschrift *Angioforte*. Norbert Brinkmann öffnete die Schachtel und las den Beipackzettel; offenbar ein Mittel gegen zu hohen Blutdruck. Onkel Joseph war demnach doch nicht so fit, wie er äußerlich wirkte. Durch die modernen Errungenschaften der Pharmaindustrie in Kombination mit dem Hightech-Solarium in seinem Schwimmbad sah er zwar aus wie das sprichwörtliche blühende Leben. Aber auch er konnte die Zeit nicht wirklich anhalten. Er war eben doch ein alter Mann.

Als sie von der Kreuzfahrt zurückkehrten, war Melanie offenbar immer noch auf Wolke Sieben. Ganz fürchterlich. Sie schwatzte unaufhaltsam von dem Leben an Bord der *Queen Mary II*, dem vorzüglichen Essen und davon, was sie von den leckeren Gerichten alles für *ihren Joe* nachkochen wollte. Norberts Onkel rannte den ganzen Tag wie ein Idiot neben ihr her und las ihr jeden Wunsch von den Augen ab.

Norbert hielt es nicht mehr aus. Morgen früh würde er endgültig abreisen, sagte er ihnen. Dringende Geschäfte, er habe seine Firma schon zu lange vernachlässigt.

In der Nacht wurde er wach. Erneut dieses Stöhnen und Schreien der beiden Liebenden? Oh nein, nicht schon wieder! Er drückte sich das Kopfkissen auf die Ohren. Doch dieses Mal hörte es sich anders an. Nach einiger Zeit richtete er sich auf – das waren Hilferufe. Er sprang aus dem Bett und hastete die Treppe hinauf, immer dem Rufen nach. Er landete schließlich auf dem Flur vor diesem Liebesnest in der obersten Etage. Nach einem weiteren gellenden Schrei Melanies öffnete er die Tür.

Sie lag rücklings auf dem großen Wasserbett, ihre Arme mit Handschellen an die oberen Bettpfosten gefesselt. Sie trug nichts als ein Paar roter Strapse, ihre Augen waren mit einem dunklen Seidenschal verbunden. Direkt vor Norbert lag Onkel Joseph auf dem Fußboden, ebenfalls nackt, aber völlig reglos.

„Hiiiiiilfe", schrie Melanie gerade wieder. Sie rüttelte an den Fesseln.

„Ruhig, Melanie", sagte Norbert jetzt laut. „Ich bin ja hier. Keine Panik."

„Keine Panik?", schrie sie und zog an den Handschellen. „Was redest du? Was ist mit Joe? Wo steckt er?"

Er trat langsam näher und sah sofort, dass Onkel Joseph tot war. Sicherheitshalber legte er noch zwei Finger an seine Halsschlagader, aber da war nichts mehr zu machen.

„Was ist los? Jetzt schließ endlich die blöden Handschellen auf. Die Schlüssel müssen irgendwo auf dem Nachtschrank sein. Und mach mir die Augenbinde ab! Was ist mit Joe? Ich habe ihm schon so oft gesagt, nimm nicht so viel *Viagra*. Denk an dein Herz." Melanie wandte sich auf dem Rücken hin und her. Ihre großen Brüste bewegten sich dabei auf seltsam unnatürliche Weise so gut wie gar nicht. Alles Silikon, kam es ihm in den Sinn. Die falschen Brüste einer falschen Schlange.

Norbert richtete sich wortlos auf, ging hinüber zum roten Bett und kniete sich mit einem Bein auf die Wassermatratze. Er umfasste Melanies Hals und suchte hinter ihrem Kopf mit den Fingerspitzen nach dem Knoten des Seidenschals.

„Nun mach schon", meckerte sie. „Beeil dich doch mal."

Norbert Brinkmann ließ vom Knoten ab und griff fester zu. Damit sie endlich ruhig war. Mit beiden Händen umklammerte er ihren Hals. Drückte fest zu. Und ließ nicht mehr los. Nach einiger Zeit wurden ihre Körperzuckungen schwächer, die Arme und Beine erschlafften, dann lag sie schließlich still da.

Er wusste später nicht mehr, wie lange er dort anschließend zusammengesunken auf der Bettkante gehockt hatte. Seine Gedanken rasten. Was konnte er tun? Wie sollte es weitergehen? Er war völlig verzweifelt.

Es war aber letztendlich eigentlich ganz einfach. Er musste an der Situation fast gar nichts verändern. Er nahm nur das schnurlose Telefon vom Nachtschrank und drückte es Onkel Joseph in die kalte Hand. Er würde der Polizei am nächsten Vormittag folgendes erklären: Er sei morgens aufgestanden und habe sich zum Frühstück ins Erdgeschoss begeben. Nachdem die Jungvermählten auch um zehn Uhr noch nicht erschienen waren, habe er sie im ganzen Haus gesucht und schließlich auch gefunden. Für die beiden Leichen gab es nur eine Erklärung. Onkel Joseph hatte seine junge Frau im Laufe eines heißen Liebesspiels mit gegenseitigem Schlagen, Fesseln und anderen Praktiken erwürgt. Aus Versehen natürlich, durch Kontrollverlust infolge von höchster Ekstase. Ein Unfall eben. Der Onkel hatte Norbert früher mal unter vier Augen gebeichtet, dass ihn diese Sado-Maso-Spiele antörnten. Und die Ausstattung des Zimmers sprach ja ohnehin für sich. Nach dem tragischen Unfall hatte Joseph dann wohl vorgehabt, per Telefon um Hilfe zu rufen. Leider hat er dann aber in seiner Aufregung einen Herzinfarkt erlitten und war zusammengebrochen. Der arme Kerl. War ja schwer herzkrank und hat sich wohl zu sehr aufgeregt. Welch eine Tragik!

Die beiden schlecht gelaunten Beamten der Höxteraner Kripo notierten seine Angaben, machten Fotos im ganzen Haus, stellten sämtliche Medikamente sicher und ließen die beiden Leichen zur routinemäßigen Obduktion abtransportieren. Sie schienen ein bisschen misstrauisch zu sein, sagten aber nichts. War wohl die übliche berufsbedingte Skepsis, beruhigte Norbert sich.

Er deponierte anschließend schon mal einen nicht unerheblichen Teil der Geldscheine aus dem Tresor in seinem Koffer. Nur für alle Fälle. Bis zur Testamentseröffnung und der endgültigen Regelung aller Formalitäten würde es ja sicher noch dauern. Ein paar hunderttausend Euro wollte er bis dahin schon mal zu Hause in Bielefeld bunkern. Obwohl ja eigentlich nichts schiefgehen konnte. Nach seiner Version des

Geschehens war ja zuerst Melanie verstorben, erst danach sein Onkel. Somit war Norbert sein rechtmäßiger Erbe. Anders herum hätte womöglich Melanies Verwandtschaft alles geerbt.

Als die beiden Kripo-Schnüffler nach zwei Tagen mit dem Obduktionsbericht und den Ermittlungsergebnissen wieder an der Haustür klingelten, war er gerade im Begriff gewesen, nach Bielefeld zurückzufahren. Als sie dann bündelweise Geldscheine in seinem Koffer fanden, nahmen sie ihn fest.

Wie hätte er ahnen können, dass diese geldgierige Schlampe seinen Onkel ermordet hatte? Sie hatte offenbar seine Herz-Tabletten gegen wirkungslose Placebos ausgetauscht. Um ihn dann bei heißen Spielen auf dem Wasserbett gezielt zu größten Überanstrengungen anzuspornen.

Und wessen Fingerabdrücke fand die Kripo auf der Schachtel *Angioforte*? Norberts natürlich. Melanie hatte anscheinend Handschuhe getragen, dieses schlaue Biest. Und woher hätte er wissen sollen, dass Onkel Joseph schon mindestens zwei Stunden tot gewesen sein musste, als er Melanie zum Schweigen gebracht hatte? Sie hatte wohl erst in aller Ruhe abgewartet, bis er sich wirklich definitiv nicht mehr rührte. Nicht, dass ein Notarzt ihn noch mit Defibrilator oder Nitro-Spray reanimieren konnte. Dann war sie vermutlich zurück ins Zimmer, hatte sich in aller Ruhe die Augen verbunden, gefesselt und um Hilfe geschrien. Diese eiskalte Hexe. Sie hatte Norbert von vornherein mit eingeplant, als nützlichen Idioten, der diesen ach so tragischen nächtlichen Herzinfarkt bezeugen sollte. Ohne ihn als naiven Deppen hätte ihr teuflischer Plan nicht so gut funktionieren können.

Jetzt hatte aber letztendlich gar nichts funktioniert. Nicht für sie – und nicht für Norbert.

Thomas R. P. Mielke

## Mords-Germanen

Die schwarze Limousine rollte im letzten Sonnenlicht über den kleinen Marktplatz von Blomberg. Das Fachwerk-Rathaus strahlte in der Abendsonne wie für eine Postkarte, aber der Fahrer suchte etwas anderes. Er kam aus Lerbeck, sein Beifahrer vom Großen Weserbogen vor der Porta Westfalica.

„Kleine Stadt, die alles hat", zitierte der Fahrer den klassischen, kürzlich erst wiederentdeckten Blomberg-Slogan.

„Nur keine ordentliche Ausschilderung zum Burghotel."

Die beiden Männer stimmten sich selbst mit einem Brummen zu. Westfalen eben, der Ältere weißhaarig, der andere mit einem kahlen Schädel. Beide betont ruhig und bemüht, bloß nicht durch eine unbedachte Bewegung aufzufallen. Auch das war eine wichtige Vereinbarung bei ihrem Plan gewesen: drei Nächte, jede in einem anderen Ort, in einem anderen Hotel. Nach Bielefeld und Vlotho hatten sie für ihr Finale den ehemaligen Stammsitz des Fürstenhauses Lippe ausgewählt, die Burg Blomberg aus historisch dunkler Zeit, seit drei Jahrzehnten ein Hotel.

Von hier aus wollten sie ihre Mordsidee zu Ende bringen. Eine Idee, die einigen Offiziellen und Politikern ebenso die Schau stehlen sollte wie den falschen Lokalpatrioten, den üblichen Bedenkenträgern und den gestiefelten Krawall-Germanen. Allerdings würde es einen der Protagonisten den Kopf kosten. Mit einem Medienecho, das alles andere einfach erschlagen musste …

Ihre Idee war ausgereift und sorgfältig geplant. Für Ebi Hopmann, den Metallurgen und Vereinsvorsitzenden vom TuS Lerbeck, war das ein ebenso ernsthaftes Spiel wie für Jüsken Schober.

Der Porta-Spezialist mit kritischem Interesse an Barkhausen war fünfzehn Jahre jünger als der weiß gelockte Rentner neben ihm. Beide verachteten sowohl die grölenden als auch die akademischen Dumpfbacken, die in den letzten Jahren immer wieder von der Geburt des „deutschen Wesen" gefaselt hatten. Sie hielten auch nichts von den vielen Hobby-Archäologen, die sich als Trittbrettfahrer ebenfalls ein Stück vom großen Kuchen der Schlacht im Teutoburger Wald sichern wollten. Nein, Jüsken Schober und sein väterlicher Freund waren von anderem Kaliber. Sie blieben geradlinig und eingespielt, wie man sich Junior und Senior desselben Familienunternehmens vorstellt.

Hopmann entdeckte ein schmales Hinweisschild an einer bereits im Schatten liegenden Fachwerkfassade. Er folgte der angegebenen Richtung. Dann sahen sie auf gleicher Höhe das stark und stolz wirkende Burgensemble aus dicken Feldsteinmauern, schmalen Fenstern und schwarz-weißem Fachwerk.

Die schwarze Limousine schnurrte über einen weiteren Parkplatz und dann über einen von Mäuerchen begrenzten Zufahrtsweg. Unter der Gerichtseiche, die vor Jahrhunderten als Platz für grausam-legendäre Gottesurteile berüchtigt war, bog er im Schritttempo durch die geöffneten Flügel des Burgtors. Über steiniges Kopfsteinpflaster gelangten sie bis zum überdachten, einst wundertätigen Brunnen in der Mitte des fast leeren Burghofs.

„So, Jüsken, auf geht's zum dritten Vers", sagte Hopmann zufrieden und schaltete den Motor aus. „Ich denke, heute Abend leisten wir uns eine Flasche Wein. Eine von denen, die Chirac mitgebracht hat, als er den Schröder hier getroffen hat."

„Schröder? Ich denke, der war eher für 'ne Buddel Bier."

„God Swin fret un söpt allet."

„Meinst du, die haben etwas übrig gelassen?"

Hopmann lachte. „Von einem guten Geheimtipp gibt es meist noch lange eine allerletzte Flasche. Sonst rechnet sich das nicht für die Veranstalter. Das ist wie mit der immer neuen Tinte von Martin Luther an der Wand in seiner Kammer in der Wartburg …"

„Die wird nicht mehr erneuert", widersprach Schober, während sie beide ausstiegen. „Ich war erst neulich wieder da. Sparmaßnahmen."

Sie holten nur ihr kleines Nachtgepäck aus dem Wagen, dann schritten sie zügig zum Hoteleingang.

„Verdammt ruhig", meinte Schober. Hopmann knurrte grimmig.

„Besser als laute Kongressgäste oder lärmender Ritterschmaus. Bei toter Hose erinnert man sich umso besser an uns. Die meterdicken Wände der alten Kemenaten im Hoteltrakt sind besser als ein Staatsgefängnis. Und unser Auto bleibt durchgehend im Blick der Überwachungskamera im Burghof."

„Ich hoffe nur, dass du Recht hast."

„Ob an den Außenmauern keine Kameras sind?" Hopmann lachte zufrieden. „Keine Angst, Jüsken. Das Burghotel von Blomberg ist das beste Alibi, das man sich denken kann. Hier wird uns keine Sau als nächtliche Freigänger verdächtigen."

„Dann hoffen wir mal, dass uns in der Zwischenzeit keiner den Leihwagen unten an der B1 klaut."

„Was willst du? Zweimal sind unsere Spritztouren doch gut gegangen ... gestern von Bielefeld aus und vorgestern von Vlotho. Und heute Nacht kommt Butter bei die Fische. Doch jetzt erst mal eine anständige Flasche Geheimtipp vom Burghotel."

„Für jeden", regte Schober an. „Mindestens!"

*

Später, lange nach Mitternacht, bog hundertfünfzig Kilometer westlich ein dunkler Passat von der nach Bremen führenden Autobahn ab.

Haltern am See hatte nicht mehr und auch nicht weniger Bürgersteige hochgeklappt als andere Ortschaften Westfalens in einer Spätsommernacht.

Der dunkle Wagen fuhr an der oben gezackten Silhouette

des Römermuseums vorbei. Von der Weseler Straße her sah das weit zurückliegende Gebäude wie eine sauerländische Schraubenfabrik mit spitzen Oberlichtern aus. Der Passat passierte Querstraßen, die nach Arminius, Augustus, Tiberius und Drusus benannt waren. Kurz vor der Innenstadt bog er nach rechts ab. Der Wagen wurde langsamer, dann hielt er auf Nordseite des Kardinal-von-Galen-Parks. Licht aus, Motor aus, vordere Seitenfenster auf.

Für eine Ewigkeit blieb alles still. Nur einmal zog ein Bässe hämmernder Pajero viel zu schnell auf der Hauptstraße vorbei. Ein blitzendes Blaulicht folgte mit nachsichtigem Abstand.

„Disco-Blondine auf der Flucht", schnaubte Hopmann abfällig. „Wahrscheinlich tun die sich hier nichts."

Schober am Steuer des Leihwagens rührte sich nicht. Auch nicht, als der Pajero reifenquietschend in die Fußgängerzone der Innenstadt einbog und damit unsichtbar wurde. Die Polizei brauste geradeaus weiter.

„Hast Recht", sagte Schober. Seine Stimme klang auf einmal etwas schwer. „Und jetzt? Weiter warten oder sägen?"

„Einen Moment noch! Nicht bewegen!"

Hopmann hielt den Kopf nach draußen, um zu lauschen. Schließlich holte er eine Ganzkopfmaske aus Latex aus der Tasche seiner Jogging-Jacke und streifte sie über den Schädel. Trotz der Nachtkühle wurde ihm sofort warm. Schober schien ebenfalls Schwierigkeiten mit seiner Maske zu haben. Zuerst fand er die Augenöffnungen nicht, dann saß das Mundloch zu hoch auf der Nase. Hopmann seufzte.

„Mann! Mann!"

„Der Rotwein!", schimpfte Schober. „Schöner Geheimtipp."

Er öffnete die Tür auf seiner Seite, stieg aus und bewegte sich unsicher bis zum Heck des Wagens. Er traf das Schloss des Kofferraums, auch ohne hinzusehen.

Keine Minute später erreichten die beiden Männer mit einem Rollkoffer den gepflasterten Platz des Varus-Denkmals. Im Licht der Sterne und der entfernten Straßenleuchten wirkte der berühmteste Verlierer Roms nicht wie ein Feldherr oder Gouverneur.

„Der schreit ja immer noch, als würde man ihn gerade abstechen", stieß Jüsken Schober halblaut hervor.

„Künstlerische Freiheit", beschwichtigte Hopmann. „Das kann man mögen oder auch nicht." Er stockte und drehte sich um. „Wo hast du die Steckleiter?"

Schober knurrte. „Im Kofferraum. Warte, ich hole sie."

„Dann aber los jetzt. Es wird verdammt schnell wieder hell."

Während der Jüngere sich trollte, legte Hopmann den Rollkoffer vor die Umfassungshecke. In seiner Mitte klebte bereits ein großer, durchsichtiger Plastikbeutel für die Versandpapiere mit einem erfundenen Absender und der Anschrift der Zeitung „La Repubblica" in Rom. Nur noch das endgültige Gewicht sollte später eingetragen werden, wenn der Koffer bei General Overnight in Bielefeld aufgegeben wurde. Doch so weit war es noch nicht.

Hopmann achtete darauf, dass die Schlösser nicht zu laut aufschnappten. Der Koffer war randvoll mit Styropor-Flips gefüllt. Beinahe liebevoll wickelte Hopmann die handliche Bogensäge mit einem Widia-Sägeblatt aus der Bläschenfolie.

„Flex ist zu brutal und viel zu laut", hatte auch Jüsken Schober eingesehen. Hopmann ging zweimal um das Bronzestandbild herum. Schön war dieser Varus weiß Gott nicht. Abstoßend, klagend, skelettiert unter dem Mantelrest. Mit viel zu großen, klauenartigen Händen, die dennoch keine Macht über Germania Magna ergreifen konnten. Obwohl er Profi für den Kampf gegen Aufständische in der Provinz Syria gewesen sein sollte! Gewitzt, gewarnt, erfahren. Ergraut im Dienst für das Imperium Romanum.

Hinter Hopmann mühte sich Jüsken Schober leise schnaubend mit den klappernden Aluteilen ab. Hopmann nahm ihm die Steckteile ab, fügte sie zusammen und stellte die Leiter gegen die Bronzefigur.

„Festhalten!"

Ohne Kommentar umklammerte der Jüngere die Holme. Hopmann stieg so weit hinauf, dass er über dem Kopf der Bronzefigur auf die Straße blicken konnte. Er lehnte sich mit dem Bauch gegen die breiten Aluminiumsprossen, dann holte er tief Luft.

Publius Quinctilius Varus starrte leidend zu ihm hoch.

„Tja, mein Lieber", presste Hopmann in einer fast schon nachsichtigen Anwandlung hervor. „Echt dumm gelaufen, oder?"

Vorsichtig setzte er die Säge an. Dann zog er sie mit leichtem Druck gerade auf sich zu. Er fühlte, wie das Sägeblatt durch die zähe Masse aus Bienenwachs und Birkenpech schnitt, mit dem sie ihre Arbeit der beiden letzten Nächte am Hals des Varus getarnt hatten. Gut eine Stunde in der ersten Nacht, noch eine in der zweiten, wieder und wieder unterbrochen durch torkelnde Nachtschwärmer, Blaulicht oder durch Pärchen, die sich am Denkmal amüsierten.

Hopmann spürte festes Material am Hals der Bronzestatue. Genau da ging es weiter. Er schnaubte leise, presste die Lippen zusammen. Dann ließ er die feinen Zähne des neuen Sägeblattes zubeißen. Es klang wie der erste, noch schräge Ton aus einem germanischen Kuhhorn. Hopmann zog die Bogensäge erneut und diesmal bereits kräftiger. Der wunderbare Ton wurde so satt und voll, dass sogar die Holme der Aluleiter mitschwangen.

„Zu laut, Mensch!", keuchte Schober von unten. „Viel zu laut!"

Der Ton der Säge veränderte sich, wurde schriller. Verzweifelt wie auslöschendes Leben. Endlich, nach drei Nächten Anspannung und Sägequal, kippte der Kopf zur Seite.

„Aufpassen!"

Schober löste die Hände von der Leiter. Hopmann ließ die heiß gewordene Säge fallen. Auch seine rechte Hand schmerzte wie verbrannt. Abgelenkt von seiner pulsierenden Hand bemerkte er nicht, wie die Leiter immer mehr zu schwanken begann. Gerade noch rechtzeitig schaffte er es abzuspringen, doch schon im nächsten Moment knallte ihm die Leiter auf den Rücken. Mit sportlichem Ehrgeiz kam er erneut hoch und hatte plötzlich die Teile der Steckleiter wie einen Haufen römischer Schwerter in den Armen.

„Mann! Mann! Mann!"

Er steckte die Teile wieder zusammen und lehnte die Leiter erneut an den Bronzemantel von Varus. Schober schien nicht zu wissen, ob er den an einem hauchdünnen Bronzestreifen hängenden Varuskopf stützen oder abdrehen sollte.

„Wie schwer wird das denn nun?"

„Ich schätze mal zwölf Kilo", sagte Hopmann. „Kein Prob-lem für Sprinter-Overnight in Bielefeld. Die möchten nur, dass nicht Kopf oder Kunstwerk in den Begleitpapieren steht. Dann kann die Sendung direkt an eine Berlusconi-Zeitung gehen."

„Ich dachte, direkt an einen Fernsehsender in Rom. RAI, Rete vier oder so."

„Das bleibt sich gleich. Gehört doch sowieso alles dem Imperator. Und wer sieht hier im Norden schon Fernsehen aus Italien? Dagegen landen die großen Tageszeitungen überall."

Hopmann trat neben Schober. Und wieder starrte Publius Quinctilius Varus ihn an, diesmal vollkommen verdreht. Der weit geöffnete Mund schien noch immer lautlos zu schreien. Hopmann knurrte zurück. Entschlossen hängte er sich mit seinem ganzen Gewicht an den Kopf. Dann stellte er sich fest auf den Boden und drückte nach oben.

„Mach mit, Mensch!", befahl er Schober.

„Ich muss gleich kotzen!"

„Dann kotz und halt den Mund!"

„Wie soll das gehen …"

Die beiden Männer spürten eine zunehmende Ohnmacht. Der fast schon abgesägte Bronzekopf des berühmten Versagers hing fest. Aus Richtung Innenstadt näherte sich zielstrebig ein blitzendes blauweißes Licht. Plötzlich kam Panik in Hopmann auf. Oder war es Ernüchterung?

Mords-Germanen waren sie! Alle beide!

Noch ehe er aufgeben konnte, gab der störrische Metallstreifen am zersägten Hals des Standbildes nach. Einfach so. Der Varuskopf fiel schwer nach unten. Schober wollte ihn fangen, konnte ihn aber nicht allein halten. Da zeigte Hopmann, welche Kraft noch in ihm steckte. Blitzschnell schlang er beide Arme um den fallenden Bronzeschädel. Er keuchte und stöhnte wie ein Torwart in der letzten Endspielminute.

Aus den Augenwinkeln sahen die beiden Männer, wie der Pajero über die Bordsteinkante rumpelte, fast bis zur Hecke um den Denkmalsplatz schleuderte und eine schwarze Doppelspur in die Parkwiese pflügte. Noch ehe Hopmann und Schober irgendetwas begriffen, floh eine nicht mehr ganz junge Blondine mit reichlich Schlagseite in den Park. Ihr folgte ein schmaler Typ, der nicht so aussah, als hätte er den Pajero bezahlt. Und dann war auch das Blaulicht da.

Hopmann duckte sich in den Schatten von Varus. Um zum Leihwagen zu kommen, war es zu spät. Oder ganz schnell zu dem verlassenen Pajero?

„Verlängerung!", presste er hervor. Der Streifenwagen hielt direkt hinter dem Passat. Jetzt hatten die beiden Männer mit dem Varuskopf in ihren Armen nur noch eine Möglichkeit.

*

„Was wäre gewesen, wenn die Bullen Ausweis und Führerschein von uns verlangt hätten?"

Hopmann lachte leise.

„Wir hätten beides gezeigt."

Schober schüttelte den Kopf. „Ich besser nicht! Außerdem waren wir doch offiziell hier … im Burghotel Blomberg."

„Na klar, und nachweislich mit zwei Flaschen Geheimtipp von Chirac für Schröder. Mindestens."

„Sie hätten uns in Haltern als Zeugen vernehmen können."

„Wofür? Dass ein ortsbekanntes Pärchen ein bisschen ange-törnt auf die Wiese im Galen-Park gerauscht ist? Bestenfalls eine Ordnungswidrigkeit und nicht mal ein Versicherungs-schaden."

„Aber der Kopf! Die müssen doch merken, dass der Kopf ..."

„... eigentlich schon ab war und nur wieder aufgesetzt ist?" Hopmann lachte zufrieden. Sie saßen vor den meterdicken Mauern an einem Fenster des Burgrestaurants. Er nahm ein backfrisches Brötchen, strich zuerst Butter und dann goldgel-ben Honig mit Minze aus dem Burggarten auf. „Das Bienen-wachs mit Birkenpech hält völlig sicher. Das wussten schon die Germanen mit ihren Dolchklingen in Hirschhorngriffen."

Hopmann biss in sein Honigbrötchen. Und plötzlich grinste Jüsken Schober. „Du meinst, mit einem Messer, einer Dolch-klinge, könnten wir jetzt immer noch ... wie damals die Ger-manen?"

„Den Kopf von Varus abschneiden und nach Rom schi-cken?"

Die beiden Ostwestfalen sahen sich an und lächelten zufrie-den.

Max von der Grün

## Das tote Mädchen

Die Invaliden fanden das Mädchen auf dem Weg.

Das halb nackte Mädchen lag mit dem Gesicht im nassen Laub. Es war die zehnjährige Tochter des Bauunternehmers Schöller aus dem Stadtteil Eving. Der Wald, in dem das Mädchen gefunden wurde, ist ein dreihundert Hektar großer Mischwald, in ihm gehen die Invaliden, die nichts mehr zu tun haben, spazieren. Täglich zwei Stunden, wenn es das Wetter erlaubt. Die Invaliden umstanden das tote Mädchen. Heinrich Wittbräucke war auf die Straße gelaufen. Er hielt einen Autofahrer an, der die Polizei verständigte. Zehn Minuten später traf sie ein und drängte die Invaliden zurück.

Heinrich Wittbräucke sagte: Dieses Schwein ... So ein Schwein ... Wenn sie das Schwein finden, der das gemacht hat, dann nicht vor Gericht. Erst Schwanz abschneiden, dann den Kopf abhacken.

Die Invaliden blieben abseits stehen, bis die Mordkommission eintraf. Sie husteten aus ihren Betonlungen.

Über Dortmund lag smogartiges Wetter.

Als man das Mädchen des Bauunternehmers Schöller in einem Krankenwagen abtransportiert hatte, gingen die Invaliden in die Kneipe „Zum Gildenhof". Sie stellten sich an die Theke und bestellten Bier und Schnaps, sie erzählten von ihrer Begegnung, als hätten sie einen Sack Gold gefunden. Am Abend sprachen alle davon, dass der Italiener Angelo Pinola, Arbeiter in der Drahtzieherei der Hoesch-Werke und ebenfalls Stammgast im Gildenhof, der Mörder sein solle. Angelo Pinola wohnte über den Garagen des Bauunternehmers Schöller mit zwei anderen Italienern in einem Zimmer. Angelo wurde, so erzählten die Leute, mehrfach mit Renate Schöller gesehen. Er hatte oft mit dem Mädchen gespielt und war mit ihm spazieren gegangen.

In seiner Freizeit arbeitet Angelo Pinola für den Bauunternehmer Schöller. Er fährt stundenweise einen Lastwagen, transportiert Kies, Sand, Steine. Dieser Nebenverdienst bringt Angelo so viel ein, dass er dem Bauunternehmer Schöller die hundertfünfzig Mark Miete bezahlen kann und noch ein paar Mark übrig behält.

Am Abend wurde Angelo Pinola an seinem Arbeitsplatz im Werk verhaftet, und der Gildenwirt ließ keinen Italiener mehr in seine Kneipe. Zu den Gästen sagte er: Wenn ihr so einen Spaghettifresser seht, dann schmeißt ihn die Treppe runter. Der Schreiner Wölbert und der Dachdecker Meermann, zwei seiner Stammgäste, stellten sich an den Eingang. Kein Italiener ließ sich an diesem Abend in der Kneipe sehen. Als der Wirt die letzten Gäste entließ, sagte er: Ist doch klar. Der Angelo war es. Wenn er es nicht gewesen wäre, dann hätte sich heute mindestens ein Spaghettifresser sehen lassen.

Etwa so hat man es mir am Sonntagvormittag auf der Straße erzählt. Die Leute wussten, dass ich seit Jahren mit Angelo befreundet bin. Ich ging mittags in die Gildenstube zum Frühschoppen. Ich stellte mich an den Tresen, trank und hörte zu, was die anderen erzählten. Sie wollten meine Meinung hören, und als ich nur mit den Schultern zuckte, sprachen sie nicht mehr mit mir. Der Dachdecker Meermann sagte: Der Maiwald ist auch so einer, der hält zu den Itakern.

Ich trank mein Bier und sah dem Wirt zu, wie er Gläser spülte. Aber als ich Meermann noch einmal sagen hörte: Der Maiwald ist auch so einer, nahm ich mein halb volles Glas, stellte mich vor ihn und fragte: Was meinst du damit. Er lachte.

Da schüttete ich ihm das Bier ins Gesicht.

Hinter mir sagte jemand: Das war richtig so. Die meisten aber sahen mich feindselig an, der Wirt verschwand in die Küche, wie immer, wenn in der Kneipe Streit aufzog oder wenn es galt, für jemanden Partei zu ergreifen. Meermann wischte sich erst mit dem Handrücken und dann mit einem Taschentuch das Bier aus dem Gesicht und von der Jacke. Er sagte: Ich lass den Anzug reinigen. Aber die Reinigung bezahlst du.

Vor der Kneipe unterhalb der Treppe begegnete mir Martin Voigt. Martin ist Junggeselle, dreißig Jahre alt. Er betreibt gemeinsam mit seinem Vater einen Biervertrieb. Getränkevertrieb Voigt und Sohn war ein Begriff in unserer Stadt. Martin steht oft mit mir am Tresen und ist an allem interessiert, was mit Sport zu tun hat.

Karl, den Angelo hat die Polizei wieder laufen lassen. Er war es nicht. Das steht fest, er hat ein Alibi, er war in der Fabrik, als es passierte. Sagt der Arzt, Todeszeit und so.

Wer war es denn?, fragte ich.

Weiß ich auch nicht. Angelo jedenfalls hat ein einwandfreies Alibi.

Ich fuhr nach Hause. Es sind nur zwei Kilometer, aber ich fahre die Strecke immer mit dem Wagen. Es gab Rindsrouladen mit Kartoffelbrei. Meine Frau sagte während des Essens: Der Angelo ist wieder frei. Es ist gerade im Radio in den Nachrichten durchgekommen, er hat ein Alibi, haben sie gesagt.

Ich hab es schon gehört.

Mein Gott, wer das bloß gewesen ist. Hoffentlich finden sie den Kerl. Mein Gott, so kleine Mädchen, einfach umbringen.

Ist Karin nicht da?, fragte ich.

Ist doch mit den Handballern weg, nach Schwerte.

Wir aßen schweigend weiter. Und als wir gegessen hatten, sagte Angelika: In der Straße war wieder mal was los.

Ja? Was denn?

Weil die Hunde von unserer Seite ihre Haufen in die Vorgärten auf der anderen Seite machen.

Ist nur gut, Angelika, dass wir keinen Hund haben.

Die auf der Waldseite stellen sich aber auch an, wegen so 'n bisschen Hundescheiße.

Günther Butkus

## Tarantula

Wen interessierte das schon. Man muss es nur richtig anstellen. Die richtigen Opfer aussuchen und alles schnell und unauffällig erledigen. Es durfte auch nicht um zu viel Kohle gehen. Dann wurden nur zu viele Leute neugierig, die schon begehrlich das Erbe eingeplant hatten. Nein, das lag ihm nicht.

Er war seriös. Er war freundlich. Er war ein Killer.

Seine Tarnung als Vertreter war optimal. Niemand, der ihn kannte, also die wenigen Nachbarn, mit denen er sich grüßte, ahnte etwas davon. Von montags bis freitags packte er verschiedene Staubsaugermodelle in den Kofferraum seines in die Jahre gekommenen VW Passat und fuhr los. Er nahm auch immer ein paar Pralinen mit und ganz besonders zubereiteten Kaffee in einer Thermoskanne. Bloß nichts dem Zufall überlassen. Er erzählte seinen Opfern immer etwas deftig, was das für besondere Kaffeebohnen seien. Jede einzelne von einem Affen gegessen und wieder ausgeschissen. Aus Verlegenheit lachten die alten Damen mit. Sie konnten also nicht so sicher sein, warum dieser Kaffee etwas anders schmeckte. Auf eine extra Portion Schlafpulver wären sie sicherlich nicht gekommen.

Er suchte sich immer alte allein lebende Damen in unauffälligen Reihenhäusern. Das Misstrauen abbauen, ein Gespräch über Kinder und Enkelkinder, die sich nie sehen lassen würden. Wie immer ließ er seinen Kaffee stehen, und wenn die alten Damen eingeschlafen waren, nahm er ein Kissen, drückte es ihnen lange, aber nicht mit zu viel Druck aufs Gesicht.

Er war ja schließlich Profi. Immer seriös und freundlich. Ein netter Killer, fand er.

Die Verstecke für Geld, Schmuck und Münzen waren nie schwer zu finden. Meistens im Wäscheschrank. Oma tot, Geld und Schmuck einpacken und ab nach Hause. So hatte er sich in den letzten 30 Jahren einiges erwirtschaftet. Er wurde aber nie zu gierig. Und doch hatte er über 250.000 Euro im Sparstrumpf. Das Jahr neigte sich dem Ende zu. Und dann sollte Schluss sein. Er wollte seine Zelte abbrechen und sich absetzen, sich irgendwie tief im Süden auf einer Insel eine Wohnung kaufen und es gemütlich krachen lassen. Vorher wollte er aber noch einen guten Schlussspurt hinlegen. Nicht jammern, sondern klotzen. Und wo gehobelt wird, dann fallen Omas. Er fand den Witz richtig gut.

Am Montagmorgen ging es ihm nicht gut. Er hatte schlecht geträumt. Das war seltsam, denn er kannte keine Gewissensbisse. Am Sonntagmorgen hatte er etwas zu früh den Adventskalender geplündert. Und nachts hat er geträumt, in jedem der Fächer wäre eine von den Omas, die er gekillt hatte, aber der Kalender hatte 30 und nicht 24 Türen und immer wenn er die 30 öffnen wollte, verschwand die Tür und tauchte an einer anderen Stelle wieder auf. Die toten Omas aus den 29 anderen Fächern bewegten sich flink über den Kalender, grinsten ihn an, steckten ihm die Zunge raus und verschwanden allesamt in der 30. Es musste viel zu eng darin sein, dachte er noch, als der Wecker klingelte und er mit Schweiß auf der Stirn erwachte. Er war fix und fertig und konnte nichts mit sich anfangen. Also machte er sich auf den Weg. Die letzten Wochen würde er auch noch schaffen. Scheiß drauf.

Halle, Steinhagen, Lage ... immer diese verdammten Käffer, aber was blieb ihm übrig? Er musste dranbleiben. Seine Lage war so beschissen, wie sie in Lage nur sein konnte. Er konnte nur müde über seinen eigenen Witz lachen. Über die Stauffenberg- und Bruchstraße fand er die Lange Straße. Der Termin stand schon lange fest. Er überprüfte im Auto noch einmal sein Äußeres, packte Pralinen und Thermoskanne in seine Aktentasche, klemmte sich einen Sauger unter den Arm und machte sich auf den Weg. Das Haus der alten Dame lag ganz in der Nähe einer Apotheke. Er wusste nicht warum, aber das gefiel ihm ganz und gar nicht. Langsam hielt er sich für hysterisch, erst der miese Traum und jetzt Muffensausen wegen einer Apo - theke in Sichtweite seines baldigen Opfers. Er hatte es echt nicht mehr drauf. Vielleicht sollte er heute das letzte große Ding durchziehen und dann ab in den Flieger.

Die Frau, die ihm öffnete, hatte das Gesicht einer Kröte. Und hinter ihren dicken Brillengläsern meinte er ein heimtückisches Grinsen zu erkennen. Bleib cool, sagte er zu sich und ratterte seine Sprüche runter. Um die Wohnung auszuloten, hatte er für jeden Belag die richtige Düse dabei und saugte sich von der Küche über Wohnzimmer und Schlafzimmer bis zum Bad. Dann, dachte er, sei es Zeit für Kaffee, Pralinen und das übliche Gespräch. High Noon in der Küche unter einer grauseligen Schwarzwalduhr. Die alte Kröte fand den Kaffee und die Pralinen ganz reizend, aber zuerst müsse er ihre selbst gemachte heiße Schokolade probieren und natürlich auch Schokolade. Sie würde besonders gerne Schokolade aus den Adventskalendern essen. Sie kaufe sich gleich immer mehrere Kalender, um die Schokolade herauszuholen. Und schon lagen zwei Kalender auf dem Tisch und sie machte ein Fach nach dem anderen auf. Er glaubte zu träumen, aber aus jedem Fach kroch eine tote Oma, streckte ihm die Zunge heraus, drehte eine Pirouette und legte sich galant auf den Teller vor ihm. Das ging bis 29 und er dachte noch, wieso hat der blöde Kalender 29 Fächer, aber dann goss sie ihm Schokolade ein und fragte, ob ihm die Schokolade nicht schmecken würde. Er nahm ein Stück und fand, es schmeckte seltsam, aber so ist das wohl mit Schokolade, die erst ein hoppelnder Osterhase war und dann zu Weihnachtsschokolade wurde. Er bot ihr eine Praline an, aber sie meinte nur später, zur ersten Tasse Schokolade müsse es diese Schokolade sein. Ihr Gesicht glich immer mehr dem einer hinterhältig grinsenden Kröte, halb Kröte, halb Tarantula. Ihre Arme bewegten sich spinnenhaft über den Tisch und immer wieder bot sie von der Schokolade an. Er musste schmunzeln und in Gedanken drehte er der Spinne mit dem Krötengesicht den Hals um. Dann fiel er um und landete auf dem Teppich.

Als er aufwachte, war es stockdunkel und seine Zunge schien am Gaumen zu kleben. Er war gefesselt und um ihn herum brannten 29 Kerzen. Was sollte das? Wo war das Krötengesicht? Er musste nicht lange warten. Eine Tür öffnete sich und die Spinne kam mit dem Koboldsauger auf ihn zu. Sie grinste hämisch, sagte aber kein Wort. Sie öffnete den Sauger, holte den Beutel raus, der prall mit Staub gefüllt war. Er wollte gerade sagen, dass das ja nun wirklich alles total bescheuert sei, aber mit einer Leichtigkeit, die er ihr nicht zugetraut hatte, war sie bei ihm und drückte ihm den Staubsaugerbeutel auf Mund und Nase. Er bekam Panik, aber Handgelenke und Füße waren sauber mit Kabelbindern zusammengebunden. Er konnte nichts tun. Ihm wurde schwindelig, aber dann nahm sie den Beutel weg und er musste spucken und würgen. Sie sah ihn kalt an und fragte mit scharfer Stimme, ob ihm der Name Ursula Henningloh etwas sagen würde. Verdammt ja, die hatte er am 29. November um ihr trostloses Leben erleichtert. Er konnte sich noch an sie erinnern. Staubtrockenen Marmorkuchen gab es zum Kaffee. Der Kuchen war genauso staubtrocken wie die verwitwete Frau Studienrätin. Aber gerade war ihm nicht zum Lachen zu Mute. Er sagte lieber nichts. Er brauchte Zeit. Er musste einen Weg finden, mit der Kröte ins Gespräch zu kommen. Vielleicht konnte er sie beruhigen. Er versuchte tief und ruhig zu atmen. In seinem Kopf explodierten die Gedanken. Sollte er alles zugeben oder sollte er besser alles leugnen? Warum sollte er nicht genau das sein, was er als Tarnung so mühsam aufgebaut hatte. Der nette Staubsauger - vertreter von nebenan. Er hatte sich etwas beruhigt, lächelte sie an und wollte gerade ansetzen, aber wieder presste sie den Beutel auf sein Gesicht. Sie schüttelte ihn etwas und drückte fester zu. Er bekam kaum Luft und wenn er durch die Nase atmete, fand der feine Staub den Weg in seinen Mund, in seinen Hals. Er spuckte, würgte, japste, zitterte ... und dann ließ sie ihn atmen. Er bekam Weinkrämpfe, wollte sich verteidigen, wollte schreien, doch nichts ging. Wieder stellte sie die Frage, kam auf ihn zu und voller Panik nickte er, aber was hatte das Krötengesicht mit dieser Ursula zu tun? Ursula, sagte sie ganz ruhig, war ihre geliebte ältere Schwester. Die beiden hatten noch so viel vorgehabt. Eine Kreuzfahrt war schon gebucht. Doppelkabine mit Meerblick. Sie habe nie an einen natürlichen Tod geglaubt, alle hätten sie verlacht, die Polizei, die eigenen Kinder, aber sie wollte es nicht wahrhaben, hatte immer und immer wieder die Unterlagen der Schwester durchgesehen, und dann habe sie in der Tasche einer Bluse den Zettel mit seinem Namen und dem Termin gefunden. Wie war das möglich? Er hatte doch immer alles sorgfältig in den Wohnungen seiner Opfer durchsucht und Spuren vernichtet, hatte extra immer nur ein Handy mit Prepaid-Karte benutzt. Sollte er ausgerechnet im 30. und letzten Jahr einen so schweren Fehler begangen haben? Krötengesicht sah ihn triumphierend an. Sie habe schon vor Monaten einen Detektiv auf ihn angesetzt. Er hatte alle seine Termine protokolliert, hatte unzählige Fotos geschossen, doch ihm war nichts Besonderes aufgefallen. Aber sie ging einen Schritt weiter, besorgte sich, was aufwändig war, immer die Tageszeitungen aus diesen Orten, und eines Tages fand sie den Namen einer Frau, die er kurz zuvor besucht hatte. Die Angehörigen betrauerten den plötzlichen Tod der geliebten Mutter und Oma. Jetzt war sie sich ziemlich sicher. Sie brauchte nur noch mehr Beweise. Dem Detektiv gelang es durch einen Trick, von der Staubsaugerfirma die entscheidende Information zu erschleichen. Er war dort als Vertreter nicht bekannt. Das Krötengesicht sah triumphierend auf ihn herab. Ihm wurde schlecht. Seine Tarnung war aufgeflogen. Er überlegte fieberhaft, was er jetzt sagen, was er jetzt tun konnte, aber Krötengesicht schrie ihn plötzlich an, er solle jetzt bloß keine Märchen auftischen, die Märchenstunde sei vorüber, und drückte ihm den Staubsaugerbeutel aufs Gesicht. Er versuchte ruhig zu bleiben, er wusste ja, sie wollte ihn dieses Mal nur etwas länger quälen und zappeln lassen und gleich würde sie den Beutel wieder wegnehmen … würde sie bestimmt … aber dann hatte er ein seltsames Bild vor Augen. Er öffnete das 30. Fach von dem Schokoladenkalender aus seinem Traum, doch dieses Mal war es keine Oma, die herauskam und ihm die Zunge rausstreckte. Nein, er sah sich selber in dem Fach stecken. Er grinste nicht, wirkte wie eingefroren und sah den blanken Schrecken in seinen Augen. Dann sah er nichts mehr.

# Die Autoren

**Eike Birck,** Jahrgang 1970, lebt seit ihrem dritten Lebensmonat mit Unterbrechungen in Bielefeld. Sie studierte Geschichte und Soziologie in Bielefeld und Cork, Irland. Auch wenn sie mit wachsender Begeisterung ferne Länder erkundet, so zieht es sie doch stets zurück in die ostwestfälische Heimat. Erste Veröffentlichungen „Tödlicher Abstieg" in „Mord-Westfalen II" (2009) und „Gut Böckel" (2010).
*Originalbeitrag © beim Autor*

**Dietmar Bittrich** veröffentlichte im Pendragon Verlag sein bislang erfolgreichstes Buch: „Das Gummibärchen Orakel". Seither ist der Hamburger Autor häufig in Ostwestfalen zu Gast, ist dabei dem schwarzen Humor der Einwohner begegnet und hat sich ihre durchtriebenen Geschichten erzählen lassen. Zuletzt „Einschlafbuch für Hochbegabte: Von Genies für Genies". www.dietmar-bittrich.de
*Originalbeitrag © beim Autor*

**Günther Butkus,** geboren 1958, lebt in Bielefeld. Seit 30 Jahren leitet er den Pendragon Verlag. Veröffentlichungen: „Heute Nacht Morgen Du", Gedichte (1997), Herausgeber vieler unterschiedlicher Werke, wie „Die Beatles und ich. 33 Autoren, Künstler und Musiker über ihr persönliches Verhält - nis zu John, Paul, George & Ringo" (1995), „Mord-Westfalen I & II" (2008 und 2009) und „Morden zwischen den Meeren" (2010) sowie „Morderischer Chiemgau" (2011).
*Originalbeitrag © beim Autor*

**Dieter Fleiter,** geboren 1965, verbrachte seine Kindheit und Jugend in Schloß Holte-Stukenbrock. Er lebt als Drehbuchautor in Berlin. Beiträge in Krimi-Anthologien, wie z. B. „Rätselhaftes Bielefeld".
*Originalbeitrag © beim Autor*

**Lisa Glauche,** geboren 1980 in Oldenburg, Studium der Philosophie und Neueren Deutschen Literaturwissenschaft in Bochum, lebt seit 2007 in Berlin und arbeitet als freiberufliche Texterin. Zusammen mit Matthias Löwe ist sie Gründerin des Online-Literaturforums www.blauersalon.net (2005) und Mitbegründerin der „g-l-m-literaturprojekte". **Matthias Löwe,** der Moderator des Literaturforums wurde 1964 in Löhne (Westf.) geboren, studierte in Bielefeld und lehrt seit 2003 als Professor für Mathematik in Münster. Ihr Krimi-Debüt gaben sie 2011 mit „Tod an der Sparrenburg".
*Originalbeitrag © bei den Autoren*

**Frank Göhre,** 1943 geboren, arbeitete als Buchhändler, Bibliothekar, Verlagsangestellter und Hörfunkautor. Er lebt in Hamburg und schrieb neben Romanen u. a. die Drehbücher zu den Kinofilmen „Abwärts", „Die Ratte" und das mit dem Deutschen Drehbuchpreis ausgezeichnete Drehbuch „St. Pauli Nacht" (Regie Sönke Wortmann). Glauser-Nominierung und Zweiter beim Deutschen Krimi Preis 2011 für „Der Auserwählte". Zuletzt erschien „Die Kiez-Trilogie". www.frankgoehre.de
*Originalbeitrag © beim Autor*

**Iris Grädler,** in Halle/Westf. 1963 geboren und aufgewachsen, war nach ihrem Studium der Literaturwissenschaften (in Bielefeld und Granada/Spanien) lange als Lektorin tätig. Sie wohnte einige Jahre in Oerlinghausen und Berlin. Veröffentlichungen von Prosa und Lyrik in Anthologien und Literaturzeitschriften. Sie lebt mit ihrem Mann in Swakopmund/Namibia.
*Originalbeitrag © beim Autor*

**Erwin Grosche** lebt mit seiner Familie in Paderborn. Er schreibt Bücher, dreht Filme und steht auf der Bühne. In der Krimiserie „Die Kommissarin" war er an der Seite von Hannelore Elsner als Privatdetektiv zu sehen. Erwin Grosche ist Botschafter der „Stiftung Lesen". Er erhielt 2007 den Peter Hille

Literaturpreis. Seine letzte Veröffentlichung heißt: „Ich hab dich gern – Du hast mich gern" und ist 2011 bei cbj erschienen. www.erwingrosche.de
*Originalbeitrag © beim Autor*

**Max von der Grün** gilt als einer der bedeutendsten Schriftsteller der Nachkriegszeit. Er wurde 1926 in Bayreuth geboren, absolvierte eine kaufmännische Lehre, war Soldat und drei Jahre in amerikanischer Kriegsgefangenschaft. Seine Werke wurden millionenfach verkauft und größtenteils verfilmt. Er lebte bis zu seinem Tod 2005 als freier Schriftsteller in Dortmund. Im Pendragon Verlag liegt eine 10-bändige Werkausgabe vor. Der Text ist ein Auszug aus dem Roman „Stellenweise Glatteis" (1986). www.maxvondergruen.de
*© beim Pendragon Verlag*

**Michael Helm**, geboren 1969 im Ruhrgebiet, ist freier Autor und gestaltet Literaturabende und Lesungen zu verschiedenen Autoren und mit eigenen Arbeiten. Nach dem Studium in Bochum arbeitete er einige Jahre als Lehrer. 2007 wurde er mit dem LfM-Bürgermedienpreis NRW für ein Radiofeature zum Werk des Schriftstellers Jorge Semprún ausgezeichnet. In den vergangenen zehn Jahren arbeitete er in Ostwestfalen, mittlerweile lebt er wieder im Ruhrgebiet. Letzte Veröffentlichung: „Ich heiße … und möchte … werden – Zwölf Jugendliche im Porträt". www.michael-helm.de
*Originalbeitrag © beim Autor*

**Andreas Hoppert** wurde 1963 in Bielefeld geboren. Nach dem Jurastudium war er zunächst Wissenschaftlicher Mitarbeiter an der Uni/GHS Siegen, seit 1990 ist er Richter am Sozialgericht Detmold. Zuletzt erschien von ihm der Kriminalroman „Der Thule-Code".
*Originalbeitrag © beim Autor*

**Thorsten Knape**, Jahrgang 1961, verbrachte einen Großteil seiner Kindheit und seiner Jugend im Bielefelder Stadtteil Brackwede. Mit diesem Ort verbindet den bekennenden Bielefelder bis heute eine innige Hassliebe. In Ostwestfalen-Lippe ist Thorsten Knape ständig unterwegs und auf der Suche – allerdings nach echten, nicht erfundenen Geschichten: Er arbeitet als freier TV-Autor und Reporter für das WDR-Landesstudio Bielefeld. „Flaschendrehen" ist seine erste Veröffentlichung.
*Originalbeitrag © beim Autor*

**Wolfgang Körner** lebt als Schriftsteller und Drehbuchautor in Dortmund, ist aber meist auf Reisen. Neben zahlreichen Erzählungen, Romanen und satirischen Ratgebern schrieb er Stücke für Rundfunk und Fernsehen. Er war Hauptautor der Kultserie „Büro, Büro" der Bavaria Film. Zuletzt veröffentlichte er seine Übersetzungen der Kriminalromane von Franca Permezza. www.wolfgangkoerner.de
*Originalbeitrag © beim Autor*

**Michael Koglin** lebt seit über dreißig Jahren in Hamburg. Neben Sach- und Kinderbüchern schrieb er zahlreiche Kriminalromane und Kurzgeschichten. Zuletzt erschienen „Bluttaufe" und „Blutengel". Im November folgt „Blutteufel". www.michael-koglin.de
*Originalbeitrag © beim Autor*

**Hans-Jörg Kühne**, Dr. phil., lebt, arbeitet und musiziert in Bielefeld. Nach dem Studium der Geschichtswissenschaft, Wirtschaftswissenschaften und Soziologie verfasste er nicht nur zahlreiche Publikationen zur Regionalgeschichte, sondern ist auch als Saxophonist in Deutschland und Europa unterwegs. Zu den neuesten Veröffentlichungen gehört sein Kriminalroman „Der Pfahlmörder". www.Hans-Joerg-Kuehne.de
*Originalbeitrag © beim Autor*

**Que Du Luu**, geboren 1973, wuchs in Herford auf und lebt heute in Bielefeld. Sie studierte Germanistik und Philosophie. 2006 erschien ihr erster Roman „Totalschaden". „Vielleicht will ich alles" wurde 2011 veröffentlicht. Sie erhielt bereits einige Auszeichnungen, wie z. B. 2007 den Adelbert-Chamisso-Förderpreis, 2009 den Förderpreis des Landes Nordrhein-Westfalen für junge Künstlerinnen und Künstler in der Sparte Dichtung/Schriftstellerei sowie ein Stipendium der Robert-Bosch-Stiftung und 2010 den GWK-Förderpreis. www.queduluu.de
*Originalbeitrag © beim Autor*

**Sandra Lüpkes**, geboren 1971, verbrachte die längste Zeit ihres Lebens auf der Nordseeinsel Juist und wohnt nun in Münster, wo sie als freie Autorin und Sängerin arbeitet. Mit ihren Romanen, Kurzgeschichtensammlungen und Sachbüchern hat sie bereits eine Gesamtauflage von über 250.000 Exemplaren erreicht. Zuletzt erschienen sind der Kriminalroman „Taubenkrieg" und „Inselweihnachten – eine Geschichte von der Liebe" (2011). NDR Bücherwelt: „Sandra Lüpkes – eine beeindruckende Frau, die viel zu bieten hat." www.sandraluepkes.de
*Originalbeitrag © beim Autor*

**Thomas R.P. Mielke**, 1940 als Sohn eines Brasilienpastors in Detmold geboren, lebt in Berlin. Nach einer Ausbildung zum Fluglotsen und dem Besuch der Werbeakademie Hamburg arbeitete er drei Jahrzehnte als Kreativdirektor in internationalen Werbeagenturen. Neben Science-Fiction schrieb er historische Bestseller wie „Gilgamesch", „Karl der Große", „Attila", „Colonia" oder jüngst „Die Varus-Legende". Seine Bücher wurden in mehrere Sprachen, wie z. B. Spanisch, Russisch, Türkisch und – mit Förderung des Goethe-Instituts – Arabisch übersetzt. www.trpm.de
*Originalbeitrag © beim Autor*

**Susanne Mischke** hat mehr als ein Dutzend Romane veröffentlicht, vorwiegend Kriminalromane („Mordskind", „Die Eisheilige") sowie vier Jugendkrimis („Nixenjagd", „Zickenjagd") und eine große Anzahl von Kurzgeschichten. Mit dem Roman „Der Tote vom Maschsee" begann ihre erfolgreiche Hannover-Krimiserie um den kauzigen Kommissar Bodo Völxen und seine Schafe. Im Herbst 2011 erscheint der vierte Band dieser Serie mit dem Titel „Todesspur". www.susannemischke.de
*Originalbeitrag © beim Autor*

**Sandra Niermeyer**, geboren 1972 in Melle/Niedersachsen, lebt seit 1997 in Bielefeld. 2002 Würth-Literaturpreis der Tübinger Poetik-Dozentur. 2003 Förderpreis des Landes Nordrhein-Westfalen. 2004 und 2006 Nominierung für den Glauser Kurzkrimipreis. 2007 Marlen-Haushofer-Literaturpreis. Letzte Veröffentlichung: „Eine mörderische Leiche" in der Krimianthologie „Mörderischer Chiemgau" 2011.
*Originalbeitrag © beim Autor*

**Gisa Pauly** war Lehrerin an einer kaufmännischen Berufsschule, bevor sie 1994 „ausstieg". Seitdem arbeitet sie als freie Schriftstellerin, Journalistin und Drehbuchautorin. Sie veröffentlichte 16 Bücher, am bekanntesten sind ihre Sylt-Krimis um Mamma Carlotta. Der fünfte Band „Inselzirkus" stürmte sogar die Spiegel-Bestsellerliste. Neben ihrer Arbeit als Schriftstellerin schreibt sie regelmäßig mit an der ARD-Serie „Sturm der Liebe". www.gisa-pauly.de
*Originalbeitrag © beim Autor*

**René Pleyter** ist Kriminalautor und Kulturwissenschaftler aus Bremen. Nach Lehr- und Wanderjahren in Spanien und Portugal pendelt er heute zwischen Bremen und einem kleinen lothringischen Dorf, wo immer neue Verbrechen und Mordtaten ersonnen und niedergeschrieben werden. 2008 erschien sein erster Kriminalroman „Der Graumacher" unter R. Nie-

mann, der in Oldenburg angesiedelt ist. 2009 und 2010 folgten die Krimis „Tödlicher Hermannslauf" und „Der Mann vom Jahrmarkt" sowie mehrere Kurzkrimis in verschiedenen Anthologien.
*Originalbeitrag © beim Autor*

**Jürgen Reitemeier & Wolfram Tewes** lernten sich in grauer Vorzeit, während ihres Studiums in Paderborn, kennen. Nicht etwa im Hörsaal, sondern beim Bier danach, in der Kneipe. Dann verloren sie sich für viele Jahre aus den Augen, bis sie sich eines Tages zufällig in Detmold begegneten – ebenfalls in einer Kneipe. Wiederum etwas später war es gesagt: „Wir schreiben einen Krimi!" Auf diesen erstaunlichen Entschluss tranken sie erst mal ein Bier. Dann gingen sie an die Arbeit. Mittlerweile liegt mit „Letzte Runde" bereits das zehnte Buch des erfolgreichen Duos vor. www.lippekrimi.de
*Originalbeitrag © bei den Autoren*

**Norbert Sahrhage** wurde 1951 geboren. Nach einem Studium der Geschichtswissenschaft, Sozialwissenschaften und Sport unterrichtet er seit 1981 als Lehrer an einem Gymnasium in Bünde; Promotion 2004; diverse Veröffentlichungen zur Regionalgeschichte. 2010 erschien mit dem OWL-Krimi „Der tote Hitlerjunge" sein erster Roman.
*Originalbeitrag © bei den Autoren*

**Jobst Schlennstedt** wurde 1976 in Herford geboren. 2004 zog es ihn nach Lübeck, wo er hauptberuflich als Projektmanager in einem Hamburger Beratungsunternehmen tätig ist. Der Norden scheint ihn inspiriert zu haben, denn bereits 2006 erschien sein erster Kriminalroman mit dem Lübecker Kommissar Birger Andresen. Weitere Krimis folgten – zuletzt im Frühjahr 2011 „Möwenjagd". 2010 erschien außerdem sein erster OWL-Krimi „Westfalenbräu". www.jobst-schlennstedt.de
*Originalbeitrag © beim Autor*

**Jürgen Siegmann** lebt und arbeitet in Bielefeld und schreibt seit Jahren Krimis und Kurzgeschichten. Zuletzt erschienen von ihm „Am Abgrund" und „Schöne Bescherung".
www.siegmann-krimi.de
*Originalbeitrag © beim Autor*

**Regula Venske**, geboren in Minden, aufgewachsen in Münster, nach dem Abitur das Weite gesucht – und in Hamburg an der Elbe gefunden. Für ihre Romane und Erzählungen erhielt sie u. a. den Oldenburger Kinder- und Jugendbuchpreis und den Deutschen Krimipreis. Zurzeit erscheint ihre im Münsterland angesiedelte Krimireihe um die „Garstigen Greise", die laut NDR Kultur „das Potential haben, die ‚Fünf Freunde' für die Best-Ager-Generation zu werden". www.regulavenske.de
*Originalbeitrag © beim Autor*
(Mein herzlicher Dank gilt meinen Geschwistern Henning und Hanna sowie Barbara Hellbach, die einige ihrer Mindener Kindheitserinnerungen mit mir teilten. RV)

**Stefanie Viereck**, geboren 1955 in Hamburg, studierte Volkswirtschaft und arbeitete als Journalistin für Rundfunk und Zeitschriften. Sie veröffentlichte Biographien, u. a. über die Dichterin Ricarda Huch, Erzählungen in zahlreichen Literaturzeitschriften und Anthologien sowie den Erzählungsband „Isabel bei den Fischen" und den Roman „Der blaue Grund". Heute lebt Stefanie Viereck als freie Autorin, Lektorin und Übersetzerin in Schleswig-Holstein und Hamburg.
*Originalbeitrag © beim Autor*

**Marcus Winter** arbeitet seit über dreißig Jahren als Kriminalbeamter in Nordrhein-Westfalen. Nach einem ersten Kriminalroman im Jahr 2002 schreibt er mittlerweile in erster Linie Kurzkrimis und war 2008, 2009 und 2010 für den Agatha Christie Krimipreis nominiert. Für seine Story „Einmal ein Held sein" wurde er im März 2011 schließlich mit diesem

renommierten Preis ausgezeichnet. Kurzkrimis unter anderem in: „Mordwestfalen II" (2009) und „Wo das Verbrechen zu Hause ist" (2010). www.Krimi-Homepage.de
*Originalbeitrag © beim Autor*

**Klaus-Peter Wolf**, geboren 1954, lebt als freier Schriftsteller und Drehbuchautor in Norden (Ostfriesland). Seine Fernsehfilme wurden oft zu Einschaltquotenhits und erhielten internationale Auszeichnungen, u. a. den Rocky Award for best made TV-movies (Kanada) und den Magnolia Award Shanghai. Seine Bücher wurden in 24 Sprachen übersetzt und über 8 Millionen Mal verkauft. Mehr als 60 seiner Drehbücher wurden verfilmt, darunter viele für „Tatort" und „Polizeiruf 110". Sein Roman „Ostfriesensünde" erhielt den Publikumspreis Krimi-Blitz für den besten deutschen Kriminalroman 2010. Im Herbst 2011 erschien „Die Traumfrau". www.klauspeterwolf.de
*Originalbeitrag © beim Autor*

# Mord-Westfalen I

## Kriminelle Geschichten aus Ostwestfalen-Lippe

**Krimi-Anthologie**, Originalausgabe
392 Seiten, Paperback, Euro 12,90
ISBN 978-3-86532-111-4

Raffinierte Geschichten mit bösen Pointen, klug, witzig, abgründig. Und typisch ostwestfälisch: So dunkel wie Schwarzbrot. So gut abgehangen wie Schinken. Und so scharf wie gut gebrannter Korn. Entdecken Sie die Provinz, wo sie am tiefsten ist! Die erste große Krimi-Anthologie mit Schauplätzen in Ostwestfalen-Lippe hat sie alle: Krimi-Preisträger und Krimi-Legenden, einen Groß-meister der Kleinkunst und einen Altmeister des „Tatort", einen Dro-genfahnder und einen Staatsanwalt.

26 Stories von Horst Bosetzky alias -ky, Dietmar Bittrich, Monika Detering, Sabine Ernst, Erwin Grosche, Nina George, Frank Göhre, Nor-bert Horst, Sandra Lüpkes, Ulf Miehe, Heinrich-Stefan Noelke, Hellmuth Opitz, Willi Voss, Friedhelm Werremeier u.v.a.

Tatorte sind, neben vielen anderen, Bad Oeynhausen, Bad Salzuflen, Bellersen, Bielefeld, Bünde, Detmold, Gütersloh, Herford, Lippstadt, Min-den, Paderborn, die Senne, Versmold, Werther sowie das Hermanns-denkmal, die Externsteine und das Kaiser-Wilhelm-Denkmal.

**PENDRAGON - Verlag** ─────────────

# Mord-Westfalen II

Kriminelle Geschichten aus Westfalen

**Krimi-Anthologie**, Originalausgabe
392 Seiten, Paperback, Euro 12,90
ISBN 978-3-86532-139-8

Diese Krimi-Anthologie mit Schauplätzen in Ostwestfalen-Lippe und Westfalen vereint Krimi-Preisträger und Krimi-Legenden, Polizisten und Kabarettisten zu einer spannenden Sammlung von Geschichten, durch die sich wie ein roter Faden – unausgesprochen natürlich – die westfälische Mentalität zieht: „Gut, dass wir drüber geschwiegen haben."

Mit Storys von Mechtild Borrmann, Dietmar Bittrich, Horst Bosetzky alias -ky, Volker W. Degener, Jürgen Siegmann, Erwin Grosche, Max von der Grün, Frank Göhre, Michael Koglin, Sandra Lüpkes, Eva Maaser, Gesa Pauly, Heinrich Peuckmann, Renée Pleyter, J. Reitemeier/W. Tewes, Stefanie Viereck, Willi Voss, Klaus-Peter Wolf u.v.a.

Tatorte sind, neben vielen anderen Bad Salzuflen, Bellersen, Bielefeld, Bünde, Detmold, Dortmund, Gelsenkirchen, Gütersloh, Herne, Kamen, Mönchengladbach, Münster, Oerlinghausen, Schloß Brakel und Schloß Holte-Stukenbrock.

**PENDRAGON - Verlag**

# Rätselhaftes Bielefeld

## Die Verschwörung

**Anthologie**, Originalausgabe, 3. Auflage
288 Seiten, Paperback, Euro 10,95
ISBN 978-3-86532-188-6

Bielefeld – die Stadt, die nicht existiert. So heißt es zumindest seit vielen Jahren überall in den Medien. Und im Internet beschäftigen sich ungezählte Webseiten mit diesem Phänomen. Was ist wahr an der Verschwörungstheorie? Gibt es die Stadt oder ist sie nicht mehr als ein Hirngespinst oder vielleicht sogar eine geheime Strafkolonie für besonders üble Straftäter aus ganz Deutschland? Vielleicht ist Bielefeld aber auch nur ein großes Experiment für die schöne neue Welt in naher Zukunft? Wie schafft man es, die Stadt auf der Landkarte zu verstecken? Und was für Menschen leben dort?

Mit Beiträgen u.a. von Dietmar Bittrich, Wiglaf Droste, Erwin Grosche, Udo Lindenberg, Franz Mon, Sandra Niermeyer, Renate Niemann, Reneé Pleyter, Reitemeier/ Tewes, Thomas Walden, Dietmar Wischmeyer, Hans Zippert und einem Cartoon von Ralph Ruthe.

**PENDRAGON** - Verlag